图书在版编目（CIP）数据

泾川年鉴. 2021 / 泾川县档案馆编. -- 兰州 : 兰州大学出版社, 2021.10
ISBN 978-7-311-06065-7

Ⅰ. ①泾… Ⅱ. ①泾… Ⅲ. ①泾川县－2021－年鉴
Ⅳ. ①Z524.24

中国版本图书馆CIP数据核字(2021)第234648号

责任编辑　马继萌
封面设计　汪如祥

书　　名　泾川年鉴2021
作　　者　泾川县档案馆　编
出版发行　兰州大学出版社　(地址:兰州市天水南路222号　730000)
电　　话　0931-8912613(总编办公室)　0931-8617156(营销中心)
　　　　　0931-8914298(读者服务部)
网　　址　http://press.lzu.edu.cn
电子信箱　press@lzu.edu.cn
印　　刷　兰州人民印刷厂
开　　本　880 mm×1230 mm　1/16
印　　张　16(插页20)
字　　数　416千
版　　次　2021年10月第1版
印　　次　2021年10月第1次印刷
书　　号　ISBN 978-7-311-06065-7
定　　价　164.00元

(图书若有破损、缺页、掉页可随时与本社联系)

《泾川年鉴2021》编审委员会

《泾川年鉴2021》编辑部

编辑说明

一、根据国务院《地方志工作条例》和《甘肃省地方志工作规定》,《泾川年鉴》由泾川县人民政府主管、泾川县档案馆主编，是全面系统记述全县上年度自然、政治、经济、文化、社会等方面情况的大型年度资料性文献，是集权威性、实用性为一体的地情百科资料工具书。

二、本年鉴记述时限为2020年1月1日至12月31日，为了事物的完整性，记述时间适当上溯或下延。

三、本年鉴以文字资料为主，数字、图、表为辅；文体以记述为主，说明为辅，两者结合。

四、本年鉴按照方志体例横分门类，以类目、分目、条目3个层次为框架结构，以条目为主要载体撰稿，每事一题，设小标题，揭示中心内容。全书设24个类目923个条目，正文前配彩图38幅，正文内配工作照片83幅，图片均配以文字说明。全书条目的标题统一用黑体加【 】表示。

五、本年鉴采用国家规定的法定计量单位，统计公报由县统计局提供；各单位机构人员编制情况以县编办文件为准；领导班子成员和任职时间以县委组织部2020年干部档案为准；入鉴荣誉以市委、市政府及其以上级别的表彰奖励为准。

六、年鉴的基础资料均由各乡（镇）、城市社区、县直部门及驻泾单位提供，并经供稿单位领导审定。

数字泾川2020

年末户籍人口	34.9万人
全年平均气温	10.5℃
年降水总量	613毫米
生产总值	40.36亿元
粮食产量	10.58万吨
工业增加值	17208万元
社会消费品零售总额	114384万元
出口创汇	1780万元
大口径财政收入	34075万元
金融机构各项存款余额	106.04亿元
年末民用汽车保有量	11063辆
计算机互联网用户	8.41万户
本科上线人数	1504人
城镇居民人均可支配收入	28341.3元
农村居民人均可支配收入	11286.8元
城乡居民基本医疗保险参保	290060人

2月26日，县委十七届九次全会暨县委经济工作会议在县委五楼召开

3月30日，县委十七届十次全体（扩大）会议暨脱贫攻坚挂牌作战誓师大会在国土大厦召开

2021年1月13日至15日，县十八届人民代表大会第六次会议在泾州宾馆召开

2021年1月12日至14日，县政协九届六次全体会议在泾州宾馆召开

天和人家商住小区

世纪花园C区竣工投用

312国道（高平—何家坪）改扩建工程

建设中的泾川汽车站

荔堡镇刘山移民搬迁新村

北部水厂农村饮水水质处理车间

城区老旧住宅小区改造（农垦局家属楼）

1月27日，全县新冠肺炎疫情联防联控工作领导小组第三次会议召开

高速路口设卡检查登记

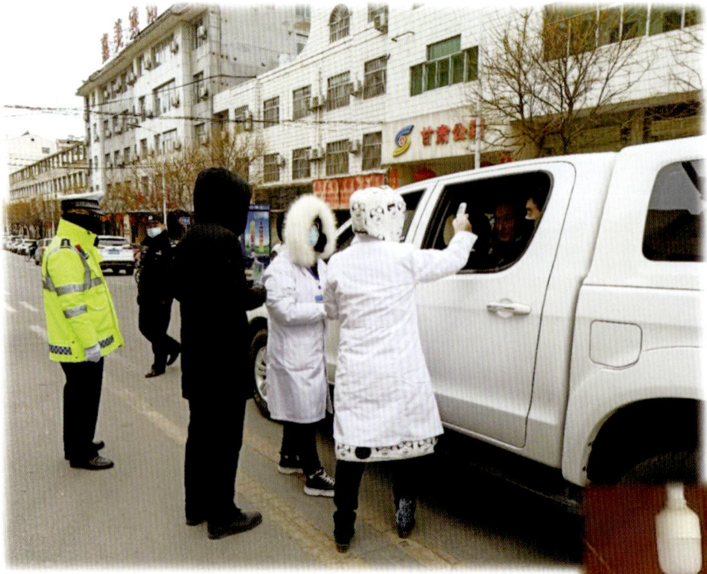

城区主要街道设点开展入城车辆登记及人员测温

县城住宅小区落实封闭式管理，出入人员实行测温登记

4月6日，县委、县政府在回中广场举行援助武汉医疗队员凯旋欢迎仪式

丰台镇建设中的矮化密植园

果园花果管理

果园抗旱保墒

窑店镇南头湾村果园防雹设施

玉都镇矮化密植苹果园挂果丰收

天津市武清区援建的王村镇蔬菜育苗中心

王村镇蔬菜育苗中心一角

塑料大棚内西瓜

设施大棚蔬菜

党原镇新建的塑料大棚

高平镇牛家咀村新建的养殖小区

牛舍一角

旭康平凉红牛养殖场一角

玉米秸秆现场粉碎青贮

打包后饲料

旭康食品有限公司产品展示

2020年元旦越野赛在县体育场开赛

5月1—8日，大运文旅集团在县城组织低空飞行体验

5月19日，平凉市乡村旅游启动仪式在泾明乡白家村举行

8月7日，平凉红牛良种中心揭牌仪式

9月29日，“乐享消费·美好生活”消费促进月活动启动仪式在回中广场举行

12月19日，温泉康养度假村项目开工建设

目 录

特 载

深入贯彻落实习近平总书记重要讲话精神
坚定不移推动全县经济社会高质量发展 ………1
在县委十七届九次全体会议
暨县委经济工作会议上的讲话 ………………9
2020年政府工作报告 ……………………20

专 记

脱贫攻坚工作概况 ……………………34
生态环境保护工作情况 …………………39
新冠肺炎疫情防控情况 …………………44
"增强危机创新赶超拼搏意识"专题教育
开展情况 ……………………………46

大事记

1月 ……………………………………51
2月 ……………………………………52
3月 ……………………………………53
4月 ……………………………………54
5月 ……………………………………56
6月 ……………………………………58
7月 ……………………………………59
8月 ……………………………………60
9月 ……………………………………61
10月 ……………………………………62
11月 ……………………………………63
12月 ……………………………………64

中国共产党泾川县委员会

综述 ……………………………………66
重要会议 …………………………………66
重要决策 …………………………………73
重要活动 …………………………………74
组织机构 …………………………………74
县委办公室 ………………………………75
组织工作 …………………………………77
宣传工作 …………………………………79
统一战线工作 ……………………………80
政法工作 …………………………………81
机构编制 …………………………………82
信访工作 …………………………………83
县直机关党的工作 ………………………83
党史工作 …………………………………84
党校工作 …………………………………84
档案工作 …………………………………85
新时代文明实践暨网络安全工作 …………86

中共泾川县纪委·泾川县监委

巡察工作 …………………………………91

泾川县人民代表大会常务委员会

综述 ……………………………………92
重要会议 …………………………………92

常委会工作 ……94

泾川县人民政府

综述 ……98
重要决策 ……98
重要会议 ……99
政府办公室 ……103
金融信息服务 ……105
政务服务 ……106
公共资源交易管理 ……107
机关事务管理 ……107

政协泾川县委员会

重要会议 ……109
主要工作 ……110

民主党派

民革泾川支部 ……112
民盟泾川支部 ……113

群众团体

总工会 ……115
共青团 ……117
妇女联合会 ……118
科学技术协会 ……118
工商业联合会 ……119
残疾人联合会 ……120
文学艺术界联合会 ……121

法治·军事

公安 ……122
检察 ……123
审判 ……125
司法行政 ……126
人民武装 ……127

农林·水务

农业 ……129
畜牧 ……132
农机管理 ……133
农村经营管理 ……134
高效农业示范园区 ……134
扶贫开发 ……135
水务 ……136
水保 ……137

工　业

工业和信息化 ……139
循环经济产业园区 ……141
供电 ……142

商贸·流通

商贸流通 ……143
供销合作 ……144
石油销售 ……145
烟草专卖 ……145
盐务管理 ……146

交通·通信

交通运输 ……147
道路运输管理 ……148
县乡公路管理 ……149
汽车站 ……150
泾川公路段 ……150
泾州高速公路大队 ……151
邮政 ……152
电信 ……152
移动 ……153

联通 ……153

财税·金融

财政 ……155
税务 ……156
人民银行泾川县支行 ……157
工商银行泾川县支行 ……159
农业银行泾川县支行 ……159
邮储银行泾川县支行 ……160
建设银行泾川县支行 ……160
农业发展银行泾川支行 ……161
泾川农商银行 ……161
甘肃银行泾川支行 ……162
中银富登村镇银行 ……163
广惠投资公司 ……163
中国人寿财险泾川支公司 ……164
中国人寿泾川县支公司 ……164
中国人财保险泾川支公司 ……164

经济管理

发展和改革 ……166
能源开发 ……168
统计 ……168
国家统计局泾川调查队 ……169
审计 ……170
自然资源 ……170
市场监督管理 ……172

住建·环保

住房与城乡建设 ……174
房产管理 ……176
工程质量监督 ……176
市政管理 ……176
污水处理 ……176
城市供水 ……177
供热 ……177
供气 ……177
城市综合执法 ……177
住房公积金 ……179
环境保护 ……179

教育·科技·卫生

教育 ……181
泾川一中 ……183
泾川二中 ……184
泾川三中 ……185
泾川四中 ……186
职业教育 ……186
科技 ……187
气象 ……188
卫生健康 ……189
县人民医院 ……190
县中医医院 ……192
妇幼保健 ……193
疾病控制 ……194
医疗保障 ……195
爱国卫生 ……196
红十字会 ……196

文化·旅游

文体广电和旅游 ……198
博物馆 ……199
图书馆 ……200
体校 ……201
文化馆 ……201
文物管理 ……202
融媒体中心 ……202
新华书店 ……203
大云寺·王母宫大景区 ……203

吴焕先烈士纪念馆……204

社会服务与管理

人力资源和社会保障……206
民政……207
退役军人事务……208
应急管理……209
消防救援……210

乡（镇）·城市社区

城关镇……212
汭丰镇……214
王村镇……216
党原镇……218
玉都镇……220
丰台镇……222
红河乡……223
荔堡镇……225
泾明乡……227
罗汉洞乡……229
窑店镇……230
飞云镇……232
高平镇……234
太平镇……236
城市社区管委会……238
亚盛股份张老寺分公司……239

获奖人物·先进单位

获奖人物……241
先进单位……243

附　录

2020年泾川县国民经济和社会发展统计公报……245
泾川县第七次全国人口普查公报……248

深入贯彻落实习近平总书记重要讲话精神 坚定不移推动全县经济社会高质量发展

——在县委十七届九次全体会议暨县委经济工作会议上的讲话

吕鹏举

（2020年2月26日）

同志们：

刚才，会议传达学习了市委经济工作会议精神，听取审议了县委常委会2019年工作报告，审议通过了县委关于深入学习贯彻习近平总书记视察甘肃重要讲话和指示精神的实施意见、县委十七届九次全体会议决议；廷佐同志通报了2019年全县经济社会发展情况，对今年经济工作进行了具体安排，我完全同意，希望各级各部门认真抓好贯彻落实。下面，根据县委常委会讨论的意见，我重点讲三个方面。

一、客观分析当前形势，切实坚定决胜全面小康的信心决心

2019年，全县上下坚持以习近平新时代中国特色社会主义思想为指导，深入学习贯彻党的十九大和十九届二中、三中、四中全会精神，全面贯彻落实习近平总书记对甘肃重要讲话和指示精神，坚决贯彻执行中央和省市决策部署，紧扣高质量发展要求和年度各项目标任务，统筹推进稳增长、促改革、调结构、惠民生、防风险、保稳定各项工作，实现了经济平稳健康发展、社会大局和谐稳定。一是脱贫攻坚取得决定性进展。始终把脱贫攻坚作为头等大事，对标“两不愁三保障”目标，扎实开展“3+3”冲刺清零行动和“十查十看十补课”，全县脱贫退出10个村838户2687人，贫困发生率下降到0.31%，顺利通过了审计署专项审计、财政部督导、省级第三方评估检查、省委巡视及各类明察暗访，城关镇凤凰村被国务院扶贫办确定为脱贫攻坚成就和经验总结项目单位。二是高质量发展迈出新的步伐。全力打响红牛、果菜、旅游等特色产业品牌，省农科院平凉红牛良种中心和鼎康肉牛繁育中心全面建成，作为第十四届中国牛业发展大会和全省牛产业发展助推脱贫攻坚现场推进会观摩点，得到了省市充分肯定；果产业在标准化管理、市场化营销、品牌化推广上取得突破，富原红公司参展的红富士苹果荣获第二十届中国绿色食品博览会金奖；持续推进蔬菜产业园建设，大棚西瓜面积达到1.14万亩，泾汭河川区瓜菜产业基本实现全覆盖；加快创建省级全域旅游示范县，与省城乡投资集团签订战略合作协议，大景区基础设施建设、管理体制改革取得实质性突破。三是城乡基础条件明显改善。坚持城乡统筹一体推进，南滨河景观大道建成投用，县城重点区域亮化工程全面完成，老旧住宅楼改造项目全部竣工，世纪花园C区等住宅小区建成主体，县医院整体搬迁、汽车客运站基本建成，率先启动全省首个县级5G新型“智慧城市”建设项目，“雪亮工程”“数字城管”建成运行，荔堡、太平街道改造工程全面完成，县城及重点小城镇整体形象大为改观。四是民生保障能力持续提升。深入践行以人民为中心的发展思想，千方百计增投入、办实事、强保障，全县民生支出占到财政总支出的78.2%。教育、医疗卫生体制改革加快推进，国家农村职业教育和成人教育示范县、全省双拥模范县创建通过验收，城乡社保服务体系更加完善，扫黑除恶、生态环保、安全生产等工作稳步推进，群众的获得感、幸福感、安全感持续增强。五是全面从严治党纵深推进。扎实开展“不忘初心、牢记使命”主题教育，深入推进“基层减负年”“作风建设年”等活动，从严整改中央脱贫攻坚专项巡视和省委巡视反馈问题，持续深化扶贫领域作风和腐败问题专项治理，大力整治形式主义官僚主义突出问题，全面完成县级党政机构改革，工作运行更加顺畅，发展环境持续优化，为各项事业发展提供了重要保证。

在充分肯定成绩的同时，我们也要清醒地看到，经济下行压力持续加大，生态环境刚性约束趋紧，完成新年度目标任务、推动高质量发展面临诸多困难挑战。一是巩固脱贫成果任务艰巨。我们虽已实现整县脱贫摘帽，但仍有红河姚哈、王村朱家涧2个村未脱贫，部分已脱贫群众产业基础还不稳固；大多数乡镇产业化龙头企业培育缓慢，专业合作社带动作用不强，村级集体经济薄弱；部分贫困群众内生动力不足，自我发展能力欠缺，实现全面小康仍需付出艰辛努力。二是财政收支矛盾十分突出。长期以来，县级财政自给能力不足，保工资、保运转、保民生压力加大，税源短缺与财政支出矛盾凸显，特别是随着国家实施更大规模的减税降费，财政收入持续低位运行，社会事业领域和城乡基础设施建设方面资金缺口较大，资金运筹调度异常困难。三是实现“六稳”目标压力较大。受内外部环境影响，招商引资难度加大，项目落地困难、投资增量不足，项目支撑拉动作用不强；产业结构不尽合理，现代农业发展缓慢，工业经济短板明显，文旅产业融合度不高，市场营销体系建设滞后，加快产业转型升级的任务十分紧迫。四是风险防控面临新的挑战。党的十九届四中全会对加强和创新社会治理提出了新的更高要求，电信诈骗、非法集资、网络传销等涉众型犯罪严重扰乱市场经济秩序，公共安全领域风险与突发事件的关联性、衍生性不断增强，防范化解重大风险、加强社会治理面临重大考验。五是干部担当突破魄力不足。全面从严治党责任压力传导递减弱化，个别领导干部思维理念和工作作风跟不上高质量发展要求，工作慵懒散漫、消极懈怠，既缺乏敢闯敢试的勇气，更缺少攻坚克难的魄力；个别党员干部心存侥幸、顶风违纪，“四风”问题仍未禁绝；等等。对这些困难和问题，在今后工作中大家要高度重视、科学应对。

二、紧盯目标抓主抓重，全力推动经济社会高质量发展

2020年是全面建成小康社会和“十三五”规划收官之年，也是推动全县经济社会高质量发展的关键之年。全县经济工作的总体要求是：以习近平新时代中国特色社会主义思想为指导，全面贯彻党的十九大和十九届二中、三中、四中全会精神，认真落实习近平总书记对甘肃重要讲话和指示精神，增强“四个意识”、坚定“四个自信”、做到“两个维护”，统筹推进“五位一体”总体布局，协调推进“四个全面”战略布局，紧扣全面建成小康社会目标，坚持稳中求进总基调和高质量发展要求，以新发展理念为引领，以供给侧结构性改革为主线，牢牢把握“六稳”要求，统筹推进稳增长、促改革、调结构、惠民生、防风险、保稳定各项工作，统筹推进新冠肺炎疫情防控和经济社会发展，确保全面建成小康社会和“十三五”规划圆满收官。

具体工作中，要全面加强党的领导，紧盯“一个目标”，打好“三个硬仗”，实现“六个提升”：

紧盯“一个目标”，就是要紧盯全面建成小康社会总目标，继续把脱贫攻坚作为重大政治任务和第一民生工程，坚持靶心不偏、焦点不散、力度不减，全力以赴抓重点、补短板、强弱项，高质量打赢打好脱贫攻坚战，全面完成“十三五”规划目标任务，确保与全国一道全面建成小康社会。

打好“三个硬仗”：

一要联防联控打赢疫情防控阻击战。新冠肺炎疫情发生以来，我县坚决贯彻中央和省市部署要求，认真落实各项防控措施，全县疫情防控工作扎实有效、总体平稳，省上将我县列入低风险区。但我们也要清醒看到，全国疫情发展拐点尚未到来，防控形势依然严峻复杂，特别是随着企业复工复产，人员流动性加大，疫情输入风险隐患依然存在，决不能有丝毫松劲厌战和麻痹思想，更不能心存侥幸、放松警惕。要严格按照疫情防控部署要求，及时调整工作思路和防控重心，把严防输入作为防控工作重点，持续加强火车站、汽车站等关键部位和返乡来泾人员的检疫检测，压紧压实网格管理责任制，落实落细居民小区、农村社区精准管控措施；工信、住建、卫健、教育等部门要紧盯企业复工、项目建设、学生返校带来的疫情防控隐患，提前制定防控预案，有针对性做好各项防控工作。要认真贯彻落实中央、省市关于统筹推进疫情防控和经济社会发展工作有关部署要求，在科学防控的前提下，全面启动春季农业生产，稳妥有序组织企业复工复产和劳务输转就业，尽快恢复经济社会正常秩序，切实做到两手抓、两不误，努力夺取疫情防控和经济社会发展双胜利。

二要聚焦聚力打赢脱贫攻坚收官战。今年中央将对脱贫摘帽县进行普查，省市对未脱贫村、未脱贫人口进行挂牌督战，各级各部门务必继续保持攻坚冲刺的工作劲头，加快补齐全面小康短板弱项，实现脱贫攻坚战圆满收官。要压紧压实督战责任。各专责工作组牵头县级领导要切实担负起责任，亲自调度，严格把关，督促相关部门按照县上挂牌督战实施方案，认真履行好行业责任；各包乡县级领导要对包抓乡镇负总责，组织对年内脱贫户、脱贫监测户、边缘户全面摸排，特别是要对各类巡视巡察、督查暗访反馈问题整改开展“回头看”，督促各乡镇和相关部门对照脱贫指标，逐村逐户补短板、强弱项、治硬伤，完善台账资料，提高数据质量，确保不出任何问题。要全面完成脱贫任务。围绕“一超过两不愁三保障”目标，紧盯“三落实”“三精准”“四不摘”要求，持续开展“3+3”冲刺清零、“十查十看十补课”行动，逐人逐户“过筛子”，精准落实“一户一策”帮扶措施，全面消除责任、政策、工作落实中的盲点和死角，确保下剩的2个贫困村和全县335户999名贫困人口全部脱贫退出。要巩固提升脱贫成果。坚持把产业扶贫作为治本之策，用好用活产业扶持资金，规范提升农民专业合作社，加大牛果菜产业培育、劳务输转、金融消费扶贫支持力度，逐户逐人算好贫困群众收入账，抓住当前项目建设和企业复工复产的时机，优先安排贫困劳动力务工就业，千方百计促进群众增收。建立健全返贫监测预警和动态帮扶机制，密切关注新脱贫户、边缘户收入增长情况，坚决防止脱贫人口返贫、边缘人口致贫。要深入推进乡村振兴。精心谋划实施县乡道路改造、农村饮水安全工程提升等基础设施项目，持续抓好农村生活垃圾治理和村庄清洁行动，全面完成农村人居环境整治三年行动目标任务。充分发挥村级各类自治组织作用，统筹推进社会公德、职业道德和家庭美德建设，坚决抵制高价彩礼、大操大办等陈规陋习，推进移风易俗，倡树文明乡风。

三要从严从紧打好污染防治攻坚战。深入践行“绿水青山就是金山银山”的理念，始终将生态文明建设作为政治任务和底线任务，坚持走生态优先、绿色发展的新路子。要严格落实生态环保责任。深刻汲取有关生态环境污染事件教训，严格落实环境保护“党政同责、一岗双责”，特别是要把入河排污口排查整治、河湖“清四乱”作为重中之重，加快构建生态保护红线、环境质量底线、资源利用上线和环境准入负面清单，以严肃问责倒逼责任落实。要大力推进生态工程建设。加快创建国家森林城市和国家级生态文明建设示范县，多方争取中央财政造林补贴项目，全力实施泾汭河流域乡村面山、南北二塬沟壑治理工程和道路林网建设，不断巩固生态造林成果。要持续加强环境综合治理。聚焦打好蓝天、碧水、净土三大保卫战，强化对工业、燃煤、扬尘等污染源综合治理，严格落实河（湖）长制，强化泾河流域水环境综合整治，加快雨污分流改造和污水管网建设，完善乡镇污水、垃圾处理设施，确保稳定达标运行。持续抓好中央环保督察反馈问题整改，深入推进全域无垃圾专项治理，加大农村面源污染治理，建立健全环境治理长效机制，持续提升生态环境质量。

实现“六个提升”：

一是全力抓投资、扩总量，在重大项目建设上实现新提升。必须把项目建设作为扩大有效投资、拉动经济增长的重要引擎，多方加大项目争取，持续优化营商环境，着力扩大招商引资，不断壮大县域经济总量。要谋划争取求突破。抢抓国家实施黄河流域生态保护和高质量发展等机遇，学会用好项目谋划争取“八个方面”和生成运作“四个渠道”，认真研究对接国家稳增长、稳投资的重大政策，精心编制“十四五”发展规划，以十大绿色生态产业为统揽，论证储备过亿元项目10项以上。要强化调度重实效。完成8%的固定资产投资增速，必须靠一批重大项目的落地实施来保证。要严格落实重大项目“三个一”包抓责任制和“三个清单”管理制度，对确定实施的项目，各分管和包抓领导要亲自协调调度，跟踪推进落实，确保新建项目如期开工，续建项目加快进度，按期完成年度任务。要精准对接抓招商。坚持领导分工与招商领域结合，大力开展外出招商、委托招商和以商招商，争取年内引进项目10个以上，引进省外资金12亿元以上。继续加大民营和中小微企业政策扶持力度，全面落实“一企一策”，协调解决企业生产经营方面的难题，扶持中小微企业做大做强。

二是多方延链条、增效益，在产业结构优化

上实现新提升。坚持把产业培育作为推动高质量发展的主攻方向，以提质增效为方向做强一产，以转型升级为方向调优二产，以多元融合为方向做大三产，持续壮大县域经济实力。要加快发展现代农业。紧扣农业供给侧结构性改革，继续推行“五个一”产业推进机制，全力推动特色产业提质增效。要坚定果品首位产业不动摇，坚持标准化生产、精细化管理、公司化运作、市场化营销，紧盯市场需求引进推广新优品种，持续增加设施栽培和大苗建园面积，加大老果园间伐和低劣园改造力度，稳步扩大总体规模，引导果农增施有机肥，提高果品质量，扩大市场营销，努力打造全国绿色优质果品生产基地。要围绕建设西部肉牛种质科技创新基地，持续抓好规模扩张、科学饲养、精深加工和品牌推广，年内新增平凉红牛基础母牛3000头；依托鼎康肉牛繁育中心和平凉红牛良种中心，加大品系培育力度，加快实现冻精上市。要以创建泾汭河川国家级蔬菜园区为目标，积极推广集约化规模化种植，大力发展绿色、无公害、有机蔬菜，加快推进川区瓜果蔬菜种植全覆盖，切实增加农民产业收入。要着力壮大工业经济。深入实施工业强县战略，着力在强龙头、补链条、聚集群上下功夫，改造提升传统产业，引进培育新兴产业，扎实做好航空矿泉水生产线等项目前期工作，加快实施天纤棉业二期项目，培育汇丰重油公司规下转规上，力促县煤矿复产，坚决扭转工业经济下滑的被动局面。要加强工业经济运行调度，紧盯重点骨干企业，做好市场分析研判，支持企业积极应对疫情影响，安全有序复工复产，确保完成年度工业经济指标。要精心打造全域旅游。以创建全域旅游示范县为统揽，全力加快旅游基础设施建设，全面建成大云文化学术报告厅和县博物馆，进一步健全景点体系，加快大景区国家5A级旅游景区创建。要把温泉小镇开发建设作为全域旅游发展的重要支撑项目，强化协调调度，加快建设进度，力争今年上半年开工建设。要精心实施“旅游+”工程，围绕生态观光、农事体验、健康养生等主题，深度挖掘县域文化旅游资源，筛选包装地方土特产品，增强旅游产品供给能力，提升旅游产业综合效益。要大力发展商贸物流。认真落实省政府《关于商贸流通服务业应对疫情影响稳定市场消费的若干措施》，支持商贸流通企业做好生活必需品市场供应和餐饮住宿等居民生活保障；抢抓东西部扶贫协作农产品展销机遇，进一步挖掘消费潜力，拓展消费领域，扩大市场营销份额；鼓励发展信息咨询、人工智能、家政服务、养老托幼、教育培训等服务新业态和消费新模式，不断满足群众多样化消费需求，激发培育出新的消费增长点。

三是着力优布局、提品位，在城乡融合发展上实现新提升。牢固树立大运筹、大开发、大建设、大经营的理念，统筹推进城市规划、建设、管理，着力打造宜居宜业宜游的现代化精品县城。要完善规划布局。按照“拉大框架、完善功能、提升品位、宜居宜业”的目标定位，精心编制国土空间总体规划，扎实做好县城重点区域、小城镇修建性详规及重点乡村建设规划，突出城市品质、城市魅力，积极创新，注重细节，优化功能布局，彰显文化特色。要统筹开发建设。坚持县城、中心镇、特色村齐头并进、统筹发展，深度对接乡村振兴战略规划，突出县城带动作用，全力抓好重点区域开发、城区生活垃圾填埋场二期等重点项目建设，统筹推进高平、玉都等区域性中心城镇建设，着力打造一批特色村镇和美丽乡村。要规范运营管理。建立健全政府主导、市场化运作、多渠道多层次的投融资机制，盘活城市资源，创新城市经营理念和管理模式。健全市政设施配套体系，加快县城道路、供排水、市场、停车场、绿地公园等基础设施建设，加强城区供热企业、住宅小区物业监管，全面提升城市运营管理水平。

四是倾力办实事、解难题，在民计民生改善

上实现新提升。坚持以人民为中心的发展思想，持续加大民生领域资金投入，不断增强群众的获得感、幸福感和安全感。要精心抓好惠民实事办理。全力办好省市列惠民实事，精心措办市政基础设施完善、城乡供水保障能力提升等12件县列惠民实事，下功夫解决好事关群众切身利益的困难和问题。要着力增强公共服务能力。着眼推进城乡教育、医疗资源均等化发展，全面完成中小学校舍改扩建及县医院整体搬迁等重点工程，持续深化教育、卫生体制机制改革，不断提升教育教学质量和公共卫生服务能力。健全完善县乡村文化体育健身服务体系，加强科技创新推广应用，加快发展养老服务事业，推进各项社会事业均衡发展。要健全完善社会保障体系。全面落实城乡低保、特困供养、医疗救助、救灾救济等兜底救助政策，加大高校毕业生、退役军人和零就业家庭就业创业扶持力度，维护农民工合法权益，健全农村“三留守”人员及未成年人等弱势群体救助关爱体系，着力增强社会保障能力。

五是注重建机制、保稳定，在重大风险防控上实现新提升。始终把维护社会稳定摆在极端重要位置，科学研判安全风险形势，打好防范化解重大风险主动仗。要全面排查重点领域风险隐患。认真落实总体国家安全观，严密防范和坚决打击渗透破坏、暴恐活动等违法行为，依法加强民族宗教事务管理，严肃整治宗教领域突出问题。加强金融机构监管，稳妥做好政府债务、企业债务、不良贷款化解，依法打击非法集资、网络传销等涉众型经济犯罪。加强网络舆情管控，完善舆情应对处置机制，依法从严管网治网。要深化扫黑除恶专项斗争。聚焦社会影响恶劣和群众反映强烈的问题，坚持标本兼治、综合施策，持续在“打伞破网”“打财断血”上下功夫，建立健全长效机制，经常性开展涉黑涉恶问题排查整治，做到既摸排打击黑恶势力，又坚决整治行业乱象。要完善应急管理责任体系。按照“党政同责、一岗双责、失职追责”要求，压紧压实属地管理、行业监管、企业主体责任，健全完善应急预案，全面排查整治道路交通、食品药品、建筑施工、消防等重点领域安全隐患，坚决遏制重特大安全事故发生。要加强社会综合治理创新。健全完善社会治安防控体系，扎实推进“平安泾川”建设，严厉打击各类违法犯罪行为。紧盯就业、医疗、住房、劳资等重点领域，严格落实信访事项首办责任制，妥善解决群众合理诉求。积极借鉴新时代“枫桥经验”，加强基层社会治理，依法化解矛盾纠纷，全力创设安全稳定的社会环境。

六是持续聚动能、激活力，在深化改革创新上实现新提升。始终把改革创新作为最大动力源泉，持续加大重点领域改革力度，着力破解制约发展的“中梗阻”问题。要推动重大改革举措落地。持续深化“放管服”改革，全面推行“一网联通、一窗通办”，最大程度方便企业和群众办事。持续深化农村土地制度改革，总结推广农村集体产权制度改革试点经验，规范提升农民专业合作社，统筹推进农业保险体系建设，加快实施“普惠金融+智慧县域”项目，全面助推乡村振兴。要不断加大开放开发力度。抢抓国家支持基础设施领域补短板等重大机遇，运用好陇东交通枢纽和丰富旅游资源等独特优势，主动融入“一带一路”建设、关中平原城市群等区域发展战略，以产业对接协作和优势资源互补为重点，承接产业转移，深化合作交流，推动区域协同发展。要创优民营经济发展环境。深入贯彻《关于营造更好发展环境支持民营企业改革发展的意见》，持续深化财税、金融体制改革，全面落实减税降费政策和支持“双创”税收措施，坚决取缔针对民营资本设置的歧视性附加条件和隐性条款，着力打造开放公平的市场环境。继续加大对实体企业的金融政策扶持力度，定期组织开展银企对接活动，全力支持民营经济发展。

三、坚决扛牢管党治党责任，为全面建成小康社会提供坚强保证

完成年度各项目标任务，必须全面加强党的领导。全县各级党组织和党员干部必须增强责任感、使命感、紧迫感，切实提升狠抓落实的能力和水平，充分履职尽责，全力实干攻坚，确保中央和省、市、县委各项决策部署全面落到实处。

（一）突出政治统领，持续夯实思想根基。要坚持以政治建设为统领，持续深化“不忘初心、牢记使命”主题教育，努力把主题教育成果转化为推动高质量发展的实际成效。要持续强化理论武装。认真落实党委（党组）理论中心组学习制度，从四大班子做起，以上率下，全面深入系统学习习近平新时代中国特色社会主义思想、党的十九届四中全会及习近平总书记对甘肃重要讲话和指示精神，切实增强“四个意识”、坚定“四个自信”、做到“两个维护”，着力锻造引领高质量发展的政治定力和过硬本领。要严肃党内政治生活。坚持思想建党和制度治党相结合，认真对照党章党规党纪，规范落实“三会一课”、主题党日、组织生活会等制度，健全完善民主集中制相关制度，严格落实“三重一大”事项集体决策制度，涵养党内政治文化，构筑良好政治生态。要严格落实意识形态责任制。深入推进新时代文明实践中心建设，紧扣全面建成小康社会这一重要节点，广泛开展主题宣传，强化正面舆论引导，集聚正能量，引领新风尚。各级党委（党组）要时刻绷紧意识形态斗争这根弦，坚决同一切不当言论和歪风邪气做斗争，牢牢把握意识形态工作主动权。

（二）加强组织建设，着力打造坚强堡垒。融合推进党支部建设标准化和党建统领“一强三创”行动，切实把基层党组织建设成为引领脱贫攻坚、助力全面小康的坚强堡垒。要提升组织力。牢固树立一切工作到支部的导向，以“四抓两整治”为重点，持续深化“十星级”党支部评定和“五星级”党员创评，大力整顿软弱涣散党组织，加大基层党建投入，切实提高党支部建设标准化水平。要提升战斗力。依托“学习强国”“甘肃党建”等平台，扎实开展党员干部教育培训，健全完善村干部选拔任用、教育培训、激励保障、管理监督等机制，持续推进村干部专职化和支书、主任“一肩挑”，管好用好“第一书记”和驻村工作队，切实增强引领农村发展的能力。要提升创造力。充分运用现代化手段，创新拓展平台载体，着力打造城乡党群服务中心和党建工作孵化站，深入推进“党建+”全覆盖工程，引导党员干部在特色产业开发、基础设施建设、基层社会治理等方面建功立业，真正将基层组织活力转化为推动高质量发展的动力。

（三）倡树实干导向，努力锻造过硬队伍。坚持严管和厚爱结合、激励和约束并重，着力打造政治过硬、本领过硬、作风过硬的高素质专业化干部人才队伍。要坚持正确用人导向。紧盯事业发展需要，把敢不敢扛事、愿不愿做事、能不能干成事作为识别考察、考核评价、奖罚任用的硬标尺，大力选拔在疫情防控、脱贫攻坚、项目建设等一线讲政治、敢担当、有实绩的干部，旗帜鲜明为敢于担当、踏实干事、不谋私利的干部撑腰鼓劲。要加强干部培养管理。聚焦脱贫攻坚、乡村振兴、产业开发、金融运筹等重点领域，切实提升经济调度、资本运作、项目谋划等方面的能力。要进一步完善容错纠错机制，落实“三个区分开来”，真正让干部放下包袱、轻装上阵、担当作为。要高度重视人才工作。强化“人才资源是第一资源”的理念，实行更加积极、开放、有效的人才政策，深入实施“百千万英才”计划和产业支撑重点人才开发行动，加大急需紧缺人才引进和服务保障，最大限度激发人才活力，为推动高质量发展提供智力支持和人才保障。

（四）从严正风肃纪，不断完善监督体系。坚持“严”的主基调，深入推进“作风建设年”活动，努力营造正气充盈、心齐劲足的干事创业环境。要深化作风建设。持续抓好基层减负和“四察四治”专项行动，下大力气整治精神萎靡、慵懒散漫、消极懈怠等不良风气，坚决查纠工作不落实、慢落实、落不实的问题，坚决查纠空泛表态、应景造势、敷衍塞责等问题，严防“四风”问题反弹回潮。要加强纪律教育。针对不同层次、领域、行业，采取具体化、精准化、差异化教育方式，用好反面典型案例和廉政教育基地，经常性开展廉政警示教育，引导党员干部知敬畏、存戒惧、守底线，使铁的纪律成为干事创业的自觉遵循。要强化监督执纪。深化巩固省委巡视整改成果，以“钉钉子”精神做好巡视整改“后半篇文章”。综合运用监督执纪“四种形态”，聚焦扶贫领域腐败问题和不正之风，深入推进“十个严查”和主题教育专项整治，规范村级小微权力运行，坚决查处违纪违法问题。

（五）健全制度机制，多方凝聚工作合力。认真践行“担当、创新、突破、提升”的工作要求，紧盯既定目标，全力攻坚克难，不折不扣抓好各项工作落实。要强化责任担当。始终保持干事创业的韧劲、拼劲和闯劲，对决定了的事情，要一抓到底、抓出成效；对部署了的工作，要雷厉风行、跟踪落实。各级各部门主要负责同志要以身作则，对项目建设中的土地、资金等制约因素深入研究谋划，多运用创新性思维和市场化手段，努力破解发展瓶颈。要加强督查调度。市委经济工作会议明确提出，每季度对经济发展排位靠后的县区进行约谈，连续两次约谈的要追责问责。分管县级领导要紧盯主要经济指标和重点任务，常态化督促检查，跟踪问效。由县发改局牵头，相关经济主管部门参与，建立动态预警监测机制，每月向县委、县政府报告经济指标完成情况，提出有针对性意见建议。要严肃考核奖罚。充分发挥考核“指挥棒”作用，健全完善工作绩效考核和干部业绩考核办法，坚持定量考核与定性考核、过程考核与结果考核相结合，综合运用专项督查、随机抽查、明察暗访等方式，加强对重点工作、重大项目、民生实事的督查考核，以真督实查、严肃问责倒逼任务落实。

同志们，今年是一个特殊重要的年份，完成各项既定目标，任务艰巨、责任重大。让我们紧密团结在以习近平同志为核心的党中央周围，深入贯彻中央和省、市、县委各项决策部署，不忘初心、牢记使命，砥砺奋进、担当作为，为全面实现“十三五”规划目标、加快建设绿色开放幸福美好新泾川而努力奋斗！

在县委十七届九次全体会议暨县委经济工作会议上的讲话

王廷佐

（2020年2月26日）

同志们：

今天，县委召开十七届九次全体会议暨经济工作会议，主要任务是认真贯彻中央、省市委经济工作会议精神，回顾总结去年工作，表彰奖励先进典型，分析研判发展形势，安排部署今年任务，动员全县上下统一思想，坚定信心，聚焦重点，实干攻坚，全力推动经济社会高质量发展。刚才，鹏举同志代表县委常委会作了工作报告，系统盘点总结了过去一年的工作，后面还要对今年工作进行全面部署，我们一定要深入学习领会，切实抓好贯彻落实。下面，我根据县委、县政府讨论的意见，重点讲三个方面：

一、客观审视县情，把握发展大势，切实增强推动高质量发展的信心和决心

客观审视问题才能知差距，准确研判形势方可明方向。综合分析今年全县经济社会发展形势，要准确把握三个方面：

第一，要在充分肯定发展成绩中切实提振发展信心。2019年，面对艰巨繁重的改革发展任务和复杂多变的经济形势，全县上下坚持以习近平新时代中国特色社会主义思想为指导，认真贯彻落实中央、省市、县委决策部署，众志成城，砥砺奋进，圆满完成了年度各项目标任务，全县经济社会发展取得了显著成效。一是脱贫攻坚战役取得决定性进展。紧扣"两不愁三保障"标准，以"3+3"冲刺清零为抓手，多方整合各类资源，全力加大帮扶力度，充分发挥农村"三变"改革、农民专业合作社、东西部扶贫协作等平台作用，持续壮大牛、果、菜等富民增收产业，大力实施村组道路硬化、易地扶贫搬迁、饮水安全巩固提升等工程，着力补齐水、电、路、房等基础设施短板，全面落实教育扶贫、健康扶贫、兜底保障等政策措施，扎实整改中央、省市巡视、考核、审计反馈问题，全力巩固脱贫攻坚成果，全县脱贫退出10个村838户2687人，贫困发生率下降到0.31%，如期实现了脱贫摘帽，为全面建成小康社会奠定了坚实基础。二是重点项目建设取得突破性进展。坚持从投资拉动型经济县情实际出发，积极抢抓国家稳增长、稳投资等重大政策机遇，以十大绿色生态产业项目为统揽，争引并举，大小齐抓，全县论证储备重点项目48项，落实中央、省市财政专项资金13.5亿元，落实债券资金2.1亿元，实施500万元以上项目62个，朱家涧水库、南滨河景观大道、星鼎电商物流配送中心等一批重大项目建成投用，县医院整体搬迁、汽车客运站建设、泾河流域水环境综合治理等一批重点项目加快实施，固定资产投资实现止滑回升、稳定增长。三是产业转型升级迈出实质性步伐。坚持以发展现代农业为方向，精心实施特色产业"扩量、提质、延链、增效、创牌"工程，扎实推进新幼园拉枝修剪、丰产园提质增效、老旧园高接换优、低劣园间伐改造等果园标准化管理措施，大力推广良种化繁育、清洁化生产、集约化经营等现代养殖业发展模式，积极探索日光温室带动、大中拱棚提质、高原夏菜扩量、幼园间作补充等蔬菜产业发展路子，全力扶持富原红果业、鼎康牛业、雄发蔬菜等龙头企业发展壮大，不断拓宽农超对接、电子商务、外贸出口等农产品销售渠道，特色产业发展在布局调整、品种优化、模式创新、富民增收方面迈出新的步伐。着眼构建工业主导型经济格局，大力实施工业强县战略，不断拓宽招商引资空间，全面建成中盛建材二期10万吨活性石灰生产线，加快实施汇丰重油油泥工业无害化处理、50万吨建筑垃圾回收利用、8000万块煤矸石烧结砖等重点项目，工业经济发展在资源利用、节能环保、扶优培强方面取得了新成效。坚持以深化与省城乡投资集团合作为契机，以完善景区景点体系为重点，加快促进文旅融合发展，大景区旅游基础设施基本建成，吴焕先烈士纪念馆完成布展，王村完颜3A级景区创建通过验收，城关凤凰被命名为省级乡村旅游示范村，文化旅游产业在运营机制创新、景区晋等升级、城乡统筹推进方面取得了新突破。四是城乡基础条件得到根本性改善。坚持把新型城镇化建设作为推动县域经济发展的突破口和切入点，全力加快棚户区改造、老旧住宅楼改造和住宅小区建设，精心实施街路改造提升、重点区域亮化、休闲步道建设等工程，配套完善荔堡、太平等小城镇基础设施，县城及重点小城镇建设水平进一步提升。把农村人居环境治理作为实施乡村振兴战略的基础性工程，深入推进“三大革命”“六大行动”，扎实开展全域无垃圾专项治理，村容村貌发生较大变化。把生态环保作为底线性任务，广泛开展造林绿化，加大水土保持及小流域治理力度，配套完善垃圾、污水收集处理等设施，集中整治环境突出问题，区域环境质量持续改善。五是民生保障水平得到全方位提升。坚持教育优先发展，精心实施义务教育“全面改薄”、学前教育推进工程，寄宿制学校和日托制幼儿园建设取得突破，城乡办学条件显著改善，高考本科上线创历史新高；加快实施县医院整体搬迁项目，全面落实分级诊疗、“一站式”结算等制度，医疗卫生服务能力进一步增强；不断完善公共文化服务体系，大云文化学术报告厅、县博物馆建成主体，乡镇文化馆、图书馆实现全覆盖，群众精神文化生活进一步丰富；积极扩大就业和再就业，扎实开展农民工工资清欠专项治理，深入开展扫黑除恶专项斗争，切实强化安全生产、信访维稳、社会治理等工作，全县社会大局保持和谐稳定。

第二，要在深入分析问题差距中主动应对困难挑战。在充分肯定成绩的同时，也要清醒地看到，我们的工作仍然存在一些不容忽视的问题，全县经济社会发展依然面临诸多困难和挑战。从国家宏观政策看，中央经济工作会议明确提出，要继续推动高质量发展，确保经济实现量的合理增长和质的稳步提升，这对我们转变发展方式、优化经济结构、提升发展质量提出了全新要求；要强化风险意识，大幅压减一般性支出，全力保工资、保运转、保基本民生，对我们这样一个高度依赖国省投资和信贷融资的欠发达县份而言，资金短缺、风险增加、发展受限的问题将更加突出。从外部发展环境看，当前我国正处在转变发展方式、优化经济结构、转换增长动力的攻关期，结构性、体制性、周期性问题相互交织，“三期叠加”影响持续深化，经济下行压力加大，加之受新冠肺炎疫情影响，经济发展的不确定性、不稳定性进一步增加，对我们开展招商引资、促进农产品销售、扩大外贸出口、发展实体经济必将造成诸多困难和影响。从县情发展特征看，虽然我县如期实现了脱贫摘帽，但支撑贫困群众稳定脱贫的产业基础还不牢固，防止返贫的预警监测机制还不健全，全面建成小康社会仍然存在诸多短板；重大项目储备不足、体量不大，城乡居民收入水平不高，消费动力不足；三产结构不够合理，市场化运营机制不够健全，链条短、层次低的问题相对突出；基础设施建设滞后，公共服务、社会保障体系还不完善；特别是受新冠肺炎疫情影响，项目企业复工复产延缓，给中小企业发展、群众生产生活造成较大困难，等等。上述问题，有些是客观因素多重叠加的结果，有些是我们主观努力不够造成的，各级各部门必须高度重视，认真研究，切实加以解决。

第三，要在准确把握上级要求中积极抢抓发展机遇。年前，中央、省市相继召开一系列重要会议，对今年经济社会发展进行了全面安排部署，提出了许多含金量高、针对性强的政策措施，各级各部门一定要认真学习领会，全力抓好落实。一要切实明确发展方向。中央经济工作会议提出，将继续实施积极的财政政策和稳健的货币政策，财政政策从“加力提效”变为“提质增效”，货币政策从“松紧适度”变为“灵活适度”，强调要巩固拓展减税降费成效，持续优化民营经济发展环境，更好缓解民营企业和中小微企业融资难融资贵问题。中央农业农村工作会议指出，要对标对表全面建成小康社会，坚决打赢脱贫攻坚战，全力巩固脱贫成果，加快补齐“三农”短板，加大农村基础设施建设力度，着力改善农村人居环境。省委、市委经济工作会议提出，要聚焦全面建成小康社会，推进“八大创新”，提升“五力”，解决“四大结构性问题”，全面培育经济高质量发展新动能。所有这些，都为我们做好新年度各项工作指明了前进方向，提供了重要遵循。二要积极抢抓发展机遇。中央将促进黄河流域生态保护和高质量发展确定为国家战略，提出要实施一批黄河流域生态环境保护重大工程，同时持续加大西部地区、贫困地区倾斜支持，引导资金投向民生建设、基础设施等领域，加快市政管网、停车场、冷链物流等建设，改善农村道路、信息、水利等基础设施，做好城镇老旧小区改造、困难群众住房保障工作，为我们谋划争取项目、破解资金难题带来了重大利好。三要着力植厚发展基础。近年来，我们通过不断优化发展思路，持续深化全面改革，创新完善推进机制，在脱贫攻坚、产业开发、城镇建设、基础改善、民生保障等方面取得了显著成效，为推进高质量发展奠定了坚实基础。全县上下要坚持既定思路不动摇，切实把思想和行动统一到中央、省市对当前经济形势的科学研判上来，统一到县委、县政府决策部署上来，进一步保持战略定力，提振发展信心，勇于担当作为，顶压砥砺前行，推动经济社会发展实现新的突破，确保“十三五”规划圆满收官，如期实现全面建成小康社会目标。

二、聚焦发展重点，加大推进力度，全面落实推动高质量发展的各项任务

2020年，是全面建成小康社会和“十三五”规划的收官之年，也是为“十四五”规划开好局、起好步、打基础的一年。全县经济工作的总体思路是：以习近平新时代中国特色社会主义思想为指导，全面贯彻党的十九大和十九届二中、三中、四中全会精神，认真落实习近平总书记对甘肃重要讲话和指示精神，增强“四个意识”、坚定“四个自信”、做到“两个维护”，统筹推进“五位一体”总体布局，协调推进“四个全面”战略布局，紧扣全面建成小康社会目标，坚持稳中求进总基调和高质量发展要求，以新发展理念为引领，以供给侧结构性改革为主线，牢牢把握“六稳”要求，统筹推进稳增长、促改革、调结构、惠民生、防风险、保稳定各项工作，统筹推进新冠肺炎疫情防控和经济社会发展，确保全面建成小康社会和“十三五”规划圆满收官。

经济社会发展的预期目标是：生产总值增长6%，固定资产投资增长8%，规模以上工业增加值增长8%，社会消费品零售总额增长7.5%，一般公共财政预算收入增长8%，城镇居民人均可支配收入增长7.5%，农村居民人均可支配收入增长8.5%，城镇登记失业率控制在4%以内，单位生产总值能耗和主要污染物排放量完成省市下达的控制指标。

围绕上述思路和目标，重点抓好六个方面工作：

（一）全力以赴稳增长，持续扩大固定资产投资。各级各部门要继续把投资拉动作为促进县域经济高质量发展的主要抓手，争建并举、大小齐抓、内外统筹、质效兼顾，加速培育经济发展新动能，确保全面实现稳增长目标。

1.切实强化项目支撑。坚持把项目建设作为促进县域经济发展的强力引擎，积极对接争取，狠抓建设管理，确保全年实施500万元以上项目60项以上。要精心编制发展规划。去年习近平总书记提出，要把促进黄河流域生态保护和高质量发展作为国家战略，目前已进入实际操作层面，县发改局及相关部门要深入研究政策，抓紧编制规划，确保3月底全面完成。同时，要切实加强对战略性、基础性、关键性问题的研究，高质量编制“十四五”规划纲要及各类专项规划和行业规划，着力构建目标导向明确、项目支撑有力、措施务实管用的规划体系。要切实强化项目储备。各乡镇、各部门要积极对接“一带一路”建设、乡村振兴战略、黄河流域生态保护和高质量发展、公共卫生服务体系建设等重大机遇，准确把握投资导向，敏锐捕捉投资信息，全面落实“八个一批”“四种渠道”项目谋划生成运作方式，做深做细项目可研论证、审核报批、信息对接、资金方案等前期工作，进一步增强项目可行性、可批性和实效性，确保全县论证储备过亿元项目10项以上，概算投资16亿元以上。要全力加快项目进度。各级各部门要努力克服新冠肺炎疫情影响，紧盯“双过半、全年旺”的目标，全面落实“四百机制”、领导包抓、清单管理等制度措施，研究解决难点问题，切实强化督查调度，加班加点赶进度，全力以赴补欠账。总的要求是，3月底前，所有续建项目必须全部复工；4月底前，完成新建项目规划设计、用地审批、环评等前期工作；上半年，全县项目开工率达到90%以上。要严格规范项目管理。发改、财政、审计等部门要充分发挥职能作用，严格执行“四制”要求，切实强化工程质量和施工安全监管，确保每个项目都符合法定程序，符合政策要求，符合质量标准。要建立健全全过程监督机制，严把市场准入、资格审查、资金使用等关口，全面开展绩效评价，确保项目依规实施、发挥效益。

2.多方扩大招商引资。近年来，随着土地审批、环境保护等方面的政策趋紧，招商项目落地难度加大，个别企业生产经营也出现了一些困难和问题。各级各部门必须牢固树立“招大企业、引大项目”的思想，进一步优化招商环境，创新招商理念，力争在引进大而强的企业、好而优的项目、新而特的产业、高精尖的技术上取得新突破。要突出重点抓招商。各乡镇、各部门要积极抢抓东部沿海地区产业转移机遇，充分发挥我县区位、产业、资源等方面的优势，以轻资产招商、产业链招商、集群化招商为方向，以农产品精深加工、文化旅游开发利用、现代物流体系建设等领域为重点，全力促进招商主体多元化、模式多样化、对象精准化。要创新方式抓招商。坚持领导带头、部门联动，采取组团招商、网络招商、代理招商、以商招商等方式，主动出击，积极对接，年内招商引进5000万元以上项目2个以上，落实省外资金12亿元以上。其中，农口、工业经济口、文化旅游口、商贸流通口各部门要至少招商引进一个2000万元以上项目。特别是要充分发挥互联网优势，整合各类招商资源，积极通过网上洽谈、在线签约等方式，持续抓好招商引资，确保工作不断档。要优化服务抓招商。对重点招商项目，分管领导要亲自上手、亲自洽谈，及时协调解决存在问题；各主管部门要紧盯项目签约率、资金到位率、投产开工率“三大关键”，从项目报批、土地征用、手续办理等环节入手，提供个性化、全程式、保姆式服务，确保项目招得来、留得住、建得快、有效益。

3.大力发展民营经济。坚持把民营经济作为县域经济新的增长极，进一步解放思想，转变观念，多方开展协调服务，持续创优发展环境，推动民营经济健康快速发展。要全面落实扶持政策。中央、省市相继出台了《关于营造更好发展环境支持民营企业改革发展的意见》等一系列政策，从市场准入、政策扶持、改革创新、环境营造、法治保障等方面提出了28条实打实、有分量的政策措施，为民营企业发展送来了“大礼包”。各级各部门要紧密结合我县实际，研究制定配套措施，确保全面落实到位，让民营企业真正享受到政策红利。要多方开展协调服务。各有关部门要加大协调力度，组织金融机构和非公企业开展银企对接，探索创新金融产品，一对一实施帮扶；政府性担保要进一步健全担保再担保、企业联保机制，建立高效便捷的贷款流程，着力破解民营企业融资难题。对因疫情影响导致资金链紧张的企业，金融部门要通过续贷、延期等措施，确保不抽贷、不断贷。财政、税务等部门要全面落实减税降费政策，切实降低民营企业用能、用地、物流等经营成本，着力减轻企业负担。自然资源等部门要将民营经济发展用地纳入年度用地计划，加大用地储备，保障企业需求。要持续优化营商环境。各级各部门要严格落实《优化营商环境条例》规定，不折不扣落实“降成本、优环境”各项政策措施，全面取消非行政许可审批事项，积极推行全程代理代办服务，加快建立项目审批“绿色通道”，进一步激发民营企业活力，做大做强民营经济“蛋糕”。要切实规范行政执法行为，全面清理涉企收费，严肃查处阻碍、干扰企业发展的人和事，为民营企业发展创设公平竞争的市场环境。

（二）多措并举调结构，全面提升产业发展水平。近年来，我们在调整优化经济结构方面尽管做了大量工作，取得了一定成效，但一产大而不优、二产少而不强、三产散而不活等结构性问题依然突出，与高质量发展要求存在较大差距。各级各部门要坚持以供给侧结构性改革为主线，以调存量、优增量、提质量为方向，以强龙头、补链条、聚集群为重点，进一步改造提升传统产业，培育壮大新兴产业，加快形成结构合理、特色明显、优势突出、效益良好的现代化产业体系。

1.现代农业要在稳总量、抓管理、延链条、促增收上下功夫。我县是传统农业大县，农业在全县经济社会发展中具有举足轻重的作用。各级各有关部门要坚持农业基础地位不动摇，以发展现代农业为方向，以深化农业供给侧结构性改革为主线，在稳总量、抓管理、延链条、促增收等方面狠下功夫，充分发挥现代农业“接二连三”效应。稳总量，就是要以强化宣传引导、坚定发展信心为切入点，以集中连片、矮化密植、立体栽培为主要模式，新栽果园2000亩，间伐改造老果园2000亩，坚决制止砍伐果树、撂荒果园等现象发生，切实稳定果园面积；以公司化、纯种化、循环化为基本方向，以平凉红牛为主要品牌，大力发展标准化养殖场，引进平凉红牛基础母牛3000头，持续壮大牛产业规模；以泾汭河川区为重点，建成红河东庄、王村章村、朱家涧设施蔬菜园区，全县建成日光温室50座、钢架大棚500座，新增露地蔬菜2000亩，种植大棚西瓜2万亩。抓管理，就是要多方整合资金，加大扶持力度，强化技术培训，完善服务体系，全面落实标准化管理措施，配套水利灌溉设施，健全防灾减灾体系。全面落实农业保险政策，扩大农业保险覆盖面。健全农产品质量标准体系，切实加大无公害农产品、绿色食品、有机农产品和农产品地理标志认证等“三品一标”争创力度，努力提升农产品质量，以优质换优价，向质量要效益。延链条，就是要围绕果品贮存加工、肉牛屠宰购销和蔬菜储销运输，招商建办一批仓储保鲜、精深加工、冷链物流、电子商务等产业化龙头企业，充分发挥农民专业合作社、家庭农场、产业大户等新型市场主体引领带动作用，衍生发展一批农业观光、采摘体验、文化创意等新业态，形成多点辐射、多业融合的发展格局。促增收，就是要加快推进农产品营销体系建设，发展农超对接、农企对接、电子商务，大力推行线上交易、线下配送、连锁分销等营销模式，不断拓展延伸农产品营销网络，引导群众适时适价销售，拓宽农产品销售渠道，多方增加农民收入。以深化“三变”改革为抓手，进一步创新产业链组织形式，完善利益联结机制，促进企业、农户与市场有机衔接，让农户分享产业链增值收益、参与价值链收益分配、共享现代农业发展成果。

2.工业经济要在扩总量、优存量、聚集群、促转型上出实招。不论从我县三次产业结构，还是从全市七个县（市区）来看，工业经济一直都是我们的最大短板。对此，各级各部门一定要有一个清醒的认识，把工业经济作为培植主体财源、促进就业创业、带动城镇建设、提升经济实力的主攻方向，以扩总量、优存量、聚集群、促转型为重点，不断壮大工业经济实力。扩总量，就是要坚持大小齐抓、签履并重，切实加大招商引资力度，扎实做好矿泉水生产线、石料加工等项目前期工作，力争年内开工建设，全力加快天纤棉业二期20万锭棉纱生产线进度，确保正大公司二期15万吨饲料生产线建成投产，促进工业经济总量扩张。优存量，就是要坚持因企施策、分类指导，着力破解土地、资金、用工等要素制约，积极帮助企业挖掘潜力、拓展市场，全力支持正大饲料、家园陶瓷等重点企业扩产促销，全面完成中盛建材一期活性石灰生产线技术改造，积极衔接争取豹子沟煤矿恢复生产，多方盘活恒兴果汁、福润禽业等企业资源，进一步提升工业经济发展质量。聚集群，就是要充分发挥循环经济产业园区在综合协调、项目引进、科技孵化、人才聚集等方面的作用，进一步修订完善功能分区、项目布局、基础设施等规划，研究制定招商引资、人才引进、土地征用、环境保护等政策，配套完善道路、绿化、水电、环保、通信等设施，切实做好项目、融资、用工等方面的协调服务工作，真正把园区建设成为工业项目的聚集平台、对外开放的服务窗口和经济发展的重要增长极。促转型，就是要以高端化、智能化、绿色化为方向，大力实施创新驱动战略，鼓励企业与高等院校、科研机构合作，应用新工艺，研发新技术，开发新产品，不断提升市场竞争力；引导金融机构立足企业实际需求，开发金融产品，优化审批流程，跟踪协调服务，拓宽企业融资渠道；支持企业健全现代企业制度，完善法人治理结构，切实履行社会责任，努力提升管理水平。

3.文化旅游要在创机制、建体系、补要素、打品牌上做文章。目前，我县文化旅游产业虽然尚在起步阶段，但从长远发展来看，无疑是最具活力、最有前景的朝阳产业。各级各部门要坚持以文化资源为基础，以大景区为龙头，以全域旅游为统揽，以创机制、建体系、补要素、打品牌为着力点，以功成不必在我的勇气和持之以恒的精神，切实把文化旅游业打造成为全县绿色崛起的战略性支柱产业。创机制，就是要以市场化为导向，持续深化与省城乡投资集团的合作，进一步优化“管委会+公司”管理运营开发模式，鼓励引导社会资本参与开发建设，推动县内景点串点连线，加强与周边景区融合搭接，促进文化旅游产业由政府主导向政府引导、市场运营转变。建体系，就是要把景区建设作为文旅产业发展的重中之重，全力抓好温泉小镇、民俗文化展示体验馆等项目建设，全面建成大云文化学术报告厅和县博物馆，启动实施罗汉洞挽头坪、城关凤凰、王村完颜等乡村旅游示范村二期建设项目，持续完善景区道路、停车场、游客服务中心、安全防护等基础设施，积极推进大景区晋等升级，切实提升文化旅游产业的核心竞争力。补要素，就是要围绕促进文化旅游全要素、全区域、全产业链发展，积极开发红色教育、避暑休闲、养生度假、农事体验等旅游项目，配套完善道路交通、餐饮住宿、购物娱乐等基础设施，建立健全网上信息发布、餐饮预定、门票订购等服务平台，推动旅游与文化、养生、体育、农业等产业深度融合，努力提升产业综合效益。打品牌，就是要通过积极参加“文博会”“兰洽会”等节会，精心筹办乡村文化旅游节等活动，充分利用网站、微信、微电影、手机APP等新媒体开展宣传推介，形成多形式、广覆盖、立体化的宣传叠加效应，着力提升泾川旅游的知名度和影响力。

（三）坚持不懈夯基础，统筹推进城乡协调发展。统筹城乡发展，既是新发展理念的核心内容，也是改变城乡二元结构的迫切要求。各乡镇、各相关部门要以生产空间集约高效、生活空间宜居适度、生态空间山清水秀为目标，以功能完善、产业配套、品位提升为重点，全力推进城乡发展规划、基础建设、产业布局、公共服务、社会管理一体化，着力夯实经济高质量发展基础。

1.巩固脱贫攻坚成效。打赢脱贫攻坚战是全面建成小康社会的重中之重和标志性工程。目前，全县下剩的贫困人口都是“贫中之贫、困中之困”，已经脱贫退出的边缘户、脱贫监测户基础仍不牢固，巩固提升脱贫攻坚成果、接续实施乡村振兴战略的任务依然艰巨。各级各部门要按照“攻坚、巩固、提升、兜底、整改”的总要求，切实强化攻坚责任，始终保持攻坚态势，一鼓作气攻克最后堡垒，确保如期实现全面小康目标。要全面消除贫困人口。对全县335户999名贫困人口和红河姚哈、王村朱家涧2个挂牌督战贫困村，要严格对照“两不愁三保障”标准，坚持扶持政策优先供给、项目资金优先支持、基础设施优先布局，切实靠实主体责任、监督责任和帮扶责任，积极帮助发展“五小”产业，精准落实低保医保、养老保险、临时救助等兜底政策，着力解决实际困难，真正做到全面小康路上不漏一户、不落一人。要努力提升脱贫质量。严格落实“四个不摘”要求，对已脱贫的边缘户、监测户，健全完善返贫监测预警、稳定脱贫长效机制，及时跟进产业扶持、技能培训、政策支持等措施，切实解决好上学、看病、住房等方面的实际问题，确保脱贫成果不反弹，以扎实有效的工作迎接国家脱贫攻坚普查。要持续深化帮扶协作。主动加强与天津市武清区、省市帮扶单位的对接联系，在产业开发、劳务协作、人才交流等方面，进一步靠实合作项目、争取更多支持，切实提升帮扶协作成效。要突出“志”“智”双扶，不断激发贫困村谋求发展、贫困户勤劳致富的内在动力。

2.深入推进乡村振兴。坚持把实施乡村振兴战略作为新时代“三农”工作总抓手，着眼补齐农业农村短板，健全多元投入保障机制，推动基础设施向农村延伸，公共服务向农村覆盖，城市文明向农村辐射，在实施乡村振兴中加快城乡统筹发展。要多方改善基础条件。统筹推进贫困村和非贫困村基础设施建设，全力抓好“四好农村路”建设，精心实施泾川至土谷堆、龙王村至张老寺等县乡道路改造工程，硬化村组道路，加强维修管护，着力解决群众行路难、产业发展难的问题；切实抓好盘口水库前期工作，加快实施朱家涧水库供水复线工程和北部农村饮水安全提升改造工程，不断增强城乡供水保障能力；大力实施农村电网升级、光纤覆盖工程，着力改善农村生产生活条件。要扎实抓好人居环境整治。坚持把农村人居环境整治作为实施乡村振兴战略的突破口，以县城城郊、乡镇周边村庄为重点，每个乡镇建成1～2个乡村振兴示范村，通过抓点带面、示范带动，综合推进“三大革命”“六大行动”，积极实施全域无垃圾专项行动和卫生厕所改造工程，全面拆除闲置废弃庄基，大力推行“户积存、村收集、片处理”的垃圾处置模式，全县创建清洁示范村64个，每个乡镇创建1个改厕示范村，实现所有行政村卫生公厕全覆盖。要切实强化农村社会治理。坚持自治、法治、德治相结合，推动社会治理和服务重心向村级下移，充分发挥各类村级自治组织作用，健全村民议事、村务监督等制度，推进村民自治制度化、规范化、程序化。广泛开展乡村精神文明创建活动，坚决整治高价彩礼、婚丧嫁娶大操大办等陈规陋习，严厉打击黄、赌、毒等违法犯罪行为，稳步推进移风易俗，培育树立文明新风。

3.加快城镇开发建设。坚持把新型城镇化作为促进城市经济发展的重要载体，拓展空间与提升品位并举，完善功能与塑造特色并重，聚焦薄弱环节，完善基础设施，加快构建以县城为中心、重点小城镇为支撑、中心村为基点的城乡发展新格局。要切实强化规划约束。充分发挥规划龙头引领作用，准确定位，突出特色，加快编制县城重点区域、小城镇修建性详规及重点乡村建设规划，完善提升规划体系。严格按照“先规划后建设、无规划不建设”的要求，强化部门协作，严格执法检查，坚决查处和纠正规划违法行为，切实维护规划的严肃性和强制性。要全力推进开发建设。不断创新经营运筹机制，切实强化国有土地储备，多方拓宽融资渠道，全力加快紫润东郡、新景嘉苑等住宅小区建设进度，开工建设城关杨柳、延风、茂林安置楼，全面完成老旧住宅小区改造及水泉路建设工程，进一步拓展县城发展空间。按照建设“绿色城市”“海绵城市”的要求，全力加快城区生活垃圾填埋场二期、城区供热管道改造工程进度，积极实施地下停车场、城市公厕、休闲公园等公共服务设施，努力提升市政基础设施建设水平。以南北二塬区域性中心集镇为重点，加快绿化美化、功能完善和产业培育，集中抓建特色小镇，辐射带动村镇建设。要着力强化综合管理。坚持部门联动、建管并重，以城乡接合部、背街小巷和中心村镇为重点，严肃查处垃圾乱倒、车辆乱停、占道经营、噪音扰民等突出问题，努力提升城镇整体形象。加快推进“智慧城市”建设，建成市政设施、交通、环境、应急等数字化监管平台，全面落实智能化、网格化管理措施，积极创新城镇管理新模式。

4.强化生态环境治理。各级各部门必须牢固树立“绿水青山就是金山银山”理念，始终保持打持久战的态势，切实加强生态治理，着力解决突出问题，持续改善环境质量。要大力实施造林绿化。着眼构筑陇东生态安全屏障，持续抓好“三北”五期防护林建设、新一轮退耕还林等重点工程，努力提升面山绿化、乡村绿化、景区绿化水平，精心实施泾汭河流域乡村面山断档裸露区和南北二塬沟壑区治理工程，高标准完成造林绿化2万亩，建成道路林网65公里，完成黄土高原塬面保护17平方公里。要切实强化污染防治。坚持问题导向，突出精准施策，巩固散煤、油烟、扬尘污染治理成果，持续改善大气质量；全面落实落细河（湖）长制，纵深推进河（湖）“清四乱”行动，深入开展饮用水水源地保护、河道垃圾治理等专项行动，加快推进雨污分流改造和污水管网建设，确保乡镇污水垃圾处理设施稳定达标运行；切实加大尾菜处理、农膜回收、畜禽养殖废弃物资源化利用力度，着力解决农村面源污染问题。要健全长效监管机制。启动编制国土空间规划，科学划定生态保护红线、永久基本农田和城镇开发边界。严格落实生态环境保护“党政同责、一岗双责”责任制，建立生态环境保护责任清单，加强执法检查监督，强化目标考核，倒逼责任落实，严守生态保护红线、环境质量底线、资源利用上线。

（四）坚定不移促改革，持续激发发展内生动力。坚持以改革破解发展难题，以创新厚植发展优势，下功夫破除阻碍经济社会发展的体制机制障碍，最大限度释放全社会创新创造动能，切实增强县域经济发展内生动力和外向活力。

1.巩固提升政府机构改革成果。各乡镇各部门要以职能划转、人员转隶、工作承接、权力运行、实名制管理等方面为重点，严格按照“三定方案”，科学设置内设机构，合理调配工作人员，抓紧理顺权责关系，促进机构、职能、人员深度融合，确保工作高效协调运转，推动改革由“物理变化”向“化学反应”转变，进一步提高政府机构履职尽责的能力和水平。

2.持续深化“放管服”改革。加快一体化政务服务平台建设和数据共享，建立全县政务服务“好差评”制度，着力打造政务服务“一张网”；持续推进投资项目审批制度改革，探索推行承诺制、容缺受理、模拟审批，大幅压缩企业投资项目落地时间；全面落实“多证合一”“证照分离”等改革措施，大力推进企业登记全程电子化和电子营业执照应用，最大程度利企便民；全覆盖、常态化推进部门联合监管，建立健全公众监督、内部管控和分级预警机制，切实加强事中事后监管。

3.稳步推进农村重点领域改革。持续深化“三变”改革，突出确权、产业、主体、入股、融资五个关键环节，探索推广“三变+农业”“三变+旅游”等改革模式，健全完善“企业+基地+合作社+贫困户”利益联结机制，形成风险共担、利益共享的经济共同体。不断完善农村土地制度改革，坚持土地承包关系长久稳定，引导土地经营权规范有序流转，着力构建归属清晰、权责明确、保护严格、流转顺畅的现代产权制度。

4.深入推进财税改革。今年，随着国家减税降费政策深入推进，各类刚性支出不断增加，全县财政形势异常严峻，保工资、保运转、保基本民生十分艰难。各级各部门必须切实增强过紧日子的思想，严格落实零基预算管理，大幅压缩一般性支出，想方设法争取中省财政投资项目、扶持政策和各类补助，切实缓解财政压力。这里需要特别强调的是，对预算之外的支出，除个别非开不可的，一律不再新开增支口子。

（五）尽心竭力惠民生，不断提升公共服务水平。坚持把保障和改善民生作为加快发展的出发点和落脚点，以“幼有所育、学有所教、病有所医、劳有所得、老有所养、弱有所扶”为目标，持续加强普惠性、基础性、兜底性民生建设，切实增强群众获得感和幸福感。

1.坚决打赢新冠肺炎疫情防控阻击战。坚持把人民群众生命安全和身体健康放在第一位，坚决贯彻习近平总书记关于疫情防控重要讲话和指示精神，认真落实中央、省市部署要求，坚定信心，同舟共济，科学防治，精准施策，以外防输入为重点，切实靠实网格管理责任，全面落实各项防控措施，持续加强“四类重点人员”管控，进一步筑牢阻击疫情的严密防线。坚持疫情防控和经济发展两手抓、两不误，科学研判企业复工、学校开学、景区开放等可能带来的疫情风险，提前制定防控预案，多方储备防疫物资，落实落细防控措施，确保各项工作有序推进。

2.努力提升医疗服务水平。加快县医院整体搬迁项目进度，持续改善基层卫生院基础条件，强化医疗人才队伍建设，不断完善基层卫生院、村卫生所运行机制，切实增强医疗卫生服务能力。加快全民健康信息平台建设，积极发展“互联网+医疗健康”，启用居民电子健康卡，实现居民就医“一卡通”。切实加强传染病、地方病、慢性病防治工作，持续扩大家庭签约医生覆盖面，努力提升全民健康水平。

3.坚持教育事业优先发展。持续改善办学条件，加快星鼎庭院、花样年住宅小区幼儿园建设，建成高平中心幼儿园等农村日托制幼儿园10所，完成太平中学、东街小学等校舍新建、改扩建项目，着力解决“乡村弱”“城镇挤”“入园难”“大班额”等问题。不断深化课程教学、考试评价、绩效考核等重点环节改革，全面落实阅读推广、综合实践、研学旅行等素质教育措施，努力提升教育教学质量，力争全市排名位次前移。持续实施农村义务教育学生营养改善计划，加快学校食堂标准化建设改造，全面推行学校食堂自主供餐，切实改善学生营养健康状况。

4.繁荣发展公共文化事业。健全完善公共文化服务体系，建成乡级农民健身工程1处、村级农民健身工程15处，全面完成高峰寺广播电视发射台搬迁工程，加快广播电视节目无线数字化覆盖。加大文化遗产保护力度，加快实施百里石窟长廊保护、南石窟寺修缮二期等项目。大力发展文化事业和文化产业，组织开展形式多样的文艺创作、文艺展演，广泛开展送戏下乡、广场舞比赛等文化惠民活动，进一步丰富群众精神文化生活。

5.扎实做好就业创业工作。坚持把稳就业摆在突出位置，全面落实就业创业各项政策，全力实施职业技能提升行动，广泛开展就业创业培训，切实做好高校毕业生、农民工、退役军人等重点群体就业工作，加大农村富余劳动力转移力度，确保零就业家庭动态清零，全县新增城镇就业4000人，城镇登记失业率控制在4%以内。深入推进“无欠薪”城市创建活动，着力根治拖欠农民工工资问题，维护劳动者合法权益。

6.切实增强社会保障能力。统筹做好城乡低收入家庭、特困供养对象、孤儿、高龄和失能老人、残疾人生活保障工作，加快推进城镇困难职工解困脱困，大力发展社会福利和慈善事业，关爱农村留守儿童、妇女和老人，努力提升社会保障水平。全面落实双拥优抚安置政策，扎实做好退役军人技能培训、就业创业、困难帮扶等服务保障工作。

（六）严格监管防风险，努力创设良好发展环境。各级各部门要切实强化法治观念、底线思维和风险意识，健全责任机制，突出源头把控，加强监督管理，着力防范和化解经济发展、社会治理、廉政建设等方面的突出问题，为经济发展创造和谐稳定的社会环境。

1.防范债务金融风险。切实加强县乡政府、政府部门、国有企业及村级债务管理，严格控制政府投资项目建设规模，强化预算管理，量力而行，尽力而为，坚决杜绝乡村两级举债搞建设。按照“谁主管、谁监管，谁审批、谁监管”的原则，建立健全金融风险监测预警、早期干预和应急处置机制，切实加强小贷公司、担保公司、典当行等重点领域监管，严厉打击高息揽储、非法集资等违法金融活动，对发现的苗头性、倾向性问题，及时处置，跟踪整改，进一步规范金融行为，维护金融秩序。

2.推进社会治理创新。纵深推进扫黑除恶专项斗争，继续保持对黑恶势力的高压态势，彻底铲除黑恶势力滋生土壤，建立扫黑除恶专项斗争长效机制，切实做到“两个不发生”，确保实现“一降两升”目标。按照“属地管辖、分级负责、归口办理”要求，集中开展矛盾纠纷排查化解活动，做到小事不出村、大事不出乡、矛盾不上交。高度重视群众信访，引导群众依法理性反映诉求，妥善解决群众反映强烈的突出问题。

3.健全应急管理体系。坚持“以防为主、防抗救结合”的方针，及时修订完善应急预案，全面建成县应急指挥中心和应急管理平台，健全县、乡、村三级应急救援队伍，充实公安消防、森林防火、医疗救护、抗洪抢险、地震救灾等专业力量，经常性开展应急演练，全面提高防灾减灾救灾能力。严格落实安全生产责任制，深入开展道路交通、危险化学品、非煤矿山、建筑工地、消防、学校、食品药品等重点行业领域隐患排查整治，坚决防范遏制重特大安全事故发生。

4.强化廉政风险防控。严格落实党风廉政建设主体责任和“一岗双责”，认真学习贯彻中央、省市、县委廉洁从政有关规定精神，持续深化政策法规培训和廉洁从政教育，进一步筑牢拒腐防变思想防线。严格执行“三重一大”事项集体研究讨论、个人重大事项报告、政务信息公开等制度，细化完善权责清单，规范权力运行流程，自觉接受各方监督。切实加强扶贫资金、民生保障、政府采购等重点领域监管，加大重点项目、大额资金、国有资产审计力度，严肃查处各类违纪违法问题，以清正廉洁的施政环境保障发展、取信于民。

三、改进工作作风，强化责任担当，不断完善推动高质量发展的各项措施

今年全县经济社会发展的任务十分繁重，各级各部门要按照“担当、创新、突破、提升”要求，紧盯既定目标，主动担当作为，切实提高贯彻力、执行力和落实力，确保各项工作一抓到底、抓出成效。

一要深化学习研究，提升能力素质。各级领导干部要切实增强“本领恐慌”感，加强对市场经济、现代金融、项目运作、产业发展、社会治理等方面知识的学习，进一步提高领导经济、运作运筹、撬动市场的能力。要在吃透上情、摸透下情、掌握实情的基础上，把上级精神与具体工作结合起来，与解决实际问题结合起来，坚决摒弃守旧思想，自觉破除惯性思维，以新的思路、新的理念、新的举措谋划发展、推动落实。

二要强化责任担当，力促落实见效。各级各部门要牢固树立“有权必有责，有责必担当”意识，始终保持干事创业的韧劲、冲劲和闯劲，敢于承压、敢于较真、敢于碰硬。对今年确定的重大项目、重点工作，继续实行领导包抓责任制和清单化管理制度，列出目标任务和责任清单，明确时间进度和质量要求，倒排工期，跟踪问效，确保各项工作计划不落空、进度不滞后、质量不打折。

三要转变工作作风，提升行政效能。坚持求真务实的作风，说实话、出实招、办实事、求实效，坚决反对坐而论道、只说不干，力戒形式主义、官僚主义。大力发扬雷厉风行作风，对县委、县政府安排的工作、部署的任务，快交快办、立说立行，不折不扣落实到位。切实强化为民服务作风，改进服务方式，提升服务水平，着力解决中梗阻、推拖绕等问题，为企业和群众办事提供最大便利。

四要严格督查考核，推动任务落实。对县委、县政府重大决策部署，县级分管领导要跟踪督查，定期调度，现场指导，协调解决具体问题，乡镇部门要聚焦重点，深入一线，全力推进落实。对工作完成情况，“两办”要充分发挥职能作用，采取“四不两直”方式，定期督促检查，及时通报反馈，跟踪抓好落实。要修订完善考核奖罚办法，对乡镇、部门工作进行客观公正评价，持续激发各级干部干事创业激情，全力推动各项工作落地见效。

同志们，目标催人奋进，形势时不我待，做好今年的工作，任务艰巨，责任重大。我们要更加紧密团结在以习近平同志为核心的党中央周围，在县委的坚强领导下，勠力同心，锐意进取，扎实苦干，奋力争先，坚决夺取全面建成小康社会伟大胜利，奋力谱写绿色开放幸福美好新泾川新篇章！

2020年政府工作报告

——在县十八届人民代表大会第六次会议上

王廷佐

（2021年1月13日）

各位代表：

我代表县人民政府向大会作工作报告，请予审议，并请各位政协委员和列席人员提出意见建议。

“十三五”期间全县经济社会发展回顾

“十三五”时期，面对资源环境约束趋紧、经济下行压力加大、改革发展任务繁重的形势，在县委的坚强领导和县人大、县政协的监督支持下，县政府团结带领全县广大干部群众，坚持以习近平新时代中国特色社会主义思想为指导，深入贯彻党的十九大和十九届二中、三中、四中、五中全会精神，认真落实习近平总书记对甘肃重要讲话和指示精神，紧扣整县脱贫和全面小康总体目标，积极主动作为，奋力攻坚克难，统筹推进稳增长、促改革、调结构、惠民生、防风险、保稳定各项工作，“十三五”规划确定的主要目标任务全面完成，经济社会发展在顶压前行、夯基补短、稳中求进中取得显著成效。

五年来，我们全力以赴抓调控、扩投资、强动能，经济发展质量持续提升。坚持把高质量发展作为中心任务，深入贯彻新发展理念，积极推进供给侧结构性改革，着眼绿色发展转方式，立足创新驱动调结构，切实加大经济运行调控力度，全力推动扩内需、促消费、稳增长等政策措施落地见效，县域经济保持平稳较快增长。坚持把项目建设作为强大引擎，紧盯政策投资导向，精心谋划争取，全力加快建设，五年累计实施500万元以上项目292项，过亿元项目71项，完成固定资产投资169.6亿元，年均增长8%。坚持把招商引资作为有力抓手，紧紧依托资源区位优势，持续加大招商力度，引进实施投资规模大、产业关联度高、辐射带动作用强的项目161项，落实到位资金174.43亿元。坚持把深化投融资体制改革作为重要举措，拓宽融资渠道，强化银企合作，争取国家专项债券资金11.18亿元，落实财政补助和转移支付资金50.7亿元，金融信贷资金净增27.6亿元，为基础设施建设、特色产业发展、民计民生改善提供了有力支撑。2020年全县地区生产总值预计达到40.5亿元，一般公共财政预算收入2.16亿元，经济发展质量和效益明显提升。

五年来，我们精准施策抓重点、补短板、促脱贫，全面小康目标胜利在望。始终把脱贫攻坚作为最大政治任务和第一民生工程，紧盯目标标准，贯彻精准方略，累计投入扶贫资金11.92亿元，全力以赴兴产业、增后劲，持之以恒补短板、强弱项，脱贫攻坚取得决定性胜利。切实强化产业扶贫，扶持贫困户栽植果园8.3万亩，养牛8120头，发展设施蔬菜2714亩，种植露地蔬菜9.8万亩，组织输转贫困劳动力26.48万人（次），贫困群众人均收入稳定达到1万元，基本实现了村有主导产业、户有增收门路。全力补齐基础短板，完成易地扶贫搬迁1635户，改造农村危房1.04万户，硬化村组道路222公里，新建改造电网325.7公里，实施农村饮水安全巩固提升工程4处，完成自来水入户4273户，行政村通硬化路和自然村通动力电实现全覆盖，安全住房比率、饮水安全保障率均达到100%，贫困群众走上了硬化路、吃上了自来水、用上了稳定电、住上了安全房。着力提升公共服务，新建、改扩建幼儿园112所、标准化村卫生室80个，新增村级文化活动中心159个，建成老年人幸福大院17所、日间照料中心139个，贫困乡村教育、医疗、养老等问题得到有效解决。全面深化扶贫协作，与天津武清区建立东西部扶贫协作结对帮扶关系，衔接落实帮扶资金1.01亿元，扎实推进交流互访、产业协作、消费扶贫、人才引进等工作，有力助推了全县脱贫攻坚。通过五年来的不懈努力和共同奋斗，全县91个贫困村全部出列，6.62万贫困人口全面脱贫。

五年来，我们坚定不移扩规模、提质量、增效益，产业结构调整步伐加快。积极适应高质量发展趋势，改造提升传统产业，培育壮大新兴产业，三次产业结构比由40.6：20.2：39.2调整到21.9：17.1：61。坚持园区引领、龙头带动，深度开发农村特色产业，新建矮砧密植设施果园1.1万亩，搭建日光温室396座、钢架大棚2651座，发展大棚西瓜2.1万亩，建成标准化肉牛养殖场（小区）45个，牛饲养量达到3.7万头，粮食产量保持稳定；引进建办鼎康牛业、雄发果蔬等一批产业化龙头企业，建成新型农业经营主体555个，“泾川苹果”成功注册地理标志证明商标，旭康牛肉成为国家体育总局运动员专供牛肉，特色产业初步实现了由规模扩张向提质增效转变，由群众自主发展向龙头企业带动转变。突出平台搭建、总量扩张，持续壮大工业经济实力，泾川工业集中区晋升为省级开发区，新裕建材、汇丰重油、8000万块煤矸石烧结砖、50万吨建筑垃圾回收利用等43个项目建成投产，工业总产值年均增长5.4%，达到15.12亿元；持续推进石油勘探开发，完成投资1.2亿元，复产油井83口；大力支持民营经济发展，新增非公企业1509户，产值占工业总产值的比重达到73.4%，是“十二五”末的3.8倍。紧扣做大核心、多点布局，全力加快文旅融合步伐，大云寺景区旅游基础设施工程基本建成，吴焕先烈士纪念馆对外开放，大云寺·王母宫大景区“三权”分置全面完成；乡村旅游亮点纷呈，泾明白家、王村完颜等6个景区晋升为国家3A级旅游景区，城关凤凰、汭丰郑家沟等4个村被评为全省乡村旅游示范村，在多元化融合、全域化推进方面走在了全市前列；成功举办海峡两岸西王母故里民俗文化交流、“锦绣凤凰”“山水白家”等系列活动，中央电视台等主流媒体多次聚焦报道，我县文化旅游的知名度和影响力不断扩大。着眼示范带动、体系完善，大力发展商贸流通产业，国家电子商务进农村综合示范县项目通过市级验收，商品交易和农产品批发市场、县级电商公共服务中心、物流配送中心等一批商贸物流设施建成运营，新建乡镇电商服务站14个、村级服务点141个，培育电商企业54家，开办网店618家，“陇上泾川”电商品牌正式启用，城乡居民消费日趋活跃，线上线下交易融合发展，2020年全县社会消费品零售总额预计达到12亿元，较“十二五”末增长27%。

五年来，我们持之以恒抓建设、强管理、提品位，城乡基础条件显著改善。着眼破解城乡二元结构，坚持建管齐抓，注重功能完善，突出品位提升，城乡均衡、一体推进的发展格局初步形成。切实加快城镇开发建设，累计完成投资47.77亿元，世纪花园B区、C区和星鼎庭院等商住小区相继建成，官泉巷、公社路等14个片区棚户区改造全面完成，新增商品房68.9万平方米，精心实施177栋老旧住宅楼改造和安定街、中山桥等重点区域绿化亮化、景观提升工程，高标准建成南滨河景观大道、中山森林公园休闲步道和泾州街人行天桥，县城面貌焕然一新，建成区面积达到7.8平方公里；着力实施荔堡、王村、高平等重点小城镇街路改造、管网配套工程，城镇综合承载能力进一步增强，全县城镇化率达到37.54%。持续加强城市综合管理，“智慧城市”运营管理中心建成投用，卫生保洁、垃圾清运实现公司化运营，县城智能化、精细化管理水平显著提升。大力改善农村人居环境，统筹推进“三大革命”“六项行动”，深入开展全域无垃圾专项治理，飞云、玉都2个乡镇垃圾处理站建成投用，农村改厕、改灶、改炕全面推开，建成户用卫生厕所2.2万户，村级公厕实现全覆盖。扎实推进基础设施建设，完成泾河、汭河、黑河河堤治理145公里，朱家涧水库建成投用，水旱灾害防御和城乡供水保障能力明显提升；完成电网改造483公里，建成温泉110千伏变电站，供电保障能力持续增强；新建网络基站123个，行政村光网覆盖率达到100%；312国道改扩建工程竣工通车，蒋丰路、高邵路、巨荔路等县乡主干道路完成改造升级，全县农村公路通车里程达到1261公里；敷设燃气管道113公里，覆盖县城和6个乡镇，1.3万多户城乡群众用上了天然气。

五年来，我们标本兼治配设施、抓治理、建机制，生态文明建设扎实推进。牢固树立和践行“绿水青山就是金山银山”理念，以最大的决心、最硬的措施，一体推进生态治理和污染防治，全力打赢蓝天、碧水、净土保卫战，县域环境质量明显提升。持续加强生态建设，完成造林绿化13.3万亩，实施水土保持综合治理144平方公里，创建国家级森林乡村4个、省级森林小镇1个，全县森林覆盖率达到47.33%。全力防治大气污染，取缔改造燃煤锅炉107台，关闭实心黏土砖厂32户，大力推广清洁能源，扎实开展扬尘治理，县域空气质量优良天数比率连续五年达到85%以上。深入推进水环境治理，严格落实河（湖）长制，扎实开展河湖“清四乱”专项整治，泾河流域水环境综合治理一期项目、城区生活污水处理厂提标扩容、污泥无害化处理、中水回用等工程和14个乡镇污水处理站建成投用，敷设城区排污管网26.1公里，整治入河排污口17处，县城污水处理率达到95%以上，县乡集中式饮用水源地水质达标率、泾河出境断面水质优良比例均保持在100%。大力整治面源污染，依法划定畜禽养殖禁养区，严格落实农药化肥减量增效措施，土壤污染治理扎实推进。全力整改中央、省、市环保督察反馈问题，建立健全联合执法机制，生态环境共治共享格局初步形成。

五年来，我们尽心竭力办实事、惠民生、促和谐，人民生活水平大幅提高。坚持把增进民生福祉作为一切工作的出发点和落脚点，多方改善民计民生，加快补齐短板弱项，集中办成了一批打基础、惠民生、利长远的实事好事，民生支出累计达到84.4亿元，是“十二五”时期的1.38倍，占财政总支出的78.1%。协调发展社会事业，新建、改扩建校舍7.55万平方米，县第三小学、第四和第五幼儿园以及26所农村日托制幼儿园建成投用，中街小学、黄家铺中学、梁河九年制学校改扩建全面完成，全县学前教育毛入园率、义务教育巩固率分别达到95.2%和98.5%，高考本科累计上线6058人，447名学生被“985”“211”院校录取，成功创建国家农村职业教育和成人教育示范县，县职教中心被评为国家中等职业教育改革发展示范学校；县医院整体搬迁工程加快建设，新建乡镇卫生院中医馆6个，每千人拥有床位数实现翻番，崔乃强、陈宝贵名医工作室建成运行，疾病预防控制和公共卫生事件处置能力不断增强；县体育中心建成开放，乡镇文化站、农家书屋实现全覆盖，成功举办全国山地自行车越野赛、甘肃青少年足球锦标赛等体育赛事；深入推进科技

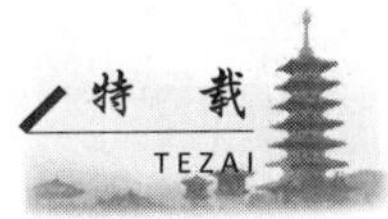

创新，培育科技型中小企业5户。健全完善保障体系，高平、丰台中心敬老院全面建成，基本医保、城乡低保、残疾人补贴、特困人员救助供养标准大幅提高，城乡居民养老保险参保率保持在90%以上；全面落实促进创业就业政策，新增城镇就业2.06万人，安置高校毕业生1531人，城镇登记失业率控制在4%以内。2020年城乡居民人均可支配收入预计分别达到29192元和11532元，较“十二五”末增长47%和53.1%。积极创新社会治理，扎实开展扫黑除恶专项斗争，深入排查化解各类矛盾纠纷，健全完善防灾减灾、应急救援体系，切实加强道路交通、建筑施工、食品药品等重点领域安全监管，人民群众获得感、幸福感、安全感明显增强。

五年来，我们多措并举抓改革、破瓶颈、激活力，经济发展环境不断优化。坚持以改革创新引领发展，着力完善体制机制，持续强化服务管理，经济社会发展活力不断释放。全面完成政府机构改革，加快推进经营类事业单位和乡镇事业单位改革，着力优化机构设置和职能配置，部门职责更加明晰，工作运转更加顺畅，行政效能有效提升。持续深化“放管服”改革，县政务服务中心和14个乡镇便民服务中心建成运行，承接省市下放行政审批事项72项，取消调整246项，全面建成“三张清单一张网”，大力推行并联审批、网上审批，实现了“清单之外无审批”，企业和群众办事“只进一扇门，最多跑一次”。持续优化营商环境，坚持“非禁即入”，进一步降低市场准入门槛，加快推进商事制度改革，努力营造稳定、公平、透明、可预期的良好环境。纵深推进农村改革，全面完成集体产权制度改革，深入推进“三变”改革，持续扩大政策性农业保险覆盖面，为农业增效、农民增收探出了新路子。深化财税金融改革，“营改增”范围不断扩大，财政预决算、国库集中支付更加规范，金融信贷总量持续增长，新增便民金融服务网点323个，支持服务经济发展的能力进一步提升。

2020年，我们坚决贯彻中央、省市决策部署，紧紧围绕县委确定的思路目标，统筹推进疫情防控和经济社会发展，扎实做好“六稳”工作，全面落实“六保”任务，提振信心，鼓足干劲，砥砺拼搏，赶超进位，主要经济指标好于预期，高质量发展态势持续向好。

一是脱贫攻坚在冲刺清零、补齐短板中持续加力。坚持不获全胜决不收兵，压紧靠实挂牌作战责任，聚焦“两不愁三保障”，集中开展“大排查、大起底、大整改”，深入推进“3+1”冲刺清零后续行动和“5+1”专项提升行动，投入扶贫资金2.16亿元，实施各类项目252个，新建日光温室61座、钢架大棚608座，修建暖棚牛舍437座，扶持贫困户购买基础母牛1102头，硬化村组道路80.2公里，改扩建水处理厂4处、供水管道273公里，新建改造农村电网172.7公里，王村朱家涧、红河姚哈2个贫困村、967名贫困人口全部脱贫，顺利通过国家脱贫攻坚普查验收和东西部扶贫协作考核，朱家涧易地搬迁安置点被评为全国美丽安置区，中央电视台《朝闻天下》栏目深度报道了朱家涧村脱贫蜕变历程，胡春华同志视察我县工作并给予肯定。

二是项目建设在争建并举、加快实施中成效显著。全面落实“八个一批”谋划争取方法和“四个渠道”项目生成运作方式，申报新增中央投资项目82项、专项债券项目46项，概算投资88.17亿元。深入推进“四百机制”，严格落实“三个一”包抓和清单化管理措施，实施500万元以上项目82项，完成投资17亿元，泾河流域水环境综合治理一期、县城老旧住宅小区改造等项目全面竣工，城区生活垃圾填埋场二期等项目加快推进，固定资产投资止滑回升、逆势上涨，有力拉动了经济社会发展。

三是产业发展在做强做优、转型升级中提质增效。深度开发特色产业，新栽补植果园1.24万亩，发展设施蔬菜4300亩、大棚西瓜2.1万亩，新建标准化肉牛养殖小区3个，建成平凉红牛良种中心、高平原尚万头生猪养殖场、鼎惠公司万吨气调果库。持续扩大工业总量，中盛建材一期15万吨活性石灰技改、正大二期饲料生产线等项目全面建成，汇丰重油正式投产，建筑骨料、单采血浆等项目落地实施，中小企业孵化园、10万吨航空矿泉水等项目前期工作进展顺利；一企一策推动正大饲料、家园陶瓷等重点企业降本增效、扩产促销；鼓励支持非公经济发展，全县新增非公企业383户、个体工商户1256户。加快促进文旅融合，成功创建省级全域旅游示范区，大云文化学术报告厅、县博物馆建成主体，南石窟寺二期岩体加固项目进展顺利，泾川温泉康养度假村项目开工建设，吴焕先烈士纪念馆、王村知青记忆园晋升为国家3A级旅游景区，汭丰郑家沟入选全国乡村旅游重点村，成功举办“陇上花开·乡约甘肃”等乡村旅游推介活动，旅游带动消费持续加力，全县第三产业增加值完成25.4亿元，同比增长9%。

四是城乡建设在基础改善、健全功能中统筹推进。全力加快城镇开发建设，紫润东郡、星鼎庭院三期等商住小区建成主体，聚贤华府、新景嘉苑等小区建设进展顺利，2039户老旧小区和66户老旧楼改造工程全面竣工，水泉路建成通车，回中广场改造提升全面完成，高平、玉都等4个小城镇建设加快推进，县城及重点小城镇综合承载能力持续增强。深入推进全域无垃圾专项治理，扎实开展农村“三大革命”“六项行动”，拆除闲置废弃危房3.5万间，改建农村户用卫生厕所7890座，建成村级公厕62座，乡村垃圾集中收集处理实现全覆盖，农村人居环境显著改善。持续推进国土绿化行动，完成荒山造林3.72万亩，新建道路林网310公里。

五是民计民生在强化保障、共建共享中有效改善。坚持把疫情防控作为头等大事，建成核酸检测实验室2处，严格落实联防联控、群防群治措施，全县未发生确诊病例。加快发展社会事业，精心实施义务教育学校薄改与能力提升项目，东街小学教学楼建成主体，第四幼儿园正式招生，世纪花园C区、花样年、星鼎庭院住宅小区配建幼儿园全面建成；县医院整体搬迁项目即将建成，分级诊疗制度全面落实，城乡医疗保障能力显著增强。认真落实保就业政策措施，安置高校毕业生483人，新增城镇就业4298人；积极应对疫情影响，完成劳动力输转7.4万人，其中“点对点、一站式”组织输转1388人。规范管理社会保险，严格落实社会救助、双拥优抚、残疾人补贴等政策，落实民生保障资金22.9亿元。纵深推进“平安泾川”建设，扎实开展扫黑除恶“六清”行动，依法打击各类违法犯罪活动，深入排查化解矛盾纠纷，持续加强安全生产监管，全县社会大局保持和谐稳定。

六是自身建设在优化服务、提升效能中全面加强。坚持把加强自身建设贯穿于政府工作的全过程，增强“四个意识”，坚定“四个自信”，做到“两个维护”，确保中央大政方针及省市、县委决策部署落地见效。严格执行政府工作规则，切实规范重大行政决策程序，政府决策科学化、规范化水平进一步提升。自觉接受人大法律监督和政协民主监督，积极配合人大、政协开展视察调研活动，认真办理人大代表议案和政协委员提案，办结率分别达到92.3%和92.6%。切实加强廉政建设，全面落实主体责任，扎实开展政府投资项目、专项资金审计核查，加大违法违纪案件查办力度，廉政风险防控体系进一步健全。深入推进“增强危机创新赶超拼搏意识”专题教育，着力整治“庸懒散、推拖绕”等突出问题，干部作风持续改进，行政效能明显提升。

同时，全力支持金融、电力、通信、气象等驻泾单位有效开展工作，民族宗教、审计监督、市场监管、档案、供销等工作取得了较好成效。

各位代表，回顾总结五年的工作，我们深切感受到，这些成绩的取得，是县委统揽全局、协调各方，四大班子齐心协力抓落实的结果，是全县各级组织和广大干部群众团结奋斗、开拓进取的结果，凝聚着各位人大代表、政协委员的心血和汗水，离不开各民主党派、社群团体及离退休老干部的大力支持和帮助。在此，我代表县人民政府，向五年来为泾川经济社会发展作出贡献的各界人士，表示衷心的感谢并致以崇高的敬意！

在肯定成绩的同时，我们也清醒地认识到，全县经济社会发展依然存在诸多困难和问题，政府工作与全县人民的期盼还有很大差距和不足。一是产业结构调整任务依然艰巨繁重。农村特色产业转型步伐缓慢，龙头企业建办、产业链条延伸、营销体系建设比较滞后；工业经济基础薄弱，现有企业数量少、规模小、实力弱，工业短腿问题仍未得到有效解决；文化旅游产业融合度不高，发展要素不够完善，经济效益尚不明显。二是支撑经济社会发展的动能不足。对国省政策研究把握不够深入具体，谋划论证、衔接争取项目的积极性和主动性不高，项目数量总体偏少；市场主体发展活力不强，民间投资和社会投资动力不足；受政策资源环境约束，招商引资难度加大；财政收支矛盾日趋突出，资金调度异常困难，保工资、保运转、保基本民生存在较大压力，支持自我发展受限；运用市场化方式破解土地、融资、人才等瓶颈制约力度不大，体制机制障碍尚未有效破除，推动县域经济发展的作用有限。三是资源配置还不够均衡。城乡之间、乡镇之间、产业之间不同程度存在发展差距，受政策因素影响，部分非贫困村水电路等基础设施投入缩减、建设滞后，新的不平衡问题逐渐显现。四是工作作风有待进一步改进。个别乡镇、部门对中央、省市决策部署学习理解不全面、不系统、不深入，在结合实际抓贯彻、促落实方面仍有差距；部分干部思维僵化、视野狭窄，责任意识不强、担当精神不足，“中梗阻”“推拖绕”现象依然存在，等等。这些问题，需要我们在今后工作中采取有力措施，切实加以解决。

“十四五”发展的总体构想

“十四五”时期，是开启全面建设社会主义现代化国家新征程、向第二个百年奋斗目标进军的关键时期，也是我县实现经济社会高质量发展的攻坚阶段。虽然我们面临着政策资源约束趋紧、经济下行压力加大、区域竞争更趋激烈等严峻挑战，但全县发展总体上仍处于大有作为的战略机遇期。从宏观环境看，党中央、国务院深入实施扩大内需、“一带一路”、乡村振兴、黄河流域生态保护和高质量发展等战略，加快建设西部陆海新通道和关中平原城市群，积极构建国内国际“双循环”格局，为我们承接产业转移、调整经济结构、扩大招商引资带来了新的契机。从政策机遇看，中央继续实施积极的财政政策和稳健的货币政策，持续扩大国债、专项债券、预算内投资和财政赤字规模，鼓励支持非公有制经济发展；省市相继出台了发展十大绿色生态产业、加快新型城镇化建设等一系列政策措施，对我们做好“六稳”工作，落实“六保”任务，保持经济平稳较快发展提供了有力支持。从自身发展看，经过近年来的不懈努力，我县脱贫任务即将完成，基础条件明显改善，产业支撑更加有力，解决了一大批制约发展的遗留问题，办成了一大批夯基利远的惠民实事，全县经济社会发展进入了结构调整的加速期、乡村振兴的攻坚期、产业开发的转型期、民生保障的提升期。只要我们主动适应新常态，积极参与新格局，因势而谋，顺势而动，乘势而上，在危机中育新机，于变局中开新局，就一定能够开创经济社会高质量发展新局面。

“十四五”时期，全县发展的总体思路是：高举中国特色社会主义伟大旗帜，深入贯彻党的十九大和十九届二中、三中、四中、五中全会精神，坚持以马克思列宁主义、毛泽东思想、邓小平理论、“三个代表”重要思想、科学发展观、习近平新时代中国特色社会主义思想为指导，全面贯彻党的基本理论、基本路线、基本方略，坚决落实习近平总书记对甘肃重要讲话和指示精神，统筹推进经济建设、政治建设、文化建设、社会建设、生态文明建设总体布局，协调推进全面建设社会主义现代化国家、全面深化改革、全面依法治国、全面从严治党战略布局，坚定不移贯彻创新、协调、绿色、开放、共享的新发展理念，坚持稳中求进工作总基调，以推动高质量发展为主题，以深化供给侧结构性改革为主线，以改革创新为根本动力，以满足人民日益增长的美好生活需要为根本目的，按照“党建统领，‘四化’统筹，交通先行，产业支撑，工业突破，振兴乡村，改革创新，建设绿色开放幸福美好新泾川”战略思路，打造“一个中心”（建设平凉市域副中心城市），做好“两篇文章”（绿色发展和文化旅游），实施“四大战略”（重大项目支撑、人才科技引领、改革创新驱动、发展环境保障），推进“六大工程”（乡村振兴推进、产业增效创牌、城镇提质扩容、基础设施覆盖、民生改善提升、党建先锋引领），努力建成黄河流域生态保护和高质量发展示范县。

奋斗目标是：

——经济增速高于全市平均水平。地区生产总值、固定资产投资等主要经济指标前两年高于全市平均水平，后三年达到两位数增长，财政收入、城乡居民收入和经济增长基本同步，县域经济质量和效益明显提升，综合实力在全市位次前移。

——现代化产业体系迈上新台阶。农村特色产业发展水平显著提高，工业体系逐步完善，高新技术产业、战略性新兴产业占比持续提升，文化旅游产业效益更加明显，服务业比重稳步上升，新产业、新技术、新业态、新模式引领作用显著增强，产业结构更趋合理。

——生态文明建设实现新进步。国土空间开发保护格局持续优化，生态文明制度体系更加健全，主要污染物排放总量持续下降，流域综合治理显著加强，循环经济水平进一步提升，生产生活方式绿色转型，生态环境质量全面改善，资源节约型社会建设取得明显成效。

——民生福祉达到新水平。脱贫攻坚成果有效巩固，乡村振兴战略全面推进，更高质量就业更加充分，教育现代化水平不断提升，卫生健康体系日益完善，基本公共服务均等化水平明显提高，多层次社会保障体系更加健全，人民群众获得感幸福感安全感更加充实、更有保障、更可持续。

——改革开放迈出新步伐。重点领域和关键环节改革取得实质性突破，市场主体活力显著增强，公平竞争制度更加健全，发展环境持续优化。区域合作深度拓展，招商引资质量效益显著提高，开放型经济加快发展。

——社会文明程度得到新提高。社会主义核心价值观深入人心，人民思想道德素质、科学文化素质和身心健康素质明显提高，公共文化服务体系和文化产业体系更加健全，人民精神文化生活日益丰富，泾川文化影响力进一步增强。

——社会治理效能得到新提升。社会主义现代化治理能力和体系更趋完善，社会公平正义充分彰显，政府行政效率和公信力进一步提升，防范化解重大风险体制机制不断健全，突发公共事件应急能力显著增强，发展安全保障更加有力。

围绕上述目标，主要落实八个方面重点任务：

（一）强化项目带动，着力改善城乡基础条件。始终坚持抓项目、扩投资，补短板、夯基础，加快建设功能完备、体系完善的城乡基础设施。构建综合交通网络。积极论证西平铁路二线等项目，争取实施青兰高速泾川过境段新线扩容、泾川至灵台什字高速公路、国道244线长庆桥至何家坪段新建等重大交通项目，加快推进“四好农村路”建设，形成连接畅通、高效便捷的道路交通体系。完善水利基础设施。争取实施凤凰沟水库、白龙江引水配套水厂等重大水利工程，全面建成刘李河水库、农村水源补充工程，进一步优化水资源配置，提高饮水安全保障水平。实施泾河、黑河生态综合治理项目，新增、改善灌溉面积4.5万亩，实现水岸同治，修复河流生态。推进电网改造升级。启动实施王村、玉都等5个35千伏变电站主变改造和泾川至东塬35千伏线路工程，进一步提升供电保障能力。加快信息化发展步伐。抢抓新基建项目建设机遇，争取实施5G通信基站、大数据信息平台、云计算、区块链、人工智能等项目，大力推进“互联网+”和智慧化应用，实现县城5G网络全覆盖。

（二）聚焦全面发展，大力实施乡村振兴战略。坚持农业农村优先发展，按照“三三三”思路要求，培育壮大特色主导产业，加快实施乡村建设行动，促进脱贫攻坚与乡村振兴有效衔接，努力实现农业强、农村美、农民富。紧扣转型升级发展现代农业。加快推进农业供给侧结构性改革，依托区域产业基础和优势潜力，集中打造泾汭河川国家级农业现代化示范区、北部塬区果畜示范基地、南部塬区绿色果品出口创汇基地。扶持建办果蔬冷链物流、红牛规模养殖企业，培育壮大新型农业经营主体，健全完善农业产业服务体系，积极推进全产业链发展。严格落实耕地保护政策，坚决遏制耕地“非农化”，防止“非粮化”，建成高标准农田8万亩，切实保障粮食安全。着眼宜居宜业建设绿美村庄。坚持节点式打造、片带化开发、整区域提升，以主干路为轴线、重点村为引领，因地制宜改造农村户厕，梯次推进村组道路、入户道路建设，加快城镇天然气、污水管网向周边村庄延伸覆盖，扎实推进乡村绿化美化，集中连片建设生态宜居的美丽乡村，努力实现农村巷道全硬化、亮化美化全到位、农户水厕全覆盖、农村天然气全入户，提升通乡道路标准的“四全一提升”目标，全力打造全省乡村振兴示范县。注重素质提升培育新型农民。扎实推进农民素质提升工程，加快培育一批爱农村、懂农业、会经营的新型职业化农民，鼓励引导各类人才积极投身乡村建设，支持返乡人员兴办企业、发展产业，为现代农业发展提供有力的人才保障。围绕治理有效培树文明乡风。着眼乡村共建共治共享，大力践行社会主义核心价值观，传承优秀传统文化，持续推进移风易俗，加强普法宣传教育，完善乡村法律服务体系，健全村民自治制度，推动“三治”融合，弘扬文明新风。

（三）突出转型升级，不断扩张工业经济总量。深入实施“工业强县”战略，着力推动工业经济存量盘活、增量崛起、变量突破。立足功能配套打造园区平台。按照“布局集中、产业集聚、发展集约”的原则，加强园区供水供电、排水排污、绿化亮化等基础配套和要素保障，切实增强承载能力。创新管理运行机制，探索新型服务模式，建成中小企业孵化园，鼓励引导企业出城入园，持续壮大园区规模。坚持“低耗环保、高新技术、产能配套”优先原则，主动承接中东部转移产业，争取每年招商引进项目5个，签约资金3亿元以上。立足扩能提规改造传统产业。围绕建链、补链、延链、强链，加快企业“三化”改造，推动传统工业转型升级，鼓励支持正大饲料、新裕建材等重点骨干企业发展智能生产、仓储、销售模式，大力扶持富原红、旭康等企业发展果蔬、肉食品精深加工产业，促进重点企业延伸链条、优化结构、转变生产方式。立足创新驱动发展新兴工业。加大战略性新兴产业培育力度，积极扶持建办一批电子信息、节能环保、新能源、新材料等创新型企业，争取实施半导体照明、橡塑海绵制造等项目，论证实施二甲基砜、益生菌生产等项目，促进工业经济由传统加工型向创新驱动型转变。立足增强后劲推进能源开发。主动融入全市“双千亿”煤电化冶产业基地，加大石油、煤炭资源开发力度，扩大勘探成果和产能建设规模，论证实施800万吨炼油等精深加工项目，培育形成采、炼、化一体发展的能源化工产业集群。

（四）注重提质增效，全力推动第三产业发展。聚焦做大总量、优化结构，积极适应消费热点，大力发展文化旅游、商贸物流和现代服务业，着力培育县域经济新的增长点。持续扩大文化旅游产业规模。以创建国家级全域旅游示范区为统揽，全面推进大云寺·王母宫国家5A级旅游景区创建，大力实施大景区旅游基础设施改造提升、大云寺文化遗址考古保护、智慧旅游等项目，精心打造汭河川红色旅游、泾河川丝路风情、北塬民俗文化体验、南塬休闲农业4条乡村旅游景观带。加快融入西兰银黄金旅游圈，大力推进“旅游+”模式，培育形成一批优秀文旅产业园和特色旅游小镇，旅游接待人数、综合收入增长20%以上。全面提升现代服务业水平。积极适应需求新变化，支持批零住餐、文化娱乐等传统服务业改造升级，推动信息金融、旅游休闲、家政服务、医养保健等现代服务业发展壮大，加快培育网络、定制、体验、智能等消费新热点，促进服务业发展提速、水平提升。健全完善商贸流通产业体系。依托商品交易和农产品批发市场、电商物流配送中心，争取实施陇东商品交易集散基地、电子商务产业园等项目，打造智慧物流平台，拓展物流产业链条。大力发展数字经济，全面实施“互联网+”行动计划，开办网店1800家以上，电子商务交易额年均增长25%以上。

（五）着眼功能完善，加快建设现代精品城市。以建设市域副中心城市为统揽，坚持以城带乡、融合发展，着力提升城镇集聚效应和辐射带动能力。不断优化空间布局。按照“拉大框架、完善功能、提升品位、宜居宜业”的目标定位，以国土空间规划为引领，精心编制县城重点区域、小城镇修建性详规，着力构建“一极两翼三廊”空间格局。大力推进开发建设。围绕“东西延伸、南北优化、旧城改造”，加快推进城西、城北重点区域综合开发，精心实施城区街路改造提升、供热扩容改造、智慧停车场、城西绿地公园等重点市政工程，着力打造一批园林景观和地标建筑，县城建成区面积达到10平方公里以上。加快推进重点小城镇提质改造和经营开发步伐，完善基础设施，培育主导产业，建设一批资源加工型、文化旅游型、商贸物流型、综合发展型特色小镇。加强城市经营运筹。健全完善“土地出让+城市设计”制度，全面清理“五未”土地，盘活存量土地资源。建立城区可经营性资源资产清单，组建国有资产经营公司，依法授权经营停车场、户外广告等资源资产。优化城市综合管理体制，加快“智慧城市”建设，推进城市管理精细化、现代化和智能化。

（六）严守生态红线，持续改善区域环境质量。深入实施生态立县战略，着力推进绿色发展、循环发展、低碳发展，加快建设陇东黄土高原绿色发展先行区。立体化推进生态建设。按照城镇绿化造景、面山绿化连片、农村绿化围村、廊道绿化做精的思路，深入实施新一轮退耕还林还草、天然林保护、“三北”六期等生态工程，加快建设省级森林小镇和国家级森林乡村，加强重点小流域、水土流失综合治理和塬面保护，构建黄河流域重要生态保护屏障。常态化加强污染防治。深入推进蓝天、碧水、净土保卫战，全链条治理超标排放，大力度推广清洁能源，持续加强扬尘治理，着力改善空气质量；加快实施泾河流域水环境综合治理二期、城区雨污分流等项目，规范运行城乡生活污水处理厂（站），确保流域和饮用水水质稳定达标；大力实施土壤污染修复工程，切实加强废旧地膜回收利用，持续推进农药化肥减量增效，加快补齐危险废物收集处理设施短板，全面改善土壤环境质量。多元化发展生态产业。坚持绿色与特色相结合，健全完善全县生态产业

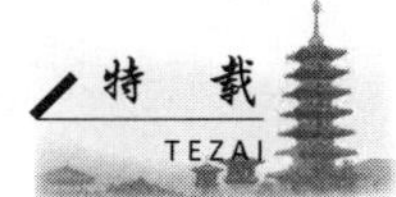

项目库，全面落实生态产业发展财政奖补政策，加快发展循环农业、中医中药、清洁能源、节能环保等十大绿色生态产业，积极推动传统产业绿色化改造，促进生态产业化、产业生态化。

（七）坚持以人为本，全面提升民生保障水平。以满足人民日益增长的美好生活需要为目的，深入实施民生保障工程，加快完善公共服务体系，不断提高群众生活水平和质量。坚持优先发展教育事业。加快推动城乡教育均衡发展，实施寄宿制学校建设、中小学校舍改造提升、教师周转宿舍等项目，新建泾川二中教学楼和2所小区配套幼儿园，着力解决“乡村弱”“县城挤”“入园难”“大班额”等问题。大力发展职业教育，推进产教融合、校企合作，提升职教学校办学水平。加强教师队伍建设，深化教育教学改革，进一步提高教育质量。努力提升医疗服务能力。深入推进“健康泾川”建设，持续深化医药卫生体制改革，严格落实分级诊疗制度，实施县医院医养中心和乡镇卫生院中医馆能力提升项目，加大全科医生培养引进力度，综合防治重点传染病、慢性病和地方病，全面提升医疗服务水平。繁荣发展科技文化事业。推动“大众创业、万众创新”，实施人才科技引领战略，建成省级农业科技园区、科普基地等项目，支持重点企业建立科技创新平台，促进科技成果转化应用。全面实施文化惠民工程，新建县文化馆、图书馆，广泛开展群众性体育赛事和文化活动，支持创作具有地域特色的文艺精品，更好满足群众精神文化需求。健全完善社会保障体系。认真落实城乡低保、优待抚恤、特困人员救助供养、残疾人补贴等政策措施，发展社会福利和慈善事业，健全养老服务体系，切实做好农村留守妇女、儿童和空巢老人、特困群体的关爱服务工作。多方扩大社会就业，全力稳定就业岗位，城镇登记失业率控制在4.5%以内。持续加强社会治理创新。扎实推进“平安泾川”建设，切实巩固扫黑除恶专项斗争成果，依法打击各类违法犯罪活动。健全完善防灾减灾体系，全力抓好重点领域安全生产和食品药品质量安全监管，坚决遏制重特大事故发生。高度重视信访工作，深入排查化解矛盾纠纷，全力维护社会大局和谐稳定。

（八）深化改革创新，切实增强发展内生动力。坚持把改革作为推动经济发展的强力引擎，协同化落实改革举措，全方位扩大对外开放，着力增强经济发展的内生动力和外向活力。深化重点领域改革。持续推进行政管理体制改革，加快转变政府职能。纵深推进农村改革，全面推开集体经营性资产股份合作制改革，稳慎推进农村宅基地改革，巩固提升“三变”改革成果。深化财税金融改革，规范收支预算管理，提高财政资金配置效率。从严控制政府债务，加大投融资平台监管力度，坚决守住不发生系统性金融风险底线。不断优化营商环境。持续深化“放管服”改革，加大简政放权力度，优化行政审批服务，推进政务服务标准化、规范化、便利化。大力推行“互联网+政务服务”，实现部门数据信息共享共用，让数据多跑路、群众少跑腿。全面推行“双随机、一公开”，切实加强事中事后监管，着力营造公平公正的市场环境。加大开放开发力度。坚持“走出去”与“引进来”相结合，深度融入“一带一路”、关中平原城市群等战略，持续加强与周边地区交流合作，鼓励县内企业强强联合、优势互补、抱团出海，持续扩大泾川开放度，不断拓宽发展新空间。

2021年政府工作的主要任务

2021年是实施“十四五”规划的开局之年，也是在新起点上承前启后、提质发展的关键之年。政府工作将按照县委总体部署，巩固拓展疫情防控和经济社会发展成果，扎实做好“六稳”工作，全面落实“六保”任务，科学精准施策，统筹协调推进，确保“十四五”经济社会发展取得良好开局，以优异成绩庆祝建党100周年。

预期目标是：地区生产总值增长7%，固定资产投资增长10%，规模以上工业增加值增长6.5%，社会消费品零售总额增长7%，一般公共财政预算收入增长7%，城镇居民人均可支配收入增长7%，农村居民人均可支配收入增长8%，单位生产总值能耗和主要污染物排放量完成省市下达的控制指标。

（一）突出项目支撑，强化投资拉动，在推动高质量发展上展现新作为。毫不动摇抓好项目建设，扎实做好前期，狠抓落地实施，推动固定资产投资持续稳定增长。把握导向谋项目。紧盯中央推进新时代西部大开发形成新格局、增发地方政府专项债券等重大机遇，围绕新基建、区块链、信息网络、旅居康养、公共卫生应急管理服务等领域，精心论证策划，做深做细前期，包装储备过亿元项目10个以上，争取各类专项资金、债券资金13亿元以上，确保项目接续有力、发展后劲充足。提高效率建项目。严格落实项目建设“三个一”包抓和清单化管理制度，精心制订计划，强化督促调度，全力推进落实；全面推行并联审批、网上审批，简化审批流程，压缩审批时限，力促项目早开工、早竣工、早见效，全年实施500万元以上项目60项以上，完成投资18亿元，重点抓好温泉康养度假村、高速公路泾川东收费站改造等11个投资5000万元以上项目。规范程序管项目。严格落实联席会议制度和政府投资项目管理办法，健全完善立项、招标、施工、监理、验收全程监管机制，切实加强预决算管理，着力提高项目建设质量和效益。

（二）夯实小康基础，推进乡村振兴，在提升“三农”工作水平上迈上新台阶。全力做好巩固脱贫攻坚成果和乡村振兴有效衔接，切实抓好主导产业开发、基础设施改善和文明乡风培育，加快推进农业农村现代化。着力巩固拓展脱贫成果。健全完善防止返贫监测和帮扶机制，对脱贫不稳定户、边缘易致贫户开展常态化监测预警，持续跟踪收入变化和“两不愁三保障”巩固情况，定期进行核查，及时跟进帮扶。强化易地搬迁后续扶持，因地制宜发展产业，确保搬迁群众稳得住、能就业、能致富。加强扶贫项目资金资产监管，确保公益性资产持续发挥作用、经营性资产不流失。兜稳兜牢民生底线，规范管理农村公益性岗位，促进弱劳力、半劳力等家庭就近就地就业，保障基本生活。加快发展特色优势产业。着力推动果品产业转型升级，启动实施黄河流域生态扶贫项目，新建矮砧密植设施园1000亩，完成老果园改造2万亩；坚持龙头企业带动、养殖小区支撑、分户联户养殖，新建标准化肉牛养殖场（小区）4个，牛饲养量增加5000头以上；大力发展蔬菜产业，新建日光温室50座、钢架大棚500座，种植露地蔬菜3万亩，发展设施西瓜2万亩。加快农业产业化经营步伐，进一步健全贮藏、加工、物流等服务体系，推动牛果菜全链条开发。切实加强自然灾害、农作物病虫害防控，持续扩大农业保险覆盖范围，加大良种推广使用力度，全力保障粮食安全。努力改善农村基础条件。以玉都、窑店、王村、汭丰等乡镇为重点，统筹推进巷道硬化、节点绿化、环境整治等工作，以点连线，扩线成面，整体提升，着力打造一批乡村振兴示范点。切实加大废旧庄基复垦力度，盘活利用农村闲置宅基地，创建“清洁村庄”60个，改建农村户厕1.05万个。持续推进“四好农村路”建设，硬化（柏油罩面）村组道路170公里，全面完成蒋家大桥改造工程。扎实推进生态建设，完成荒山造林2.13万亩，建成绿色通道300公里。持续加强乡村社会治理。修订完善村规民约，健全自治、法治、德治相结合的治理体系，大力实施农村精神文明建设“八个一”示范工程，持续推进移风易俗，引导形成婚事新办、丧事简办、孝亲敬老的良好风尚，促进农村社会安定有序。

（三）围绕转型升级，全力脱困进位，在壮大工业总量上探出新路子。切实加快优势产业升级和传统产业转型步伐，全力推动工业经济扩量增效。培育壮大骨干企业。坚持因企施策，破解发展难题，全面恢复豹子沟煤矿生产，推动30万吨高效环保超微细粉、200万吨建筑骨料、圣保果蔬产业园等项目建成投产，力争10万吨航空矿泉水、鼎惠二期等项目落地建设，不断壮大工业经济规模。鼓励支持华润陶瓷、家园陶瓷、新裕建材等规上企业开展技术改造，提高产品科技含量，提升企业对外影响力和品牌竞争力。全力抓好正大饲料、天纤棉业、中盛建材等重点骨干企业生产要素保障，促进稳产高产、提质增效。大力发展非公经济。全面落实扶持民营企业发展各项政策措施，切实加大简政、减税、降费力度，着力减轻企业负担。认真落实《优化营商环境条例》，在准入许可、经营运行、招投标、用地等方面为民营企业创设公平竞争环境。用好中小企业发展专项基金，支持帮助重点企业纾困解难，年内发展民营企业1000户，完成"个转企"80户，新增规上工业企业3户。切实提高招商实效。把招商引资作为稳增长、调结构、促投资的重要举措，完善招商机制，创新招商方式，力争年内引进项目10个以上，投资过亿元项目2个以上。主动接洽、跟踪服务，着力解决项目推进审批慢、落地难等问题，切实提高协议履约率和项目开工率，确保招商引资到位资金增长10%以上。

（四）聚焦市场引领，汇聚功能要素，在繁荣第三产业上开创新局面。坚持把商贸旅游业作为助推县域经济发展的新引擎，深度挖掘文化旅游资源，健全完善商贸流通体系，积极培育新型消费业态，着力构建多点支撑的发展格局。提速发展文化旅游。加快大云寺·王母宫国家5A级旅游景区创建，推进泾明白家、汭丰郑家沟、王村完颜等乡村旅游示范村提档升级，完善旅游要素，提升发展水平。加快温泉康养度假村建设，引进新理念、新资源开发特色旅游项目，倾力打造城旅融合、文旅融合、农旅融合的旅游景点。积极举办"旅游+"等活动，出台景区门票、餐饮住宿、商业购物等优惠政策，让游客"走进来、慢下来、留下来"，推动旅游市场快速发展，力争游客量、消费量稳中有增。做大做强商贸物流。充分发挥国家电子商务进农村综合示范县项目带动效应，积极与淘宝、京东、苏宁等知名电商对接洽谈，扶持培育电商企业5个以上，让更多"泾味"产品走出甘肃、销往全国。加快农村物流网络节点建设，完善农产品流通体系，促进电商、快递向农村延伸，打通农村物流"最后一公里"。加大商贸流通企业培育力度，新增限额以上商贸企业2户以上。加快推进消费升级。支持鼓励地摊经济、夜间经济、小店经济发展，积极策划专场促销、补贴让利、直播带货等活动，持续扩大消费市场。围绕信息消费、健康养老、文体教育、旅游休闲等重点领域，大力培育消费新热点、新业态、新模式，不断满足群众多样化、个性化消费需求。

（五）坚持建管并重，持续提质扩容，在开发运营城镇上实现新突破。坚持开发与改造并举、提质与扩容并重、建设与管理并行，不断提升城镇承载能力和形象品位。高水平规划引领。按照"先进、长远、超前、实用、留白"的要求，高标准编制完成国土空间总体规划，加快编制县城重点区域、小城镇修建性详规及重点乡村建设规划，进一步完善城镇空间布局。持续开展"两违"整治，严肃查处重点区域抢修抢建、未批先建、私搭乱建等行为，切实维护规划的严肃性、权威性。高品质开发建设。以完善基础设施、塑造特色风貌、提升居住品质为重点，加快推进世纪花园D区、紫润东郡二期等商住小区建设，高标准实施老旧小区改造9栋200户，全面启动城区供热扩容改造、供水管网改造提升等市政基础设施项目，开工建设南环路、西关正街、南山公园，全面完成城区生活垃圾填埋场二期、汽车客运站建设工程，进一步完善城市功能。持续推进高平、玉都、王村等重点小城镇建设，配套完善供热排污设施，全面提升绿化亮化层次，不断增强集聚辐射带动能力。高标准服务管理。加快推进“数字城市”“智慧城市”建设，精心实施人防地面应急指挥中心信息系统建设项目，全面提升智能化管理水平。加大背街小巷、城乡接合部治理力度，下大力气整治占道经营、乱停乱放等行为，着力消除管理漏洞和盲点。配套完善社区服务站和居民公益性服务设施，积极推动业主委员会全覆盖，着力解决小区服务管理问题，让群众住得更舒心。

（六）着眼共建共享，多方改善民生，在增进群众福祉上取得新进步。坚持以人民为中心的发展思想，办好民生实事，纾解百姓急难，促进社会和谐，让人民群众有更多获得感、幸福感和安全感。均衡化发展社会事业。坚持教育优先发展，实施教育基础设施建设项目8个，新建、改建校舍2.1万平方米，启动实施城关镇延风小学迁建项目，完成东街小学改扩建、职教中心实训楼建设。持续改善医疗卫生条件，全面完成县医院整体搬迁，常态化做好新冠肺炎疫情防控，加强传染病防治能力和公共卫生队伍建设，不断提高城乡医疗服务水平。大力发展文化体育事业，全面建成县博物馆、大云文化学术报告厅，加快实施百里石窟长廊保护二期项目，推进乡镇文化站、村级文化服务中心提档升级，积极开展群众性文体活动，不断活跃城乡居民文化生活。全覆盖完善保障体系。认真落实就业促进和创业引领政策，突出抓好高校毕业生、城镇困难家庭、失业人员、退役军人等重点群体就业工作，新增城镇就业3500人以上。大力实施全民参保计划，完善社会救助体系，规范落实城乡低保、社会保险、救灾救助等政策，全力做好退役军人、残疾人服务保障和农村“三留守”人员关爱工作，切实保障困难群众基本生活。精细化推进社会治理。继续保持扫黑除恶专项斗争高压态势，建立健全行业监管、乱点整治、基层治理长效机制，推动专项斗争从深挖根治向长效常治转变。坚持发展新时代“枫桥经验”，大力推广矛盾纠纷多元化解机制，依法规范信访秩序，及时回应群众诉求。切实加强应急演练和救援能力建设，持续提升防灾减灾和应急处置水平。严格落实安全生产责任制，切实加强建筑交通、食品药品等重点领域安全监管，深入排查整治各类隐患，坚决遏制较大及以上事故发生，确保社会大局和谐稳定。

各位代表，民之所望，政之所向。2021年，我们将持续加强普惠性、基础性、兜底性民生建设，精心办好10件惠民实事：

（1）持续改善教育教学条件。启动实施城关镇延风小学迁建项目，全面完成东街小学改扩建和世纪花园C区、花样年住宅小区配建幼儿园移交，着力缓解“入园难”“大班额”问题。

（2）配套完善市政基础设施。全面完成城区生活垃圾填埋场二期、西关正街道路及排水工程，开工建设南山公园，精心实施城区雨污分流、供热供水管网改造提升和吴家水泉沟、合志沟排污管网敷设等工程，进一步提升县城功能品位。

（3）加快推进城区老旧住宅小区改造。对9栋200户老旧住宅进行改造，配套完善道路、供排水、绿化亮化等基础设施，持续改善群众居住条件。

（4）不断改善群众出行条件。开工建设南环路，全面建成汽车客运站，硬化（柏油罩面）村组道路、农村巷道170公里，完成蒋家大桥改造工程。

（5）稳步推进农村“厕所革命”和“清洁村庄”创建行动。改建农村户用卫生厕所1.05万座，创建“清洁村庄”60个，着力改善农村人居环境。

（6）切实增强农村供水保障能力。实施农村饮水安全成果巩固、涧河沟道防洪治理工程，基本实现河道管理信息化。

（7）全面提升城乡供电保障能力。新建改造10千伏线路30.5公里、0.4千伏线路118.17公里，安装配电变压器74台。

（8）推广使用清洁能源。加大餐饮行业、商业门店煤改气力度，新增城乡居民天然气用户5000户，积极引导工业企业使用清洁能源。

（9）强化劳动力培训输转。统筹各类培训资源，完成实用技术和劳动技能培训6000人（次），输转劳动力7万人。

（10）积极扩大就业和再就业。新增城镇就业3500人，城镇登记失业率控制在4.5%以内。

全面加强政府自身建设

各位代表，时代赋予重任，人民寄予重托。政府各部门和全体公务人员必须以只争朝夕、敢为人先的拼搏劲头，真抓实干、赶超进位的担当精神，奋力展现新作为，努力取得新成效，向全县人民交上一份满意的答卷。

一、旗帜鲜明讲政治，提升政府执行力

坚持以习近平新时代中国特色社会主义思想为指导，深入贯彻落实党的十九大和十九届二中、三中、四中、五中全会精神，始终站稳政治立场，坚定政治方向，严守政治原则，增强“四个意识”，坚定“四个自信”，做到“两个维护”，永葆对党忠诚、为民造福的政治本色。严守党的政治纪律和政治规矩，自觉把政府工作置于党的领导之下，不折不扣贯彻落实党中央、省市和县委各项决策部署，全面履行政府职能，确保政令畅通、令行禁止。

二、依法行政促规范，彰显政府公信力

强化法治意识，带头维护宪法和法律权威，坚持重大决策公众参与、专家论证、风险评估、合法性审查、集体讨论决定，落实政府法律顾问制度，保障决策科学化、民主化。严格公正文明执法，推行行政执法公示、过程记录、重大执法决定法制审核制度，加强行政复议、行政应诉。自觉接受人大法律监督和政协民主监督，认真办理人大代表议案和政协委员提案，主动听取各民主党派、人民团体和社会各界的意见建议。深化政务公开，全面接受社会监督，扩大和保障群众的知情权、参与权、表达权、监督权。

三、加强治理提效能，用好政府公权力

积极推进政府权责清单制度建设，严格按照制度履行职责、行使权力、开展工作，构建职责明确、依法行政的政府治理体系。健全工作闭环管理、正向激励、容错纠错等机制，坚持重点工作专班推进、重大项目专项督导、疑难问题专门研究，以钉钉子精神狠抓工作落实。突出抓好腐败和作风问题专项治理，严厉整治懒政庸政怠政行为，形成人人挑重担、层层抓落实的工作局面。

四、清正廉洁守底线，增强政府凝聚力

坚决落实全面从严治党要求，认真履行党风廉政建设主体责任，持之以恒贯彻中央八项规定及其实施细则精神，驰而不息纠正“四风”，坚决防止变异反弹。牢固树立过紧日子的思想，厉行节约，反对浪费，挤出资金保民生、促发展。全力推进审计监督全覆盖，严管公共资源、公共资产、公共资金、公共工程，扎紧织密制度“笼子”，努力营造风清气正、崇廉尚实的良好环境。

各位代表，新时期要有新气象，新使命呼唤新作为。让我们以习近平新时代中国特色社会主义思想为指导，在县委的坚强领导下，齐心协力，开拓进取，顽强拼搏，赶超进位，奋力谱写绿色开放幸福美好新泾川时代篇章！

脱贫攻坚工作概况

2020年是决胜全面建成小康社会、决战脱贫攻坚之年，是“十三五”规划收官之年。一年来，全县上下坚持以习近平总书记扶贫开发战略思想和视察甘肃重要讲话指示精神为指导，坚决落实中央、省市县脱贫攻坚各项决策部署，始终把脱贫攻坚作为最大政治任务和第一民生工程，紧盯年度减贫目标，严格落实挂牌作战责任，扎实推进“3+1”冲刺清零后续行动和“5+1”专项提升行动，到户到人盯细节、抓过程、保结果，各项工作有序推进，年度目标任务全面完成。

一、取得的工作成效

一是减贫任务全面完成。紧盯335户未脱贫户和2个未脱贫村，严格落实挂牌作战责任，全面落实各项帮扶措施，坚决消除剩余贫困堡垒，巩固脱贫成效，至目前，全县剩余的未脱贫村和未脱贫人口，经乡级自评、县级初验、市级验收全部达标退出，年度减贫任务全面完成；365户监测户及704户边缘易致贫户均实现稳定增收，返贫致贫风险全面消除。

二是增收基础持续夯实。坚持把产业扶贫作为脱贫攻坚的治本之策，因地制宜培育牛、果、菜、劳等特色产业，着力夯实群众增收基础。牛产业方面，制定完善中长期发展规划和扶持政策，建成王村镇朱家涧平凉红牛养殖场、罗汉洞乡南河村大坡塬家庭农场、高平镇任家寺肉牛养殖小区3处，带动全县牛饲养量达到3.83万头，其中贫困户牛饲养量9025头。果产业方面，新建果园2993亩、补植0.94万亩，在丰台、高平等乡镇建成矮化密植园856亩，乔化短枝苹果园403亩。菜产业方面，建成王村朱家涧、红河东庄等设施蔬菜园区6处，日光温室61座，钢架大棚608座，维修改造日光温室44座、塑料大棚410座，扶持贫困村种植露地蔬菜1.4万亩。劳务输转方面，积极应对疫情影响，精准对接企业用工需求和群众就业意愿，开展建档立卡劳动力技能培训4853人，输转城乡劳动力74093人，实现劳务收入20.3亿元，全县20家扶贫车间吸纳劳动力就业2155人，其中建档立卡劳动力961人，贫困群众脱贫增收基础更加牢固。

三是基础设施持续改善。坚持把项目向贫困村倾斜，资金向贫困村聚集，有效解决了事关贫困群众切身利益的住房、行路、吃水、用电等问题。安全住房方面，扎实开展农村住房“大起底、大排查、大整治”百日攻坚行动，对全县7万多农户住房面积、安全等级等情况进行全面核实，逐项逐条过筛子，集中拆除长期闲置废弃危房，安全隐患全面消除。易地搬迁方面，实施易地扶贫搬迁巩固提升项目16个，全面夯实了易地扶贫搬迁安置点基础设施、公共服务设施和后续产业配套基础。安全饮水方面，实施农村饮水安全改造提升工程，改建南部水厂泵站1处，修建调蓄池1座，增建加压泵1台，新建水源大口井1眼，扩建北部水厂水处理设施1处，更新改造部分老旧管网44.8千米，埋设输水管道9.4千米，饮水安全保障能力持续提升。村组道路建设方面，硬化自然村组道路50条80.2公里，砂化产业道路35公里，建成水过面桥2座，衬砌排洪渠12.6公里，增设各类警示设施、护栏等安全防护设施13项155.2公里，维修治理农村公路12.8公里。

四是公共服务持续优化。始终把群众最关心的教育、医疗、社保等问题摆在突出位置，切实加大资金投入，不断优化公共服务，着力提升保障能力。教育扶贫方面，实施中小学改扩建项目24个，新增校舍面积11593平方米，新建运动场4256平方米，硬化校园面积11030平方米。落实教育扶贫资金4352.9万元，受益学生6.6万人（次），贫困学生“不失学辍学、保障有学上、保障上得起学”目标要求全面实现。健康扶贫方面，建成县级“五个区域医学中心”“五个救治中心”和远程医学信息平台，为13个乡镇卫生院配备神灯治疗仪66台、中医熏蒸仪20台；严格落实“先诊疗后付费”“一站式”及时结报等政策，至12月22日，全县建档立卡贫困人口住院特惠政策受益15348人（次），住院总费用7256.5万元，基本医保报销3473.79万元；大病保险报销3862人（次），补偿金额889.24万元；医疗救助政策受益15203人（次），有效地减轻了贫困人口就医用药负担。兜底保障方面，紧盯未脱贫人口、脱贫监测户和边缘户，全面落实各项社会救助政策，全年共向3.07万人困难群众发放各类社会救助资金9346.53万元，做到了应扶尽扶、应保尽保，全面保障了其基本生活。

二、主要做法

（一）强化政治担当，扛牢作战责任。先后召开县委十七届十次全体（扩大）会议暨脱贫攻坚挂牌作战誓师大会，县脱贫攻坚领导小组会议14次，认真传达学习习近平总书记决战决胜脱贫攻坚和对甘肃重要讲话精神及省市脱贫攻坚有关会议精神，安排部署挂牌作战、冲刺清零、问题整改等重点任务，研究制定《泾川县脱贫攻坚挂牌作战方案》，继续推行县级领导包抓脱贫攻坚工作制度，由县委县政府主要领导、分管领导包抓2个未脱贫村，每个村新增3个帮扶单位和3名驻村帮扶干部，16名县级领导负责督战14个乡镇，牵头包抓“3+1”冲刺清零后续行动和“5+1”专项提升行动，帮扶单位主要负责人、乡镇党政“一把手”全面参与，落实335户999名未脱贫人口、365户1228名脱贫监测户、704户2138名边缘户作战任务，推动各项工作落实落细。

（二）对标实战要求，全力攻坚突破。严格落实挂牌作战机制，县级领导蹲点督导，各级干部一线落实，全力推进各项政策措施落地见效。聚焦王村镇朱家涧村，搭建日光温室13座、钢架大棚235座，全部种植瓜菜，日光温室棚均收入1.6万元，钢架大棚棚均收入0.9万元，全面完成朱家涧平凉红牛养殖场附属配套工程，引进养殖平凉红牛基础母牛142头、育肥牛91头。着力消除新冠肺炎疫情对群众收入影响，组织输转劳动力173人，其中贫困户151人，有效增加了群众收入。聚焦红河乡姚哈村，购买平凉红牛基础母牛23头；6座日光温室和18座钢架大棚种植的瓜菜实现收入17.74万元；积极动员贫困群众栽植山毛桃杂果经济林545亩，种植板蓝根356亩、饲草玉米246亩、籽用西葫芦18.3亩，组织开展劳务输转144人。新建户用卫生厕所36座，硬化村内主干道路2条1200米、巷道10条1347米，配套排水渠及过路管涵826米，有效改善了群众生产生活条件。目前，2个挂牌作战村均实现脱贫退出。

（三）着眼监测预警，巩固清零成果。坚持把防止返贫致贫与继续攻坚放在同等重要位置，在全力推进挂牌作战同时，不断健全防止返贫监测帮扶机制，着力防范和解决边缘户和监测户及收入骤减或支出骤增户返贫致贫风险。研究制定《泾川县精准扶贫监测预警实施方案》，对剩余未脱贫人口、脱贫监测人口和边缘人口，2014—2019年已脱贫人口中人均可支配收入略高于5000元的户全部纳入监测范围，每月动态监测一次，对单季度人均收入低于1200元且收入来源单一或“两不愁三保障”出现问题的户列入预警范围，及时落实相关措施。目前共落实产业帮扶资金216.51万元，集中用于畜禽养殖补贴、果品产业发展补助、蔬菜及中药材种植补助等项目，引导户内多元化发展增收产业补齐脱贫短板，严防发生新的贫困人口和产生新的返贫人口，巩固了脱贫成果。

（四）逐项查漏补缺，提升脱贫质量。紧盯“两不愁三保障”核心目标，部署开展“大排查、大起底、大整改、大提升”行动，全方位提升脱贫攻坚质量。全覆盖起底核查，以村组为单位，对标对表“一超过两不愁三保障”目标，对2014年以来的贫困户、边缘户、监测户和非贫困户进行全面核查，全面掌握家庭状况、政策落实等方面问题，逐项建立问题台账，逐条核查整改。全方位查缺补漏，对排查发现问题中，县乡村之间、行业部门之间数据口径不一致问题，核实核准修改纠正；对“三保障”方面问题，责成行业部门逐项提出解决方案，及时开展补救完善。全流程规范资料，围绕县、乡、村、户四级资料目录，对建档立卡以来形成的各类档案资料进行归纳整理，逐项查漏补缺；对“一户一策”表、一折通、住房安全鉴定表、基本医疗、养老保险、农业保险、股权凭证等户内资料逐项整理完善，做到了种类齐全、管理规范。

（五）聚焦东西协作，借力助推脱贫。年内先后召开东西扶贫协作专题会议2次，落实帮扶资金3609万元，实施项目27个，搭建日光温室44座、钢架大棚352座，种植中药材3632亩，购买平凉红牛基础母牛40头。借助天津消费扶贫展销会等平台，采取以奖代补形式鼓励企业、电商平台扩大市场销量，完成消费扶贫75个专柜选址，建成专区1个、专馆3个，实现消费扶贫9109万元。扎实开展党政干部和专技人才交流培养，武清区选派12名学科骨干教师、14名医疗人才、4名农业科技人才到我县开展挂职帮带活动，并接收我县7名党政干部和140名专技人才挂职锻炼，有力助推我县脱贫攻坚工作进程。

（六）立足从严从实，推进问题整改。坚持把问题整改与挂牌作战、“3+1”冲刺清零后续行动、“5+1”专项提升行动等工作统筹起来，一体研究部署，成立由县委、县政府主要领导任组长的整改工作领导小组，抽调干部成立整改工作办公室，建立“一个突出问题，一个县级领导，一个责任单位，相关部门配合”整改机制，召开县委常委会会议、县脱贫攻坚领导小组和脱贫攻坚工作集体约谈会、整改工作推进会，加强整改工作督查调度，对14个乡镇、重点行业部门和部分贫困村脱贫攻坚问题整改情况进行“过筛子”核查，推动整改落实见底见效。至目前，中央、省市各级各类巡视巡察检查督查反馈问题已全部整改到位。

（七）注重扶志扶智，提振脱贫志气。着眼“扶贫先扶志、扶志必扶智”这一根本之策，多管齐下、多措并举推进志智双扶工作。年内先后评选道德模范、文明家庭、星级文明户、“泾川好人”190多人（次），开展新时代文明实践活动1.2万余场次。持续加大“高价彩礼”“薄养厚葬”等陋习的治理和宣传引导，积极推进移风易俗经常化、婚丧事务规范化、民间习俗文明化。深化“做文明有礼的泾川人”主题实践活动，加强“文明健康　有你有我”公益广告宣传，开展“美丽乡村文明家园”和“文明餐桌”等行动，深入挖掘宣传先进经验、典型事例、模范人物，助力各村建成“孝道红黑榜”“乡村好人榜”，传递真善美，唱响脱贫攻坚主旋律。

（八）坚持党建统领，筑牢战斗堡垒。把党建作为激发基层活力、巩固脱贫成果的重要抓手，对24个软弱涣散党组织，按照“一支部一方案，一问题一措施”的要求，坚持对症施策，分层次、分类别建立工作台账，对标对表全面整顿到位。围绕习近平新时代中国特色社会主义思想、党的十九届四中全会精神和脱贫攻坚能力提升培训，制定《2020年度基层党员干部教育县级重点培训项目计划》，依托县委党校主体培训班举办10个班次13期，培训党员干部1984人，选派11名优秀年轻干部到脱贫攻坚任务较重的乡镇实践锻炼，推荐3名干部到乡镇挂职，从乡镇干部、驻村帮扶工作队等脱贫攻坚一线提拔重用干部38人，充分激发了乡镇和基层一线干部干事创业的积极性。

三、存在的困难及下一步工作打算

虽然我县在脱贫攻坚中取得了显著成效，但与中央和省市的要求相比，与广大群众的期盼相比，仍然存在一定的差距和不足。一是农业产业支撑带动能力还不强。大多数贫困村特色产业发展起步晚、规模小、链条短，新型农业经营主体尚处于发展初期，带贫能力较弱。二是非贫困村政策不均衡造成基础设施滞后。随着近年来脱贫攻坚工作纵深推进，财政扶贫资金集中用于贫困村，非贫困村政策支持少，特别是基础设施建设普遍投入不足，发展不平衡。

下一步，我们将坚持以习近平新时代中国特色社会主义思想为指导，深入贯彻党的十九大和十九届二中、三中、四中、五中全会精神，全面落实“四个不摘”要求，持之以恒抓重点、补短板、强弱项，全力推进脱贫攻坚成效巩固和乡村振兴战略有效衔接。重点做好四方面的工作：

一是紧盯群众持续增收，在提质增效上持续用力。深入推进农业供给侧结构性改革，根据全县产业优势和资源特点，围绕培育壮大区域特色农业主导产品、支柱产业和特色品牌，及时出台特色产业扶持政策，多方聚集产业要素，持续完善产业体系，充分发挥农民专业合作社、龙头企业等新型经营主体作用，集中精力主打牛、果、菜三大特色产业，深度挖掘开发乡村旅游，全力推进农（文）旅融合，精心打造一批社会知名度高、市场竞争力强的特色品牌，培育壮大仓储保鲜、精深加工、冷链物流、电子商务等产业化龙头企业，不断延伸产业链、提升价值链，切实提升特色产业发展效益。

二是加快基础设施建设，在改善条件上持续用力。聚焦区域之间、贫困村与非贫困村之间发展不平衡问题，结合编制“十四五”规划，精心规划、科学论证储备项目，精准实施经济效益好、项目带动能力强的大项目和到户项目，着力补齐相对贫困区域和边缘贫困人口产业发展、基础设施、人居环境等方面短板，全方位改善乡村生产生活条件，切实提高人民群众幸福感、获得感。

三是深入实施文化引领，在乡风文明上持续用力。以社会主义核心价值观为引领，采取符合农村特点的有效方式，加强对中国梦、爱国主义、集体主义、社会主义的宣传教育，深入推进理想信念、职业道德、家庭美德、个人品德建设，持续深化“好公婆”“好儿媳”“十大孝子”“文明家庭”等创评活动，引导群众向上向善、孝老爱亲。大力实施文化科技卫生“三下乡”“千台大戏送农村”等文化惠民工程，丰富群众精神文化生活。

四是着力打牢基层基础，在乡村治理上持续用力。坚持以党建为引领，扎实开展党支部建设标准化，持续抓好专职化党组织书记、村文书的培养教育力度，切实提高农村基层党组织的凝聚力和战斗力。大力实施新型职业农民培育工程，积极引导大学生村干部、复转军人、农村致富带头人等先进群体返乡创业，切实解决乡村空心化、村组干部后继乏人、产业劳动力不足等问题。探索建立道德激励约束机制，引导农民自我管理、自我教育、自我服务、自我提高。深入开展扫黑除恶专项斗争，严厉打击农村黑恶势力、宗族恶势力，坚决查处黄赌毒盗拐骗等违法犯罪行为。加大农村普法力度，提高农民法治素养，引导广大群众学法、守法、用法，为乡村全面振兴创造和谐稳定的社会环境。

（县扶贫办供稿）

生态环境保护工作情况

2020年，我县生态环境保护工作坚持以习近平新时代中国特色社会主义思想为指导，认真贯彻习近平生态文明思想和中央、省、市生态环境保护工作部署，以服务经济社会发展大局为统揽，以改善环境质量为核心，以打好污染防治攻坚战为重点，扎实推进生态环境重大决策部署落地见效，着力整改生态环境突出问题，落实最严格的环境保护制度，全力抓好环境风险防控，把牢生态保护红线，守住环境安全底线，抓细抓深抓实污染减排和环境质量改善“双控”目标，各项工作取得了阶段性成效。

一、环境质量改善情况

（一）空气质量状况及年度目标完成情况

2020年，泾川城区空气质量有效监测天数347天，优良天数320天，达标率92.2%，剔除沙尘影响后，PM_{10}平均浓度值为63微克每立方米，较2019年下降13.7%；$PM_{2.5}$平均浓度值为36微克每立方米，较2019年下降12.2%，污染物浓度均呈下降趋势，区域环境质量得到明显改善，全面完成了市政府下达的空气环境质量目标。

（二）水环境质量

1.地表水考核断面水质达标状况。1—12月份，王村大桥、拦洪坝、长庆桥、九功桥（泾崇交界处）、圣母桥（汭河入泾河处）5个断面水质综合评价为Ⅲ类，均达到地表水水质综合评价Ⅲ类目标要求，达标率100%。

2.城市集中式饮用水水源地水质达标状况。1—12月份，城区集中式饮用水水源地水质经监测为Ⅲ类，达到目标水质要求，达标率100%。

3.乡镇集中式饮用水水源地水质达标状况。1—12月份，泾川县汭丰镇南部水厂、王村镇北部水厂、罗汉洞乡东北部水厂水源地水质经监测为Ⅲ类，达到目标水质要求，达标率100%。

4.地下水考核点位水质达标状况。1—12月份，王村镇地下水位考核点水质为Ⅲ类，达到目标水质要求，达标率100%。

（三）主要污染物总量减排

完成省市下达的四项主要污染物化学需氧量、氨氮、二氧化硫、氮氧化物年度总量减排指标和重点工程减排量。

（四）碳减排

完成省市下达的单位GDP二氧化碳排放量减排任务。

二、重点工作完成情况

（一）认真履行生态环境保护责任

不断加强生态文明建设的战略定力，深入推进县域经济社会高质量发展和生态环境高水平保护。一是强化组织领导聚合力。调整成立了由县委、县政府主要领导任主任、分管领导任副主任的泾川县生态环境保护委员会，督促各相关单位严格执行环境保护“党政同责、一岗双责”责任，切实担负起生态文明建设和生态环境保护的政治责任，全面推进各项工作任务落实。二是紧扣发展大局抓谋划。深入贯彻落实习近平总书记视察甘肃重要指示及黄河流域生态保护和高质量发展座谈会上重要讲话精神，坚持把生态环保工作放在全县经济社会发展的突出位置系统谋划，每季度召开县委常委会和县政府常务会，专题学习习近平总书记关于生态文明建设和生态环境保护的一系列重要论述，传达中央、省、市各项生态环境保护决策部署和政策法规，研究部署生态环保工作，协调推进突出环境问题整改；及时委托黄河水利委员会黄河水利科学研究院编制《泾川县“十四五”生态环境保护规划》，已完成初稿。三是实行清单管理明责任。严格落实“党政同责、一岗双责”主体责任，年初专门召开生态环境保护工作会议，安排部署全年重点任务。制定印发《2020年度全县生态环境保护目标责任清单》和《泾川县县级有关部门和单位生态环境保护责任清单》，逐级细化分解工作任务，建立责任清单，有序推进各项工作落实。四是强化督查考核促落实。制定印发《关于对全县突出生态环境问题进行定期督导的通知》，实行领导包抓责任制，县委、县人大、县政府、县政协分管领导定期带队督查突出环境问题整改落实情况，现场研究解决存在问题，及时通报整改情况，有力促进了各项政策措施落实。

（二）坚决打好污染防治攻坚战

成立由县委、县政府主要领导任组长、分管领导任副组长的泾川县污染防治攻坚战领导小组。制定印发《泾川县2020年污染防治攻坚工作方案》，细化了任务清单，对标“7+4”标志性战役和专项行动确定的重点工作任务，坚持精准治污、科学治污、依法治污，抓重点、补短板、强弱项，圆满完成污染防治攻坚战阶段性目标任务。一是坚决打赢蓝天保卫战。制定印发《泾川县打赢蓝天保卫战2020年度实施方案》《泾川县大气污染集中治理工作方案》《泾川县2020—2021年冬季大气污染防治工作实施方案》等文件，紧盯空气质量改善目标任务，严格落实打赢蓝天保卫战各项管控措施，着力强化主要污染物排放总量控制，持续加大工业、扬尘、机动车、燃煤和生活面源污染等方面治理力度。督促88个在建工程严格落实“六个百分百”和“三个必须”管控措施；全面落实城区街路“一冲五扫五洒”抑尘措施，湿法洗扫率达到80%以上；完成县域内40台10蒸吨以下燃煤锅炉整治工作，其中淘汰2台、煤改气5台、煤改电9台，采取洁净煤替代24台；切实加强煤炭专营市场和40个二级配送网点监督管理，严厉打击流动销售劣质煤、二级网点外非法经营行为；不断加大煤质抽检频次和力度，县级共进行煤质抽检110批次，抽检合格率98.2%，不合格2批次，均已立案查处；督促县城区351户和乡镇372户餐饮经营企业全部安装油烟净化装置、完成了清洁能源改造；累计完成5户“散乱污”企业综合整治，均已通过验收；完成3630户居民清洁取暖改造任务；对19户重点监管企业实行清单管理，督促企业完成污染治理设施升级，加大无组织排放控制，确保污染物稳定达标排放；全面开展非道路移动机械摸底调查指导，完成110辆非道路移动机械的编码登记；全面推进挥发性有机物（VOCs）污染治理，督促中石化采油一厂在生产环节废液处理站循环水池和油泥晾晒场设置半封闭式厂棚、原油装运过程落实储油罐底部装油措施，有效减少VOCs无组织排放，确保厂界无组织排放达标；积极委托第三方公司对全县重污染天气应急预案进行修订完善，并完成应急减排清单编制。按照《泾川县大气污染防治网格化监督管理工作实施方案》，建立了“主体在县，落实到乡（镇）、社区，延伸到村（社）”的三级网格化大气污染防治监管体系，进一步压实工作责任，细化监管措施，通过扎实推进各项重点工作，较好完成市政府下达的年度目标考核任务。二是着力打好碧水保卫战。制定印发《泾川县2020年水污染防治工作方案》，协调组织水污染防治领导小组成员单位，狠抓年度重点工作任务落实。积极实施市政道路建设工程，累计配套污水管网53.01公里，其中2020年配建污水管网0.7公里，城区污水管网实现全覆盖，污水全收集全处理，2019年12月完成了城区污水处理中心提标扩容、污泥无害化处置及中水回用项目建设，目前，污水处理中心各项指标达标运行，污水处理率达到94.8%，污泥无害化处置率达到80%以上；完成省、市级入河排污口核查、登记，溯源工作，经查，全县共有排口276处，其中历史排污口18处，其他258个为排雨等类型排口；完成荔堡镇、玉都镇、窑店镇3个重点乡镇污水处理站环保竣工验收，并规范运行；投资3279万元，建成泾川县泾河流域水环境综合整治项目，生物氧化塘、垂直流人工湿地已建成，正在试运行；扎实开展集中式饮用水水源地环境保护专项行动，对城区和乡镇集中式饮用水水源地环境问题进行集中摸排，印发了《泾川县乡镇级千吨万人集中式饮用水水源地环境问题整改方案的通知》，对排查出的农业面源污染、生活面源污染、工业企业污染3个方面9个问题，建立整改台账，扎实推进整改工作。截至目前，9个问题已全部整改到位。三是有序推进净土保卫战。制定印发《泾川县2020年土壤污染防治工作方案》，明确了全县土壤污染防治工作目标任务和责任单位。组织协调土壤污染防治领导小组有关单位，抽组人员，对全县土壤重点监管企业进行现场核实，共核实农用地详查点位67个，配合第三方调查单位对重点行业企业用地土壤污染开展调查取样，按期完成重点行业企业用地土壤污染状况调查和信息采集工作；投资95万元，实施泾明乡白家村、城关镇新沟村中央农村环境综合整治项目和罗汉洞乡南河村省级农村环境综合整治项目，3个项目均通过验收，进一步助推了脱贫攻坚工作；委托第三方对县域内土壤环境质量类别进行了初步划定，全县96个土壤调查点位中：优先保护类Ⅰ点位96个，没有安全利用类Ⅱ和严格管控类Ⅲ点位，全县耕地土壤环境质量整体较好；认真开展重金属重点行业企业污染源排查整治工作，经查，县域内无涉镉等重金属重点行业企业；委托第三方编制《泾川县农村生活污水专项治理规划（2020—2030）》，已印发执行。

（三）扎实推进突出生态环境问题整改

成立了由县委、县政府主要领导任组长的泾川县中央生态环境保护督察整改工作领导小组，制定印发《泾川县贯彻落实中央生态环境保护督察反馈问题整改方案》，坚持以整改区域突出环境问题为抓手，紧盯短板弱项，精心安排部署，综合施策，标本兼治，全县突出生态环境问题得到有效整改。截至目前，第一轮中央环保督察反馈的19个问题，12个通过省级销号验收，5个通过市级初验，下剩的2个已整改到位，2021年底启动销号程序；第二轮中央生态环境保护督察共交办我县6件信访案件，已全部办结并通过验收；反馈问题共涉及我县15条，已整改到位13条，下剩2条已完成年度整改任务。

（四）切实加强自然生态保护与修复

扎实开展生态保护红线评估调整工作，通过评估调整，全县生态保护红线总面积为1.0228平方公里，其中农用地0.7433平方公里，未利用地0.2795平方公里（其他草地），主要分布在王村镇燕雷、朱家涧和章村村境内；今年全县纳入财政预算的财政资金4714万元，其中3000.4万元用于大气、水污染防治等生态环境保护工作，1713.6万元用于民生工作；完成县域内生态状况变化遥感调查评估项目野外核查工作，全县共涉及10个乡镇21个点位；认真落实国家级生态文明建设示范市巩固提升涉及任务，经梳理自查，涉及泾川县的34项指标中，已有32项全部完成，指标完成率94.1%。

（五）持续深化生态环境领域改革

持续优化生态环境公共服务，切实增强服务高质量发展能力。一是深入推进生态环境保护体制改革。按照《平凉市贯彻落实省以下生态环境监测监察执法垂直管理制度改革实施方案》有关要求，完成泾川县生态环境分局组建和人员划转等后续工作，衔接配齐了泾川分局班子成员和下属事业单位领导干部，确保了分局各项工作顺畅运行。二是深化“放管服”改革。严格按照《环境影响评价法》《建设项目管理分类名录》及相关法律、法规要求受理、审批项目，做到不越权、不降（升）环评等级；切实做好全县区域空间生态环境评价“三线一单”编制工作，多次召开推进会，对《全省区域空间生态环境评价“三线一单”研究报告》等工作安排中涉及泾川县的内容逐项进行对照梳理，提出11条修改意见，并及时反馈市区域空间生态环境评价工作协调领导小组办公室。三是严格落实规划和项目环评管理。按照深化“放管服”改革要求，切实做好环评审批工作。2020年，共依法审批建设项目环境影响报告表7个，备案登记表897个，并在政务服务运行平台对项目备案各项内容进行录入；扎实开展固定污染源排污许可证清理整顿工作，2020年，共组织审核上报和发放固定污染源排污许可证199家，其中上报重点管理企业10家，发放简化管理企业13家，备案登记管理企事业单位176家，做到了应发尽发。

（六）切实加强生态环境监管

坚持以环境监管、群众信访为中心，以环境安全、群众满意为落脚点，依法监管、公正处罚。一是持续加强生态环境执法监管。严格落实行政执法公示制度、执法全过程记录制度、重大执法决定法制审核制度和“双随机、一公开”要求，2020年共出动执法人员286人（次），检查排污企业115家（次），下发环境监察建议书12份、限期整改通知47份、责令改正决定书13份，立案处罚4起，罚款8.8万元；办理环境信访案件60起，其中政府门户网站留言26件，市长热线8件，来电来访20件，12369环保举报管理平台4件，转办督办2件。目前，信访案件均已办结，查处率和结案率均达到100%；督促重点监管企业全部安装污染源在线监控设施，取得排污许可证，市生态环境局每季度开展监督性监测，企业均按要求开展自测，污染物均达标排放。二是不断规范固危废管理。县卫健局联合泾川生态环境分局不定期对县乡村三级医疗卫生机构开展医疗废物处置专项督查，督促各类医疗机构严格按照规范要求处置医疗废物，落实医疗废物申报登记、备案管理制度，医疗废物规范化处置率达到100%；成立泾川县打击危险废物环境违法犯罪行为联合行动领导小组，印发《泾川县开展打击危险废物环境违法犯罪行为联合行动工作方案》，以危险废物为重点，深入开展重点流域、区域固体废物大排查整治行动，推进固体废物堆存场所整治工作，并对辖区内的3家重点产废企业和1家重点经营企业进行了全面检查考核，3家企业合格，1家企业基本合格，对存在问题已限期整改。三是全面落实核与辐射安全监管责任。充分利用世界环境日向企业和群众宣传核安全文化和核安全法规；制定泾川县2020年度核与辐射安全监管工作计划和执法检查计划，对辖区内监管权限范围内核技术利用单位、电磁设备（设施）应用单位、伴生放射性矿开发利用企业实现监督检查全覆盖，督促辖区内核技术利用单位办理辐射安全许可证，并在全国核技术利用辐射安全申报系统上传相关信息。四是加强生态环境监测机构建设。建成县级污染源自动监控平台，确定县级污染源监控企业6户，目前已联网3户，下剩3户正在督促联网；切实加快县生态环境监测站建设进度，目前已完成前期工作，即将开工建设。五是深入开展辖区环境风险防控工作。委托第三方机构开展县级行政区域环境风险评估，经评定，县域环境风险等级评定为一般；督促中石化华北分公司采油一厂、汇丰重油仓储公司等重点企业完成企业环境应急预案修订和备案工作；全县符合环境风险评估条件企业共计7家，除2户企业长期停产外，其余5户已全面完成环境风险评估任务，根据评估结果，均为一般风险源；委托第三方修订了《泾川县突发环境事件应急预案》《泾川县集中式饮用水水源地突发环境事件应急预案》《泾川县重污染天气突发环境事件应急预案》《泾川县辐射事故突发环境事件应急预案》；制定了《关于深入开展环境风险隐患排查整治切实加强环境应急管理工作的紧急通知》，督促各有关部门、各环境风险源企业严格落实24小时值班制度和信息报告与公开制度。

（七）着力加强生态环境基础和能力建设

加快补齐全面建成小康社会生态环境短板，建立健全生态文明制度体系，切实推进生态环境治理体系和治理能力体系建设。一是不断规范项目资金管理和环评统计。严格按照“先有预算、后有支出”的原则，不断加强专项资金管理，强化预算执行，及时支付专项资金，确保资金发挥效益；积极开展全县污染源普查动态更新调查，已完成名录更新、入户调查、数据采集等工作；切实做好年度统计工作，经过多次审核，最终确定录入工业企业19家；加大企业强制性清洁生产审核力度，完成泾河川肉联厂、旭康食品有限责任公司强制性清洁生产验收工作；不断强化企业环境信用和环境保护标准化建设评价管理，采取查阅资料和现场核查的方式对7家企业环境信用和环境保护标准化建设进行现场打分，并督促企业及时整改存在问题，全面消除污染隐患。二是扎实开展生态环境宣传教育培训。坚持把环保政策法规作为全县干部教育培训的重要内容，依托县委党校举办主体培训班2次，培训领导干部150多人；举办泾川县2020年生态环境保护专题培训班1期，培训领导干部90多人；扎实开展“6·5”世界环境日、“12·4”法制宣传日等主题宣传活动，发放宣传资料10000份、环保袋5000个、环保杯15000个，面向广大群众发送环保宣传手机短信10000条，通过宣传进一步提升了广大群众环保意识。三是严格生态环境信息公开。全面公开环境信息，按要求在县政府门户网站公布空气、水等环境质量监测结果和重点污染源监测状况，依法依规公开违法案件查处等情况，接受群众监督。配合省市做好“美丽甘肃·生态甘肃”主题全媒体集中采访活动，并向广大群众开放城区污水处理中心环保设施，讲解环保设施运行原理及取得的生态环境效益。

三、存在问题

今年以来，全县生态环境保护各项工作进展顺利，取得了一定成效，但与省、市要求和广大人民群众对生活环境质量的期望相比，仍然存在一些困难和问题：一是环保政策法规宣传不够到位。群众对环境保护的重要性认识还不足，全民参与环境保护的氛围还没有完全形成；一些企业环境风险防控意识不强，主体责任落实不够到位。二是空气环境质量改善任务依然艰巨。城区地处河谷地带，静稳天气较多，每逢东南季风输入性污染压力较大，重度污染天气有增多趋势，多条重要交通干线横穿全境，车流人流物流量大，气流扩散能力差，汽车尾气、道路扬尘污染严重，空气质量改善任务依然十分艰巨。三是生态环境干部队伍建设有待加强。生态环境执法、监测专业技术人员缺乏，环境监测体系、监控体系、监察体系不能完全适应形势发展要求，依法监管、治理污染和防范风险的能力有待进一步提升。

（市生态环境局泾川分局供稿）

新冠肺炎疫情防控情况

现将2020年全县新冠肺炎疫情防控工作情况总结如下：

（一）坚持联防联控，健全完善应急指挥体系。县新冠肺炎疫情联防联控领导小组先后10次召开全县新冠肺炎疫情联防联控工作会议，全面安排部署疫情防控重点工作，动员全县上下持续压紧压实责任，落实落细各项防控措施，切实做到思想不松动、工作不松懈、责任不松动。按照领导不变、组织不变、人员不变、责任不变的要求，县新冠肺炎疫情联防联控领导小组下发了《关于调整泾川县新冠肺炎疫情联防联控领导小组机构人员及职责的通知》，对县新冠肺炎疫情联防联控领导小组机构人员进行了调整，建立健全了由县委、县政府主要领导任组长，四大班子分管领导及相关副县长任副组长的县新冠肺炎疫情联防联控领导小组，下设“一办八组”开展工作，健全完善了疫情防控应急指挥体系，全面加强了对疫情防控工作的统一领导、统一指挥、统一行动。形成了县委、县政府牵头抓总，乡镇、部门分头落实的工作格局，确保一旦发生疫情能够启动有序、高效执行、快速处置。

（二）加强监测预警，落实常态化防控措施。按照省卫健委《关于进一步规范医疗机构发热门诊设置等有关工作要求的紧急通知》，指导督促各医疗机构在医院主通道设立了预检分诊处，落实24小时预检分诊，对进入医院的所有人员进行体温筛查；强化院感防控，县人民医院、县中医医院规范设置了发热门诊，县人民医院传染病区严格按照“三区两通道”标准进行了改造提升，县人民医院严格按照总床位数的10%准备救治床位和救治床位的10%准备重症监护床位，配备了负压救护车和负压担架等必需的应急设备。各医疗机构严格落实门诊“一医一患一诊室”制度和住院患者“一患一陪护”制度，全面加强了院感防控管理。

（三）强化人物同防，严防由物及人的传播。严格落实“人、物”同查，“人、物”同检，对所有境外人员及其随身携带的物品应同时进行核酸检测。对冷链食品包装及大型农贸市场、水产品批发市场、超市等场所的环境、物表、人员的监测，严格落实环境、食品和接触进口冷冻食品的市场从业人员每7天一次核酸检测，严防由物及人的传播。坚持每7天对县乡医疗机构所有工作人员开展一次新冠病毒核酸检测，对8类应检尽检重点人群、重点场所环境和从业人员进行及时检测，确保了重点人群“应检尽检”。截至12月底，已检测医疗机构医务人员7100人次，15个预检分诊、2个发热门诊、隔离观察点环境监测126批次，市场环境及冷链食品样本373批次，市场从业人员240人次，重点场所检测1093人次。

（四）加强实验室建设，提升核酸检测能力。县财政筹措资金405万元，建成了县人民医院、疾控中心两个核酸检测实验室。组织县乡医疗机构工作人员积极参加新冠病毒核酸检测培训班，487名县乡医疗机构医护人员具备了核酸采样资格，县人民医院、疾控中心和县中医医院28名检验人员具备了核酸检测资格。采用“十合一”混样检测技术，全县日最大核酸检测能力达到了7360人份。

（五）加强应急队伍建设，提高疫情应急能力。组建由卫健、疾控、公安、工信和城市社区等人员组成的流行病学调查队伍5支，医疗救治和患者转运队伍2支，传染病防控队伍1支，健康教育队伍1支，卫生监督队伍1支，县人民医院、县中医医院各组建3批涵盖呼吸、重症、影像、急救、院感的医疗救治队伍，负责疑似、确诊病例的日常诊断和救治工作，为患者救治提供了保障。各医疗机构对全院医护人员开展了以新冠肺炎诊疗方案（第八版）、新冠肺炎防控方案（第七版）和甘肃中医药方剂及呼吸道传染病防治等知识的培训；12月，举办全县新冠肺炎疫情防控技术和流行病学调查处置工作培训班，对各乡镇、城市社区和县直各部门、驻泾各单位分管疫情防控工作的领导和业务人员、流行病学调查人员进行了系统培训。

（六）加强医疗物资储备，提高应急保障能力。坚持分级储备、统一调度的原则，各级医疗机构按照满足30天满负荷运转需要，强化应急物资保障，并建立健全储备物资调用机制。截至目前，全县各医疗机构储备口罩10.5万个，防渗透隔离衣3000件，乳胶手套1.2万双，防护服3509套，消毒剂1350瓶（桶），手持式红外线测温枪110个，核酸检测试剂18118人份。利用国家抗疫国债项目，储备采购重点救治药品类3类2500盒；医疗防护物资类一次性口罩59万个，橡胶手套2万双，消杀药品5590箱，防护服3000套，新冠病毒核酸检测试剂22625份，红外线测温仪2000个，呼吸机18台，负压担架30个等25类应急物资共计883万。

（七）健全完善应急预案，开展疫情应急处置演练。认真贯彻落实国家、省市严防聚集性疫情做好秋冬季疫情防控工作电视电话会议精神，制定了《泾川县秋冬季新冠肺炎疫情防控实施方案》《泾川县秋冬季新冠肺炎疫情防控应急预案》《泾川县全员核酸检测工作方案》，明确了重点任务和要求。10月29日，组织开展了全县卫生健康系统新冠肺炎疫情应急处置演练，从预检分诊、疫情报告、患者移交转运、隔离治疗、流行病学调查、集中医学观察等19个场景进行了全流程模拟演练，进一步提高了卫健系统疫情防控应急处置水平。

（八）加强人员培训和应急准备，全力做好新冠病毒疫苗接种工作。严格按照《甘肃省重点人群新冠病毒疫苗接种工作方案》要求，组织各乡镇、各部门对全县13类重点人群进行了摸底调查，调查意愿接种新冠病毒疫苗人员4778人，并组织人员加班加点录入甘肃省免疫规划信息系统。确定县人民医院为全县新冠病毒疫苗定点接种单位，县卫健局、县人民医院分别成立了重点人群新冠病毒疫苗接种工作领导小组，制定了疫苗接种异常反应医疗救治工作方案和应急预案，成立了新冠病毒疫苗接种异常反应医疗救治专家组，组建了3个救治专班。举办了全县新冠病毒疫苗接种工作暨接种异常反应医疗救治培训班，对接种工作人员、医疗救治人员进行了全面培训。规范设置了候种区、接种区、留观区、疑似预防接种异常反应处置区，配备了健康询问、疫苗接种、异常反应观察人员和急救人员，并确定了救护车一辆，确保一旦发生严重异常接种反应，能够迅速处置，最大限度保障接种人群的生命安全。按照“知情同意，自愿接种”的原则，严格执行健康询问、接种禁忌证核查、知情告知、信息登记、“三查七对一验证”和接种后留观等程序，省疾控中心配发的首批179人份新冠病毒疫苗，已于12月28日下午3时完成首针接种。截至2021年1月18日18时，全县已有1223人接种了新冠病毒疫苗，经过留观，均未出现接种异常反应。

（县新冠肺炎疫情联防联控领导小组办公室供稿）

“增强危机创新赶超拼搏意识”专题教育开展情况

现将泾川县“增强危机创新赶超拼搏意识”专题教育活动情况总结如下。

全县“增强危机创新赶超拼搏意识”专题教育活动开展以来，按照县委统一安排部署，各级党组织认真学习贯彻习近平总书记对甘肃重要讲话和指示精神，坚决贯彻落实市委主要领导调研泾川座谈会精神，紧盯“优化思路、突破瓶颈、转变作风、赶超进位”目标，围绕“一学三看四增强”措施落实，以自我革命精神、从严从实要求和求真务实作风，高站位谋划、高标准推进、高质量落实，全县专题教育活动启动迅速、进展顺利、成效明显。

一、主要做法

（一）精心谋划部署，有力有序推进。坚持把搞好专题教育活动作为推动经济社会高质量发展的重要抓手，从谋划部署、组织保障、督查指导、宣传发动四个方面入手，靠实责任、一体推进。一是强化组织保障。及时召开专题会议进行动员部署，制定印发《在全县深入开展“增强危机创新赶超拼搏意识”专题教育活动实施方案》，成立由县委主要领导任组长的专题教育活动领导小组，从县直部门抽调精干力量组建办公室，成立3个巡回督导组，结合工作实际，聚焦脱贫攻坚和年度重点工作任务，创设活动载体，细化工作措施，因地制宜制订活动计划，列出行事历和日程表，明确时间节点和工作任务，确保专题教育活动有力有序推进。二是从严督查指导。抽组8名工作人员，组成2个工作组，采取“不打招呼、不发通知、不听汇报、不用陪同、直插基层、直插现场”的方式，先后3次对81个单位及行业系统专题教育活动、“四抓两整治”措施落实、干部作风等情况进行暗访督查，督查结果在全县范围内通报，着力解决思想层面存在的突出问题，引导党员干部树立正确的工作导向。三是积极营造氛围。突出线上宣传主渠道，在泾川门户网站开设“增强危机创新赶超拼搏意识”活动专栏，发布消息100多条，在泾川发布、视听泾川、阅泾川APP、泾川电视台、泾川人民广播电台开设“增强危机创新赶超拼搏意识·泾川在行动”专栏，累计推送消息280多条。各乡镇、县直各部门累计报送简报信息67条，精心编撰印发专题教育活动简报28期，进一步坚定发展信心，鼓舞士气斗志，强化责任担当。

（二）深化学习交流，凝聚思想共识。县委常委会率先垂范，带头认真学习市委主要领导调研泾川座谈会议精神，创新工作举措，安排贯彻落实意见。一是领导带头示范。县委常委会先后5次召开理论学习中心组学习会议，29名县级领导结合县情和分管联系工作实际，围绕座谈会精神、脱贫攻坚、疫情防控和经济社会发展情况，立足破解当前发展瓶颈问题，进行专题学习研讨，分层次、全方位学习领会精神实质，形成领导干部以上率下带头学、广大党员干部及时跟进学的良好风气。全县各级党组织累计召开集中学习会议142次，开展交流研讨158次、专题研讨会96次，达到了统一思想认识、明确目标定位的目的。二是深化宣讲辅导。县委宣传部抽组县委党校、县扶贫办、县发改局、县自然资源局、县农业农村局等部门9名业务骨干，组建专题教育活动宣讲小组3个，紧紧围绕座谈会议精神和党的建设、脱贫攻坚、项目建设、产业培育、文化旅游、招商引资、民计民生等重点领域工作，深入14个乡镇34个县直部门和行业系统开展集中宣讲活动。累计开展宣讲48场，受教育干部群众4527人，为全县经济社会赶超进位凝聚思想共识。三是开展学习交流。县委、县政府主要领导带队先后赴天津武清区、兰州等地对接项目、学习交流、寻找差距，推动工作取得新突破。各乡镇各部门先后组织党员干部赴静宁县、崆峒区、华亭市、灵台县和县内产业发展示范点参观学习，认真学习借鉴兄弟县区部门和乡镇的好经验好做法，进一步教育引导全县党员干部认清差距不足，找准目标定位。

（三）坚持问题导向，扎实开展“三看”。聚焦重点工作，坚持“三个结合”（即把“沉下去”与“走出去”相结合、“征求意见”与“自查自纠”相结合、“党性锤炼”与“监督执纪”相结合）一体推进，深入查找短板弱项，凝聚党员干部精气神。一是看差距补短板。紧盯脱贫攻坚目标任务，坚决贯彻落实县委十七届十次全体（扩大）会议暨脱贫攻坚挂牌作战誓师大会精神，全体县级领导深入基层一线，带队对联系乡镇、包抓行业脱贫攻坚“3+1”冲刺清零后续行动、“5+1”专项提升行动、“十查十看十补课”、村庄环境整治等情况进行督查指导、现场办公，认真分析差距不足，提出指导性意见建议。各单位紧盯短板弱项，严格对标对表，组织干部职工深入村组扎实开展调研走访活动，解决突出问题73件，全力攻坚克难，提升脱贫质量。二是看问题优思路。各单位结合工作实际，扎实开展“六查一看”（即围绕在重点工作任务落实过程中查找精神状态疲、创新能力弱、标准定位低、思路方法少、推动落实慢、工作成效差等六个方面问题，看作风转变，强化整改落实，以强有力措施倒逼重点工作任务落实）活动，通过召开座谈会、发放意见征求表、倒查挖掘等形式，查找领导班子及党员干部在工作推进、担当作为、转变作风等方面存在的突出问题214条，坚持边查边改原则，及时建立整改台账，明晰时限和责任人，逐条销号整改落实，目前存在问题已全部整改到位。在此基础上，各单位以“深化县情认识、弥补短板不足”为主题召开研讨会，全面强化各级党组织破解发展瓶颈、补齐短板弱项的赶超意识和党员干部责任担当意识。三是看作风树形象。从严加强纪律作风建设，在全县各级党组织集中开展“转作风、树形象”党性分析和民主评议党员活动，累计评选优秀共产党员4968人。持续深化扶贫领域腐败和作风问题专项治理工作，综合运用监督执纪“四种形态”，规范村级小微权力运行，查处扶贫领域问题线索24件，立案5件，给予党纪处分3人，组织处理8人，有效发挥了警示震慑作用。

（四）创新工作举措，健全长效机制。坚持把经济社会高质量发展作为检验专题教育活动成效的根本标尺，积极探索创新，总结经验做法，狠抓工作落实。一是创新方式抓落实。研究制定《关于奋力赶超进位推动经济社会高质量发展的实施意见》，建立县级领导包抓制度，确保各项工作落到实处；各单位对标主要措施，坚持把专题教育活动与党建工作、脱贫攻坚工程和年度重点工作任务紧密结合，丰富创设活动载体36项，着力激发干部职工干事创业活力。二是聚焦短板抓落实。把专题教育活动与抓党建促脱贫攻坚结合起来，部署开展“大排查、大起底、大整改、大提升”行动，逐村逐户过筛子，逐人逐项补欠账，动态跟进落实“一户一策”帮扶措施，认真落实教育扶贫、健康扶贫、医疗报销、兜底保障等政策。由县级包乡领导负责，指导各乡镇全覆盖开展农村危房、窑洞排查清零，对居住或用作灶房的全部搬离，对废弃土窑洞集中进行封堵或填平复垦，对“四有户”等新摸排危房采取差异化政策实施改造，农村危房、窑洞清零得到了群众普遍认可和支持。三是健全制度抓落实。积极探索总结，坚持把好经验、好做法以制度的形式固定下来，建立健全长效机制，制定了《中共泾川县人民政府党组会议议事规则》《县级领导干部上讲台制度》等制度4个，修订完善《政协机关管理制度》《泾川县公共资源交易法律法规文件汇编》《泾川县科协学习制度》《退役军人事务局信访办理制度》等各项制度23个，做到务实管用，确保可执行、可监督、可落实。

二、主要成效

（一）统一思想认识，客观审视反思，发展思路进一步优化。认真学习贯彻市委主要领导调研座谈会议精神，客观审视研判，分析短板不足，找准比较优势，明确目标定位，全县上下发展思路更加清晰。一是认真学习领会，扎实开展专题研讨。全县各级党组织及时把市委主要领导讲话精神纳入党委（党组）中心组学习内容，精心制订学习计划，县委常委会以身作则、以上率下开展专题研讨，引导全县广大党员干部掀起了学习热潮，深入开展思想大解放、大讨论，结合自身实际谈认识、找差距、明方向、定措施，达到了鼓舞士气、激发干劲、推动工作的目的。二是召开专题会议，优化工作思路。按照“深化县情认识，在发展思路上再聚焦、再完善、再提升”的要求，在深刻分析县情阶段性特征和充分研究讨论的前提下，筹备召开了县委十七届十次全体会议暨脱贫攻坚挂牌作战誓师大会，对全县当前及今后一个时期发展思路目标、任务措施进行优化完善，确定了“全力打造‘一个中心’，精心做好‘两篇文章’，聚力实现‘六个突破’”的发展思路。三是靠实责任分工，推动任务落实。研究成立脱贫攻坚、县域经济高质量发展、深化改革创新、民计民生保障提升、深入开展“增强危机创新赶超拼搏意识”专题教育活动等5个领导小组，由县委主要领导任组长，县政府主要领导、四大家分管领导任副组长，明确各组工作职责及年度突破重点，建立人大、政协主要领导联系包抓重点工作制度，坚持周调度、月分析、季通报，按季度召开经济运行分析调度会议、重点工作推进会议，常态化开展专项督查和暗访检查，对主要指标和重点任务紧盯不放、一线督促、跟踪落实，全县上下赶超进位抓发展的行动自觉明显增强。

（二）突出政治建设，强化整顿提升，党建工作进一步推动。认真践行新时代党的建设总要求，融合推进党支部建设标准化和党建统领“一强三创”行动，深入推进“四抓两整治”重点任务，为高质量打赢脱贫攻坚战提供坚强组织保证。一是切实筑牢基层堡垒。按照“支部自查自评、党员群众测评、党委定星挂牌”的程序，稳步推进“十星级”党支部建设标准化，对全县611个党支部重新进行评星定级，评选“十星级”党支部133个，全面消除“五星级”以下党支部。扎实开展党建引领决战决胜脱贫攻坚行动，全面推行产业党建“四链”模式，建立产业型党组织87个，领办产业园区197个。持续加强村级班子建设，落实村党组织书记、村委会主任“一肩挑”212人，覆盖率达到100%，结合推行村干部专职化试点工作，确定专职化试点村111个，考聘专职村党组织书记23名、村文书111名，不断优化充实村级后备干部库。二是加大扶持投入力度。持续推行村干部报酬增长机制，健全完善《村干部绩效考核管理办法》，实现村干部绩效考核与工作报酬相挂钩。从县管党费列支33万元支持疫情防控，列支17.6万元补助农村党员“冬训”；列支专项经费

172万元，补助新建、维修村级活动场所44个，农村党建工作基础不断夯实。加大农村“三个带头人”队伍扶持力度，为全县14个乡镇落实党建工作专项经费补助“三个带头人”扶持培育项目资金40万元。持续扶持壮大村集体经济，制定“一村一策”扶持方案，在2019年中央和省级扶持10个村500万元发展壮大村级集体经济项目的基础上，今年争取9个村450万元中央扶持资金，以村集体名义入股龙头企业或农民专业合作社，不断增强村级集体经济组织的服务能力。三是构建激励约束机制。坚持严管和厚爱结合、激励和约束并重，对全县1846名村“两委”成员开展任职资格联审，调整村干部76人，其中村支书48人。完善驻村工作队管理考核办法，着力解决工作队员吃住在村问题，选派驻村帮扶工作队员296人，有效压实工作责任，推动扶贫干部履职尽责。把干部在脱贫攻坚一线的表现作为考察识别干部的重要标准，提拔和进一步使用勇于担当、善于作为、实绩突出、群众公认度高的脱贫攻坚一线干部247名，引导广大党员干部在脱贫攻坚“主战场”建功立业。

（三）补齐短板弱项，培育增收产业，脱贫基础进一步夯实。认真落实“攻坚、巩固、提升、兜底、整改”政策措施，坚持一手抓挂牌作战、一手抓面上工作，着力抓重点、补短板、强弱项、治硬伤，盯细节、抓过程、保结果、提质量。一是全力推进挂牌作战。聚焦下剩的2个未脱贫村和3700人未脱贫人口以及有返贫风险的监测户、有致贫风险的边缘户，研究制定县乡村三级《脱贫攻坚挂牌作战实施方案》，由县委、县政府主要领导、分管领导包抓未脱贫村，16名县级领导负责督战14个乡镇，指导督促乡镇、行业部门和帮扶单位推进挂牌作战任务落实，王村镇朱家涧村投入资金1513.51万元，实施完成设施蔬菜种植、平凉红牛养殖、村组道路硬化等项目14个；红河乡姚哈村投入资金696.7万元，实施完成特色种养、人居环境改善等项目11个。目前，2个挂牌作战贫困村脱贫退出的3大项10项指标全部达标。二是持续夯实增收基础。统筹推进产业培育及经营性、政策性等增收方式，精准落实产业到户扶持资金4515.42万元，在贫困村新栽果园1900亩，新建暖棚牛舍437座，购买平凉红牛1102头，种植露地蔬菜3963亩。加强与重点用工地区和企业的对接联系，集中向天津、上海、广东等地输送务工人员1388人，在项目工地、扶贫车间、瓜菜园区安排就近就地务工1.2万人，落实公益性岗位政策2016人。抢抓东西部消费扶贫机遇，采取以奖代补形式鼓励企业、电商平台扩大市场销量，上半年实现消费扶贫3542.9万元，其中销往天津农特产品实现销售额1056万元，带动4039名贫困群众增收。三是扎实整改突出问题。坚持把问题整改作为巩固脱贫成果、提升脱贫质量重要抓手，对即知即改的问题迅速抓好落实，对复杂问题细化措施、压茬推进，确保问题清零销号、见底见效。目前，中央脱贫攻坚专项巡视、2019年脱贫攻坚成效考核、审计署驻兰特派办审计、中央脱贫攻坚专项巡视“回头看”和2019年度国家脱贫攻坚成效考核、省委脱贫攻坚专项巡视、省整改办暗访交办反馈问题全部整改完成。

（四）抢抓政策机遇，突出项目实施，瓶颈问题进一步突破。扎实做好“六稳”工作，认真落实“六保”措施，以项目建设为牵引，全力推动县域经济高质量发展。一是切实加大项目实施力度。抢抓国家推进十大绿色生态产业、新基建、国家专项债券等政策机遇，梳理“十四五”规划项目275项，估算总投资1004亿元；申报新增中央投资项目82项66.35亿元，论证谋划黄河流域生态保护和高质量发展规划项目89项，估算总投资87.6亿元。今年纳入全市投资清单项目49项，其中新建32项、续建17项，总投资54.79亿元，计划当年投资16.86亿元。至目前，续建项目全部复工，新建项目开工25项，开复工率85.7%，完成投资6.5亿元。二是加快发展现代农业。以创建全省现代农业示范区为目标，稳定扩大果品产业规模，完成果园新建、补植1.24万亩，完成“泾川苹果”地理性标志认证；着眼建设平凉红牛全产业链核心区，采取“国有公司+龙头企业+专业团队+合作社+农户”的模式，建成朱家涧平凉红牛养殖场，修建标准化暖棚牛舍4栋，建成黄牛冻配改良点18个，完成肉牛冻配改良3313头，落实能繁母牛补贴4804头，全县牛饲养量达到2.57万头。大力发展绿色、无公害、有机蔬菜，投入蔬菜产业资金2196万元，新建蔬菜园区6处，日光温室61座、钢架大棚608座，种植露地蔬菜1.1万亩，设施西瓜2.1万亩，预计实现产值3亿元。三是持续扩张工业经济总量。认真落实支持企业复工复产政策措施，设立中小企业专项资金200万元，为44户企业发放贷款1.04亿元，天纤棉业二期续建等重点项目加快实施，正大饲料公司注册地变更获得授权。论证储备项目40项，赴深圳等地上门招商引进实施200万吨建筑骨料、松果电单车等招商项目13项，落实到位资金2.3亿元，引进省外资金1.95亿元。四是全力促进文旅产业融合发展。以创建全国全域旅游示范县为统揽，加快大云寺·王母宫国家5A级旅游景区创建，持续深化与省城乡投资公司战略合作，先后2次赴省城乡投资公司进行汇报衔接，加快温泉小镇开发项目前期工作，已完成项目可研和初设编制。大力推进“旅游+”模式，开发刘家沟千亩油菜花海、何家坪千亩芍药基地等精品旅游线路5条，承办“陇上花开·乡约甘肃”甘肃省乡村旅游美丽之旅推介活动，成功举办田家沟生态风景区首届低空飞行暨“五一暖春”系列活动，带动旅游综合收益大幅增长。

（五）深化改革创新，综合施策推进，社会治理进一步提升。全面落实中央和省市改革部署，着力优化体制机制，推动重大改革举措落地见效，为经济社会高质量发展提供强劲动力。一是持续深化“放管服”改革。持续压减行政许可事项，严格落实减税降费政策，清理取消行政审批事项246项，减少证明事项198项，梳理公布“最多跑一次”办理事项876项。新建县级政务服务中心，28个部门877项行政审批事项进驻办理，启动运行一体化政务服务平台，80%以上政务服务事项实现“一网通办”。二是统筹推进农村重点改革。坚持以农业供给侧结构性改革为主线，纵深推进农村“三变”改革，总结推广“三变+特色种养”“三变+乡村旅游”等经验模式，健全完善“企业+基地+合作社+贫困户”利益联结机制，带动187个村参与“三变”改革，91个贫困村实现全覆盖，参与群众7199户，配股资金1.07亿元，村集体经济增长38.84万元。规范提升农民专业合作社管理运行水平，全县农民专业合作社达到466家，运营规范和较规范的384家，占82.4%。三是全力支持民营经济发展。认真落实省市应对新冠肺炎疫情支持中小微企业平稳健康发展的政策措施和非公经济发展“19条”，建立领导联系包抓非公有制企业制度，全面落实减税降费政策和“双创”税收措施，深入开展“百名行长帮百企”行动，县内9名金融机构负责人包抓中小微企业19家，先后为62户企业发放贷款1.3亿元，为受疫情影响较大的中小微企业无还本续贷373万元、延期还款157万元，免征2909户纳税人增值税340.42万元，减免45户企业三项社会保险费70万元，减征24户企业基本医保费13.5万元，拨付企业稳岗返还资金45户25.27万元，清欠民营企业账款1184.24万元，有效减轻了企业负担，激发了市场活力。

（县委组织部供稿）

大事记

1月

3—6日 泾川县第十八届人民代表大会第五次会议在泾州宾馆隆重召开，李卫东当选县人大常委会主任，李中尧当选县监察委员会主任。

3—6日 政协泾川县第九届委员会第五次会议在泾州宾馆隆重召开。

6—8日 省公共资源交易局二级巡视员王兴，市人大常委会副秘书长、办公室主任李森带领考核组，对省市帮扶单位脱贫攻坚帮扶工作进行年度考核。

7日 2020年全市文化科技卫生“三下乡”集中示范活动在荔堡镇袁口村举行，市委常委、宣传部部长、统战部部长马琦出席并讲话，副市长何瑞莲主持。

8日 县委书记吕鹏举，县人大常委会主任李卫东，县委副书记、县长王廷佐，县政协主席张寅虎，县委常委、组织部部长慕晓云带领县委办、组织部、城市社区管委会等部门负责同志走访慰问部分离退休老干部。

▲ 全县文化科技卫生“三下乡”集中示范活动在汭丰镇三十梁村举行。

▲ 省总工会副主席张弘强带队考核泾川县工会工作，市总工会党组书记、常务副主席王克选陪同。

▲ 县委书记吕鹏举带队，深入县人武部、消防大队、城关派出所、天纤棉业公司、旭康食品公司、城关敬老院、武警中队、高速泾州大队开展春节走访慰问，县上领导李卫东、王廷佐、张寅虎、杨军红、赵晓春、刘潇甫、杨宏、王建平等陪同慰问。

▲ 省台办二级调研员杜丛建、市委统战部副部长王珺一行考核“泾川西王母宫海峡两岸交流基地”工作。

▲ 市市场监督管理局副局长陈国庆带领考核组对泾川县2019年度质量、食品安全和药品监管工作进行考核。

8—9日 市水务局副局长赵正鑫带队，考核泾川县2019年乡村振兴工作。

9日 市政府副市长宋全科带领市人大办、市委组织部、市民政局、市残联负责同志，到泾川开展春节慰问。

9—12日 省农业农村厅外资项目办主任段淇斌带队考核泾川县2019年度产业扶贫工作。

▲ 县委书记吕鹏举、副书记许尔全、县纪委监委书记（主任）李中尧深入高平镇走访慰问部分困难群众。

▲ 县长王廷佐、大景区管委会主任杨本县、县政协副主席王建平带领有关单位负责同志，深入王村镇朱家涧等村开展走访慰问。

10日 县安委会召开2020年第一次全体（扩大）会议。

10—11日 市委政法委副书记李晓彤带领考评组检查考评泾川县2019年度平安建设工作。

13日 省科学院院长高世铭带队深入太平镇崖窑、七千关、荒场等村开展帮扶慰问。

▲ 省生态环境厅宣传教育处处长杜海平带领考核组，对泾川县2019年省政府生态环境保护目标任务和污染防治攻坚战重点工作完成情况进行考核，副市长杨维周、市生态环境局局长张双鹤陪同。

16日 县上召开“不忘初心、牢记使命”主题教育总结会议，县委书记吕鹏举、市委第三巡回指导组组长位志贤出席会议并讲话，县委副书记、县长王廷佐主持会议。

20日 县上召开2020年食安委会第一次工作会暨“双安双创”工作推进会议。

22日 县委常委、宣传部部长赵小军主持召开全县新型冠状病毒感染的肺炎疫情防控工作会议，传达习近平总书记重要指示和李克强总理重要批示精神，贯彻落实国家和省市疫情防控工作会议精神，安排部署全县疫情防控相关工作，副县长杨芳出席会议。

25日 县上召开全县新型冠状病毒感染的肺炎联防联控工作会议，贯彻落实省委书记林铎批示、省长唐仁健讲话及全省会议精神，对全县新型冠状病毒感染的肺炎联防联控工作再安排、再调度。县委副书记、县长王廷佐主持会议并讲话。

27日 全县新型冠状病毒感染的肺炎疫情联防联控工作领导小组第三次会议召开，县委书记吕鹏举主持会议并讲话。

28日 县委副书记、县长王廷佐主持召开泾川县新型冠状病毒感染的肺炎疫情联防联控工作领导小组第四次会议。

29日 市委常委、副市长叶剑芳检查指导泾川县新型冠状病毒感染的肺炎疫情防控工作。

30日 市委副书记、市长王奋彦到泾川县督查指导疫情防控工作。

31日 县委书记吕鹏举深入太平镇盘口村、城关镇茂林村、东街社区、火车站和星鼎超市，对新型冠状病毒感染的肺炎疫情联防联控工作进行督导检查。

2月

1日 县疫情防控宣传及舆情应对组召开第四次会议，县委常委、宣传部部长赵小军主持会议并讲话。

3日 省新型冠状病毒感染的肺炎疫情联防联控领导小组市场监管组负责人陈国英一行来泾川县督导市场监管领域疫情防控工作，副市长杨维周、市市场监管局局长于宏勤、市畜牧兽医局副局长徐保学等陪同督查。

5日 县委书记吕鹏举深入部分乡镇采取随机抽查、明察暗访的方式，督查新型冠状病毒疫情联防联控工作。

▲ 县委书记吕鹏举带领县委办、农业农村局负责同志调研泾汭河川区蔬菜产业早春生产情况。

6日 县委副书记、县长王廷佐深入王村镇督查新型冠状病毒感染的肺炎疫情防控工作。

7日 县上召开全县新冠肺炎疫情联防联控领导小组第七次会议。

8日 市交通运输局副局长、市疫情联防联控领导小组第二督查组组长徐德才带队督查泾川县疫情防控工作。

12日 市政府副市长宋全科来泾川县督查疫情防控工作并召开座谈汇报会。

▲ 县上通过"陇政钉"视频系统召开全县新冠肺炎疫情联防联控领导小组第八次会议。

13日 市招商局局长李文军调研泾川县招商引资工作启动情况。

15—16日 县委书记吕鹏举对城区部分小区、楼宇和北塬部分乡村疫情防控工作进行暗访。

16日 市纪委干部监督室主任李逢春来泾川县开展疫情防控监督检查。

17日 县上举行援鄂抗击疫情医疗队员出征仪式，何亚瑞、吕立萱2名医护人员集结出发。

▲ 县委直属机关工委选派30名机关在职党员到社区报到，进一步加强城区疫情防控工作力量。

20日 泾川县城市公交和县内道路客运班线恢复通车。

21日 县上通过"陇政钉"召开县委农村工作会议暨县脱贫攻坚领导小组2020年第1次会议，县委书记吕鹏举主持会议并讲话，县委副书记、县长王廷佐出席会议并讲话，县委副书记王德全安排全县脱贫攻坚挂牌督战工作。县上领导李卫东、张寅虎、许尔全、刘潇甫、吕忠武、毛永宏在主会场参加会议，其他县级领导，县农业农村工作、脱贫攻坚领导小组成员单位主要负责同志，各乡（镇）党委书记、乡（镇）长通过"陇政钉"参加会议。

24日 市委副书记苟永平、副市长宋全科深入王村镇朱家涧村、红河乡姚哈村，调研指导脱贫攻坚挂牌督战工作。

25日 市委办公室副主任赵喜成带领市新冠肺炎疫情联防联控领导小组督查组，来泾川督查复工复产和疫情防控工作。

26日 县委召开十七届九次全会暨县委经济工作会议，审议通过了县委常委会工作报告、《中共泾川县委关于深入学习贯彻习近平总书记视察甘肃重要讲话精神加快建设绿色开放幸福美好新泾川的实施意见》《中国共产党泾川县第十七届委员会第九次全体会议决议》。

▲ 全县2019年度党委（党组）书记抓基层党建工作述职评议会暨城市基层党建工作推进会召开。

27日 全县纪检监察工作会议召开。

▲ 全县教育系统疫情防控和2020年教育工作会议召开。

3月

3日 市人大常委会主任马琨、副主任薛晓宏督查调研泾川县复工复产和脱贫攻坚挂牌督战工作。

▲ 市委常委、市纪委书记、监委主任何东调研泾川县红河乡姚哈村、王村镇朱家涧村脱贫攻坚工作。

▲ 全县生态环境保护工作会议召开。

4日 市政府副市长杨维周，市政协副主席、市生态环境局局长张双鹤带领市政府办、招商局、生态环境局等单位负责同志对泾川县生态环境保护、招商引资工作开展调研。

5日 县上召开脱贫攻坚领导小组2020年第二次会议暨脱贫攻坚挂牌督战推进会议。

6日 县直机关2019年度党组织书记抓基层党建述职评议暨机关党建工作会议召开。

10日 市委副书记、市长王奋彦，市政协副主席、市发改委主任刘万民带领市政府办、扶贫办、工信局、住建局、农业农村局、商务局等部门负责人，调研泾川县脱贫攻坚和复工复产工作。

▲ 市委常委、宣传部部长、统战部部长马琦来泾川县督导荔堡镇疫情防控和春季农业生产工作。

▲ 市政府副市长何瑞莲带队调研督查泾川县文旅系统复工复产和重大项目建设。

11日 省农业农村厅副厅长妥建福来泾川县督导调研顶凌覆膜、果园管理、蔬菜生产、肉牛养殖等工作。

▲ 省政府副秘书长、天津援甘前方指挥部总指挥袁新河带队来泾川县调研脱贫攻坚挂牌督战工作。

12日 县脱贫攻坚领导小组召开2020年第3次会议暨经济运行分析调度会。

▲ 省人社厅一级巡视员缑维藩带领调研组来泾川县调研就业和社保扶贫工作，市人社局局长王强陪同调研。

▲ 市统计局局长王亚锋一行来泾川县调研第七次全国人口普查、第一季度经济运行、固定资产投资等情况。

13日 县委副书记、县长王廷佐主持召开县编委会会议。

16日 县上召开全县植树造林动员大会。

17日 县直机关义务植树活动在城关镇何家坪村举行。

▲ 县委书记吕鹏举深入王村、党原、窑店、罗汉洞等乡镇督查脱贫攻坚和复工复产情况。

▲ 县委副书记、县长王廷佐督查红河乡姚哈村脱贫攻坚工作。

18日 天津市政府合作交流办公室主任张庆恩带领调研组来泾川县调研东西部扶贫协作工作。

19—20日 市委书记郭承录调研泾川春季工作进展情况，在汇报座谈会上强调：泾川县要立足区位、自然和资源优势，紧盯打造陕甘宁三省区域中心，做好绿色发展和文化旅游文章的“一个中心、两篇文章”目标定位，推动县域经济赶超进位、高质量发展。

23日 全市重大项目集中开工（泾川县）仪式在王村镇光明村泾汭河川区万亩大棚西瓜种植项目施工现场举行，市政府副市长宋全科出席并宣布项目开工。

24日 县委副书记、县长王廷佐带领政府办、住建局、自然资源局等部门负责同志，调研玉都、王村两乡镇中心城镇建设。

25日 市政府副秘书长、研究室主任龚卫兵带领调研组来泾川县调研第三产业发展情况。

▲ 市委网信办主任雷勇、副主任李一宁来泾川县督查调研网络生态综合治理工作。

▲ 市机关事务局局长吴宗调研红河乡脱贫攻坚工作。

27日 省生态环境厅第四督察局吴建荣带队督查泾川县省级环保督察反馈意见整改落实情况。

30日 县委十七届十次全体（扩大）会议暨脱贫攻坚挂牌作战誓师大会召开。

▲ 县纪委十七届五次全体会议召开。

31日 全县宣传组织统战工作会议召开。

▲ 全县统战工作领导小组第一次（扩大）会议召开。

▲ 省政协党组成员袁占亭带领视察组来泾川县，围绕“黄河流域甘肃段生态保护和治理”开展监督性视察，市政协副主席、市发改委主任刘万明陪同视察。

4月

1日 华池县党政考察团来泾川县考察牛产业发展情况。

3日 县脱贫攻坚领导小组召开第四次会议暨脱贫攻坚问题整改推进会议。

▲ 县委政法信访工作会议暨县扫黑除恶专项斗争领导小组第八次（扩大）会议召开。

▲ 全县退役军人事务、道路交通安全及禁毒工作会议召开。

▲ 全县“四抓两整治”工作暨县委深入开展“增强危机创新赶超拼搏意识”专题教育活动推进会召开。

6日 县上在回中广场举行援助武汉医疗队员凯旋迎接活动。

7日 县委书记吕鹏举、副县长吕忠武带领县委办、扶贫办负责同志，深入党原镇吊沟村、高寨村，玉都镇易地扶贫搬迁设施产业园，调研指导脱贫攻坚和农村人居环境整治工作。

▲ 县委副书记、县长王廷佐深入鼎惠公司气调果库、工业集中区小微企业孵化园，调研检查工业集中区建设情况。

9日 省委副书记、省长唐仁健深入王村镇朱家涧村易地搬迁集中安置点，调研易地扶贫搬迁后续产业发展、群众就近就业等情况，省委常委、省委秘书长王嘉毅，省政协副主席、市委书记郭承录陪同调研。

▲ 市委副书记、市长王奋彦深入王村镇刘家沟千亩油菜花基地、朱家涧牛场、薛家庄古梨园、王村知青记忆园调研特色产业培育、乡村旅游发展和脱贫攻坚工作。

▲ 北京雄特牧业有限公司董事长杨康云、执行总经理郭建军深入泾川县平凉红牛繁育中心、朱家涧牛场，调研全县肉牛产业发展情况。

10日 市政协主席王大睿带队到泾川县开展市委政协工作会议前期调研，市政协副主席闫虎明、市政协秘书长练生辉参加调研。

▲ 县委副书记、县长王廷佐，副县长吕忠武带领县政府办、发改局、水务局、扶贫办负责同志，深入玉都镇易地搬迁安置区设施产业园和下坳村大棚西瓜种植基地，检查特色产业发展工作。

11日 省委统战部副部长、省工商联党组书记赵少智一行来泾川县调研民营企业复工复产纾困工作。市委常委、宣传部部长、统战部部长马琦，市政协副主席、市工商联主席郭宏陪同调研。

13日 县上召开2020年第1次河长制部门联席会议。

14日 县上召开脱贫攻坚领导小组2020年第5次会议。

15日 省广电网络公司董事长谢鹏、监事会主席董伟带队来泾川县开展脱贫攻坚帮扶工作调研。

16日 市人大常委会主任马琨来泾川县督导脱贫攻坚工作。

▲ 省商务厅副厅长张永洪带队调研泾川县商贸流通行业和企业疫情防控工作，市政府副秘书长姚安春，市商务局局长马国锋、副局长李君陪同调研。

17日 县上召开东西部扶贫协作工作推进会议。

18日 县委常委会召开会议，同时套开县脱贫攻坚领导小组2020年第六次会议，传达学习中央、省市委有关会议和文件精神，研究部署脱贫攻坚、安全生产、经济社会发展、从严治党等有关工作。

20日 县委书记吕鹏举深入高平镇三十里铺、任家寺、代家、茜家沟、原尚等村对脱贫攻坚和当前农业农村重点工作进行督查指导。

▲ 泾川县与谷川联行有限公司举行代理招商签约仪式。

21—22日 甘肃日报副总编王东一行来泾川县开展脱贫攻坚采访。

22日 副市长、汭河市级河长杨维周带领市政府办、市水务局、市生态环境局负责人，对汭河泾川段进行巡河检查。

▲ 省人社厅厅长周丽宁来泾川县调研，市人社局局长王强、市劳务办主任张岳陪同调研。

▲ 全县大气污染专项治理工作推进会召开。

▲ 市招商局副局长王正权一行对泾川县在

第25届兰洽会签约项目和沪浙商签约项目进展情况进行检查。

▲ 县网信中心、天津市武清区、新浪微博官方联合举办“来自王母故里的礼物”网络直播带货活动，县委常委、县政府副县长袁志兴走进直播间，为朱家涧村甜瓜、西红柿等农产品代言，推介泾川优势农产品。

23日 省人大常委会农业与农村委员会副主任车克钧一行来泾川县调研特色农业发展情况，市人大常委会副主任薛晓宏陪同调研。

24日 全县脱贫攻坚工作集体约谈会议召开，县委书记吕鹏举出席会议并讲话，县纪委书记、监委主任李中尧主持会议。

▲ 高平、飞云、窑店等乡镇受低温冻害影响，农作物受灾。

26日 天津市副市长李树起一行来泾川县调研东西部扶贫协作工作。省政协副主席、市委书记郭承录，市委副书记、市长王奋彦，省政府副秘书长、天津援甘前方指挥部总指挥袁新河，市委副书记苟永平陪同调研。

26—28日 天津市武清区委书记戴东强，区委常委、统战部部长房靖彪，副区长刘东海带领党政代表团及企业负责人，来泾川县开展结对帮扶和扶贫协作工作，省政协副主席、市委书记郭承录，市委副书记、市长王奋彦，市委副书记苟永平，市人大常委会主任马琨陪同。

27日 全县党政领导班子副职脱贫攻坚集体谈话会召开，市委常委、组织部部长符红斌出席会议并讲话。

28日 县上召开2020年县安委会第二次全体（扩大）会暨防灾减灾工作会议。

29日 全县脱贫攻坚帮扶工作集体约谈会召开，县委书记吕鹏举出席会议并讲话。

▲ 泾川县纪念五四运动101周年暨第五届“向上向善”好青年表彰大会召开。

▲ 田家沟生态风景区首届低空飞行暨“古井贡酒”“五一暖春”系列活动开幕，市文旅局二级调研员郭俊林出席。

5月

2日 省文化和旅游厅副厅长万学科带队督查泾川县景区疫情防控和开放管理工作，市文旅局局长尚高明、副局长丁雷督陪同检查。

6日 县委书记吕鹏举带领县委办负责同志，深入城关镇袁家庵村实地督查农村窑洞、危房排查清零工作。

▲ 县政协主席张寅虎带领政协办负责同志，深入罗汉洞乡督查指导窑洞危房清零工作。

11日 省人大教科文卫委员会副主任委员李文卿、市人大常委会副主任白玉带领省市人大常委会执法检查组，来泾川县检查《传染病防治法》贯彻执行情况。

▲ 市委副书记苟永平督查红河乡土窑洞、危房清理工作。

▲ 市委政法委二级调研员董书牝、研究室主任闫鹏飞一行督查泾川县反邪教工作进展情况。

12日 市委统战部副部长杜晓荣、王珺一行，调研泾川县两岸交流工作。

▲ 市残联副理事长黄建平、张芸一行督查调研残疾人证件办理和脱贫攻坚工作。

13日 县政府与中国电信平凉分公司签订智慧城市二期5G技术应用战略合作协议，平凉电信分公司党委书记、总经理王小成出席签约仪式。

▲ 县上举行“智游泾川”旅游微信小程序上线仪式。省文旅厅科技信息处处长秦炳峰、四级调研员代明亮，兰州大学副教授杨裔，中电万维智慧文旅事业部总经理王春生，市文旅局副局长王宏，市电信公司副总经理陈琳出席上线仪式。

14日 县上在回中广场举行第30次“全国助残日”活动启动暨东西部扶贫协作辅具发放仪式。天津市武清区残联副理事长张坤第，县委常委、宣传部部长赵小军等出席活动。

15日　县委书记吕鹏举督查太平镇盘口村、荒场村脱贫攻坚和人居环境整治工作。

18日　省水利厅副厅长陈继军一行来泾川县督导泾州宾馆取用水和朱家涧水库运行管理情况，副市长宋全科和市水务部门负责人陪同调研。

▲　市委常委、政法委书记杨军，市委副秘书长、市信访局局长周晓宁一行，督导检查泾川县政法信访重点工作。

19日　县上召开脱贫攻坚领导小组2020年第七次会议暨中央脱贫攻坚专项巡视反馈意见整改工作会议。

▲　“陇上花开·乡约甘肃”甘肃省乡村旅游美丽之旅推介活动平凉市分会场暨平凉市乡村旅游季启动仪式在泾川县泾明乡白家民俗文化村举行。天津市河西区文旅局副局长袁莉应邀出席启动仪式并致辞，市委常委、宣传部部长、统战部部长马琦宣布开幕，副市长王锦致辞，市政协副主席郭宏，市文旅局局长尚高明、副局长王宏，市委办公室副主任王小波出席启动仪式，市政府副秘书长姚安春主持仪式。

20日　省公共资源交易局局长赵喜泉来泾川县开展脱贫攻坚帮扶工作调研。

▲　县上举行第17个民族团结进步宣传月活动启动仪式。

▲　市工商联常务副主席刘真斌调研泾川工商联工作。

20—21日　天津市武清区纪委常委、监委委员张一英一行来泾川对东西部扶贫协作和支援合作工作开展监督检查。

21日　省委副书记孙伟来泾川县调研企业发展、脱贫攻坚挂牌作战和特色产业发展等情况，市委书记郭承录陪同。

▲　市委常委、组织部部长符红斌调研泾川县抓党建促脱贫工作。

▲　平凉市新的社会阶层人士联谊会在荔堡镇袁口村开展“凝聚新阶力量、助力脱贫攻坚”社会服务活动，市政协副主席郭宏出席活动并讲话。

22日　市委副书记苟永平带队调研泾川县牛产业发展情况。

26日　省委财经办调研组成多元一行调研泾川县开展贫困地区产销体系建设情况，市委政研室副主任王伟陪同调研。

▲　市政协副主席张晓宇带队调研泾川县加强新时代城市社区少数民族工作。

26—27日　县委书记吕鹏举深入罗汉洞、泾明、太平、高平和窑店镇部分村组农户，督查脱贫攻坚和农村人居环境整治工作。

27日　农工党省委会伍欣一行在市侨联主席郭文清陪同下，来泾川县开展“共建人文一带一路、夯实全面开放成果”专题调研。

27—29日　县委副书记、县长王廷佐，县委副书记许尔全，县委常委、副县长袁志兴，副县长吕忠武带领县政府办、扶贫办、财政局、医保局、王村镇、汭丰镇、太平镇负责同志，赴天津市武清区开展东西部扶贫协作对接交流。

28日　中国少年先锋队泾川县第一次代表大会正式开幕，大会正式代表、列席人员共150人参加。

▲　省司法厅二级巡视员何雯一行来泾川县调研反家庭暴力和婚姻家庭纠纷预防化解工作，市委政法委副书记李晓彤、市妇联主席王红霞陪同调研。

▲　省市场监督管理局局长王忠习调研泾川县保市场主体工作落实和基层执法改革情况，副市长杨维周、市市场监督管理局局长于宏勤陪同调研。

29日　省司法厅厅长牛纪南一行督查泾川县司法行政工作，市司法局局长张君才陪同督查。

▲　省农发行行长黄奕忠一行深入循环经济产业园区中小企业孵化园，调研泾川县脱贫攻坚

工作。

29—30日　市发改委副主任苏调和带领市财政局、扶贫办等8部门组成的验收组，对泾川县“十三五”易地扶贫搬迁工程进行验收。

6月

2日　县长王廷佐、副县长吕忠武带领县政府办、发改局、财政局、扶贫办、农业农村局、交通运输局负责同志，深入王村、太平、汭丰、高平等乡镇检查特色产业、基础设施建设、农村人居环境整治等扶贫项目实施情况。

3日　“美丽中国·生态甘肃”主题全媒体采访团走进泾川，对全县水环境综合治理、农村环境整治和生态文明建设等工作进行集中采访。

▲　省林草局督导组殷德怀一行来泾川县开展脱贫攻坚生态普查督导工作，市林草局二级调研员赵宏伟陪同督导。

4日　省社科联党组书记、副主席陈元龙带领调研组对泾川县新时代文明实践中心建设和首批省级社会科学普及示范基地建设工作进行调研，市委宣传部副部长司广忠、市社科联主席闫雪峰陪同调研。

8日　县上召开县脱贫攻坚领导小组2020年第8次会议暨中央脱贫攻坚专项巡视反馈问题整改和县脱贫攻坚普查工作领导小组会议。

▲　县上召开2020年县级总河长会议。

▲　县委审计委员会召开第二次会议。

▲　县委巡察工作领导小组召开2020年第二次会议。

▲　全县优秀年轻干部能力提升培训班在天津市武清区委党校举行开班仪式。

▲　省政协副主席郭天康带领调研组调研泾川县红色旅游资源保护与开发工作，市政协主席王大睿、副主席郭宏陪同调研。

9日　市委副书记、泾河市级河长苟永平开展泾河巡河检查。

10日　副市长宋全科、市交通运输局局长汝登国督查泾川县G312凤平公路改建工程进展。

▲　市、县团委分别在党原镇完颜洼村、红河乡姚哈村开展“志智双扶”助脱贫志愿服务系列活动。团市委书记李岳、副书记杜盼生出席活动。

▲　省红十字会副会长任进全调研泾川县红十字会工作，市政府副秘书长姚安春，市红十字会专职副会长冯宝娟、副会长樊志勇陪同调研。

11日　省委统战部副部长姬安岳调研泾川县对台交流工作，市人大常委会副主任白玉、市委统战部副部长王珺陪同调研。

▲　县委副书记、县长王廷佐，副县长吕忠武带领县政府办、发改局、财政局、扶贫办、交通运输局、农业农村局负责同志，深入玉都、丰台、红河检查扶贫项目实施和脱贫攻坚挂牌作战情况。

15日　市委常委、政法委书记杨军带领督查组对泾川县扫黑除恶专项斗争“六清”行动进展情况进行督查。

16日　县委党的建设工作领导小组会议召开，县委书记吕鹏举出席会议并讲话。

▲　县委全面依法治县委员会第二次会议暨县委国安委第三次会议召开。

17日　县委书记吕鹏举，县委常委、组织部部长慕晓云带领县委办、县委组织部、财政局、人社局、民政局负责同志，深入城市社区专题调研党建工作。

▲　中国证监会甘肃监管局副局长许尔远带队来泾川县开展脱贫攻坚帮扶工作。

17—22日　天津市武清区委常委、宣传部部长薛梅带领武清区融媒体采访团对泾川县东西扶贫协作工作进行专题调研采访。

18日　县上举行全国名中医陈宝贵传承工作室泾川工作站招收第二批学术传承人活动。天津市武清区委常委、宣传部部长薛梅，武清区中医医院名誉院长陈宝贵，武清区中医院副院长雒云祥，武清区融媒体中心总编室主任韩国红，平凉市卫健委副主任席国平等出席，县委常委、宣传部部长赵小军主持活动。

19日 新华社甘肃分社社长任卫东、副社长谭飞一行对泾川县文化旅游发展情况进行采访调研，市委宣传部常务副部长黄旭鸿陪同调研。

20日 县上召开新冠肺炎疫情联防联控领导小组第九次会议。

23日 副市长、洪河市级河长王锦深入红河乡开展洪河巡河检查，市水务局副局长赵正鑫、市生态环境局二级调研员陈雄新陪同。

▲ 县域经济高质量发展工作领导小组会议暨县脱贫攻坚领导小组2020年第9次会议召开。

29日 甘肃泾川—陕西长武“不忘初心、牢记使命”暨庆祝中国共产党成立99周年书画作品联展在泾川县开展。

▲ 县委书记吕鹏举带领县委办、县委组织部负责同志，深入高平镇许家坡、三十里铺、上湾等村走访慰问老党员。

▲ 县委副书记、县长王廷佐带领县政府办、组织部负责同志，深入王村镇雷李、刘家沟、章村、燕雷等村走访慰问部分老党员。

30日—7月3日 县委书记吕鹏举、副县长杨宏带领县委办、住建局、水务局及市生态环境局泾川分局主要负责同志，赴黄河水利委员会水政处、三门峡水文局和黄河勘测规划设计研究院就泾川县泾河流域水环境整治项目进行对接。

7月

1日 市人大常委会主任马琨、市委组织部副部长李春茂一行来泾川，走访慰问部分中华人民共和国成立前老党员、生活困难党员、因公牺牲党员家属。

3日 县供销合作社第六次代表大会召开，市供销合作社副主任余纯俊出席并指导会议。

▲ 省证监局局长牛雪峰一行及南华期货股份有限公司负责人来泾川县调研对接苹果“保险+期货”项目。

▲ 市残联理事长史录平一行督导泾川县残疾人重点工作进展情况。

6日 县上召开2020年高考动员大会。

7日 副市长杨维周带领市政府办、市生态环境局、市水务局负责同志，来泾川县开展汭河巡河并检查生态环境工作。

8日 市政协副主席郭宏带领调研组来泾川县开展“全省‘十四五’经济社会发展重点建议”调研。

▲ 省地方史志办公室年鉴处副处长腾辉一行到泾川县督导综合年鉴编纂工作，市地方志办公室主任吴宗威、副主任朱克雄陪同督导。

10日 县委书记吕鹏举带领县委办、农业农村局、蔬菜办负责同志，调研部分乡镇设施蔬菜发展情况。

13日 县脱贫攻坚领导小组召开2020年第10次会议暨全县脱贫攻坚普查工作部署会议。

▲ 县委全面深化改革委员会第二次会议召开。

▲ 县委议军会议召开。

▲ 全县公安工作会议召开。

14日 省委政法委二级巡视员郭志军带队检查泾川县“雪亮工程”建设工作，市委政法委副书记李晓彤、二级调研员戴平奎陪同检查。

▲ 县食品安全委员会第二次会议暨全县质量工作会议召开。

14—16日 县委常委、组织部部长慕晓云，县委常委、副县长袁志兴带领县委组织部、卫健局、县医院有关负责同志，赴天津市武清区对接崔乃强名医工作室建设等扶贫协作工作。

17日 县委巡察工作领导小组2020年第三次

会议召开。

▲ 县安委会召开2020年第三次全体会议暨防灾减灾和安全生产专项整治三年行动推进会。

20—21日 市人大常委会副主任白玉带领市“七五”普法终期检查验收暨法治建设工作专项督察组，实地考核泾川县“七五”普法和法治建设工作。

21日 县委书记吕鹏举深入新裕建材公司、正大饲料泾川分公司、汇丰重油仓储公司等企业及中小企业孵化园、200万吨建筑骨料生产线等项目建设现场，调研全县工业经济和招商引资工作进展情况。

22日 省政协主席欧阳坚带领调研组来泾川县调研平凉红牛鼎康肉牛育肥场和大云寺景区基础设施建设情况，市委书记郭承录、市政协主席王大睿、市委秘书长张弘陪同。

▲ 县第一届城市社区党工委第一次“大工委”会议暨全县城市党建工作联席会议召开。

▲ 市招商局副局长慕卫东带领督查组对泾川县上半年招商引资工作和近三年兰洽会签约项目落地情况进行督查。

23日 省台办主任孙志中带领调研组对泾川县对台交流工作进行调研，市委统战部副部长王珺陪同调研。

25日 西和县委副书记、县长杨永贵带领党政考察团来泾川县考察牛产业发展情况。

27日 市委常委、政法委书记杨军带领调研组来泾川县专题调研天纤棉业二期棉纱生产线项目建设推进情况。

▲ “清凉怡夏——平凉人游平凉”巡回宣传活动在县城回中广场举行，市文旅局副局长丁雷出席活动。

▲ 市人大常委会法工委副主任蒙银奎带领调研组，来泾川县调研古树名木、城市停车管理2个立法项目。

30日 县上领导王廷佐、李卫东、张寅虎、王德全、张小平、康君、王建平等赴县人武部和武警中队慰问驻泾部队官兵。

▲ 省退役军人事务厅副厅长崔进泰调研泾川县退役军人服务保障体系建设工作，市退役军人事务局副局长袁毅陪同调研。

31日 县委人才工作领导小组召开第二次会议。

8月

3日 市人大常委会副主任薛晓宏带领省、市人大代表联合调研组来泾川县开展全市项目建设进展情况专题调研。

4日 副市长宋全科带领市政府办、农业农村局、水务局、林草局、畜牧兽医局负责人督查泾川县农业农村工作。

7日 全县基层党建工作周例会暨“整乡推进、整县提升”示范县创建工作部署会议召开。

▲ 平凉红牛良种中心吴建平教授工作站揭牌仪式在泾川举行，市委组织部副部长范景刚、市牛产业发展办公室主任李三禄，吴建平教授团队，县上四大家主要领导、分管领导出席活动。

▲ 省农业技术推广总站党委书记李城德来泾川县调研种植业结构及粮食生产情况，市农业农村局副局长牛立军陪同调研。

8日 省农业农村厅二级巡视员黄明带领省污染防治攻坚考核组，考核泾川县2019年度污染防治攻坚战成效，副市长杨维周、市生态环境局局长晋尚清陪同考核。

▲ 镇原县委书记毛鸿博带领党政考察团来泾川县考察美丽乡村建设情况。

10日 县上举行玉都镇政协工作联络组挂牌仪式，县政协全体班子成员出席。

13日 县上举行城市社区政协工作联络组挂牌仪式。

14日 全县道路交通安全工作推进会暨道交

委第二次会议召开。

14—20日 县委副书记王德全，县委常委、县政府副县长袁志兴，县委常委杨军红，县政协副主席毛永宏带领县直有关部门主要负责人，各乡镇党委书记或乡（镇）长，赴四川省广元市、重庆市北碚区、达州市宣汉县、商洛市柞水县考察学习脱贫攻坚和乡村振兴工作。

17日 泾川县“脱贫攻坚宣传周”发布活动暨“脱贫攻坚主题成就展”在兰州举办。

20—26日 县委常委、副县长袁志兴，县委常委杨军红带领县循环经济产业园区、县工信局负责同志赴河南省许昌市、陕西省咸阳市、天津市武清区开展招商引资工作，考察对接重点项目。

26日 县委人大、政协工作会议召开。

▲ 县上举行《泾川县志1989—2010》首发仪式，省地方史志办公室副主任张正龙、省地方史志办公室市县志指导处处长孔令奇、市地方史志办公室主任吴宗威应邀出席。

28日 泾川县新时代文明实践中心揭牌仪式在体育中心前广场举行。

9月

1日 甘肃银行泾川支行举行成立9周年庆典仪式。

▲ 县委巡察工作领导小组2020年第四次会议召开。

▲ 县上召开煤炭经营及煤质管控工作推进会。

3日 市人大常委会主任马琨、副主任薛晓宏来泾川县调研指导县乡人大和农村人居环境整治工作。

▲ 市人大常委会副主任白玉、副市长王锦带领市政府办、市人大科教文卫工委、市委巡察办、市文广局等部门负责人及部分市人大代表来泾川县现场督办市四届人大四次会议第43号建议办理情况。

▲ 泾川县2020年高考中考总结会议召开。

5日 甘肃省生态护林员项目管理人员（泾川县）培训班开班，省林业工作站管理局调研员杨斌、市林草局党组成员贾春阳出席开班仪式。

8—11日 县委常委、副县长袁志兴带领县循环经济产业园管委会、县工信局、县商务局负责同志参加厦门国际投资贸易洽谈会。

9日 兰州大学县域经济研究院主任、研究员逯承鹏带队来泾川县开展2019年度工业集中区考核，市工信局副局长辛金平陪同。

9—13日 县委常委、统战部部长杨芳带领县政府办、商务局和旭康公司、丰农公司、鼎惠公司等重点企业负责人参加天津市2020年消费扶贫月系列活动。

10日 县委书记吕鹏举带领县委办、县交通运输局负责同志调研G312线泾川段改建工程。

11日 县脱贫攻坚领导小组召开2020年第11次会议。

14日 济南军区空军原司令员刘忠兴带领广东省爱国拥军促进会一行到泾川县开展“重走红25军长征路”活动，市退役军人事务局副局长李武战参与活动。

17日 县委书记吕鹏举调研城市规划和新型城镇化建设工作。

18日 县脱贫攻坚领导小组2020年第12次会议召开。

20日 新华网甘肃频道主任李鹏带领中国网、中国青年网、中国西藏网、环球网、海外网等10余家媒体记者编辑来泾川县专题采访黄河流域生态保护和高质量发展工作。

▲ 陇南市西和县县委书记曹勇一行来泾川县考察学习红牛产业发展情况。

21日 全市“五老”宣讲团成员来泾川县开展“讲好红色故事、坚定理想信念”青少年专题巡回宣讲活动。

21—23日 天津市武清区政协党组副书记、副主席王志强带领部分政协委员来泾川县开展对口帮扶活动。

22日 市民宗委副主任高亮带领考核验收组，对太平镇红崖湾村创建全省第七批民族团结进步示范单位工作进行考核验收。

▲ 市人大常委会副主任薛晓宏带领调研组来泾川县调研农村人居环境整治工作。

▲ 崔乃强教授名医工作室揭牌仪式在县人民医院举行，市委组织部副部长范景刚、市卫健委副主任杨静福、崔乃强教授团队、县上四大家主要领导及分管领导出席揭牌仪式。

23日 甘肃银保监局二级巡视员贾锐带领全省2020年住房保障工作和2019年审计整改专项办理检查组来泾川县开展检查调研，市政府副秘书长黄雪山、市住建局局长岳东生陪同检查。

24日 甘肃农业大学校长赵兴绪、组织部部长李允、科技发展研究院副院长雷赵民一行调研泾川县牛产业发展情况。

25日 县委大讲堂第四讲在县职教中心学术报告厅开讲，特邀省委党校（甘肃行政学院）法律顾问、政治与法律教研部副教授张佺仁做题为《民法典的重大意义和主要内容》的专题讲座。

28日 县政府召开廉政工作会暨集体约谈会议，县委副书记、县长王廷佐出席会议并讲话。

29日 泾川县举行2020年“乐享消费·美好生活”消费促进月活动启动仪式。

▲ 省住建厅副厅长李兰宏一行，在市住建局副局长马生珍陪同下，抽查泾川县农村改厕、乡镇污水处理设施运行及全域无垃圾治理工作。

30日 全国第七个烈士纪念日，泾川县在吴焕先烈士陵园举行公祭活动。

10月

1日 泾川县在县体育场举行庆祝建国71周年“升国旗、唱国歌、庆国庆”活动。

13日 省工信厅二级巡视员李开明带队专项督查泾川县煤炭配送体系建设情况，市工信局党组成员肖军陪同督查。

▲ 县脱贫攻坚领导小组召开2020年第13次会议。

14—15日 省委党校2020年秋季学期中青年干部培训一班调研组来泾川县调研脱贫攻坚与乡村振兴工作，市委副书记苟永平参加调研。

15日 市人大常委会副主任白玉带领市生态环境局、住建局、市场监管局、工信局和水务局负责人对泾川县突出生态环境问题整改落实工作进行督导。

15—16日 县委副书记、县长王廷佐，县委副书记许尔全参加首届“甘味”苹果产销对接会暨第六届静宁苹果节。

15—17日 市委书记郭承录带队赴天津对接东西部扶贫协作工作，县委书记吕鹏举参加。

18日 广西壮族自治区农业农村厅畜牧与饲料处副处长孙旭波带领考察组来泾川县学习考察“粮改饲”工作。省畜牧兽医局二级调研员瞿惠玲、市畜牧兽医局总兽医师王加力陪同考察。

19日 县上召开2020年秋季林果业建设暨县直机关义务植树动员会议。

19—20日 古浪县政协主席王雷带领考察组来泾川县考察文化旅游产业发展情况。

19—22日 县人大常委会主任李卫东，县委副书记王德全，县政协副主席毛永宏带领县直相关部门负责同志、部分乡镇党委书记赴河西考察学习。

20日 县委书记吕鹏举带领县委办、交通局主要负责同志，先后深入高平镇三十里铺、胡家峪、原尚、许家坡等村，实地检查指导基础设施建设、特色产业培育和基层党的建设等工作。

21日 卓尼县委常委、政法委书记才让道吉，镇原县委政法委副书记张等念分别带队来泾川县考察学习综治中心和智慧城市建设工作。

21—22日 市检察院检察长李郁军一行来泾川县调研检察工作。

22日 市委常委、组织部部长王之臣，市委组织部副部长范景刚及相关科室负责人来泾川县调研。

▲ 县委书记吕鹏举，县委常委杨军红，副县长、公安局局长杨宏走访慰问抗美援朝出国作战志愿军老战士。

25—11月1日 县委书记吕鹏举，县委常委、常务副县长崔飞带领县委办、发改局、住建局、税务局、执法局和工信局负责同志，赴深圳、珠海、潮州、上海等地开展招商考察活动。

26日 县脱贫攻坚领导小组召开2020年第14次会议。

27日 县安委会第四次全体（扩大）会议暨全县森林草原防灭火工作会议召开。

29日 省农业农村厅副厅长朱宝莹带队督查调研泾川县贯彻落实中央和省委一号文件、实施乡村振兴战略等情况，市委常委、宣传部部长、统战部部长马琦陪同调研。

30日 县扫黑除恶专项斗争领导小组召开第九次（扩大）会议。

31日 副市长王锦带领全市乡村旅游现场推进会参会人员深入汭丰郑家沟景区、吴焕先革命烈士纪念馆、城关锦绣凤凰景区、王村完颜民俗文化景区、王村知青记忆园景区，观摩指导乡村旅游发展工作。

11月

2日 全市运输结构调整暨超限超载治理工作现场推进会议在泾川县召开，副市长宋全科出席会议并讲话。

3日 市人大常委会主任马琨、副主任薛晓宏来泾川县督查脱贫攻坚工作。

▲ 市政协副主席刘万民带队来泾川县开展“加强流通粮食仓储设施建设”调研暨重点提案督办活动。

4日 县上召开新冠肺炎疫情联防联控工作会议，安排部署全县秋冬季疫情防控工作。

8日 省委副秘书长王春江调研泾川县脱贫攻坚、特色产业培育等工作。

10日 市委书记郭承录调研泾川县脱贫攻坚、特色产业等工作进展情况。

▲ 省公共资源交易局局长赵喜泉、副局长张正来泾川县开展帮扶慰问。

▲ 省生态环境厅二级巡视员、总工程师李佐康带领督导组对泾川县打击危险废物环境违法犯罪行为专项行动开展情况进行督导，副市长杨维周陪同督导。

▲ 县委书记吕鹏举深入汭丰镇同中村、鼎康牛场调研脱贫攻坚、特色产业培育、人居环境整治等工作。

12日 2020年甘肃省“百名法学家百场报告会”在县职教中心举行，甘肃警察职业学院党委书记、教授任尔昕围绕《民法典》做专题报告。

13日 省体育局二级巡视员靳晓军带领省评估组，对泾川县新时代文明实践中心建设（省级）试点工作进行调研评估，市委宣传部副部长司广忠陪同评估。

13—16日 陇南市政协党组副书记、副主席郑作栋带领2020年省贫困县党委和政府扶贫开发成效考核组对泾川县开展实地考核评估。

14日 中共中央政治局委员、国务院副总理胡春华考察调研泾川县脱贫攻坚和乡村振兴工作。

17日 市委常委、宣传部部长、统战部部长马琦督查荔堡镇脱贫攻坚和帮扶工作。

18日 县安委会召开第五次全体（扩大）会议暨全县安全生产警示教育大会。

▲ 舟曲县委常委、政法委书记梁建军一行考察学习泾川县综治中心规范化建设工作。

19日 副市长张京红来泾川县调研非公经济、重大项目建设、供销社综合改革、防震减灾等工作。

▲ 县委副书记、县长王廷佐现场检查城关镇新沟—凤凰景区道路改造提升工程和蒋家大桥危桥改造项目实施情况。

20日 市政府发展研究中心主任齐雪琴带队督查泾川县省列为民办实事完成情况。

22日 省退役军人事务厅复审验收组对泾川县“全国示范型退役军人服务中心（站）”创建工作进行复审验收，市退役军人事务局副局长袁毅陪同复审。

24日 市政协副主席闫虎明带领80多名市政协委员来泾川县开展经济社会发展情况集中视察。

▲ 全县村（社区）“两委”换届工作动员部署会议召开。

▲ 县食品安全委员会召开第三次全体会议暨食品安全风险会商会议。

▲ 县委巡察工作领导小组召开2020年第五次会议。

▲ 泾川党建信息化平台上线。

27日 省教育厅二级巡视员杨坚带队督查泾川县省列为民办实事完成情况，市政府副市长张京红陪同督查。

▲ 全县国防动员和后备力量“三项基础”建设现场会议在汭丰镇召开。

12月

1日 县上召开中央生态环境保护督察反馈问题整改工作推进会暨大气污染“冬防”工作会议。

▲ 县委副书记、县长王廷佐主持召开县政府党组（扩大）会议，研究全县“十四五”规划纲要编制工作。

2日 省文旅厅科技信息处处长秦炳峰带领全省文化旅游信息化建设暨网络宣传推广（平凉）培训班学员来泾川县考察文化旅游产业，市文旅局副局长王宏陪同。

4日 合作市委常委、政法委书记刘升平一行考察学习泾川县综治中心规范化建设工作。

8日 省委副书记、代省长任振鹤调研平凉红牛泾川鼎康肉牛育肥基地。

▲ 民革泾川县支部委员会第八次党员大会召开，民革平凉市委副主委朱少峰、李文伟出席会议。

9日 省文旅厅二级巡视员孟兆辉带队来泾川县督查文化旅游产业项目完成情况，市文旅局副局长丁雷陪同督查。

▲ 县上召开首届“西王母文艺奖”颁奖大会。

11日 市委政法委副书记李晓彤带队检查泾川县2020年平安建设和社会治理现代化试点工作。

14—16日 大连市政府副秘书长姚兰带领国家东西部扶贫协作成效考核组对泾川县开展实地考核，通过召开座谈会、开展访谈、查阅档案资料、入户调查等方式考核评价天津市武清区和泾川县自脱贫攻坚战以来扶贫协作工作成效，2020年东西部扶贫协作协议完成情况。天津援甘前指总指挥、甘肃省政府副秘书长袁新河，天津市合作交流办主任张庆恩，天津市武清区委书记戴东强，省扶贫办副主任陈世忠，省政协副主席、市委书记郭承录等相关领导陪同考核。

15日 市委常委、政法委书记杨军带领全市法治建设绩效考评组，来泾川县考评2020年法治建设工作。

16日 省市场监督管理局副局长李雪楠带领省政府综合督查考核组对泾川县2020年度市场监管工作进行考核，副市长杨维周、市市场监督管理局局长于宏勤陪同。

▲ 县上举办“泾川县博物馆接受社会捐赠文物特展开展暨《厚德嘉宝——刘玉林先生捐赠文物图集》首发仪式”，市文联主席李世恩，市政

协科教文卫体原主任、平凉日报社原总编辑茹坚等出席活动。

17日 省工信厅总调度长刘荣发带队对泾川县煤炭配送体系建设问题整改工作进行专项督查，市工信局党组成员肖军陪同督查。

19日 泾川温泉康养度假村项目开工仪式在泾州宾馆举行，市人大常委会主任马琨，省城乡发展投资集团总经理陈策，市委常委、宣传部部长、统战部部长马琦，副市长王锦，市政协副主席张双鹤等领导出席仪式。

▲ 吉林省畜牧业管理局局长张国华一行来泾川县考察肉牛养殖和秸秆加工利用工作，省畜牧兽医局总畜牧师豆卫、市畜牧局副局长徐保学陪同考察。

22日 县委审计委员会召开第三次会议。

▲ 市人大常委会副主任樊文浩、白玉带领住平凉市的部分省、市人大代表来泾川县开展集中视察。

22—24日 市委政法委三级调研员李培献带领考核组考核泾川县2020年度实施乡村振兴战略工作。

23日 市委副书记苟永平到泾川县宣讲党的十九届五中全会精神。

▲ 县委书记吕鹏举赴高平镇宣讲党的十九届五中全会精神，调研高平镇村“两委”换届工作。

▲ 县委副书记、县长王廷佐深入王村镇宣讲党的十九届五中全会精神。

24日 县上召开冬季道路交通安全整治“百日会战”工作推进会暨道交委第四次会议。

▲ 省政府港澳事务办公室港澳处处长王小平、省民间组织国际交流促进会副秘书长孙鸿安来泾川县开展“慈航一心”爱心助学活动，市政府办公室二级调研员尹玉亮陪同。

25日 县委书记吕鹏举在县委党校宣讲党的十九届五中全会精神。

▲ 县委书记吕鹏举深入王村镇章村调研乡村振兴和蔬菜产业发展情况，并对城关、王村两镇泾河河段进行巡河检查。

29日 县委人大政府政协联席会议召开，专题讨论《县委“十四五”规划和二〇三五年远景目标的建议》，研究“十四五”发展重大项目和2021年重点工作。

中国共产党泾川县委员会

综 述

2020年，中共泾川县委以习近平新时代中国特色社会主义思想为指导，深入贯彻落实党的十九大和十九届二中、三中、四中、五中全会精神，认真贯彻落实中央和省市委决策部署，扎实做好“六稳”工作、全面落实“六保”任务，统筹推进疫情防控和经济社会发展，交出了一份好于预期、社会认同、群众满意的答卷。疫情防控有力有效，脱贫攻坚成果丰硕，县域经济企稳向好，产业体系更趋完善，城乡面貌显著改善，改革活力加速释放，民生福祉大幅提升，党的建设全面加强，党风政风持续好转，顺利实现了“十三五”圆满收官，为“十四五”全县经济社会高质量发展奠定了坚实基础，创造了良好条件。

重要会议

2020年，召开县委全体会议3次，县委常委会会议14次；县委、县人大、县政府、县政协四大班子联席会议1次；县委农村工作会议1次。

【县委全体会议】 2月26日，县委十七届九次全会暨县委经济工作会议召开。会议以习近平新时代中国特色社会主义思想为指导，全面贯彻党的十九大和十九届二中、三中、四中全会精神，深入贯彻习近平总书记对甘肃重要讲话和指示精神，认真贯彻落实中央、省市委经济工作会议精神，总结回顾2019年经济社会发展情况，安排部署2020年工作，审议通过了县委常委会工作报告、《中共泾川县委关于深入学习贯彻习近平总书记视察甘肃重要讲话精神加快建设绿色开放幸福美好新泾川的实施意见》（以下简称《实施意见》）、《中国共产党泾川县第十七届委员会第九次全体会议决议》。县委书记吕鹏举受县委常委会委托报告工作，回顾总结了去年工作，对今年各项工作进行全面安排部署。县委副书记、县长王廷佐就《实施意见》做了说明，并对今年经济社会发展工作做出具体部署。会议由县委常委会主持。县上领导李卫东、张寅虎、王德全、许尔全、李中尧、崔飞、赵小军、张小平、慕晓云、杜鹏、杨军红出席会议。

3月30日，县委十七届十次全体（扩大）会议暨脱贫攻坚挂牌作战誓师大会召开。县委书记吕鹏举出席会议并讲话，县委副书记、县长王廷佐主持会议并安排近期工作。县上领导李卫东、张寅虎、王德全、李中尧、崔飞、赵小军、张小平、慕晓云、杜鹏、杨军红等出席会议。

8月25日，县委十七届十一次全体会议召开。县委书记吕鹏举同志受县委常委会委托做工作报告，对做好全县各项工作做出安排部署、提出明确要求，县委副书记、县长王廷佐通报前七个月经济运行情况，安排部署下一阶段工作任务，县委副书记王德全主持会议，县上领导李卫东、张寅虎、许尔全、李中尧、崔飞、赵小军、慕晓云、杜鹏等出席会议。

【县委常委会会议】2月7日，十七届第六十三次常委会会议召开。 传达学习习近平总书记在中央政治局常委会会议上的重要讲话和关于新型冠状病毒感染的肺炎疫情防控工作的重要指示精神，传达学习《中共中央关于加强党的领导、为打赢疫情防控阻击战提供坚强政治保证的通知》及省委常委会扩大会议精神，研究部署全县疫情防控工作。

2月25日，十七届第六十四次常委会会议召开。

1.传达学习习近平总书记在中央政治局常委会会议上的重要讲话精神及中央统筹推进新冠肺炎疫情防控和经济社会发展工作部署会议精神，传达学习林铎书记在平凉调研时的讲话指示精神和《中共甘肃省委甘肃省人民政府关于坚决打赢新冠肺炎疫情防控阻击战促进经济持续健康发展的若干意见》，研究部署全县疫情防控工作。

2.传达学习《中共中央国务院关于抓好“三农”领域重点工作确保如期实现全面小康的意见》、市委四届九次全会暨市委经济工作会议精神；传达学习《中国共产党党组工作条例》，省、市城市基层党建工作推进会和2019年度党委（党组）书记抓基层党建述职评议大会精神。

3.研究关于召开县委十七届九次全体会议暨县委经济工作会议有关事宜，审定会议意见；审议《县委常委会工作报告（讨论稿）》《中共泾川县委关于深入学习贯彻习近平总书记视察甘肃重要讲话精神加快建设绿色开放幸福美好新泾川的实施意见（讨论稿）》，县委、县政府主要领导讲话（讨论稿）。审定2019年度乡镇县直部门驻泾单位工作绩效综合考核和单项工作（脱贫攻坚、产业发展、项目建设及资金争取、招商引资）考核结果及奖惩意见。审定2019年度全县各类先进评选结果及奖励意见（①经济社会发展突出贡献奖；②优秀公务员、优秀基层干部、优秀村干部；③优秀科技工作者；④优秀企业家；⑤务果能手、果品经销大户、优秀县聘果树技术员；⑥养殖能手、种菜能手）。

4.传达学习十九届中央纪委四次全会、十三届省纪委四次全会精神和《中共中央办公厅关于印发〈纪检监察机关处理检举控告工作规则〉的通知》，研究安排有关工作；审定关于2019年度全县党风廉政建设考核结果的意见。

5.审定泾川县2018—2019年度各类文明单位文明校园命名表彰意见、关于泾川县历年各类文明单位动态管理复核验收情况的意见。

6.审定《“史话泾川”系列丛书创作出版扶持奖励办法》。

7.审定关于泾川县机关事业单位发放2018年度业绩考核奖和2019年度冬季取暖费的意见。

8.审定《2020—2023年泾川县干部教育培训规划》和泾川县公开选聘行政村专职化党组织书

记人选意见；研究有关试用期满干部转正事宜。

3月27日，十七届第六十五次常委会会议召开。

1.传达学习习近平总书记在决战决胜脱贫攻坚座谈会上的重要讲话精神，传达学习省委书记林铎署名文章《统筹打好疫情防控阻击战和脱贫攻坚战》和省政府研究室《关于脱贫攻坚固强补弱冲刺清零情况的调研报告》，研究部署全县脱贫攻坚工作。

2.传达学习市委书记郭承录调研泾川讲话精神，研究审定关于召开县委十七届十次全体（扩大）会议暨脱贫攻坚挂牌作战誓师大会相关事宜（会议意见；关于调整和成立有关工作领导小组的意见；《关于奋力赶超进位推动经济社会高质量发展的实施意见》《关于在全县深入开展“增强危机创新赶超拼搏意识”专题教育活动的实施方案》；县委主要领导讲话）；审定关于县人大、县政协主要领导包抓有关方面工作的意见。

3.传达学习四届市纪委五次全会精神，研究贯彻落实意见；审定关于召开十七届县纪委五次全会的意见及县纪委常委会工作报告。

4.分析调度第一季度全县经济运行情况，研究部署下一步工作。

5.听取全县生态环境保护情况汇报，研究部署下一步工作。

6.传达学习省市委政法工作会议、扫黑除恶专项斗争视频会议暨领导小组会议精神，研究贯彻落实意见；审定关于表彰奖励2019年度平安泾川建设先进单位的意见、2019年全县信访工作目标责任考核奖励意见。

7.传达学习全市宣传部长会议精神，研究贯彻落实意见；审定关于2019年度全县精神文明建设及意识形态考核结果、表彰全县宣传思想文化工作先进个人的意见。

8.传达学习市委统一战线工作领导小组会议、全市统战部长会议、市民宗委委员全体会议及全市民宗局长会议精神，研究贯彻落实意见；审定关于兑现2019年度统战民族宗教工作绩效考核结果的意见。

9.审定《中共泾川县委关于建立县人民政府向县人大常委会报告国有资产管理情况制度的意见》。

10.审定《泾川县全域旅游发展规划（2019—2025）》。

11.审定《关于推进乡镇管理体制改革整合基层审批服务执法力量的实施方案》。

12.传达学习省、市党校工作会议精神，研究贯彻落实意见。

13.传达学习全市组织部长会议暨机构编制工作会议精神；学习《党政领导干部选拔任用工作条例》《党政领导干部任职试用期暂行规定》；审议2019年县管党费收支情况；审定关于设立和撤销县直有关部门党组（党委）的意见、关于中共泾川县大云寺文化产业园有限责任公司委员会更名的意见；研究试用期满干部转正、公务员职级晋升、有关干部人事任免事宜。

4月18日，十七届第六十六次常委会会议召开。 套开县脱贫攻坚领导小组第六次会议。

1.传达学习习近平总书记关于巡视工作重要论述、中央脱贫攻坚专项巡视“回头看”和2019年度国家脱贫攻坚成效考核反馈意见整改暨全省决战决胜脱贫攻坚推进大会、市委常委会会议暨市脱贫攻坚领导小组第6次会议精神，安排部署省市委脱贫攻坚专项巡视巡察交办问题整改工作。

2.传达学习习近平总书记、李克强总理关于安全生产工作重要指示批示精神、省市领导关于安全生产工作的批示精神，研究部署全县安全生产工作。

3.传达学习习近平总书记在中央政治局常委会会议上的重要讲话精神，《中共中央办公厅国务院办公厅关于印发〈党委（党组）落实全面从严治党主体责任规定〉的通知》、省委书记林铎署名文章《坚定不移沿着习近平总书记指引方向前进奋力夺取疫情防控和经济社会发展双胜利》，研究部署有关工作。

4.学习《中共甘肃省委办公厅印发〈关于张令平、武文斌、张国一严重违纪违法问题及其教训警示的通报〉的通知》《中共甘肃省委办公厅关于张江武严重违纪违法问题及其教训警示的通报》，研究部署有关工作。

5.审定《中共泾川县委常委会2020年工作要点（审议稿）》《关于2020年全县性会议的安排意见（审议稿）》《全县2020年督查检查考核工作计划（审议稿）》。

6.审定《关于建设质量强县的实施意见》。

7.审定泾川工业集中区中小企业孵化园项目相关事宜。

8.审议《2020年县级财政收支预算方案（草案）》。

9.审定首届西王母文艺奖评奖结果的意见。

10.审定关于召开县委议军会议相关事宜的意见。

11.研究有关干部人事事宜。

5月7日，十七届第六十七次常委会会议召开。 传达学习习近平总书记关于巡视和脱贫攻坚工作重要论述，传达学习省委第七巡视组组长李美华同志关于对泾川县巡视反馈讲话精神，审定《泾川县省委脱贫攻坚专项巡视反馈问题整改实施方案》，专题研究部署反馈问题整改工作。传达学习中共中央政治局常务委员会会议精神、《刘昌林同志在省委脱贫攻坚专项巡视动员部署会议上的讲话》《王立泰同志在省委脱贫攻坚专项巡视工作动员部署会议上辅导讲话》《李美华、郭承录同志在省委第七巡视组对平凉市及所辖贫困县（市、区）开展脱贫攻坚专项巡视工作动员会上的讲话》《郭承录、王奋彦同志在市脱贫攻坚领导小组2020年第5次暨脱贫攻坚问题整改清零和农村人居环境整治、全域无垃圾治理“百日攻坚”行动会议上的讲话》，研究部署有关工作。

6月22日，十七届第六十八次常委会会议召开。

1.传达学习中共中央政治局常务委员会会议、全国“两会”、习近平总书记在宁夏考察调研时的重要讲话精神、署名文章《关于全面建成小康社会补短板问题》、林铎同志在省委常委会（扩大）会议上的讲话精神、《中共甘肃省委关于印发〈中共甘肃省委落实全面从严治党主体责任清单〉的通知》；《中共中央国务院关于新时代推进西部大开发形成新格局的指导意见》《中共甘肃省委办公厅甘肃省人民政府办公厅关于印发“六保”工作方案的通知》、市委经济运行分析调度会暨市脱贫攻坚领导小组2020年第9次会议精神；中办、国办《关于深化统计管理体制改革提高统计数据真实性的意见》《统计违纪违法责任人处分处理建议办法》《防范和惩治统计造假、弄虚作假督察工作规定》。

2.传达学习习近平总书记关于意识形态工作重要论述，听取上半年全县意识形态工作责任制落实情况汇报，研究部署下一步工作。

3.传达学习中央民族工作会议精神，研究部署有关工作。

4.听取全县扫黑除恶专项斗争工作情况汇报，研究部署下一步工作。

5.审定关于试点设立政协工作联络组的意见。

6.传达学习全国、全省、全市公安工作会议精神，研究贯彻落实意见；审定《关于加强新时代全县公安工作的实施意见》。

7.传达学习《中共甘肃省委甘肃省人民政府关于营造更好发展环境支持民营企业改革发展的实施意见》，审定《泾川县推进国有企业退休人员社会化管理实施方案》。

8.审定《关于全面加强和改进城市基层党的建设工作的实施意见》《泾川县推行城市社区“大工委”和社区“大党委”工作机制的实施方案》。

9.研究审定2019年度县管领导班子和科级干部考核结果、关于县供销合作社联合社召开第六届社员代表大会的意见、2020年软弱涣散党组织整顿有关事项、关于设立和调整县直有关部门党组的意见、关于终止黄继宗市四次党代会代表资格的建议、关于增补张立君等2名同志为政协泾川县第九届委员会委员的意见。

10.研究有关干部人事事宜。

7月28日，十七届第六十九次常委会会议召开。

1.学习《习近平谈治国理政》第三卷第五部分《决胜全面建成小康社会，决战脱贫攻坚》、第十三部分《促进人与自然和谐共生》，传达习近平总书记在吉林调研时的重要讲话、在企业家座谈会上的重要讲话精神，学习《中共甘肃省委贯彻〈中国共产党政法工作条例〉实施细则》，研究贯彻落实意见。

2.学习《习近平谈治国理政》第三卷第十九部分《不忘初心、牢记使命，把党的自我革命推向深入》，听取上半年全县党风廉政建设和反腐败工作情况汇报，研究安排下一步工作。

3.学习《中共中央办公厅关于印发〈党委（党组）意识形态工作责任制实施办法〉的通知》，听取全县未成年人思想道德建设工作汇报，研究审定关于拟推荐省级精神文明建设、未成年人思想道德建设先进集体和先进个人的意见。

4.学习习近平总书记关于坚持和完善人民代表大会制度重要论述，传达市委人大工作会议精神，审定关于召开县委人大工作会议的意见和《中共泾川县委关于加强新时代人大工作的意见》；传达市委政协工作会议精神，审定关于召开县委政协工作会议的意见，讨论关于提名推荐政协工作联络组试点工作组组成人员的意见。

5.传达学习中共中央政治局常务委员会会议，习近平总书记、李克强总理关于防汛救灾工作重要批示和省市领导批示精神，传达全省重点地区防汛视频调度会议精神，听取全县安全生产和防灾减灾工作情况汇报，研究部署下一步工作。

6.听取全县食品安全监管工作情况汇报，研究审定《关于进一步深化改革加强食品安全工作的实施意见》。

7.审定《泾川县红十字会改革方案》。

8.审定《泾川县牛产业发展规划（2019—2023）》。

9.研究中小企业信用担保有限公司等国有企业负责人变更事宜。

8月24日，十七届第七十次常委会会议召开。

1.学习习近平总书记对“十四五”规划编制工作、制止餐饮浪费行为做出的重要指示精神和《习近平谈治国理政》第三卷第九部分中的《把乡村振兴战略作为新时代“三农”工作总抓手》；传达欧阳坚同志调研泾川工作指示精神、《中共甘肃省委办公厅关于朱建国严重职务违法问题及其教训警示的通报》，听取全县贯彻执行中央八项规定及其实施细则精神情况汇报，研究部署有关工作。

2.传达学习省、市领导关于《习近平总书记在中央农办中央改革办呈报的〈关于山东省合村并居问题的调查报告〉上的批示》的批示及市委常委会会议精神，研究贯彻落实意见。

3.传达省委十三届十二次全体会议、市委四届十次全体会议精神，审定关于召开县委十七届十一次全体会议的意见，审议县委常委会工作报告，县委、县政府主要领导在县委全会上的讲话。

4.学习《习近平谈治国理政》第三卷第八部分中的《坚持底线思维，着力防范化解重大风险》，审定《平安泾川建设领导小组工作规则》《平安泾川建设领导小组办公室工作规则》《平安泾川建设领导小组专项组组成方案》《平安泾川建设2020年工作要点》。

5.学习《中国共产党基层组织选举工作条例》，传达全省党政领导班子建设专题研讨会议精神，审定关于中共泾川县公共资源交易中心党组更名的意见。

9月16日，十七届第七十一次常委会会议召开。

1.传达学习习近平总书记关于耕地保护工作

的重要指示精神、全国农村乱占耕地建房问题整治工作电视电话会议和省上领导批示精神，听取全县农村乱占耕地建房问题专项整治情况汇报，研究部署下一步工作。

2.审定关于表彰2020年全县教育工作先进单位和个人的意见、关于召开2020年全县高考中考总结会议及表彰奖励的意见。

3.审定关于调整部分县委常委工作分工的意见。

9月27日，十七届第七十二次常委会会议召开。

1.传达学习习近平总书记在安徽、湖南考察调研时的重要讲话，在中央全面深化改革委员会第十五次会议、中央财经委员会第八次会议、科学家座谈会上的重要讲话精神，学习《中共甘肃省委办公厅关于黄继宗严重违纪违法问题及其教训警示的通报》，传达平凉市党政考察团赴河西学习考察总结会议精神；传达学习《中共中央国务院转发〈国家发展和改革委员会关于上半年经济形势和做好下半年经济工作的建议〉的通知》和市委经济形势分析调度会议精神，研究部署有关工作。

2.学习《习近平谈治国理政》第三卷第十一部分中的《加快推动媒体融合发展》和《中共甘肃省委办公厅印发〈关于当前全省意识形态领域情况的通报〉的通知》，传达全市市域社会治理现代化试点工作暨平安平凉建设责任制落实推进会议精神，研究部署相关工作。

3.传达学习市人大常委会主任马琨调研泾川县乡人大及农村人居环境整治工作时的讲话精神，研究贯彻落实意见。

4.传达学习中共中央办公厅国务院办公厅关于印发《深化农村宅基地制度改革试点方案的通知》《关于调整完善土地出让收入使用范围优先保障支持乡村振兴的意见的通知》和全省扶贫产业体系建设现场会议精神，传达学习中央、省市关于农村人居环境整治工作部署要求，听取全县农村人居环境整治工作情况汇报，研究部署下一步工作。

5.传达学习自然资源部、农业农村部《关于农村乱占耕地建房问题“八不准”通知》《关于保障农村村民住宅建设合理用地的通知》，专项整治协调机制办公室《农村乱占耕地建房摸排工作方案》及省市委主要领导批示精神，研究部署有关工作。

6.审定关于推荐平凉市第七次民族团结进步表彰大会泾川县模范集体和模范个人的意见、关于表彰2020年全县卫生健康工作先进集体和先进个人的意见。

7.审定关于2020年公开选聘行政村专职化党组织书记拟选聘人选的意见。

8.研究有关干部人事事宜。

10月23日，十七届第七十三次常委会会议召开。

1.传达学习习近平总书记在广东考察时的重要指示和在深圳经济特区建立40周年庆祝大会、中央党校（国家行政学院）中青年干部培训班开班式上的重要讲话精神，习近平总书记对脱贫攻坚工作重要指示和李克强总理批示精神、《中国共产党中央委员会工作条例》《中共甘肃省委甘肃省人民政府关于进一步加强新时代统计工作的意见》，传达学习全市生态环境保护重点工作推进会议精神，安排部署有关工作。

2.传达学习省、市宗教界疫情防控座谈会暨“国好·法大”教育实践活动启动会议精神，研究贯彻落实意见。

3.审定《泾川县县属事业单位公务用车制度改革实施方案》《泾川县县属国有企业公务用车制度改革实施方案》。

4.审定泾川县2020年债券资金和抗疫特别国债安排使用计划、关于提高全县在职人员住房公积金财政配套标准的意见。

5.传达学习全市城市基层党建工作推进会暨联席会议精神，研究贯彻落实意见；研究有关公务员职级晋升事宜。

11月5日，十七届第七十四次常委会会议召开。

1.传达学习《中国共产党第十九届中央委员会第五次全体会议公报》《中共中央关于制定国民经济和社会发展第十四个五年规划和二〇三五年远景目标的建议》和习近平总书记关于该建议的说明，习近平总书记重要文章《国家中长期经济社会发展战略若干重大问题》，研究贯彻落实意见。

2.听取县人大常委会、县政府、县政协、县法院、县检察院党组关于落实全面从严治党主体责任情况汇报，研究部署下一步工作。

3.传达学习全市扫黑除恶专项斗争领导小组第12次会议精神，研究贯彻落实意见；审定《泾川县市域社会治理现代化试点工作方案》《平安泾川建设责任制考评奖惩办法》、2019年度平安泾川建设责任制考核结果和《2020年平安泾川建设考核评价实施细则》。

4.审议泾川县财政重大支出事项资金安排计划。

5.审定关于表彰2020年全县消防工作先进集体和先进个人的意见。

6.研究有关干部职务（职级）任免的意见。

11月24日，十七届第七十五次常委会会议召开。

1.传达学习习近平总书记在浦东开发开放30周年庆祝大会、江苏考察调研、全面推动长江经济带发展座谈会、中央全面依法治国工作会议上的重要讲话及重要文章《推进全面依法治国，发挥法治在国家治理体系和治理能力现代化中的积极作用》，传达学习胡春华同志在平凉调研时的指示精神，研究部署有关工作。

2.听取县委各常委抓党建“一岗双责”履行情况汇报，研究部署下一步工作。

3.传达学习习近平总书记关于扶贫协作重要论述，听取全县东西部扶贫协作工作情况汇报，研究部署下一阶段工作。

4.传达学习省耕地保护与土地开发利用工作领导小组扩大会议精神，听取全县耕地保护工作情况汇报，研究部署下一阶段工作。

5.传达学习省、市村（社区）“两委”换届动员部署会暨业务培训会议精神，研究贯彻落实意见；审定《泾川县村（社区）“两委”换届工作实施方案》、泾川县融合推进党支部建设标准化和党建统领“一强三创”行动党建先进典型包抓指导名单。

12月22日，十七届第七十六次常委会会议召开。

1.传达12月3日中共中央政治局常务委员会会议、12月11日中共中央政治局会议及中央经济工作会议精神，传达学习习近平总书记在全国劳动模范和先进工作者表彰大会上的重要讲话；传达学习省委副书记、代省长任振鹤调研平凉工作指示精神，研究贯彻落实意见。

2.学习习近平总书记《论党的宣传思想工作》节选，听取2020年全县党委（党组）意识形态工作责任制落实、新时代文明实践试点工作、扫黄打非工作情况汇报，研究部署相关工作。

3.学习习近平生态文明思想，研究审定《泾川县贯彻落实中央生态环境保护督察反馈问题整改方案（审议稿）》。

4.审定《泾川县关于推进政协协商向基层延伸工作实施方案》。

5.审定《中共泾川县委贯彻〈中国共产党政法工作条例〉实施办法》和《中共泾川县委关于加强新时代政法队伍建设的实施意见》。

6.审定《泾川县人大常委会职能配置、内设机构和人员编制规定》《泾川县政协职能配置、内设机构和人员编制规定》《泾川县城市社区管理委员会职能配置、内设机构和人员编制规定》。

7.审定《泾川县推进国有企业公司制改革工作方案》。

8.传达学习全市贯彻落实党政领导班子建设规划纲要暨培养选拔优秀年轻干部、“三方面”干部工作会议精神，研究贯彻落实意见；审议有关

县级干部职务任免的意见。

9.审定关于调整部分县委常委工作分工的意见、关于民革泾川县支部委员会换届工作的意见。

【县四大班子联席会议】1月5日召开四大班子联席会议。县委书记吕鹏举主持召开县委人大政府政协联席会议，专题研究泾川温泉小镇开发建设有关事宜。四大家主要领导、分管领导出席会议。县直有关单位主要负责人参加会议。

重要决策

【"增强危机创新赶超拼搏意识"专题教育活动】为深入贯彻落实新时代党的建设总要求，持续深化作风建设年和基层减负年活动，认真落实市委"担当、创新、突破、提升"工作要求，巩固深化"不忘初心、牢记使命"主题教育成果，部署开展为期3个月时间的"增强危机创新赶超拼搏意识"专题教育活动，以"一学三看四增强"为主要内容，围绕学习贯彻习近平总书记对甘肃重要讲话和指示精神、统筹推进疫情防控和高质量发展、落实意识形态工作责任制等内容开展专题研讨，交流碰撞思想，着力解决思想认识、精神状态、工作作风等方面存在的突出问题，全县广大党员干部干事创业的精气神和赶超进位的责任感明显增强。

【《关于深入学习贯彻习近平总书记视察甘肃重要讲话精神加快建设绿色开放幸福美好新泾川的实施意见》】2月28日，县委印发了《关于深入学习贯彻习近平总书记视察甘肃重要讲话精神加快建设绿色开放幸福美好新泾川的实施意见》，主要分为6个方面25项重点工作，第一方面为"深刻领会习近平总书记视察甘肃重要讲话和指示精神，坚定不移沿着总书记指引的方向前进"。第二方面为"坚决贯彻'深化脱贫攻坚，坚决攻克最后的贫困堡垒'的重要指示，全力打赢打好脱贫攻坚战"。第三方面为"坚决贯彻'补齐全面建成小康社会短板，不断夯实高质量发展基础'的重要指示，加快推动经济高质量发展"。第四方面为"坚决贯彻'加强生态环境保护，努力构筑国家西部生态安全屏障'的重要指示，持续提升生态文明建设水平"。第五方面为"坚决贯彻'保障和改善民生，维护社会和谐稳定'的重要指示，更好满足人民群众对美好生活的需要"。第六方面为"坚决贯彻'抓好主题教育，推动全面从严治党向纵深发展'的重要指示，从严落实管党治党总要求"。

【《关于抓好"三农"领域重点工作确保如期实现全面小康的实施意见》】3月16日，县委印发了《关于抓好"三农"领域重点工作确保如期实现全面小康的实施意见》，共6部分28条。第一部分，坚决打赢脱贫攻坚战，共4条。对完成剩余脱贫任务，巩固脱贫攻坚成果，保持扶贫政策稳定，接续推进减贫工作进行了具体安排。第二部分，纵深推进现代丝路寒旱农业，共7条。以实施"特色产业提升、地方品牌创建、产品流通畅通、经营主体培育、科技装备驱动、支撑保障供给、稳定农民工就业"七大行动为抓手，明确了工作任务和具体目标，对有序推进现代丝路寒旱农业做了安排部署。第三部分，扎实补齐农村基础设施和公共服务短板，共7条。从加大农村公共基础设施建设力度，改善农村人居环境整治，提升教育质量，提高医疗卫生服务水平，完善社会保障体系，改善公共文化服务和强化生态环境治理7个方面对补齐农村基础设施和公共服务短板做了具体安排。第四部分，加快推进城乡融合发展，共3条。从找准泾川县城发展定位、破解乡村发展用地难题和持续推进农村重点任务改革3个方面进行全面布局，明确了深入推进城乡融合发展的三大着力点。第五部分，加强农村基层治理，共4条。对基层党组织建设，乡村治理体系完善，平安乡村创建和精神文明建设进行了具体安排。第六部分，强化农村补短板措施保障，共3条。从加强党对“三农”工作的领导、保障“三农”投入和引导人才下乡3个方面进行了具体安排。

【《中共泾川县委关于奋力赶超进位推动经济社会高质量发展的实施意见》】3月30日，县委印发了《中共泾川县委关于奋力赶超进位推动经济社会高质量发展的实施意见》，主要分为7个方面20项重点工作。第一方面为“提高政治站位，深入学习贯彻市委主要领导调研讲话精神”。第二方面为“深化县情认识，在发展思路上再聚焦再完善再提升”。第三方面为“坚定必胜信心，坚决夺取脱贫攻坚的全面胜利”。第四方面为“紧盯赶超进位，全力推动县域经济高质量发展”。第五方面为“深化改革创新，激发发展的潜力和活力”。第六方面为“着力改善民生，全力创设和谐稳定的社会环境”。第七方面为“加强党的领导，大力提升担当创新突破提升的精气神”。

【《关于建设质量强县的实施意见》】4月29日，县委印发了《关于建设质量强县的实施意见》，共5部分17条。第一部分，对提升产品质量、工程质量、服务质量等“四大质量”供给水平进行了安排部署和任务分解。第二部分，从构建先进制造质量体系、现代农业质量体系、文化旅游质量体系和生态环境质量体系4个方面对夯实质量建设基础提出了具体要求。第三部分，从加强标准化战略引领、认证认可和检验检测、强化计量技术支撑3个方面对夯实质量能力建设基础进行了具体要求。第四部分，从推进质量创新和品牌发展、质量法制建设、质量诚信建设3个方面对构建质量发展长效机制提出了具体要求。第五部分，从强化组织领导、政策支持、督查考核3个方面对强化质量发展保障提出了具体要求。

【《关于完善区域发展布局培育新的经济增长点增长极增长带的实施意见》】11月2日，县委印发了《关于完善区域发展布局培育新的经济增长点增长极增长带的实施意见》，共三部分。第一部分，总体要求。主要是在遵循中央和省、市委总体要求的前提下，提出了当前和今后一个时期，完善区域发展的总体思路目标。第二部分，主要任务。以培育新的增长点、增长极、增长带为应对经济压力的突破点，提出了13个方面的具体目标任务。第三部分，强化工作保障。明确了全力突破交通瓶颈、持续做强优势产业、推动要素高效聚集、大力优化发展环境、加大对外开放力度、切实加强组织领导六个方面保障措施。

重要活动

4月9日，省委副书记、省长唐仁健调研指导王村镇朱家涧村脱贫攻坚工作，省委常委、省委秘书长王嘉毅一同调研，省政协副主席、市委书记郭承录，县委书记吕鹏举，县政府副县长吕忠武陪同调研。

11月14日，中共中央政治局委员、国务院副总理、国务院扶贫开发领导小组组长胡春华深入汭丰镇同中村、平凉红牛鼎康高端肉牛育肥基地，考察调研泾川县脱贫攻坚和乡村振兴工作。强调要深入贯彻党的十九届五中全会精神和习近平总书记重要指示批示精神，按照党中央、国务院决策部署，在确保如期全面高质量打赢脱贫攻坚战的基础上，抓紧谋划好巩固拓展脱贫攻坚成果同乡村振兴有效衔接，接续推进脱贫地区发展和群众生活改善。县委书记吕鹏举陪同调研。

12月8日，省委副书记、代省长任振鹤调研平凉红牛泾川鼎康肉牛育肥基地，县委书记吕鹏举陪同。

组织机构

【县委组成】中共泾川县第十七届委员会有委员42名、候补委员6名；书记1名、副书记3名；县委常委13名，由县委书记、政府县长、副书记、挂职副书记、纪委书记、政法委书记、宣传部部长、组织部部长、人武部部长、统战部部长、专职常委、常委副县长（2名）组成。

【工作部门】县委下设工作部门10个，直属事业单位2个。工作部门有：纪委监委、县委办、组织部、宣传部、统战部、政法委、编办、县委直属机关工委、信访局、巡察办。直属事业单位有：党校、档案馆。

领导班子成员名录

书　记　吕鹏举

副书记　王廷佐

王德全

许尔全（挂职，12月离任）

常　委　李卫东（1月离任）

李中尧（1月任）

崔　飞

赵小军

张小平（9月离任）

慕晓云

袁志兴（挂职，12月离任）

杜　鹏

杨军红（11月离任）

杨　芳（9月任）

李一宁（11月任）

杨　宏（11月任）

县委办公室

【概况】2020年，在县委的坚强领导下，县委办公室深入学习贯彻习近平新时代中国特色社会主义思想及党的十九大和十九届二中、三中、四中、五中全会精神，认真践行习近平总书记对党办部门提出的“五个坚持”要求，紧扣县委中心工作和决策部署，充分发挥参谋助手、督查考核、统筹协调作用，用心用力做好“三服务”工作，全力推动中央和省市县委各项决策部署落实到位。

【政务服务】认真落实基层减负年有关要求，压减发文数量，精简文稿篇幅，切实提高文稿质量。严把公文初稿草拟、送审签发、复核缮印等关口，全面提升公文制发水平。压减会议频次，2020年以县委名义发文76个，以县委办名义发文152个，与去年相比下降24.8%，以县委、县政府名义召开的全县性会议比去年同期减少28.5%。认真做好各级来文、来电的收发、送报、办理工作，确保县委公文高效运转、准确规范。年内累计收发文件708份，审查备案文件24份，清理党内规范性文件18件，完成县委主要领导批示件登记、督办500多份。坚持“严标准、高质量、出精品、创一流”的要求，准确把握形势要求和领导意图，对县委重要文稿的起草，起草前深入调研、掌握实情，起草中认真对接、字斟句酌，起草后严格审核、精益求精，累计形成县委常委会工作报告、县委工作总结、实施意见等重要文件材料200多份。充分发挥信息主渠道作用，加大对热点难点信息的挖掘和调研，多方位、广角度、深层次地采编反映全县经济社会发展、大景区建设、新型城镇化等方面动态信息和各类先进典型经验，年内完成《泾川县果产业发展情况调研报告》《全面推进乡村振兴的思考与建议》等调研文章10多篇，撰写报送泾川快报信息325篇，其中被《甘肃信息》《平凉信息》及市委《调研与发展》刊登转发80篇。

【综合协调】充分发挥办公室中枢纽带作用，对重点工作、重要活动提出预案，做到事前多沟通、事后多反馈。认真落实县委决策部署，超前谋划，主动介入，积极请示汇报，准确把握领导意图，切实做好协调服务，按周列出县委重大活动和县委常委重点工作计划，确保县委日常工作高效运行。健全完善四大办公室沟通联系工作机制，对全县重大活动和重点工作及时沟通衔接，统筹做好县委各项重点工作，确保县委各项决策部署落地生根。

【督查考核】坚持把督促检查作为执行党委决

策、改进工作作风、推动工作落实的关键环节，持续强化督查考核“指挥棒”作用，确保中央和省市县委各项决策部署落地落实。明确督查事项。紧紧围绕中央、省市部署要求和党委中心工作，充分发挥牵头抓总、统筹协调作用，全面整合督查检查力量，研究制定《关于解决形式主义突出问题为基层减负的若干措施》《2020年督查检查考核工作计划》，细化基层减负措施20项，明确督查考核内容42项，全面清理规范责任书考核事项，保留“一票否决”事项5项、签订目标责任书工作5项。

【深化改革】研究制定县委全面深化改革委员会年度工作要点等文件，主动承接落实各项重大改革任务，全面完成县级党政机构改革，持续推进农村产权制度改革、“三变”改革等重点领域和关键环节改革，年内部署开展的7个方面191项改革事项完成162项，一些事关群众切身利益的体制机制障碍得到有效破解。

【财经国安】定期组织召开县委财经委员会会议、县委经济运行分析调度会议，细化明确经济工作牵头领导、责任部门和时限要求，全力推动县域经济发展。牢固树立总体国家安全观，研究制定县委国安办工作细则等制度，督促各乡镇和县直部门成立国家安全人民防线建设领导小组，及时分析研判各领域风险隐患，全力做好源头预防和化解工作。

【机要保密】修订完善《紧急重要电报办理实施办法》等规章制度，实施党政高清视频会议系统、电子政务内网建设等项目，及时更新升级保密安防等硬件设施，细化密码业务等管理标准和操作规范。严格传递、借阅、清退、销毁等程序，定期对相关单位涉密人员、涉密载体进行全面监测，严密防范失泄密风险。

【档案管理】严格落实省市档案工作要求，理清局馆职能任务，编制完成省市下达的档案政务服务事项25条。严格落实档案规范化管理责任制，定期对县直部门、乡镇档案工作开展执法检查，先后规范整理各类档案4.4万卷（件），接收单位档案667卷22083件。

【队伍建设】持续推进办公室规范化建设，建立完善职工学习、考勤、值班等制度，研究制定议事规则、重大事项请示报告等制度，明确干部行为规范、工作准则和岗位职责，做到用制度管人管事，年内向组织推荐提拔优秀干部3名，选拔录用年轻干部3名。坚持每周一、三学习例会制度，完善落实层级帮带机制，重点围绕中央、省市领导讲话、典型经验材料和党纪党规等学习内容，组织集中学习45次，集中调阅党员学习笔记9次，不断用习近平新时代中国特色社会主义思想武装头脑、指导实践、推动工作。

【县委办公室机构】中共泾川县委办公室为科级全额拨款行政单位，是中共泾川县委综合协调办事机构，机构改革后，对外加挂泾川县档案局、县委机要和保密局、县国家保密局和县国家密码管理局牌子。组建县委全面深化改革委员会、县委国家安全委员会和县委财经委员会，作为县委议事协调机构，划入原县督查考核局承担的党委督查工作职责，具体工作均由县委办公室承担。调整综合股、秘书股、督查室、政研室、党内法规室、信息股、机要保密室、文档管理室等8个职能股室，核定行政编制20名，工勤编制12名。下属事业单位2个，泾川县委信息中心，科级事业单位，核定事业编制11名；县接待办公室，科级事业单位，核定事业编制10名。至年底，县委办公室共有工作人员25名，县委信息中心共有工作人员8名，县接待办公室共有工作人员8名。

领导班子成员名录

主　任　　吕孝忠
副主任　　徐　桥（10月离任）
　　　　　郭贵明（9月离任）
　　　　　周英全（9月任）
　　　　　梁军勤

马志锋（3月任）

督查专员　史伟华（6月任）

（供稿：李晓彤）

组织工作

【概况】泾川县委组织部下设县委人才工作中心、县党员教育中心、县老干部活动中心3个事业单位，加挂泾川县非公有制经济组织和社会组织工作委员会、老干部局、县公务员局牌子。核定行政、事业编制37名，其中机关行政编制12名、事业编制25名，年底实有工作人员22名。

【基层党建】2020年，全县基层党组织建设与巩固脱贫攻坚成果、实施乡村振兴战略、推动高质量发展、创新基层治理紧密结合，全力推进党支部标准化建设“整乡推进、整县提升”示范县创建行动，分8个领域分别确定支部达标指数和创优指数，创建城关、汭丰、飞云、太平、泾明、丰台、窑店7个乡镇为示范乡镇。全县评定“十星级”党支部518个，创建省市标准化先进党支部56个。认真落实省委城市基层党建“1+4”文件和市委相关会议精神，明确城市社区党工委8项职能，细化权责清单114项，6个城市社区全部实行“大党委”和书记主任“一肩挑”，选聘社区专职工作者50名，落实社区年度工作经费12.5万元。全域推进“四抓两整治”，考聘专职村支书65名、村文书111名，持续推行“三个带头人”“一户一带”帮扶计划，898名“三个带头人”联系帮带贫困户1451户。“甘肃党建”信息化平台的党员注册率、“三会一课”组织生活统计指标全年均保持高位运行。集中整顿提升村级软弱涣散党组织16个。集中利用3个月在全县深入开展“增强危机创新赶超拼搏意识”专题教育活动，开展“转作风、树形象”党性分析和民主评议党员活动，开展“六查一看”活动，着力解决各级党员干部思想观念陈旧、精神状态不佳、工作标准不高、办事效率低下等问题。

【干部工作】坚持把政治标准放在首位，着眼建设高素质专业化队伍，突出重品行、重实绩、重能力、重公论的用人导向，全年调整干部4批次306人，其中新提拔干部104人（正科级28名，副科级76名）、女7人、党外干部2名。提拔和进一步使用干部中，乡镇干部和驻村干部38名，35岁以下57名，对8名乡镇党政“一把手”进行了重点交流，有效改善了科级干部队伍结构。开展干部离任审计13人次，任中审计5人次。选派6名干部和50名优秀年轻干部赴武清区挂职锻炼和实践培训。分层次建立完善优秀年轻干部信息库，储备优秀年轻干部和“三方面”干部200名。

【人才工作】制定出台《关于深化人才发展体制机制改革的实施意见》等指导性文件4个，列支专项经费337万元，配备专家公寓26套，建立县级领导联系专家和重点人才项目常委负责制度，柔性引进全国名老中医陈宝贵、全国急腹症专家崔乃强、全省畜牧业首席专家吴建平、天津武清区蔬菜种植领衔专家肖建中在泾川县建立专家工作室。引进教育、卫生、农牧等系统紧缺人才67名。建立技术科研、人才培养基地13处，实施创新课题项目16个，聘任171名专业技术人员担任科技特派员，筛选500名乡村果树人才组建了“金剪刀”服务队。

【公务员管理】年内，完成综合管理类公务员职级晋升215人次，完成公安机关执法勤务及警务技术职级晋升备案55人，检察、司法辅助人员职级套转19人，行政执法类公务员职级套转3人。规范开展参照管理工作，重新申报参公单位18个，完成36名转隶党政机关人员公务员登记，招录乡镇机关公务员30名，从事业单位调任公务员13名，完成45名试用期满公务员转正定级、登记及工资批复工作，对2019年度考核为优秀等次的190名公务员给予嘉奖，连续三年年度考核优秀等次的30人记三等功。

【干部教育培训】建立健全干部教育培训情况通报、登记备案等5项制度。全年举办各类主体培训班14期，培训干部1158人，举办学习贯彻党的十九届四中全会精神轮训3期，培训科级干部1100人次。选派教育、卫生等领域159名专业人才赴天津市武清区开展挂职交流培训，邀请武清区教育、卫生方面专家到泾川举办人才交流培训班授课，培训3期150人次。

【老干部和关心下一代工作】全年为21名离休干部发放离休费189.69万元，报销医药费44.7万元，为753名离退休干部遗属发放生活困难补贴271.3万元。组织全县离退休干部收看全国离退休干部学习贯彻"党的十九届五中全会精神"网上专题报告会三场。组织离退休干部赴河西开展"我看脱贫攻坚新成就"专题调研活动，编印《泾川县离退休老干部我看脱贫攻坚新成就》。利用"六一"儿童节，县委组织部、县关工委联合在太平镇四郎殿小学举行"情系童心、助学成长"送爱心活动，为太平镇四郎殿小学50名贫困儿童和丰台镇湫池沟小学18名贫困儿童发放了爱心书包、笔袋和彩色双头马克笔。

【抓党建助脱贫】紧盯年度脱贫重点任务，研究制定《泾川县2020年抓党建促脱贫攻坚工作方案》，县委主要领导带头包抓2个挂牌督战村，16名县级领导负责督战14个乡镇，为91个贫困村选派驻村帮扶工作队290人，举办驻村干部、贫困村干部能力提升培训班3期，培训扶贫一线干部502人次，选派11名优秀年轻干部到脱贫攻坚任务较重的乡镇实践锻炼，推荐3名干部到乡镇挂职，从乡镇干部、驻村帮扶工作队等脱贫攻坚一线提拔重用干部42人。探索建立六种"党建+"模式，培育产业型党组织45个，领办产业园区164个、专业合作社53个，在挂牌督战的朱家涧村、姚哈村建成日光温室13座、钢架大棚235座、暖棚牛舍及青贮池16座，购进平凉红牛165头、育肥牛91头，种植板蓝根356亩、籽用西葫芦18.3亩，切实夯实了贫困群众增收致富基础，为高质量打好打赢脱贫攻坚战提供了坚强组织保障。

【村（社区）"两委"换届】县委常委会会议专题研究"两委"换届工作，成立领导小组，制定《泾川县村（社区）"两委"换届工作实施方案》。16名县级领导率先示范，带头深入29个重难点村（社区）调研，指导乡镇制定换届方案和"一村一策"措施。联合审计、财政、农经等部门和单位组成7个审计小组，深入乡村开展财务审计。有序组织推进"两推一选"和换届选举工作，换届后村"两委"委员1701名［其中新进入村（社区）"两委"人数792名］，常设干部771名，村（社区）党支部书记218名（女64名），村（居）委会主任218名，支书、主任"一肩挑"的197名，村党支部书记平均年龄35.27岁，村委会主任平均年龄38岁。

村"两委"换届

【自身建设】全年始终把加强理论学习放在提升组工干部思想政治素质的重要位置，通过"七学"模式，召开职工例会24场次、专题研讨8场次，报送信息147条，省市各类媒体刊登41条。坚持以"学习业务、交流经验、提升素质、开阔视野"为目标，组织开展"岗位大练兵"活动，开展主题党日活动12场次，组织组工干部上讲台4场次，文稿点评、阅读评议3场次，形成调研报告10篇，大力培养组工干部开口能讲、提笔能写、遇事能办、是非能断的四种能力，建立联系帮带机制、激励约束机制，推行首问责任制、服务承诺制、限时办结制、结果报告制、失误差错责任追究制，进一步激发工作活力、提高工作效能。

领导班子成员名录

县委常委、部长　　　　慕晓云

分管日常工作的副部长　樊志辉（4月离任）

　　　　　　　　　　　王新义（4月任）

副部长、非公有制经济组织和

　社会组织党工委书记　王鸿垠（3月离任）

副部长、公务员局局长　秦树隆（6月任公务员局局长）

副部长、县人社局党组书记、局长

　　　　　　　　　　　吕晓文

副部长、非公有制经济组织和

　社会组织党工委书记　王小奇（3月任）

（供稿：李少雄）

宣传工作

【概况】泾川县委宣传部是县委主管意识形态方面工作的职能部门，加挂县政府新闻办公室、县新闻出版局、县精神文明建设指导委员会办公室牌子，县委网络安全和信息化委员会办公室设在宣传部，内设国防教育办公室，下设泾川县新时代文明实践中心办公室（加挂泾川县网络安全和信息化中心牌子）。部内核定行政编制8名、工勤编制1名、事业编制2名，年底有工作人员11名。

【意识形态和理论武装】制定《中共泾川县委落实意识形态工作责任制重点任务清单》，开展意识形态工作责任制落实情况督查2次，召开意识形态工作联席会议2次，及时监测微信抖音等平台，查删虚假信息42条，编发《网络舆情专报》9期，清理各类政务新媒体僵尸账号11个，转发网评指令450余条，办理留言2405条。举办县委大讲堂第四讲和“新时代·新思想·新泾川”理论宣讲比赛，开展理论宣讲127场次，在市级以上刊物发表理论文章20篇，5项社科课题获审批立项，向“学习强国”甘肃平台供稿42条。

【对外宣传】配合完成甘肃省决战决胜脱贫攻坚主题全媒体集中采访团、“美丽中国·生态甘肃”主题全媒体采访团、天津东西部扶贫协作采访团和甘肃日报社决战决胜脱贫攻坚主题宣传采访活动，中央和省市媒体刊发泾川稿件1500多条，在兰州举办“走向我们的小康”决战决胜脱贫攻坚主题宣传周活动，《甘肃日报》推出5个专版和1篇头版头条稿件。《中国报告文学》开设泾川采风作品专栏，刊登《泾川的五彩诗意》《三生三世话泾川》《青山之上》《文明花开分外红》4篇文章。央视科教频道播出《中国影像方志》之《甘肃卷·泾川篇》。中央电视台新闻频道《朝闻天下》栏目，分别以“易地扶贫搬迁、朱家涧村开启幸福生活”和“骑着蜗牛追宝马、东西部协作助脱贫”为题，深度报道了泾川县王村镇朱家涧村脱贫攻坚工作成效。

【精神文明建设】乡镇和城市社区、212个行政村（含5个社区）因地制宜、突出特色全部建设了新时代文明实践所（站），全县实现所（站）全覆盖，创建新时代文明示范点18个、实践基地13个，各志愿服务队采取讲、评、帮、乐、庆的形式，常态化开展各类志愿服务活动1200余场次，惠及群众15万人次，省级新时代文明实践试点顺利通过评估验收。深入推进社会主义核心价值观宣传和群众性精神文明创建活动，表彰命名“文明家庭”“道德模范”“泾川好人”“最美抗疫家庭”等102人，白宁安等4人入选平凉好人榜，袁文飞入选甘肃省一季度好人榜，樊雪霞入围甘肃省第七届道德模范候选人，泾川一中、平凉理工中等专业学校、玉都中学成功创建省级文明校园，泾川县人社局、城关镇、党原镇坷老村、玉都镇康家村成功创建为省级文明单位、文明村镇。

“3·5”学雷锋纪念日活动宣传现场

【新闻出版】全年检查各类营业门店、重点场所、企业640多户（次），责令限期整改场所5家，查处办结案件4起，收缴有害出版物40本、散页28张、U盘1个；侦办1起刑事邪教案件。向100个农家书屋和60所农村幼儿园小书架采购配送图书9630册，完成电影公益放映1758场次。

领导班子成员名录

县委常委、部长　赵小军

分管日常工作的副部长、县委网信办主任　任新红

副部长　袁怀民

（供稿：王春健）

统一战线工作

【概况】县委统战部与县民族宗教事务局合署办公，加挂台湾事务办公室和县政府侨务办公室牌子，核定编制9名，年底有工作人员9名。下设县海峡两岸交流服务中心，核定编制3名，年底有工作人员4名。

【强化领导】县委常委会、县委理论中心组、县政府常务会多次对习近平总书记关于统战工作的重要论述以及中央和省市统战工作会议精神进行学习研讨和研究部署，提出具体工作要求；修订完善了县委统一战线（民族宗教）工作领导小组议事规则，建立健全成员单位工作责任清单，推动了统战工作决策部署落地见效。

【思想引领】举办统战干部政策理论培训班4期180多人次；组织民主党派、民族宗教界人士深入开展了“寻访革命旧址”“参观爱国教育基地”“观摩脱贫攻坚成果”等教育实践活动。

【民族宗教】开展了第17个民族团结进步宣传月、民族宗教政策“百场万人”宣讲活动，表彰命名全县民族团结进步示范单位4个、模范个人10个，太平镇红崖湾村被省民委命名为全省民族团结进步示范单位；紧盯宗教领域突出问题整改，召开联席会议3次，开展专项治理12次，一些复杂敏感问题得到妥善解决；切实加强民族宗教网络舆情管控，正确把握和引导舆情导向，有效防范了各类风险隐患。

县委统一战线（民族宗教）工作领导小组2020年第一次全体（扩大）会议

【经济统战】引导民营企业深入实施“百企帮百村”行动，积极投身脱贫攻坚，吸纳贫困户入股分红，提供就业岗位，进一步夯实群众致富增收基础；推进东西部扶贫协作，落实社会帮扶资金570多万元，建成了扶贫车间、爱心超市等一批扶贫增收的有效载体；统筹推进新冠肺炎疫情防控和民营企业发展，帮助企业解决融资、用工等实际困难，推动企业复工复产，组织非公经济人士、民族宗教界人士等捐款捐物150多万元，为全县疫情防控做出了积极贡献。

【联系党外人士】举办党外知识分子、新的社会阶层人士、网络统战人士培训班3期，培训80多人次，指导民革支委会完成换届选举，分类建立党外知识分子、新阶层、港澳台侨等统战成员

人才信息数据库，健全了沟通联系、重要事项通报等制度机制。

领导班子成员名录

县委常委、部长　　张小平（9月离任）
　　杨　芳（9月任）

分管日常工作的副部长、民族宗教事务局局长
　　段全福（6月兼）

副部长、民宗局长、台办主任、工商联党组书记
　　马志锋（3月离任）

副部长（4月任）、侨办主任（6月兼）
　　杜江鲛

副部长（4月任）、台办主任（6月兼）
　　尚登科

（供稿：杨文斌）

政法工作

【概况】 县委政法委是县委领导和管理政法工作的职能部门。内设县社会治安综合治理中心、县铁路护路联防办公室2个事业机构。核定编制20名，其中行政编制8名，工勤编制1名，事业编制11名，至年底实有人员15人。

【维护社会稳定】 围绕新冠肺炎疫情防控和全国“两会”信访维稳工作，深入开展涉疫情风险隐患排查化解、“矛盾纠纷大排查、大化解集中行动”、命案风险防控专项行动，全年排查各类矛盾纠纷1411件，成功调处1355件，成功率96%。不断强化源头预防，积极推进社会稳定风险评估工作，完成重大事项评估42项（其中评估重大项目41项，重大活动1次）。

【扫黑除恶专项斗争】 专项斗争开展以来，共受理线索248条，办结248条，办结率100%，打掉恶势力团伙2个、村霸5个，抓获犯罪嫌疑人25人，破获刑事案件47起、治安案件6起。紧盯涉黑恶问题多发重点行业领域，制定专项整治方案，年内开展社会面治安清查行动20次，查处各类治安（行政）案件95起，处罚违法人员63人。

【平安泾川建设】 研究制定平安泾川建设责任制考评细则、市域社会治理现代化试点工作方案，召开了全县市域社会治理现代化试点工作暨平安泾川建设责任制落实推进会议，兑现了2019年平安建设责任制考评一次性奖励。扎实开展行业系统平安创建，调动社会力量参与社会治理的积极性和主动性，形成了平安建设人人参与、平安成果人人共享的良好氛围。

【综治基层基础建设】 加快县乡村综治中心规范化建设和实体化运行。把县乡综治中心建设与“智慧城市”建设、“雪亮工程”建设相结合，建成了集指挥、调度、分析、研判、预警、巡防、考核、运维等为一体的县级综治中心。乡镇依托政务大厅（便民服务中心）设立群众接待窗口，集中提供信访接待、人民调解、社区矫正、法律咨询等服务，实行“一站式”办理、“一条龙”服务。城市社区依托“智慧城市”项目，建成了网格化智能管理云平台，真正实现社会服务“零距离”、社会管理“全覆盖”。

县综治中心信息化建设

【市域社会治理现代化试点】 培育了城市社区社会治理云平台，飞云镇“三调联动五治融合”打造平安乡村，泾明乡综治中心、政务中心（便民服务中心）、应急指挥中心、视频监控中心、矛盾纠纷调处中心“五中心”一体建设，高平镇十户联防视频监控运用，城关镇、汭丰镇“党建+乡村旅游+平安建设”，泾明乡白家村“四共一推”平安村建设，城关派出所创建新时代“枫桥式派

出所”等社会治理典型。

【法治泾川建设】组织广泛开展宪法宣誓、专题讲座、宪法知识测试、宪法“六进”等宣传活动。在世纪花园B区建成宪法主题公园，在县检察院、司法局和高平镇上湾村建成宪法主题室，在东街社区和玉都镇下坳村建成了法治文化广场。开展法律“八进”活动，累计举办新提拔领导干部任前法律知识考试7场200多人次，开展法治宣传300余次。落实“一村一法律顾问”和法律援助制度，办理法律援助案件223件。

【政法队伍建设】多轮次组织政法干警认真学习《中国共产党政法工作条例》以及省、市实施细则和办法，建立了政治轮训、政治督察、政治巡察制度，健全了政法机关请示报告、政法委员述职等制度。为全县14个乡镇和城市社区配备了政法委员，举办乡镇、城市社区政法委员和综治中心副主任业务培训班2期，召开集中述职会议1次，提升了乡镇政法委员履职能力。在政法系统开展了“守初心、担使命，集中排查整治执法司法突出问题”专项行动，全面排查政法干警在执法司法理念、公信力、方式、能力等方面存在的问题，评查2018年以来案卷1955件，评选优质案卷217件、劣质案卷8件、瑕疵案卷1件，进一步推动政法干警严格执法、公正司法，有效保障人民群众合法权益，维护社会公平正义。

领导班子成员名录

县委常委、政法委书记	杨　宏（11月任）
分管日常工作的副书记	袁晓宁（4月离任）
	刘俊琪（4月任）
县委政法委副书记	杨旭升（4月任）
	代小龙

（供稿：许浩强）

机构编制

【概况】中共泾川县委机构编制委员会办公室是县委工作机关，归口县委组织部管理，下设电子政务中心1个事业单位机构，年底有干部职工14名。

【县级机构改革】按照省委批复的机构改革方案及限额，全面完成了县级机构和职能调整优化。机构改革后，县上设置党政机构35个，其中县委机构10个、政府工作部门25个，党委政府工作机关加挂25个牌子，均与省上相关机构对应。通过改革，全县涉改部门内设股室从之前的211个核减为188个，精减11%；部门领导职数严格按照规定核定，除常委部门外，其余政府工作部门均按一正两副设置，部门领导职数由改革前的1133名核减为906个，精减20%，实现领导职数只减不增的改革要求。

【乡镇机构改革】制定了《泾川县推进乡镇管理体制改革整合基层审批服务执法力量的实施方案》及14个乡镇“三定”规定。机构按照一类乡镇5个内设机构、6个事业单位，二类乡镇5个内设机构、5个事业单位，三类乡镇4个内设机构、5个事业单位设置。内设机构各核定副科级领导职数1名，事业单位均为正科级，各核定正、副科级领导职数1名。结合本次乡镇机构改革，全面清理了各种自设机构和岗位。

【事业单位改革】先后整合重组事业单位153个（含乡镇机构改革涉及单位），事业单位净减少19个，调整事业编制101名，按照改革范围要求，对所属的事业单位全面进行梳理，完成全县14家经营类事业单位改革，其中对3家单位注销事业法人，转企改制，随企转制人员145人，对11家单位予以撤销，将涉及的51名人员连人带编分流到县房产服务中心29人、乡镇水管站22人，收回事业编制195名。

【权责清单和赋权事项】全面开展县级部门权责清单事项核查清理和取消调整工作，梳理涉及29个部门权责事项5431项，其中行政许可260项、行政处罚3871项、行政强制205项、行政征收12

项、行政给付83项、行政裁决9项、行政确认103项、行政奖励82项、行政监督91项、其他行政权力715项，实现了权责事项上清单、清单之外无审批。按照省、市关于赋予乡镇和街道部分县级经济社会管理权限有关通知和要求，梳理赋予乡镇部分县级经济社会管理权限200项，其中行政许可9项、行政处罚191项。赋予城市社区部分县级经济社会管理权限36项，其中行政许可3项、行政处罚29项、行政监督4项。

【事业单位登记管理】完成事业单位设立登记5家、变更登记116家、年度报告公示373家、注销登记39家，切实履行登记管理职能，加强信息采集，提升监管服务水平。

领导班子成员名录

主　任　脱得勃

副主任　刘小勇

　　　　贾宏权

（供稿：史小东）

信访工作

【概况】泾川县信访局是县委工作机关，下设科级建制的事业机构县信访接待服务中心。县编委核定编制13人，其中行政编制6名、事业编制6名、工勤编制1名，至2020年底实有工作人员9名。

【信访办理】2020年，县信访局共受理人民群众来信来访和网上信访180件（次），与去年同期247件（次）相比，减少67件（次），下降27.1%；无赴省、到市集体信访。在全国和省市等重要节会期间，全县认真落实信访工作责任制，全力以赴做好信访保障工作，取得了良好效果。

【工作创新】县信访局充分发挥统筹协调、案件督办、信息反馈的职能作用，利用信访工作“改进工作、完善政策、给予处分”三项建议权，促进重大疑难信访问题妥善解决。全年到乡镇部门督查信访工作7次，召开信访形势分析通报会议3次，下发通报10期。兑现了2019年信访工作目标管理责任书，表彰奖励先进单位9个。

【矛盾排查】充分发挥信访工作职能作用和资源优势，积极融入中心、主动服务大局，组织各乡（镇）、各部门适时启动矛盾纠纷排查工作机制，全年两次以信访联席办文件下发通知，对排查梳理的6件重点信访事项和42名重点信访人员，由县级领导包案督办化解，按期结案率为100%。

【接访下访】制定印发《泾川县深入推进领导干部包案督办和接访下访实施方案》，明确县上主要领导每月至少下访1次，每个工作日都有1名县级领导接待群众来访的工作要求，全年县级领导干部共接访群众92批127人次；分管领导经常阅批来信，定期组织召开信访联席会议，分析形势，强化措施，推动工作。

领导班子成员名录

局　长　郭贵明（9月离任）

　　　　周英全（9月任）

副局长　陈荣伟

（供稿：刘　芸）

县直机关党的工作

【概况】中共泾川县委直属机关工作委员会核定编制9名，年底有工作人员7名。管理县直部门党组织62个，其中机关党委4个、党总支11个、直属党支部47个，党员1974名。

【党员学习教育】举办党建业务专题培训3期，受教育党员和入党积极分子296人次，配发党建读物2100多本，开展送学上门220场次，组织党员参加“走在前、作表率”庆“七一”机关党建网络知识竞赛，参赛党员1300多名。联合县文联举办“陕西长武—甘肃泾川‘不忘初心、牢记使命’暨庆祝建党99周年书画联展”活动。

【机关党建】明确了县委直属机关工委、部门党组（党委）、机关党委和机关党支部抓机关党建责任清单，坚持“三考排位”“五个一”“三项清单”、党支部工作联系点等制度，压紧压实机关党组织书记“第一责任”和班子成员“一岗双责”，组织召开机关党组织书记“双述双评”大会，整顿转化软弱涣散基层党组织1个，新发展党员27名。“甘肃党建”信息化平台注册运行达到全覆盖。

【示范引领】培育“抓党建促脱贫攻坚先进党支部”、“十星级”党支部建设标准化样板党支部、党建统领“一强三创”行动综合示范党支部25个。组织机关党组织和贫困村党组织开展结对帮扶，选派优秀党员干部到帮扶一线驻村工作。组织400多名党员到城市社区参与防控一线工作，动员机关党员交纳特殊党费17.5万元。牵头制定机关党组织和在职党员“双报到”工作实施方案，62个机关党组织1631名在职党员到社区开展服务活动。

领导班子成员名录

书　记　　李爱贵（4月离任）
　　　　　邢金平（4月任）
副书记　　董卫平
　　　　　康慧敏（女，4月任）
纪工委书记　尚登科（4月离任）

（供稿：蒋小宁）

党史工作

【概况】泾川县党史资料征集办公室既是县级党史研究部门，又是县委主管党史业务的工作部门，科级全额拨款事业单位，参照公务员制度管理，归口县委组织部管理，核定编制4名，现有工作人员5名。

【资料征集】采取查阅档案资料和到相关单位征集党史资料两种方式，全年征集文字资料30多万字、图片资料150多幅、图书资料12本（册）。

【编研出版】组织工作人员编撰《传播和弘扬红色文化的路径探析——以甘肃省平凉市为例》《携手同心奔小康》《创新驱动产业发展　夯实打赢脱贫攻坚战基础》等专题论文9篇；整理编辑《中国共产党泾川县大事记（2020年）》，7万余字；编辑出版《中国共产党泾川县大事记（1932—2010）》。《中国共产党泾川历史（1978—2012）》（第二卷）进入统稿阶段，全书初稿70余万字，全面详实地记载了改革开放和社会主义现代化建设新时期，全县人民在县委的领导下，全面贯彻落实党的十一届三中全会以来各项路线方针政策，党员干部解放思想、开拓进取，迅速把工作重点转移到经济建设和改革开放上来，全县各项事业快速发展、人民生活水平显著提高。

【宣传教育】开展党史“七进”活动，向机关、学校、社区、企业发行党史宣传读本500多本（册），为入党积极分子和建党对象举办泾川地方党史培训班2期。联合团县委开展“传承革命精神·争做时代新人”千名团组织书记讲团课主题活动，为全县团员青年宣讲泾川党史24场次5000多人次。

领导班子成员名录

主　任　闫鹏军
副主任　脱向峰

（供稿：信海亮）

党校工作

【概况】县委党校（行政学校）为县委直属的事业单位，实行校务委员会领导体制，有校办室、干训室、教研室3个内设机构。核定事业编制18名，年底实有干部职工16名。

【干部培训】全年举办文旅业务培训班、政协委员履职能力提升培训班、驻村帮扶干部培训班、纪委监委重点监督工作业务培训班、县直机关入党积极分子及发展对象培训班、县乡人大干部履职能力提升培训班、习近平新时代中国特色社会主义思想读书班、学习贯彻党的十九届四中全会精神轮训班、农村党组织书记脱贫攻坚能力提升培训班、优秀年轻干部示范培训班、职工代表和工会干部培训班、生态环境保护专题培训班、党政文秘人员能力提升研修班、新提拔科级干部培训班、公务员能力提升示范培训班、依法统计工作培训班等21期，培训2882人次，其中举办为期1个月的优秀年轻干部示范培训班、为期2个月的党政文秘人员能力提升研修班各1期。组织收听收看“富民兴陇”讲座12讲780人。

全县春夏季优秀年轻干部培训班开班仪式

【理论宣讲】 组织开展习近平新时代中国特色社会主义思想、党的十九届四中全会精神、习近平总书记对甘肃重要讲话和指示精神、《习近平谈治国理政》第三卷、全国“两会”精神、《民法典》、抗疫典型、基层宣讲面对面等常态化宣讲54场次4148人；实施“增强危机创新赶超拼搏意识”宣讲培训活动，专题宣讲市委主要领导调研泾川座谈会议精神41场次2527人；开展“新时代·新思想·新泾川”全县新时代文明实践理论宣讲27场次2361人；开展党的十九届五中全会精神宣讲36场次3520人。全年组织党校教师和宣讲团成员深入乡镇、村、城市社区、县直部门、事企业单位、驻泾单位，开展理论宣讲158场次、受训12556人次。

【科研活动】 全年撰写理论文章40多篇，发表30篇。参加市社科联征文及研讨交流的5篇论文，获一等奖1篇、二等奖1篇、三等奖2篇、优秀奖1篇；有1篇论文入选首届香山革命精神与历史文化理论研讨会；申报的11项课题有5项立项并陆续结题；推荐3篇论文为市上征编的《平凉脱贫攻坚工作文献选编》提供稿件，遴选8篇论文报送县委、县政府参阅。

【学历教育】 继续教育在读学员134人，其中陇东学院108人、甘农大26人。

领导班子成员名录

校　长	王德全（兼）
分管日常工作的副校长	袁居银
党校副校长	林　浩
行政学校副校长	张国华
	胡海东
校务委员会委员	赵建华（9月任）

（供稿：崔春丽）

档案工作

【概况】 县档案馆是县委直属的事业部门，县委编办核定编制12名，至年底有工作人员14名。

【档案接收】 年内接收县委统战部、宣传部、党史办、环保局、文广局、司法局、信访局、执法局、飞云镇等11个单位文书档案667卷22083件。接收玉都镇婚姻档案2061件。完成民国重点档案抢救90卷（册）。接收县直部门获得市级以上奖牌、证书31面；接收《泾川人大志》《奋进七十年　辉煌新泾川》《泾州历史人物春秋》《泾州记忆》等图书8种122册。

【查阅服务】 全年共接待查阅档案利用者1594人次，调阅档案资料7000多卷（册、件），出具有效证明1714份2464页，其中为县粮食和物资储备局编写《粮食志》提供档案资料2000多卷，为县委党史办编写《中国共产党泾川县历史》（第二卷）提供档案资料2000多卷，为全县326名公职人员提供查阅档案资料3000多卷。

【档案执法与宣传】 在县档案局的统一组织

下，深入乡镇、城市社区和县直各部门检查档案整理存放和移交情况，针对存在问题，现场下发了限期整改通知书。“宪法宣传日”，在县城回中广场开展新《档案法》宣传，发送宣传品1000多份。

【二轮县志出版】 二轮《泾川县志》定稿后，由北京团结出版社负责出版。全志采用篇章体，以志书通用的述、记、志、传、图、表、录为表述形式，共8篇59章281节，约76万字，收录图片270张、表格103张，入志人物1543名。8月26日，县委、县政府隆重举行《泾川县志（1989—2010）》首发式，省、市地方志主管部门领导和兄弟县（区）县志办负责同志应邀出席了首发仪式。

《泾川县志》首发式

【年鉴编纂】《泾川年鉴（2020）》经过部门供稿、工作人员组稿编纂，摘要记载了14个乡镇、城市社区和120个县直及驻泾单位2019年重点工作，共32.4万字，设24个类目，由兰州大学出版社10月正式出版发行，共印500册，较上年提前3个月时间。

领导班子成员名录

馆　长　高隆华
副馆长　荆忠林
　　　　何来锁

（供稿：吴永红）

新时代文明实践暨网络安全工作

【概况】 2020年3月，成立泾川县新时代文明实践中心，加挂县网络安全和信息化中心牌子，隶属县委宣传部管理。核定编制8名，年底有工作人员7名。

【新时代文明实践】 组织志愿者进村入户开展理论宣讲，以群众喜闻乐见的形式，从农民群众的实际需要出发，“菜单式”开展理论宣讲、政策解读、文艺演出、便民服务、科学普及、健康养生等活动，让农民群众乐于参与、便于参与，既学习又实践，既明理又躬行，既解决思想问题又解决实际问题。

【网络意识形态】 制定《泾川县网信中心网络宣传工作方案》，在门户网开设“新型冠状病毒感染的肺炎疫情泾川在行动”专栏，制作飘窗，集中刊载县疫情防控相关信息。积极开展新媒体作品创作，利用微信公众号、美篇、抖音等新媒体手段，大力宣传疫情防控先进典型，共制作发布微信300多期、美篇100多篇，创作抖音短视频200多个。策划制作微视频《疫情防控　人人有责》，系列短视频《疫情防控　泾川在行动》等，积极引导防控期间返岗人员的自我保护，邀请县内文艺爱好者创作防疫知识宣传系列漫画。疫情期间严格落实24小时值班要求，严密监测微信、微博、贴吧、快手、抖音等平台发布涉及疫情防控相关虚假有害信息，开展训诫4次，查删虚假信息20条，编发《网络舆情专报》11期、《网络舆情周报》46期。完善全县网评员队伍建设，重新梳理整编县级骨干网评员131人，组织开展舆情处置和舆论引导培训2次，培训200余人次，针对网民和社会高度关注的民生热点、敏感问题和重大突发事件组织跟帖评论300余条。

【网络宣传】 组织部分政务新媒体编辑、影视协会会员、自媒体、网络主播等赴全县各旅游景点、美丽乡村、优势产业示范园区开展“网聚正能量·邂逅新泾川”网络新媒体采访采风活动，收集作品30余件。组织参加甘肃省2020网络扶贫博览会网络直播带货，县委常委、副县长袁志兴参与直播并现场推介泾川苹果、泾川甜瓜及旭康牛肉等农特产品，联合天津武清区、新浪微博官方利用新浪微博直播开展“县长直播带货”2次，对王村镇朱家涧村易地扶贫搬迁、富民产业培育成效及甜瓜、西红柿等农特产品进行了宣传。在县门户网站开设“泾川县增强危机创新赶超拼搏意识专题教育活动”“走向我们的小康生活”“防控新型冠状病毒感染的肺炎疫情”“脱贫攻坚行动”等专题栏目，发布专题专栏政务类600余条，积极开展习近平新时代中国特色社会主义思想、专题教育、脱贫攻坚、疫情防控等重大主题网络宣传。

【网络管理】严格落实属地网络监管责任，健全完善县内网络自媒体信息内容管理制度，加强县内政务新媒体和网络自媒体备案管理，密切网络信息监测管控。开展全县政务新媒体自查整改，清理各类政务新媒体僵尸账号11个，督促机构改革各涉改的单位及时变更了新媒体账号，定期上报全县80多个政务新媒体运行发布情况，指导各单位主动回应网民关切，及时发布权威信息，形成网络传播工作合力。

【电子政务】持续加强全县党政机关无纸化移动化办公应用工作，基本实现了无纸化办公常态化规范化。加快推进政务服务事项一网通办行动，实现90%以上的政务服务事项在线办理。组织入驻政务大厅的29个县直部门参加政务服务一体化平台应用培训，邀请专家对行政审批系统权力事项的标准范例、录入方法和政务新平台操作方法进行专题培训，全年完成办件量13000余件。

【网络留言】及时受理网民通过各类网络平台反映的问题，第一时间转办、督办，积极协调解决问题。坚持每月对网络留言办理情况进行通报。2020年，县门户网站共受理网民留言2293条，平均每月191条，已办结2287条，办结率99.74%；人民网地方领导留言板及中国甘肃网共收到反映泾川县有关问题留言206条，其中省级领导信箱83条、市级领导信箱39条、县委书记信箱84条，办结率100%。

【网络安全】建立健全全县网络安全定期通报、即时预警、督办整改等工作机制，开展网络安全大检查1次，对全县党政机关、企事业单位进行网络安全检查和风险评估，及时指导对网络安全防护薄弱环节进行整改，营造安全可靠的网络运行环境。对办公电脑操作系统、办公软件和杀毒软件使用情况进行摸底统计，全面摸排Win7及以下操作系统安装情况，指导相关单位完成办公电脑系统替代升级。在节能宣传周和网络安全宣传周节会期间，开展集中宣传和网络安全宣讲活动，增强广大网民群众网络安全意识和基本防护技能。

【智慧城市】累计完成投资2972.52万元，建成包括王母宫、大云寺、田家沟景区视频监控系统、公共广播系统和电子票务系统等硬件基础设施，智慧旅游大数据平台、智游泾川微信小程序等软件平台的智慧旅游项目。建设以重点污染源监控系统、数据库系统、监控报警系统和重点污染源地理信息系统等为内容的智慧环保项目，在城市管理、生态水资源保护等方面发挥了积极作用。完成“智游泾川”旅游微信小程序开发建设任务，5月13日正式上线运行，有力提高了全县旅游产业智能化发展水平。“城市社区社会治理云平台”9月3日上线运行，实现社区管理信息化、智能化和现代化。

【县新时代文明实践中心揭牌】8月28日，泾川县新时代文明实践中心揭牌仪式在体育中心前广场举行。县委常委、宣传部部长赵小军为县新时代文明实践中心揭牌，县委宣传部、县新时代文明实践服务中心负责人，各乡（镇）、城市社区党（工）委副书记及县直相关部门负责人参加仪式。

领导班子成员名录

主　任　李光荣

副主任　侯　赟（4月任）

（供稿：杜永利）

中共泾川县纪委·泾川县监委

【概况】 中国共产党泾川县纪律检查委员会泾川县监察委员会内设办公室、党风政风监督室、信访室、案件监督管理室、案件审理室、第一至第六纪检监察室等11个正科级建制的内设机构，1个股级事业单位内设机构，共核定编制45人，其中行政编制27人、工勤岗位编制2人、事业编制16人。至年底，实有干部职工38人。

【政治监督】 扎实开展重大决策部署落实督战和重大决策事项监督，先后开展疫情防控、春耕备耕、复工复产、重大项目建设、"六稳""六保"等监督检查8次，督促整改各类问题120多个，问责党员干部63人。开展农村人居环境整治、农村乱占耕地建房、制止餐饮浪费、河湖治理等专项监督检查5次，约谈乡镇党委书记和乡（镇）长8名，下发督办件12份，督促整改各类问题24个。研究制定《县纪委监委落实意识形态工作责任制任务清单》，开展选人用人和意识形态工作责任制落实等情况监督检查2次，督促13个党组织对存在问题及时进行整改。围绕县上重大决策事项，对全县重大项目安排、重点工程建设、大宗物资采购和大额资金使用等进行了专项检查，发现并督促整改问题5个，督促23个单位健全完善相关制度37项。

县十七届纪律检查委员会第五次全体会议

【惩治腐败】 制定《泾川县纪委监委信访举报集体评估处置暂行办法》，成立信访举报评估处置领导小组，切实加强信访举报分析研判，提高问题线索质量。建立问题线索专题会议、日常督促办理、审理部门提前介入审核把关三项制度，对问题线索十日一调度、一月一核对、一季一通报，

及时核查、全程管控。2020年，全县纪检监察机关共受理信访举报206件次，处置问题线索249件，立案120件，处分135人，采取组织措施258人。办理职务犯罪案件3起3人，移送检察机关3人，法院已判决2人。扎实开展案件审理，全年审结立案案件135件，其中乡镇纪委案件67件89人，“乡案县审”实现全覆盖。组织开展案件质量评查和处分决定执行情况检查2次，评查重点案件91件，评选优秀案件6件。对165名受处分人员进行了回访教育。扎实开展国有企业突出问题整治，核查发现并督促企业整改问题62条。成立6个纪检监察工作协作组和6个办案协作组，统筹开展审查调查和监督检查工作，严格落实“一案四跟进”要求，扎实推进以案促改，下发纪检（监察）建议书69份，督促整改问题76个，建立完善相关制度11项。组织全县科级以上干部观看警示教育片4部，召开全县领导干部和党员干部警示教育大会2次。

组织业务培训班

【作风建设】深入推进“四察四治”专项行动，结合全县“增强危机创新赶超拼搏意识”专题教育，部署开展“六查一看”活动，督促各单位查摆整改问题190多条。组织开展了“守规矩明底线知敬畏”落实中央八项规定精神自查自纠工作，查纠各类问题44个。扎实开展节假日明察暗访、大操大办婚丧喜庆事宜和“三公经费”监督检查，反馈并督促整改问题40多个。开展了党员干部和公职人员参与网络赌博集中整治，对全县各单位分管财务领导和财务人员560多人进行警示教育，带动各级党组织召开典型案例通报会35场，组织党员干部和公职人员观看网络赌博警示教育片60多场次，开展谈心谈话220多人次，健全财务管理制度30多项。

【扫黑除恶　“惩腐打伞”】建立并落实扫黑除恶专项斗争联席会议、黑恶势力“保护伞”案件会商、日常沟通等七项制度，研究制定《泾川县涉黑涉恶腐败问题及违法犯罪线索双向移送和查办结果反馈暂行办法》，并充分发挥县委反腐败协调小组职能，“惩腐打伞”工作协同性不断增强。按照“一案三查”要求，对已办结的“2恶4霸”案件进行“过筛”评查，未发现新的问题。全力推进黑恶问题线索“清零”行动，坚持每周对办理情况进行汇总通报，主要领导定期进行督促调度。2020年受理的3件“村霸”案件已全部按期办结，处分6人，组织处理15人，所有涉黑涉恶和村霸问题线索全部清零，3件“村霸”案件及时报市纪委评查组进行了评查。持续跟进重点领域和行业乱象整治行动，对整治情况开展监督检查，约谈18人，书面反馈并督促整改问题9条，重点行业领域“挖伞”行动立案4起，处分10人，组织处理31人。开展“以案促建”行动，对已办结的黑恶案件逐一剖析评估，跟踪检查8件纪律检查建议书执行情况，督促职能部门规范执行法规制度，促进长效机制建立。

【保障脱贫攻坚】组织村务监督委员会主任开展扶贫领域交叉检查，组织129名纪检干部对全县335户未脱贫户、365户监测户和704户边缘户进行了全覆盖入户访查，督促整改问题190多个，发现并处置问题线索1件。不定期对贫困村第一书记和驻村帮扶工作队履职情况、帮扶干部责任落实情况进行明察暗访和电话抽查。召开扶贫领域腐败和作风专项治理专责小组会议2次，下发线索移送督办函，督促专责小组成员单位切实履行监管职责，及时向县纪委监委移送问题线索4条，以有力的监督保障脱贫攻坚各项任务有效落实。全年查处扶贫领域问题线索48件，立案23件，给予党纪处分35人、组织处理29人，通报典型案例10件19人。以中央脱贫攻坚专项巡视“回头看”、2019年国家脱贫攻坚成效考核、中纪委督查调研等反馈问题为重点，统筹抓好脱贫攻坚反馈问题整改工作，制定落实整改措施47条，整改自身问题16个，监督整改问题68个，做到了清零见底。

【维护群众利益】扎实开展规范“小微权力”运行行动，全面梳理乡村小微权力3方面13类32项内容，梳理村党支部、村委会、村务监督委员会以及村党支部书记、村委会主任、文书、村务监督委员会主任和委员等责任清单68项，梳理风险防控清单20类47项，分ABC三类逐项明确了风险等级，制定廉政风险防范措施，督促各村完成了小微权力“三单一图”编制和公开公示。持续推行乡镇纪检干部包村“五个真”、村级廉政监督员“四个一”工作要求和村务监督委员会“4567”工作法，确保村“两委”班子严格按照权力清单和流程图行使职权。全年，村务监督委员会、村级廉政监督员向村“两委”反馈意见建议220多条，处理村级信访120多件，向乡镇纪委移送问题线索2件，给予党纪处分1人、组织处理2人。紧盯民生重点领域和惠民项目资金，充分发挥扶贫民生领域监督信息平台作用，更新基础数据33.19万条，导入53类项目资金4.34亿元，清退追缴资金82.78万元，受理办结投诉信件117件，发现并处置问题线索3件，给予党内警告处分6人、诫勉谈话2人。

【纪检监察改革】严格落实双重领导体制和查办腐败案件以上级纪委监委领导为主的要求，先后向市纪委监委汇报重点工作60多次。认真贯彻“四个提名考察办法”，向县委推荐提名并会同县委组织部考察调整乡镇纪委书记8名、县直部门纪检组长11名。切实加强对下级纪检监察组织的领导，对2019年度县乡纪检监察组织履职情况进行全面考核，约谈排名靠后纪检监察组织负责人4名。积极开展派驻机构改革前期调研工作，按期完成了监督监察对象摸底，全县共统计监督对象17018名，监察对象7531名，建立了监督监察对象信息库。围绕破解监督虚化问题，建立了县纪委监委机关内部协调联动、县乡纪检监察组织协同联动等4项工作机制和3项保障措施，为凝聚监督力量、消除监督“死角”、提升监督质效奠定了基础。

【巡察问题整改】对巡视巡察反馈问题整改落实情况开展督查6次，下发督办通知3份，督促各级党组织进一步压紧压实整改责任，对反馈问题逐个销号。至年底，各级巡察反馈的455条问题，已整改453条，对移交的143件问题线索已办结138件。

【自身建设】深入推进纪检监察干部能力素质提升行动，组织纪检监察干部开展政治理论学习50余次，集中对全县140多名纪检监察干部进行全员培训，举办机关干部上讲台活动3次。抽调49名纪检监察干部到市、县纪委监委调训或参加专案组进行跟案锻炼。持续深化“三转”，对乡镇纪委标准化规范化建设和职责履行等情况进行督查，调整乡镇纪检专干28名。

领导班子成员名录

县委常委、县纪委书记、县监委主任 李中尧
纪委副书记、监委副主任 李晓宏
张　刚
常委、监委委员 李劲飞
常委、监委委员、案件监督管理室主任 吴克鹏
纪委常委、第四纪检监察室主任 梁银虎
纪委常委、第五纪检监察室主任 徐普伟
监委委员、第二纪检监察室主任 刘瑞平

监委委员、第六纪检监察室主任 李金红

（供稿：刘 鑫）

巡察工作

【概况】 中共泾川县委巡察工作领导小组办公室成立于2018年6月，简称“县委巡察办”，核定行政编制7名，2020年底实有人员6名。

【制度建设】 制定印发了《中共泾川县委巡察成果运用办法（试行）》《关于建立健全巡察机构与审计机关协作配合机制的意见》《关于推进巡察工作向村（社区）党组织延伸的实施意见》等制度性文件，修订完善了《中共泾川县委巡察工作领导小组会议议事规则（试行）》《中共泾川县委巡察工作领导小组组成人员主要职责》《中共泾川县委巡察工作领导小组办公室工作规则》《中共泾川县委巡察组工作规则》等规则制度，编印《巡察工作规范化制度汇编 》《巡察工作操作指引》300册。

【能力培训】 年内开展培训2场46人次，组织巡察办6名干部参加省市巡视业务培训2期12人次；采取“以干代训”的形式，选派6人次分别参加省、市委两轮巡视巡察工作，为县级巡察工作培养了骨干力量。

【巡察开展】 根据县委工作安排，对全县14个乡（镇）的40个村开展了为期1个月的脱贫攻坚专项巡察工作。张贴发放巡察公告395份，设立固定意见箱40个，召开汇报会31场次，查阅资料3826份，开展个别谈话353人次，入户走访群众477户，受理群众来信来访24件，发现各类问题569条、问题线索37条，梳理意见建议9条，反馈被巡察村问题512条。对县大云文旅集团公司等8户县属国有企业开展了常规巡察，召开动员会议8场次，听取企业汇报8场次，开展个别谈话117人次，发放问卷调查表227份，梳理归纳意见建议13条，查阅资料2118本（薄、册），发现各类问题186条、问题线索6条，反馈被巡察企业党组织边巡边改问题128条。协同县纪委监委、县委组织部组建联合督查组，对被巡察党组织巡察整改情况开展联合督查3次，推动13个被巡察党组织按时完成了反馈问题整改工作。向县纪委、县委组织部移送巡察反馈意见等巡察资料27份，通报巡察发现问题293条，向县纪委监委移交问题线索43件，向相关职能部门转交巡察意见建议26条。

县委第七轮巡察动员会

【巡察宣传】 年内向市委巡察办报送工作信息33条、典型案例3件，在省级媒体刊发信息3篇，市级媒体刊发信息12篇，在省市县网络媒体发布工作动态78条。

领导班子成员名录

主　任　袁小林

副主任　张宏伟

巡察专员　胡玉娟（女）

（供稿：任金龙）

泾川县人民代表大会常务委员会

综　述

2020年，县人大常委会坚持以习近平新时代中国特色社会主义思想为指导，全面贯彻党的十九大和十九届二中、三中、四中、五中全会精神，深入落实习近平总书记关于坚持和完善人民代表大会制度的重要思想及对甘肃重要讲话和指示精神，坚持党的领导、人民当家作主、依法治国有机统一，紧紧围绕全县改革发展稳定大局，提高政治站位，突出重点任务，依法履行职权，扎实推进“四化四迈进”规范化建设，圆满完成了县十八届人大五次会议确定的各项目标任务，为推动建设绿色开放幸福美好新泾川做出了应有贡献。

重要会议

【人民代表大会】 1月3日—6日，泾川县第十八届人民代表大会第五次会议在泾州宾馆隆重召开。本次大会应出席代表177人，实际到会代表171人。会议听取和审议了泾川县人民政府工作报告；审议了泾川县2019年国民经济和社会发展计划执行情况及2020年国民经济和社会发展计划草案的报告（书面），审查和批准了2019年国民经济和社会发展计划执行情况的报告及2020年国民经济和社会发展计划；审议了泾川县2019年财政预算执行情况和2020年财政预算草案的报告（书面），审查和批准了2019年财政预算执行情况的报告和2020年县级预算；听取和审议了泾川县人大常委会工作报告；听取和审议了泾川县人民法院工作报告；听取和审议了泾川县人民检察院工作报告。会议以无记名投票方式选举李卫东为泾川县人大常委会主任，李中尧为泾川县监察委员会主任，刘宏鹏、吕保郎为县十八届人大常委会委员。新当选的县人大常委会主任、委员和县监察委员会主任面向国旗，手捧宪法进行了宣誓。会议表决通过了大会议案审查委员会主任委员裴琰所做的关于议案审查情况的报告；表决通过了政

府、计划、财政、人大、法院、检察院工作报告；表决通过了关于泾川县2019年“人民最满意的惠民实事”的决定草案。

【人大常委会会议】2月27日，县十八届人大常委会召开第三十次会议。会议传达学习了省十三届人大三次会议、市四届人大四次会议精神，审议通过了常委会2020年工作要点，听取和审议了县政府关于2019年全县环境保护工作重点任务完成情况的报告，并做出了决议。县人大常委会主任李卫东主持会议并讲话，县人大常委会副主任赵晓春、裴琰、刘潇甫和委员共26人出席会议。县委常委、常务副县长崔飞，县法院院长冯乃元、县检察院检察长苏亚君列席会议。崔飞就做好环保工作做了表态讲话，指出了工作中存在的不足，并提出了切实可行的整改措施。

3月29日，县十八届人大常委会召开第三十一次会议。会议以无记名投票的方式，任命袁晓宁为县人大常委会法制工作委员会主任、赵建杰为县人大常委会科教文卫工作委员会主任、李爱贵为县人大常委会农业与资源环境工作委员会主任、盖宗良为县人大常委会财经工作委员会主任，决定任命李杰为县扶贫开发办公室主任、张静平为县应急管理局局长。会议举行了宪法宣誓仪式，新任命人员做了表态发言。会议由县人大常委会主任李卫东主持，县人大常委会副主任赵晓春、康君、裴琰、刘潇甫和委员共25人出席会议。县政府副县长吕忠武，县法院、检察院、监察委员会负责人列席会议。县委组织部常务副部长应邀参加会议。

4月30日，县十八届人大常委会召开第三十二次会议。会议听取和审议了县人民政府关于2020年全县财政收支预算（草案）及部分指标变更情况的报告和县人大财经委员会的审查报告，依法做出了《关于批准2020年全县财政收支预算（草案）及部分指标变更情况的决定》；听取和审议了“一府两院”关于2019年常委会会议提出的10项32条审议意见落实情况的报告及相关工委的审查报告，并对10项报告进行了满意度测评；听取和审议了县人民政府关于新冠肺炎疫情防控工作情况的报告和县人大常委会科教文卫工委的审查报告，审议做出了《泾川县人大常委会关于依法防控新冠肺炎疫情切实保障人民群众生命健康安全的决议》；进行了人事任免，举行了宪法宣誓仪式。县人大常委会主任李卫东主持会议并讲话，副主任赵晓春、康君、裴琰和委员共25人出席会议。县委常委、常务副县长崔飞，县法院院长冯乃元、县检察院检察长苏亚君列席会议，县委组织部常务副部长应邀参加会议。崔飞围绕会议议题做了表态发言。

6月29日，县十八届人大常委会召开第三十三次会议。会议传达学习了十三届全国人大三次会议、市委人大工作会议精神；听取和审议了县人民政府关于泾川县2019年度县级财政决算（草案）的报告、关于2019年度县级预算执行和其他财政收支的审计工作报告、关于将泾川县2020—2023年乡镇生活垃圾收运处理项目政府购买服务费用纳入财政预算的报告和财经工委的审查报告，审查批准了泾川县2019年县级财政决算和将泾川县2020—2023年乡镇生活垃圾收运处理项目政府购买服务费用纳入财政预算的决议；听取和审议了全县牛果菜产业提质增效调研、养老服务体系建设视察、《传染病防治法》执法检查报告；依法进行了人事免职事项。县人大常委会主任李卫东主持会议并讲话，副主任赵晓春、康君、裴琰、刘潇甫和委员共24人出席会议。县委常委、常务副县长崔飞，县法院院长冯乃元列席会议，县委组织部常务副部长应邀参加会议。崔飞围绕会议议题做了表态发言。

9月4日，县十八届人大常委会召开第三十四次会议。会议听取和审议了县人民政府关于2020年上半年计划执行、脱贫攻坚和县法院重点工作、检察院公益诉讼检察工作情况的报告，审议了县人大常委会相关工委的审查报告，对法院工作、检察院公益诉讼检察工作进行了专题询问，做出了相关决定；审议通过了《泾川县人大预算审查联系代表工作办法》《泾川县人民代表大会常务委员会组成人员守则》《泾川县人民代表大会代表履职登记办法》《泾川县人民代表大会常务委员会人事任免办法》；审议通过了辞职事项；进行了人事任免及其他事项。会议以无记名投票的方式，决定任命徐爱平、白亚军为县人民政府副县长，新任命人员做了表态发言。县人大常委会主任李卫东主持会议并讲话，副主任赵晓春、康君、裴琰、刘潇甫和委员共26人出席会议。县委常委、县政府副县长袁志兴，县法院院长冯乃元，县检察院检察长苏亚君列席会议，县委组织部分管日常工作的副部长应邀参加会议。袁志兴围绕会议议题做了表态发言。

10月27日，县十八届人大常委会召开第三十五次会议。会议听取和审议了县人民政府关于县十八届人大五次会议议案建议及惠民实事办理落实、“七五”普法规划实施、企业国有资产管理、乡村文化事业发展、2020年债券和抗疫特别国债及重大支出事项资金安排使用计划情况的报告，审议了县人大常委会相关工委的审查报告，做出了相关决议；听取和审议了全县乡村文化事业发展视察情况报告；依法进行了人事任免事项。会议以无记名投票的方式，决定任命巫廷举为县司法局局长、孙柏川为县工业和信息化局局长，新任命人员做了表态发言。县人大常委会副主任康君、裴琰、刘潇甫和委员共21人出席会议。县政府副县长杨宏，县法院院长冯乃元，县检察院检察长苏亚君列席会议，县委组织部分管日常工作的副部长应邀参加会议。杨宏围绕会议议题做了表态发言。

12月16日，县十八届人大常委会召开第三十六次会议。县人大常委会主任李卫东主持第二次全体会议并讲话。会议听取和审议了县人民政府关于“十三五”经济社会发展和“十四五”规划编制进展情况的报告及县人大常委会财经工委的审查报告；听取和审议了县人民政府关于牛果菜产业提质增效、新冠肺炎疫情防控、实施《传染病防治法》、养老服务体系建设4项审议意见办理落实情况的报告和相关工委的审查报告，并进行了满意度测评；审议通过了辞职事项；进行了人事任免及其他事项。会议以无记名投票的方式，决定任命李小宁为县公安局局长，新任命人员做了表态发言。县人大常委会副主任赵晓春、康君、裴琰、刘潇甫和委员共23人出席会议。康君主持第一次全体会议。县委常委、县政府常务副县长崔飞，县法院院长冯乃元，县检察院检察长苏亚君列席会议，县委组织部分管日常工作的副部长应邀参加会议。崔飞围绕会议议题做了表态发言。

12月25日，县十八届人大常委会召开第三十七次会议。会议决定，泾川县第十八届人民代表大会第六次会议于2021年1月召开；会议审议通过了县人大常委会关于接受部分市四届人大代表、县十八届人大代表辞职请求的决定；听取了关于2020年“人民最满意的惠民实事”评选情况的报告，审议通过了县人大常委会关于提请县十八届人大六次会议审议2020年“人民最满意的惠民实事”的决定；进行了其他事项。县人大常委会主任李卫东主持会议。副主任赵晓春、康君、裴琰和委员共21人出席会议。

常委会工作

【概况】县十八届人民代表大会设财政经济、法制、社会建设3个专门委员会。县十八届人大常委会有组成人员27人（专职委员19人，兼职委员8人），机关内设“两室六委”，即办公室、信访室，人事与代表、法制、社会建设、财政经济、教科文卫、农业与资源环境6个工作委员会。核定县人大机关行政编制20名、工勤编制4名，有干部职工36人。

【政务工作】认真遵循习近平总书记关于坚持和完善人民代表大会制度的重要思想和对地方人大及其常委会工作的重要指示精神，全面落实省市县委人大工作会议各项部署要求，进一步优化工作思路，创新工作方法，提出了“推动党的领导制度化由谋经常向争主动迈进，推动自身建设标准化由抓硬件向强软件迈进，推动代表活动经常化由创特色向看作用迈进，推动履职行为规范化由重程序向求实效迈进”的“四化四迈进”规范化履职新模式，对县乡人大坚持党的领导、提高监督实效、发挥代表作用、加强自身建设等进行全面规范，有效提升了县乡人大工作水平，进一步形成了党委高度重视、人大主动作为、各方有力支持的良好工作格局。全年共组织召开常委会会议8次，听取审议“一府两院”工作报告34项，开展专题询问3次、执法检查5次、调研视察10次，做出决议决定7件，任免国家机关工作人员28人，补选出缺县人大代表18人，各项工作取得了新进展新成效，全面完成了县十八届人大四次会议确定的各项工作任务。

常委会议

【政治建设】旗帜鲜明坚持党的领导这个重大政治原则，围绕坚定正确政治方向，着力推动党的领导制度化由谋经常向争主动迈进，始终把人大工作放在县委整体工作布局中来谋划，放在全县发展大局中来推动，在县委领导下统筹安排和有序推进监督、重大事项决定、人事任免、代表履职和自身建设等各项工作，确保工作重点和举措与全县大局同向同步。扎实开展调查研究，协助县委召开人大工作会议，出台《中共泾川县委关于加强新时代人大工作的意见》，从加强和改进党对人大工作领导、支持和保证人大依法行使职权、发挥人大代表主体作用和加强履职活动建设等方面做出部署要求，形成了上下重视、聚力推动的工作局面。严守党的政治纪律和政治规矩，坚持和完善请示报告制度，先后13次向县委请示报告贯彻县委部署的重要情况、履职中的重大事项和重要问题，把党的领导贯穿人大工作全过程各方面。

【依法监督】按照相关法律规定，听取和审议了县政府关于2019年度县级财政预算执行及其他财政收支情况的审计工作报告和2020年财政收支预算草案、2019年债券资金使用调整及2020年债券资金安排使用计划，审查批准了2019年县级财政决算和2020年国民经济和社会发展计划部分指标调整方案。对全县牛果菜产业提质增效、养老服务体系建设、乡村文化事业发展、特色农业产业发展、预算绩效管理、重大项目、巩固脱贫攻坚成果建立长效机制、招商引资等工作开展专题调研、视察，针对存在问题提出了改进建议。先后对《传染病防治法》、《野生动物保护法》、老年人权益保障 “一法一条例”、《土壤污染防治法》及全国、省市人大相关决定和《平凉市烟花爆竹燃放管理规定》等5部法律法规开展执法检查，推动相关法律法规的正确实施。印发《关于充分发挥人大职能作用助力打赢疫情防控阻击战的通知》，编印疫情防控法律法规汇编，听取审议县政府关于疫情防控工作情况的报告，做出了《关于依法防控新冠肺炎疫情切实保障人民群众生命健康安全的决议》，支持和督促“一府两院”依法实施疫情防控及应急处置措施，推动严格执行相关法律法规，加大对危害疫情防控行为执法司法的支持力度，有效发挥了法治在疫情防控中的引领、规范和保障作用。把做好信访工作作为倾听民声、为民解忧的重要内容，办理群众来信来访65件次，依法及时解决了群众合理诉求。

【代表工作】加强同人大代表的联系，健全完善常委会组成人员联系县人大代表、代表联系选区选民和开展代表向选民述职的“两联一述”制度。一年来，常委会组成人员共开展联系走访活动92人次，320多名县乡人大代表开展联系活动662人次，189名县乡人大代表向选区选民述职，接受评议。对县乡人大代表进行集中培训，促使各级人大代表做到 “五不五主动”，即不退缩、主动争取空间，不缺位、主动履行职责，不懈怠、主动开展工作，不封闭、主动联系沟通，不浮躁、主动提升绩效，实现“五会一提升”，即会审议、会提建议、会调研、会述职、会活动，有效提升代表履职能力。深化代表联系群众活动，积极引导人大代表当好助力脱贫攻坚的“四大员”，即汇集民意，当好信息传递员，强化宣传，当好政策宣传员，排忧解难，当好问题破解员，跟踪问效，当好人民监督员。积极搭建代表履职平台，制定《关于加强“人大代表之家”规范化建设的指导意见》，明确了“六个规范”“十有三公开”建设标准和目标要求，按照一规范二培训三活动四督导五考评“五步工作法”，部署开展乡镇（城市社区）“人大代表之家”提档升级工作。一年来，各代表之家共组织开展学习培训182次，走访选民321人次，组织代表参与各类视察调研297人次，开展接待选民活动468人次。不断创新代表活动形式，制定印发《关于组建专业型代表小组并组织开展活动的意见》，共组建牛果菜、医疗卫生、文化宣传、乡村治理等专业型代表小组76个，全县四级人大代表在代表小组登记报到率达到94%，各代表小组共组织开展培训、宣讲、义诊、走访等活动174次。研究制定《泾川县人大代表接待选民活动实施办法（试行）》，确定每月15日为选民接待日，全县共有179位人大代表参与接待选民活动。切实办好代表议案建议，健全完善常委会集体督办、主任副主任领衔督办、相关工委跟踪督办、人大代表参与督办、政府领导班子成员挂牌督办、部门联合督办的“六办”机制，加强对代表意见建议的办理。县十八届人大五次会议所列2件议案和24件代表建议，已经办结24件，占92.3%。完善代表履职约束机制，围绕代表履职“六不少”量化标准，督促县人大代表在人代会上审议发言达到3次以上，参加履职活动434人次，提出意见建议42条，参加履职培训122人次，为原选举单位和群众办好事实事31件，充分调动了代表履职积极性。

县人大常委会督办代表建议

【自身建设】常委会主动适应新时代民主法治建设需要，完善工作制度，规范日常管理，不断提升履职能力和工作水平，切实以自身建设新成效推动人大工作新发展。着力提高履职能力，坚持把加强学习作为依法履职的基本功，严格落实党组理论学习中心组学习制度，先后12次召开常委会党组理论学习中心组会议进行理论宣讲、集体学习和专题研讨，组织法律法规、业务知识集体学习16次，常委会组成人员及机关干部的政治素质、法律素养和业务能力得到进一步提升。部署开展“增强危机创新赶超拼搏意识”专题教育活动，引导机关党员干部把专题教育焕发出来的热情转化为攻坚克难、干事创业的实际成果。持续推进作风转变。结合实际探索改进常委会会议各环节工作，综合运用印发会议预通知、提前提供会议材料、会前围绕议题集中学习、适当增加会议时间、会议分组审议、组成人员逐人发言、列席人员重点发言等措施，进一步增强了会议审议的针对性和实效性。有效凝聚工作合力。注重加强与省市人大常委会的日常联系，自觉接受法律监督和业务指导，配合开展各类调研、视察、执法检查活动，共完成联合调研、委托调研10项。加强对乡镇人大的联系指导，推动基层人大规范化建设。举办县乡人大干部履职能力提升培训班，优化工作理念，提升履职能力。

【人大宣传】始终坚持正确的政治方向和舆论导向，深入宣传县乡人大学习贯彻习近平新时代中国特色社会主义思想、坚持和完善人民代表大会制度、贯彻实施宪法和推进民主法治建设、人大及其常委会依法履职的生动实践，推动国家根本政治制度深入人心。持续加强人大宣传工作，不断创新人大新闻舆论宣传方式，切实管理维护好人大网站、“泾川人大”微信公众号、“人大代表履职交流群”等新媒体平台，在门户网站、人大网站、微信公众平台等媒体推送工作动态140余条，向省市各级各类媒体投稿60余篇，市级以上刊物刊登新闻稿件35篇，制作了“不负人民重托”专题片——泾川县2020年工作综述，整体工作走在了全市前列。

领导班子成员名录

主　任　李卫东
副主任　赵晓春
　　　　康　君
　　　　裴　琰（女）
　　　　刘潇甫

办公室

主　任　尚志龙
副主任　脱宏伟
　　　　宫鑫荣（3月任）

人事与代表工作委员会

主　任　李建平

法制工作委员会

主　任　史金贵（3月离任）
　　　　袁晓宁（3月任）
副主任　刘永强

社会建设委员会

主　任　李存林
副主任　李云华

财政经济工作委员会

主　任　刘存锁
副主任　刘小军

教科文卫工作委员会

主　任　杨锁明（3月离任）
　　　　赵建杰（3月任）
副主任　肖福民

农业与资源环境工作委员会

主　任　胡斌宏（3月离任）
　　　　李爱贵（3月任）
副主任　何喜贵

信访办公室

主　任　袁锁林

（供稿：吴黎明）

泾川县人民政府

综　述

2020年，县人民政府坚持以习近平新时代中国特色社会主义思想为指导，深入贯彻党的十九大和十九届二中、三中、四中、五中全会精神，认真落实习近平总书记对甘肃重要讲话和指示精神，统筹推进疫情防控和经济社会发展，扎实做好“六稳”工作，全面落实“六保”任务，全县经济社会发展成效明显。全年完成地区生产总值40.36亿元，同比增长3.4%；固定资产投资13.24亿元，同比增长0.12%；城镇居民人均可支配收入28341.3元，同比增长4.4%；农村居民人均可支配收入11286.8元，同比增长7.7%。

重要决策

【开展全县第七次全国人口普查】为认真做好我县第七次全国人口普查的宣传动员和组织实施工作，2月14日，县政府印发《关于做好全县第七次全国人口普查工作的通知》，明确普查对象、普查内容、普查标准时点和组织实施机构。

【公布宋龙兴寺佛教遗址为县级文物保护单位】泾川宋龙兴寺佛教遗址位于我县大云寺东侧，2013年至2019年甘肃省文物考古研究所对该遗址进行抢救性清理发掘，发现佛教造像窖藏坑、地宫、灰坑等遗迹，出土舍利及佛教造像、陶棺、铭文砖等文物。按照《中华人民共和国文物保护法》《中华人民共和国文物保护法实施条例》《甘肃省文物安全管理办法》《甘肃省文物保护单位保护范围和建设控制地带划定办法（试行）》等相关法律法规，经2020年1月9日县政府常务会议研究，同意将该遗址确定为县级文物保护单位。3月11日，县政府印发《关于公布宋代龙兴寺佛教遗址为县级文物保护单位的通知》，明确保护范围、建设控制地带及安全管理责任单位。

【下达2020年全县财政收支预算】经县政府常务会议、县委常委会会议讨论，并提请县人大常委会会议审议通过，4月30日，县政府印发《关于下达2020年全县财政收支预算的通知》，明确2020年全县财政收支预算目标和主要措施。

【全县自然资源统一确权登记】为贯彻落实党中央、国务院关于生态文明建设的决策部署，建立自然资源统一确权登记制度，确保全县自然资源统一确权登记工作顺利推进，根据《自然资源部财政部生态环境部水利部国家林草局关于印发〈自然资源统一确权登记暂行办法〉的通知》（自然资发〔2019〕116号）、《甘肃省人民政府关于印发甘肃省自然资源统一确权登记总体工作方案的通知》（甘政发〔2020〕8号）及《平凉市人民政府关于印发平凉市自然资源统一确权登记工作方案的通知》（平政发〔2020〕38号）精神，9月29日，县政府结合我县实际，印发《泾川县自然资源统一确权登记工作方案》，明确全县自然资源统一确权登记的总体要求、主要任务、时间安排、职责分工、保障措施。

【全县2020年脱贫人口认定结果】根据《甘肃省精准脱贫验收标准及认定程序》（甘办发〔2018〕50号）和《甘肃省2020年度贫困退出验收和脱贫成果全面检视工作方案》精神，通过乡村初验、县级验收认定、市级抽查验收和省级行业数据比对核查，经县政府研究，同意晁有贵等329户967人贫困人口2020年度脱贫。

【配套城镇小区幼儿园建设】为扩大城镇学前教育资源，解决城镇“入园难”，特别是“入公办园难”的问题，在“幼有所育”上取得新进展，满足人民群众对优质学前教育资源需求，按照中共中央、国务院《关于学前教育深化改革规范发展的若干意见》、省市《关于学前教育深化改革规范发展的实施意见》精神和国家、省市关于城镇小区配套幼儿园治理及规划建设、管理使用的有关文件规定，县政府结合我县实际，研究制定《关于城镇小区配套幼儿园规划建设管理使用的实施意见》，明确城镇小区配套幼儿园总体要求、标准原则、工作任务和保障措施。

【全县扶贫资产管理办法】为切实做好扶贫资产管理，提升扶贫资产运营效益，保护扶贫资产所有者、经营者和受益者合法权益，规范扶贫项目收益分配，完善扶贫资产监管机制，防止资产闲置和资源浪费，建立健全长效稳定的带贫减贫机制，不断巩固提升脱贫攻坚成果，确保扶贫资产保值增值、持续发挥效益。根据《甘肃省脱贫攻坚领导小组办公室关于加强扶贫资产管理工作的通知》精神，县政府结合全县脱贫攻坚工作实际，印发《泾川县扶贫资产管理办法（试行）》，明确通过对全县行政区域内各类扶贫资金投入形成的扶贫资产开展清查、确权、登记、运营、管理，建立产权明晰、权责明确、经营规范、效益明显、管理到位的扶贫资产管理体制和运行机制。

重要会议

2020年，召开县政府全体会议1次，县政府廉政工作会议1次，县政府常务会议16次。

【县政府全体会议】12月31日，县委副书记、县长王廷佐主持召开县政府全体会议，讨论审议《泾川县国民经济和社会发展第十四个五年规划和二〇三五年远景目标纲要》《政府工作报告》《关于2020年全县国民经济和社会发展计划执行情况及2021年发展计划（草案）的报告》《关于2020年全县财政预算执行情况及2021年财政预算（草案）的报告》。县委常委、副县长袁志兴，县政府副县长徐爱平，县政府党组成员李小宁出席会议。县政府组成部门、直属事业单位、部分驻泾单位主要负责人，各乡（镇）乡（镇）长、城市社区管委会主任参加会议。

【县政府廉政工作会议】9月28日，县政府召开廉政工作会暨集体约谈会议，学习传达贯彻国务院及省、市政府廉政工作会议精神，安排部署全县政府系统廉政工作。县委副书记、县长王廷佐出席会议并讲话，县委常委、常务副县长崔飞主持会议，副县长徐爱平、杨宏出席会议。县政府工作部门、直属事业单位、部分驻泾单位主要负责人，各乡（镇）乡（镇）长、城市社区管委会主任参加会议。

【县政府常务会议】 1月9日，县委副书记、县长王廷佐主持召开县政府常务会议。会议传达学习省委十三届十一次全体会议暨省委经济工作会议、市委四届九次全体会议暨市委经济工作会议精神，研究贯彻落实意见；审定泾川温泉小镇开发建设有关事项、泾川文化旅游标识、确定泾川宋代龙兴寺佛教遗址为县级文物保护单位的意见及泾川县2020年第一批财政专项扶贫资金项目计划、2020年第一批基建项目等；研究其他事项。县委常委、常务副县长崔飞，副县长吕忠武、杨芳、杨宏出席会议。

2月10日，县委副书记、县长王廷佐主持召开县政府常务会议。会议传达学习习近平总书记、李克强总理、郭声琨书记对信访工作批示及省、市信访局长视频会议精神，省十三届人大四次会议、市四届人大五次会议和省市《政府工作报告》精神，全省全面强化生态环境问题排查整治工作推进电视电话会议、全市经济运行分析和项目建设调度会议精神，研究贯彻落实意见；听取全县信访工作汇报、1—2月份全县经济运行和项目建设工作汇报，审议县级领导接访下访、集中治理重复信访化解信访积案领导包案意见；调度安排一季度“开门红”有关工作；研究其他事项。县委常委、常务副县长崔飞，副县长吕忠武、杨芳、杨宏出席会议。

2月21日，县委副书记、县长王廷佐主持召开县政府常务会议。会议审议2019年度乡镇、县直部门、驻泾单位工作绩效综合考核情况；审定2019年度县政府目标管理责任书考核结果、2019年度县人大代表议案建议政协委员提案办理工作考核结果、2019年度全县各类先进评选结果及奖励意见；研究其他事项。县委常委、常务副县长崔飞，副县长吕忠武、杨芳、杨宏出席会议。

3月17日，县委副书记、县长王廷佐主持召开县政府常务会议。会议传达学习中共中央政治局常委会会议、国务院常务会议，省委常委会会议、省政府常务会议，全省扫黑除恶专项斗争视频会议暨领导小组第12次会议、全市扫黑除恶专项斗争视频会议暨领导小组第11次会议，全市民宗委委员全体会议、全市民宗局长会议及中央、省市清理拖欠民营企业中小企业账款有关精神，研究贯彻落实意见；研究审定《泾川县国土空间总体规划（2020—2035）编制实施方案》及研究专题；审定《泾川县黄河流域林草生态扶贫建设项目实施方案》《泾川县全域旅游发展规划（2019—2025）》及2020年第二批基建项目；研究其他事项。县委常委、常务副县长崔飞，县委常委、副县长袁志兴，副县长吕忠武、杨芳、杨宏出席会议。

3月27日，县委副书记、县长王廷佐主持召开县政府常务会议。会议传达学习市委主要领导在泾川督查调研座谈会上的讲话精神，研究贯彻落实意见；分析调度一季度经济运行情况；研究其他事项，县委常委、常务副县长崔飞，县委常委、副县长袁志兴，副县长吕忠武、杨宏出席会议。

4月16日，县委副书记、县长王廷佐主持召开县政府常务会议。会议传达学习中央脱贫攻坚约谈会议、省市脱贫攻坚专项巡视工作动员会议精神，《中共甘肃省委办公厅甘肃省人民政府办公厅关于开展农村乱占耕地建房问题专项整治扎实做好耕地保护与土地开发利用工作的通知》精神，习近平总书记关于安全生产工作重要指示、李克强总理批示及省委、省政府主要领导批示精神，研究部署中央脱贫攻坚专项巡视“回头看”和2019年度国家脱贫攻坚成效考核反馈问题及中纪委调研七省区反馈问题整改工作及贯彻落实意见；

审定财政专项扶贫资金及财政涉农资金项目计划、2020年第三批基建项目；审议《关于建设质量强县的实施意见》《2020年县级财政收支预算方案（草案）》；研究审议泾川工业集中区中小企业孵化园项目相关事宜；研究其他事项。县委常委、常务副县长崔飞，副县长吕忠武、杨芳、杨宏出席会议。

5月18日，县委副书记、县长王廷佐主持召开县政府常务会议。会议传达学习习近平生态文明思想和习近平总书记关于自然资源资产审计工作重要论述精神，省委办公厅、省政府办公厅《关于印发“六保”工作方案的通知》精神，省委办公厅、省政府办公厅《关于切实做好中央生态环境保护督察反馈问题整改工作的通知》《中央生态环境保护督察整改任务清单》，全国全省全市公安工作会议精神，研究贯彻落实意见；审定关于解决“十三五”易地扶贫搬迁有关问题的意见、2020年第四批基建项目、泾川县区域生态环境评价“三线一单”编制工作修改意见、《关于进一步支持5G通信网建设发展的实施方案》《关于贫困劳动力就近就地务工奖补的实施意见》；听取审计反馈问题整改情况汇报、全县食品安全监管工作情况汇报，研究部署下一阶段工作；研究其他事项。县委常委、常务副县长崔飞，副县长吕忠武、杨芳出席会议。

6月4日，县委副书记、县长王廷佐主持召开县政府常务会议。会议传达学习全国“两会”精神，研究贯彻落实意见；听取“六稳”“六保”政策措施落实、全县扫黑除恶专项斗争、脱贫攻坚工作进展情况汇报，研究部署下一阶段工作；审定泾川县2020年统筹整合使用财政涉农资金项目调整计划、《泾川县促进消费扩大内需实施方案》《泾川县推进国有企业退休人员社会化管理实施方案》、泾川县2020年农村人居环境整治项目计划，研究其他事项。县委常委、常务副县长崔飞，县委常委、副县长袁志兴，副县长吕忠武、杨宏出席会议。

7月17日，县委副书记、县长王廷佐主持召开县政府常务会议。会议传达学习习近平总书记在中央政治局第二十次集体学习时的重要讲话精神和《中华人民共和国民法典》，中办、国办《关于深化统计管理体制改革提高统计数据真实性的意见》《统计违纪违法责任人处分处理建议办法》《防范和惩治统计造假、弄虚作假督察工作规定》，习近平总书记、李克强总理关于防汛救灾工作的重要指示批示，全省重点地区防汛视频调度会议及市委、市政府主要领导关于防汛和山洪地质灾害防御工作的批示精神；听取全县“七五”普法工作汇报、上半年安全生产防灾减灾工作情况汇报，研究部署下一步工作；审议《关于进一步深化改革加强食品安全工作的实施意见》《泾川县红十字会改革方案》《泾川县国家教育考试突发事件应急预案》《泾川县牛产业发展规划（2019—2023）》；研究审定泾川县中小企业孵化园项目扶持政策的意见、2020年第五批基建项目；研究其他事项。县委常委、常务副县长崔飞，副县长吕忠武、杨芳出席会议。

8月26日，县委副书记、县长王廷佐主持召开县政府常务会议。会议传达学习《中华人民共和国环境保护法》《甘肃省环境保护条例》，研究贯彻落实意见。县委常委、常务副县长崔飞，副县长吕忠武、杨芳出席会议。

8月31日，县委副书记、县长王廷佐主持召开县政府常务会议。会议传达学习习近平总书记关于制止餐饮浪费行为的重要指示精神、习近平总书记关于山东省合村并居有关问题重要批示精神、唐仁健省长在《习近平总书记在中央农办、中央改革办呈报的〈关于山东省合村并居问题的调查报告〉上的批示》上的批示精神，习近平总书记关于“十四五”规划编制工作的重要指示精神、市政府第52次常务会议精神，《中共中央、国务院转发〈国家发改委关于上半年经济形势和做好下半年经济工作的建议〉的通知》和全省经济工作“补欠账、保目标”调度电视电话会议精神，省委办公厅、省政府办公厅《关于落实过紧日子要求进一步严格财政支出管理的通知》精神，研究贯彻落实意见；听取全县“十四五”规划编制情况汇报，分析全县经济运行情况，调度部署“补欠账、保目标”工作；审定2020年第六批基建项目、《泾川县城区供热专项规划（2020—2030）》；审议关于推荐平凉市第七次民族团结进步表彰大会泾川县模范集体和模范个人的意见、关于表彰全县卫生健康工作先进集体和先进个人的意见；研究其他事项。县委常委、副县长袁志兴，副县长杨宏出席会议。

9月15日，县委副书记、县长王廷佐主持召开县政府常务会议。会议传达学习习近平总书记关于耕地保护的重要指示精神，全国农村乱占耕地建房问题整治工作电视电话会议和省市领导批示精神，听取全县农村乱占耕地建房问题专项整治情况汇报，研究部署下一步工作；研究其他事项。县委常委、常务副县长崔飞，副县长白亚军出席会议。

9月29日，县委副书记、县长王廷佐主持召开县政府常务会议。会议传达学习市委经济形势分析调度会议和全市生态环境保护重点工作推进会议精神，研究部署“四季度保目标”和生态环境保护具体工作；审定2020年第七批基建项目、《泾川县突发环境事件应急预案》《泾川县2020年第九批统筹整合财政涉农资金项目计划》《泾川县电商补短板项目工作实施方案》、关于2020年省级考录“三支一扶”人员安置工作的意见、《泾川县2020年招募高校毕业生从事支教支农支医支企工作方案》；研究其他事项。县委常委、常务副县长崔飞，副县长徐爱平、杨宏出席会议。

11月4日，县委副书记、县长王廷佐主持召开县政府常务会议。会议传达学习党的十九届五中全会精神、习近平总书记在黄河流域生态保护和高质量发展座谈会上的讲话精神、《中国共产党政法工作条例》、全省耕地保护与土地开发利用工作领导小组扩大会议精神、全市突出生态环境问题整改工作推进会议精神、全市扫黑除恶专项斗争领导小组第12次会议精神，研究贯彻落实意见；听取全县禁毒工作和道路交通安全工作汇报，研究部署下一阶段重点任务；讨论审定关于对乡镇现有生活垃圾收集转运处理设施进行租赁的意见、国有用地棚户区改造户限价商品房选购方案、基层国土所资产和业务移交有关事项；研究其他事项。县委常委、常务副县长崔飞，县委常委、副县长袁志兴，副县长徐爱平出席会议。

12月9日，县委副书记、县长王廷佐主持召开县政府常务会议。会议组织学习习近平生态文明思想，传达学习胡春华同志在平凉调研时的指示精神、市委审计委员会第四次会议精神和市委审计委员会《关于深入推进审计全覆盖的实施意见》《关于进一步加强审计整改工作的意见》精神，研究贯彻落实意见；听取全县食品安全监管、东西部扶贫协作、水土保持工作汇报，安排部署下一阶段重点任务；研究审议《泾川县贯彻落实中央生态环境保护督察反馈问题整改方案》、县委审计委员会《关于深入推进审计全覆盖的实施意见》《关于进一步加强审计整改工作的意见》和《泾川县推进国有企业公司制改革工作方案》；讨论审定《泾川县扶贫资产管理办法（试行）》《泾川县高考综合改革工作推进实施方案（2020—2024）》、2020年困难群众基本生活救助补助省级结余资金安排意见等；研究其他事项。县委常委、常务副县长崔飞，副县长徐爱平、白亚军出席会议。

12月30日，县委副书记、县长王廷佐主持召开县政府常务会议。会议传达学习省委副书记、代省长任振鹤调研平凉工作时的指示和《中共中央关于制定国民经济和社会发展第十四个五年规划和二〇三五年远景目标的建议》精神；研究审议《泾川县国民经济和社会发展第十四个五年规划和二〇三五年远景目标纲要（审议稿）》《政府工作报告（审议稿）》《关于2020年全县国民经济和社会发展计划执行情况及2021年发展计划（草案）的报告（审议稿）》《关于2020年全县财政预算执行情况及2021年财政预算（草案）的报告（审议稿）》；听取全县新冠肺炎疫情防控工作进展和中央生态环境保护督察反馈问题整改情况汇报，研究部署下一阶段重点任务；讨论审定2020年第八批基建项目、《泾川县农村生活污水治理专项规划（2020—2030）》《泾川县集中式饮用水水源地突发环境事件应急预案》《泾川县辐射事故应急预案》等；研究其他事项。县委常委、副县长袁志兴，副县长徐爱平、白亚军，县政府党组成员、县公安局局长李小宁出席会议。

领导班子成员名录

县委副书记、县长　　王廷佐
县委常委、常务副县长
　　崔　飞
县委常委、副县长　　袁志兴（挂职）
副县长　　吕忠武（9月离任）
　　杨　芳（女，9月离任）
　　杨　宏（11月离任）
　　徐爱平（女，9月任）
　　白亚军（9月任）

（供稿：刘　涛）

政府办公室

【概况】 泾川县人民政府办公室（县委外事工作委员会办公室、县政府外事办公室）内设县政府研究室、县政府督查室、县政府总值班室、秘书股、信息股、机要文档股、建议提案股、政务服务股、综合股9个股室。下属县政府决策咨询服务中心、县政府金融信息服务中心2个事业单位。核定机关行政编制21名，事业编制19名，工勤编制15名。

【政治建设】 始终把旗帜鲜明讲政治作为办公室工作的立身之本，深入贯彻落实全面从严治党要求，紧盯政治建设，聚焦主责主业，主动担当作为，推进“两学一做”学习教育常态化制度化，不断巩固“不忘初心、牢记使命”主题教育成果，扎实开展“增强危机创新赶超拼搏意识”专题教育活动，引导办公室机关带头讲政治，增强“四个意识”、坚定“四个自信”、做到“两个维护”，在政治立场、政治方向、政治原则、政治道路上始终同以习近平同志为核心的党中央保持高度一致。深入开展“作风纪律整顿、能力素质提升”主题教育和“迎七一·强党性·转作风·促发展”系列活动，举办“迎七一”党建知识竞赛，组织全体党员参观“走向我们的小康生活”脱贫攻坚主题成就展，赴王村知青记忆园、掌曲红军楼、吴焕先烈士纪念馆、党原党张地下党支部接受革命传统再教育，扎实推进党支部和党员“双报到”工作，积极参加中街社区“红色星期天”“宪法宣传日”等志愿服务活动，切实增强了党内政治生活的吸引力和感染力，“三会一课”“主题党日”等党内组织生活规范化、常态化开展。全年召开支部委员会14次、党员大会10次，讲授专题党课4次，开展主题党日活动12次。

【政务服务】 着眼增强服务决策落实的科学性、实效性，突出以文辅政，注重分工协作，加强统筹协调，努力提升新常态下办公室工作能力和水平。文稿服务方面。牢固树立精品意识，全面落实重要文稿集体会商、重要材料征求意见、规范性文件合法性审查等制度，年内组织起草《政府工作报告》、县委经济工作会议讲话等各类文稿230多篇，审查印发县政府和政府办文件231份，处理上级文件及各类明传电报2143份，全面完成2017—2019年度文书档案整理归档工作，较好地发挥了以文辅政作用。调查研究方面。紧扣国家、省市重大决策部署落实及县委县政府中心工作，制定重点调研课题，由办公室班子成员带队，深入各乡镇、有关部门、重点企业调研，全面了解情况，及时收集汇总数据，分析难点堵点问题，在脱贫攻坚与乡村振兴有效衔接、城市管理、特色产业等方面提出了有针对性的参考意见和决策参考意见，形成调研报告20余篇，向《资政调研》报送4篇。信息服务方面。采取约稿和调研相结合的办法，把捕捉信息的视觉放在落实中央、省市和县委、县政府决策部署上，延伸到县域经济、社会发展的各个领域，及时总结提炼经验典型，多角度、深层次挖掘信息，全年累计向省、市上报各类信息724条，信息报送的针对性和时效性显著增强。会议组织方面。严格落实会议计划管理制度，积极推行“多会合一”，大幅压减会议数量、精简会议议程、缩短会议时间，会前精心制定方案，会中强化服务保障，会后反馈落实情况，年内组织召开县委全委（扩大）会、县政府全体会等各类大型会议20多次。

【综合协调】注重加强上下之间、领导之间、部门之间的协调和单位内部协调，主动加强同县委办、人大办、政协办的联系沟通，有效促进了整体工作高效运转。全力做好上级部门、领导督查检查衔接协调和筹备工作，对上级领导来泾调研视察活动，提前准备预案，精心周密准备，确保顺利进行，有力保证了胡春华副总理、唐仁建省长、任振鹤代省长等重大调研督查工作的顺利开展。对领导交办的事项，及时安排部署，全力衔接落实；对需要县政府研究解决的问题，及时汇报，准确反馈。对县政府阶段性重点工作和重大活动事项实行周计划，紧盯时间节点，实时提醒调度，做到衔接有序、高效推进。切实加强信访接待和矛盾纠纷调处，妥善处置群众来信来访，热情接待、耐心解释、共同处理，全力维护群众利益和机关正常办公秩序。

【督查落实】围绕全县总体部署，有效整合督查事项，制订年度督查检查计划，灵活运用书面督查、实地督查、明察暗访等形式，对年度重点工作、重大项目和县政府决策部署、领导批示件进行跟踪督办，对各项督查重点及领导批示实行台账式管理、清单化推进，定期收集汇总情况，全力推动落实，确保件件有落实、事事有回音。年内联合县委办、人大办、政协办集中开展省市县重点工作安排部署、领导批示指示精神、脱贫攻坚、疫情防控、安全生产、“六稳”“六保”以及议提案办理、实事办理等重点任务督查8次。加强与人大办、政协办沟通衔接，采取现场督办、电话督办等方式，认真办理人大代表建议和政协委员提案，2020年“两会”建议提案办结率分别达到92.3%和92.6%。

【事务保障】牢固树立“过紧日子”思想，以财务管理、信访接待、卫生保洁、安全保卫为重点，严谨细致做好每一个环节的工作，为各项工作高效运转提供了有力保障。不断规范财务管理。认真执行财经纪律，严把计划关、审批关、审核报销关，对办公室所有报销单据严格审核，扎实细致做好账务管理，确保账实、账表、账证、账账相符。严格执行主要负责人不直接分管财务和物资采购的规定，从严控制经费支出，全面落实采购审批、车辆维修审批及节假日入库封存等制度，强化成本管理，厉行节约，减少浪费，努力减少办公室运行经费。切实加强后勤事务监管。督促机关事务管理局、大云物业公司加强保安、保洁人员教育管理，严格落实来客登记制度，加强机关环境卫生保洁，提高职工食堂饭菜质量，切实规范车辆管理，维护了良好的机关秩序。多方改善办公条件。加强机关办公大楼供电、供水、供暖管理，对视频会议室视频系统、桌椅等相关设施设备进行了维修更换，对办公室其他办公设备根据需要及时进行采购补充，单位办公条件明显改善。

【“放管服”改革】认真贯彻落实中央、省市和县政府深化“放管服”改革优化营商环境的决策部署，取消和调整行政审批事项2批次，不断规范审批行为，精简审批事项，优化审批流程，建立“网上申报、一窗受理、牵头负责、并联审批、信息共享、限时办理、全程监督”的集中审批方式，投资项目审批控制在120个工作日以内，企业登记审批办理时限由原来的5个工作日压缩为1个工作日，不动产注销、换证、查封登记实现即办即结，其他登记业务压缩至5个工作日内办结。持续加强网上政务服务能力，甘肃政务服务网泾川子站建成并投入运行，90%以上政务服务事项实现网上可办。不断增强“一站式”受理能力，全面推行高频事项“最多跑一次”和容缺受理机制，431项事项实现“一窗受理”，88项事项群众可“一件事一次办”。全面推行“多证合一、证照分离改革”，持续深化“双随机、一公开”监管、“互联网+”监管、信用监管，推进事中事后监管常态化、规范化。

【队伍建设】坚持把打造素质硬、本领强的干部队伍作为提升工作质量水平的前提和基础。强化学习教育。把学习教育作为提升干部职工党性觉悟和业务能力的重要抓手，严格落实集体学习、周一例会学习、专题辅导、研讨交流等学习制度，全年组织集体学习30多次，开展研讨交流20多次。创新培养机制。坚持严管厚爱与因材用人相结合，不断创新干部培养机制，畅通干部流通渠道，去年3月至今年1月，累计推荐平职转任重要岗位干部3名，提拔副科级干部4名，晋升职级5人，安排4名副科级干部联系县政府领导分管工作、主持负责办公室股室工作，从乡镇、部门新招录干部6名。坚持“师徒式”结对帮带机制，加强对新进人员培养，保证了新进人员短时期内适应办公室工作节奏和要求。持续转变作风。结合全县“增强危机创新赶超拼搏意识”专题教育活动，扎实开展“作风纪律整顿、能力素质提升”主题教育，切实加强干部职工思想、纪律、作风教育和整顿，办公室整体作风明显转变，干部职工团结协作、吃苦耐劳的意识进一步增强。

【其他工作】年内协调金融机构累计为全县小微企业贷款14.68亿元，发放特色产业贷款7.55亿元，投放涉农贷款40.58亿元。统筹推进疫情防控工作。由2名副主任联系、6名科级干部负责，成立综合组、材料组、督查组、信息组、协调组、会务组6个工作组，紧密配合做好全县疫情防控工作。多次牵头深入医院、车站、乡镇、企业等抗击疫情防控一线，对物资保障、应急处置、医疗救治、集中隔离等工作开展现场督查，确保各项防控措施不折不扣落到实处。扎实做好政府机关疫情防控工作，严格落实防控措施，坚持每天对政府楼办公区域进行消毒，对进出机关人员进行身份登记、体温测量，确保办公区域防护到位。

领导班子成员名录

主　任　马虎林

副主任　张立君（9月离任）

　　　　史宏凌

　　　　郑　达（挂职）

（供稿：刘　涛）

金融信息服务

【概况】县机构改革后，原泾川县人民政府金融工作办公室更名为泾川县金融信息服务中心，隶属县政府办公室管理，核定事业编制5人，年底有职工7名。

【监督检查】联合县人行、公安、市场监管等部门，多次深入县内5家小额贷款公司、2家担保公司、1家典当行开展非法集资风险及涉黑涉恶问题排查整治行动。

【风险防控】积极整合信息资源，推动信息互通共享，及时预警提示。全面建立非法集资广告资讯信息监测预警机制，坚决封堵非法集资广告宣传或变相广告宣传，做到了预警及时、应对有力，确保不发生区域性系统性金融风险。

【金融宣传】依托科技、文化、卫生“三下乡”及“3·15”消费者权益日等宣传活动，通过发放宣传资料、现场讲解、悬挂标语横幅等多种形式，提醒广大群众，拒绝高利诱惑，远离非法集资。配合扫黑除恶专项斗争，推动非金融领域扫黑除恶宣传活动有序开展，发放资料1.8万余份，接受现场咨询1200人，播放宣传片1800分钟，各类平台推送消息8000余条。

【普惠金融】积极搭建平台，打造政银企三方有效对接，全县金融机构通过与金控公司合作发放企业贷款5500万元，与省农担公司合作发放企业贷款740万元，与平凉市中小企业担保公司合作发放贷款170万元，特色产业发展工程贷款余额7.5亿元；深入推进“六稳”“六保”工作，了解企业诉求，协调解决资金困难，帮助延期还款20户、降息6户、无还本续贷2户。

【信用建设】依托信用乡镇、信用村组、信用农户评定工作大力推进农村信用体系建设，不断提高农户信用信息采集和农户信用等级评定比例，引导金融机构在授信额度、信贷流程、贷款利率等方面给予倾斜优惠，年底，全县建立信用乡镇14个，信用村40个，评定等级农户69054户，占总农户的95%。

领导班子成员名录

主　任　张永禄

副主任　何少华

（供稿：李玉婷）

政务服务

【概况】根据县编办关于泾川县承担行政职能事业单位机构编制调整事项的通知精神，县政务服务中心调整为县政府直属事业单位，核定编制11名，年底有职工9人。

【硬件建设】县政务服务大厅在县文旅大厦三、四、五、六楼共4层，面积4200平方米，设置办税服务区、自然资源服务区、医保服务区、投资项目审批服务区等13个功能分区，进驻单位27个，进驻窗口工作人员134名。

【现场服务】对大厅布局进行优化调整，新建工程建设项目服务区、市政报装服务区、便民服务区，调整窗口后2020年共办理各类业务165985件，各类业务办结率为100%。积极推行“一窗受理，集成服务”工作模式，全年共进驻服务事项1031项，其中431项业务实现了“一窗受理，集成服务”。

政务大厅一角

【网上办理】通过新媒体及时公布网上办事平台网址和各窗口联系咨询电话，鼓励引导办事企业、群众通过甘肃政务服务网泾川子站、手机APP“甘快办”及各单位业务办理系统进行网上办理，全年在甘肃政务服务网上受理事项62928件，办结62918件，提高了政务服务率。

【服务监督】为进驻政务大厅的前台窗口配备了满意度评价器80台，制作了电子岗位牌，群众根据业务办理满意程度进行自主评价，评价结果纳入考核；在政务大厅设立政务服务意见投诉箱。聘请由县人大代表、政协委员、企业代表和泾川电视台记者组成10名政务服务工作社会监督员，对各窗口政务服务工作进行监督评议。年内，累计接收评价7905条，其中好评7903条，差评2条，已全部整改，群众满意度达到99.97%。

【乡村便民服务】积极衔接确认，部分业务向乡村两级下放办理，第一批下放事项67项可到乡镇便民服务中心、30项到村（社区）便民服务站办理，为政务服务向基层延伸奠定了基础。

【政务公开】 规范建设泾川县政府信息公开平台并上线运行，督促指导各乡镇、各部门对各自领域内的信息做出相应调整，及时公开法定公开栏目下的重点民生信息栏目，及时公开群众关心的难热点信息，2020年共发布各类信息3640条。

【市长热线办理】 甘肃政务服务网泾川子站受理网民留言4条，已全部办结回复，转办便民服务热线2697件，办结2697件，群众满意度达98%以上。

领导班子成员名录

主　任　路明华

副主任　刘　伟

　　　　薛永昌

（供稿：吴琴瑞）

公共资源交易管理

【概况】 泾川县公共资源交易中心于2014年12月底组建。2019年1月机构改革调整为县政府直属正科级事业单位，2020年7月更名为平凉市公共资源交易中心泾川县分中心，核定编制11名，年底有干部职工16名。

【公共资源交易】 全面推进评标专家管理、网络监控、门禁、网络办公、电子监察等综合性信息化系统运用，基本形成了“开标全公开、评标全封闭、监控全覆盖”的交易工作格局。2020年，公共资源交易平台共完成进场交易项目82个，成交金额7008.38万元，节约资金233.83万元，资金节约率为3.24%。其中政府采购项目78个，成交金额6444.5万元，节约资金181.38万元；工程建设项目2个，成交金额510.55万元，节约资金52.45万元；国有产权交易项目2个，成交金额53.33万元。

领导班子成员名录

主　任　肖　宁

副主任　雷军平

　　　　张　鹏

纪检组长　杜志锋　（7月任）

（供稿：刘雪芳）

机关事务管理

【概况】 泾川县机关事务管理局属财政全额拨款的事业单位，至年底有工作人员13名。

【节能管理】 联合县发改、环保等单位开展节能宣传周、全国低碳日等集中宣传活动，展出各类宣传展板40余幅，发放宣传2.6万多份。组织节能工作人员参加了全国公共机构节能管理在线教育，全部完成学习课程并结业。配合省、市两级公共机构节能管理部门完成数据抽样调查。充分发挥公共机构在节能降耗工作中的示范引领作用，持续巩固县中医医院国家级示范单位创建成果。

【资产管理】 积极探索建立资产依法合规配置和集约有效利用的长效机制，扎实开展全县机关单位办公用房数据摸底清查，健全全县办公用房基础信息数据档案，配合县国有资产综合事务中心做好相关单位办公用房调剂使用工作。落实资产管理责任制，对固定资产分类别逐一登记造册，建账立卡，做到账物一致。

【公务用车管理】 印发《泾川县党政机关公务用车管理实施办法》，修订完善《车辆调度与使用管理细则》《驾驶员管理细则》《财务管理细则》等规章制度；健全“一人一车一库”“一车一卡一档”全程网格式、簿册式管理机制和车辆回场备案制度，对所有公务车辆统一办理安装ETC；进一步规范司勤人员日常管理，签订《公务车辆使用安全责任承诺书》《泾川县县级公务用车服务中心车辆保管协议》和《廉政提醒卡》，加强车辆定期保养维修，严禁公车私用和私车公养，全年保障全县重大公务活动用车5500余次。

【后勤保障】扎实开展机关安全保卫管理，建立健全安全保障体系和突发事件处置预案，组织专门人员定期对机关和周转房的水电气线路、管道等设施及机关食堂食品安全开展专项检查；发挥机关大门电子识别系统和电动道闸作用，对出入车辆实行读卡管理，杜绝车辆乱停乱放和不安全事件发生；严格按照《政府采购法》相关规定，对四大机关的物业和餐饮服务通过公开招标的方式向社会进行集中统一购买，推动后勤管理保障工作社会化、科学化。

领导班子成员名录

局　长　　周宏科

副局长　　高　凡

　　　　　张小燕（女）

纪检组长　杜金虎

（供稿：党欣怡）

政协泾川县委员会

【概况】中国人民政治协商会议甘肃省泾川县委员会内设办公室、学习提案与法制委员会、经济委员会、教科卫体委员会、文化文史资料和学习委员会、民族宗教与“三胞”联络委员会、农业和农村委员会7个正科级机构。县编委核定县政协机关行政编制22名、事业编制5名、工勤编制4名。12月底有干部职工36人。

重要会议

【政协泾川县第九届委员会第五次会议】1月13日—15日，中国人民政治协商会议泾川县第九届委员会第五次会议在泾州宾馆召开。会议听取并审议通过了张寅虎主席做的常委会工作报告和王建平副主席做的九届三次会议以来提案工作情况报告。列席县十八届人民代表大会第五次会议，听取县人民政府工作报告及其他有关报告。

【政协常委会】1月15日，召开县政协九届十九次常委会议。会议听取县政协九届五次会议提案审查和分组讨论情况汇报，审议通过县政协九届五次会议有关决议。

3月3日，县政协召开九届二十次常委会议。会议传达学习了省政协十二届三次会议、市政协四届四次会议和县委十七届九次全体会议暨县委经济工作会议精神。讨论通过了《县政协2020年调研视察协商选题计划》《县政协常委会2020年工作要点》《政协泾川县委员会提案工作条例》和《关于提高提案质量的意见》。

7月14日，县政协召开九届二十一次常委会议。会议传达学习了全国“两会”和市委政协工作会议精神，听取了县政府上半年全县经济运行暨提案办理情况通报，审议通过了《全县食品药品安全监管情况视察报告（讨论稿）》《夯实产业发展基础，巩固脱贫攻坚成果调研报告（讨论稿）》《加快疾病预防体系建设，增强公共卫生服务能力调研报告（讨论稿）》《加快应急管理体系建设，提升应急处置能力调研报告（讨论稿）》《完善社会救助体系建设，提升社会保障水平建议案（讨论稿）》及有关人事任免事项。

10月28日，县政协召开九届二十二次常委会议。会议传达学习了习近平总书记在纪念中国人民志愿军抗美援朝出国作战70周年大会上的讲话精神，全国地方政协工作经验交流会、全省市县政协工作经验交流会、平凉市党政考察团赴河西学习考察报告及总结会议和县委人大政协工作会议精神；讨论通过了《加强乡风文明建设，助推乡村振兴调研报告》《全县农村人居环境整治情况视察报告》和《加强水资源保护和污染防治，改善水环境质量建议案》；讨论通过了有关人事任免事项。

主要工作

2020年，在县委的坚强领导和县人大、县政府的大力支持下，县政协常委会坚持以习近平新时代中国特色社会主义思想为指导，全面贯彻党的十九大及十九届二中、三中、四中、五中全会精神，认真落实中央和省、市、县委决策部署，积极开展政治协商，深入推进参政议政，着力强化民主监督，广泛凝聚各方力量，为推动全县经济社会高质量发展做出了积极贡献。

【提案与法制工作】县政协九届五次会议以来，共受理委员提案73件，审查立案27件（其中并案10件），作为意见建议转交有关部门参考36件。在各方面的共同努力下，已办结25件，占92.6%；计划列入以后年度办理2件，占7.4%。推荐26名政协委员担任特邀监督员、人民陪审员、行风评议员，政协民主监督的覆盖面和影响力不断扩大。

【协商议政工作】围绕全县经济社会发展开展“夯实产业发展基础，巩固脱贫攻坚成果”等调研4次、“农村人居环境综合整治”等监督性视察4次、“健全完善农业保险体系，增强防灾减灾能力”等协商活动4次，为县委、县政府决策施政提供借鉴和参考。积极配合省、市政协围绕生态环境保护、红色旅游资源开发等重点课题开展调研视察16次，提出意见建议40多条。

协商座谈会

【民族宗教和“三胞”联络工作】充分发挥大团结、大联合优势，持续深化与各民主党派、工商联、无党派人士合作交流，组织参与协商议政活动46人次，讨论发言30多人次。加强与党外知识分子、非公经济人士、新社会阶层人士的联系沟通，邀请代表人士参加政协重要活动，积极支持社会团体反映群众愿望诉求。认真贯彻党的民族宗教政策，组织召开民族宗教人士座谈会，走访慰问少数民族困难群众，及时反映民族宗教界的意见和诉求，有效维护了民族团结、宗教和顺、社会和谐。

【文史文化工作】收集整理各类文史资料230多篇50多万字，编辑出版文史资料2辑，完成《泾川县政协简史（2009—2021）》组稿工作，向市政协选送政协委员抗击新冠疫情典型事迹材料8篇，在《民主协商报》《平凉政协》等刊物发表理论文章、新闻稿件30余篇，进一步扩大了泾川的知名度和影响力。

【政协自身建设】切实加强委员“四种能力”建设，举办委员履职能力培训班1期、培训委员135人，选派30多名委员外出学习培训考察，政协委员的履职能力和水平明显提高。扎实开展“增强危机创新赶超拼搏意识”专题教育，机关干部思想、作风、纪律建设不断加强。认真贯彻落实全市政协协商向基层延伸工作会议精神，在全县14个乡镇和城市社区设立政协委员工作站、协商议事室和协商议事会，在55个行政村（社区）设立协商议事室和协商议事会，政协协商工作覆盖面进一步拓展。修订完善《提案工作条例》《关于提高提案质量的意见》等规章制度，政协工作的规范化、制度化、科学化水平进一步提升。

政协委员视察王村镇朱家涧村脱贫攻坚

领导班子成员名录

主　席　张寅虎

副主席　王建平

　　　　冯维成

　　　　赵永瑞

　　　　毛永宏

办公室

主　任　刘红杰（10月离任）

　　　　张立君（10月任）

副主任　左文辉

　　　　拜皓文（7月任）

学习提案与法制委员会

主　任　司腊奎

副主任　梁　璨

经济委员会

主　任　左东元（10月离任）

　　　　袁安林（10月任）

副主任　刘　鹰

教科卫体委员会

主　任　柳拴国

副主任　安宏伟

民族宗教和“三胞”联络委员会

主　任　席宏发（7月离任）

　　　　王德春（7月任）

副主任　王德春（7月离任）

　　　　王　瑾（女，7月任）

文化文史资料和学习委员会

主　任　刘书林

副主任　刘文乐

农业和农村委员会

主　任　乔光明

副主任　李永强（10月任）

（供稿：郭向龙）

民革泾川支部

【概况】中国国民党革命委员会（简称“民革”）泾川县小组成立于1985年4月22日，时有党员3人。1989年10月30日，经民革甘肃省委员会批准，民革泾川小组升格为民革泾川县支部（隶属民革甘肃省委员会领导），有党员10人，经全体党员大会选举，成立民革泾川县支部第一届委员会。2008年7月12日民革平凉市委员会成立，民革泾川县支部划归民革平凉市委会领导。2016年10月8日，民革泾川县第七届委员会成立，至今有党员21人（有台湾关系党员3人），主要分布在教育、卫生、行政、经济界，其中有市政协委员1人、县政协委员4人。

【组织建设】年内发展新党员1人。至年底，支部党员中具有大专以上文化的党员由原有15名增加到21名，党员平均年龄由48.7岁下降到42.6岁，党员中具有中级以上职称者18人，党员结构趋于知识化、年轻化。经部分党员的努力，收集整理民革在泾川的发展历史，完成了《发展中的民革泾川支部（1985—2015）》初稿。在县司法局办公楼建成了民革“党员之家”，为支部组织建设正规化奠定了坚实基础。

【党员思想教育】为每名民革党员订阅《团结报》等报刊，使党员及时学习掌握民革中央的工作精神和要求。支部修订了《民革党员政治学习制度》，通过定期集中学习、座谈交流，深入学习党的十九大和十九届四中、五中全会精神及《习近平谈治国理政》，认真贯彻落实习近平总书记对甘肃重要讲话和指示精神以及《中共中央关于加强中国特色社会主义参政党建设的意见》，积极开展“不忘合作初心，继续携手前进”主题教育活动，引领广大党员传承多党合作优良传统，持续增强对中国共产党和中国特色社会主义的政治认同、思想认同、理论认同、情感认同，自觉做中国特色社会主义的实践者、维护者、捍卫者。全年通过学习及实践活动的开展，民革党员的思想政治素质明显增强，为更好地发挥参政职能奠定了基础。

【工作创新】针对新冠肺炎疫情的影响，创建了“民革泾川县支部微信群”“民革泾川县支部QQ群”及“中国国民党革命委员会泾川县支部陇政钉群”，采取网上传达学习的方式，及时学习《民革平凉市委会2020年工作要点》《中国共产党关于加强中国特色社会主义参政党建设意见》《党的十九大及十九届二中、三中、四中、五中全会精神学习提纲》《学习贯彻落实全市统战部长会议精神，切实做好民革工作》等文件精神，全面加强自身建设。

【参政议政】组织党员深入城乡开展调查研究，及时向县委、县政府反映社情民意。支部党员中的政协委员提出提案、建议36件，立案14件，其中被列为市政协主席、副主席督办提案1件，得到市县主要领导批示2件，2名党员被县政协评为优秀提案人。党员、市政协委员杜志春提出《关于加强房地产市场监管的提案》《关于规范住宅小区物业管理的提案》，得到市、县政协的高度重视，对《平凉市物业管理条例》的出台起到了积极的推动作用。

【促进祖国统一】支部充分发挥党员中与台湾亲属容易沟通、信任的优势和特点，利用与台湾亲属通信、通话、接待回乡等机会向他们广泛宣传家乡巨变及“和平统一、一国两制”的政策，支持他们与“台独”势力做斗争，鼓励他们为报效祖国、为回报家乡多做贡献。台属党员积极做好台湾亲属的联络工作，为增进海峡两岸沟通，传承西王母文化，支持家乡的旅游文化建设做出了自己的贡献。

【支部换届】2020年12月8日，在县司法局五楼会议室召开了民革泾川县支部委员会第八次党员大会。民革平凉市委员会副主委朱少峰、李文伟，县委常委、统战部部长杨芳，县人大副主任康君出席会议。会议听取并审议通过民革泾川县支部委员会主委杜志春代表第七届支部委员会做的《民革泾川县支部第七届委员会工作报告》和《民革泾川县支部第八次党员大会政治决议》，选举民革泾川县支部第八届委员会，罗小龙当选为主委，孙亚丽、黄小宁当选为副主委，辛丽娜、王海燕当选为委员。

民革泾川县支部委员会第八次党员大会

领导班子成员名录

主　委　杜志春

副主委　高富泰

委　员　张小艳（女）

（供稿：罗小龙）

民盟泾川支部

【概况】中国民主同盟泾川小组成立于1950年7月，隶属于民盟平凉支部。1956年9月，成立民盟泾川支部。2019年3月，经民盟平凉市委员会批复，成立民盟泾川县委员会，下辖城区支部、一中支部、联合支部3个支部，盟员共计40人。

【资政谏言】根据年度工作计划，组织盟员深入城乡开展调查研究，了解县情实际，参与民盟甘肃省委《关于全民健身体育器材利用的建议》的意见征求，向县上相关部门提交了《泾川县人才引进困难成因及对策研究》《泾川县工业经济发展调研报告》《给生命让出绿色通道》等意见建议。

【服务大局】在全县抗击新冠肺炎疫情期间，组织广大盟员捐款3600元，支持全县防疫工作；

退休老盟员蒋佩瑄无偿捐献出自己多年摸索研究出的治疗肺炎中药汤剂单方；孟德生积极参加“战役有我，心想春天”征文活动，作品被平凉日报社评为三等奖。组织骨干教师深入梁河九年制学校开展“立足工作岗位，加强工作交流，实现互促共赢”主题送教活动。

民盟泾川县委员会送教下乡教学研讨会

【自身建设】按季度定期召开大会，组织全体盟员集中学习中国共产党的相关文件和政治主张、政策理论，不断提高盟员的政治修养，凝聚思想共识。组织盟员在王村镇朱家涧移民搬迁新村、章村水厂、蔬菜园区等开展精准扶贫成果参观调研，开展座谈交流，让全县经济社会发展的成就教育盟员衷心拥护中国共产党的领导，自觉把自己的工作生活融入全县“十四五”规划的制定和启动中来。重视老同志的晚年生活，定期对退休老盟员开展走访慰问。

领导班子成员名录

主　委　康　君

副主委　陈善学

　　　　杨红林

委　员　孟德生

　　　　张建平

　　　　樊苗苗（女）

　　　　贺二峰

（供稿：杨红林）

总工会

【概况】泾川县总工会是参照公务员管理的群团组织。县总工会机关下设党政办公室、组织宣传办公室、法律保障办公室、经审女工办公室、职工服务大厅（职工服务中心）共5个办事机构。核定编制13名，年底共有干部职工20人，其中机关15人、组织员5人。

【全委会议】2020年5月14日，在县委党校礼堂召开泾川县总工会十二届四次全委（扩大）会议，会议审议并通过泾川县总工会2019年度工会工作报告和工会经审工作报告，增补路志峰同志为县总工会第十二届委员会常委、委员。

【组织建设】积极推进物流货运司机、快递员、网约送餐员、商场信息员、家政服务员、房屋中介6大群体组建了工会组织。年内建成省级、市级标准化快递员之家各1处，职工子女托管服务中心1处，建成规范化户外劳动者驿站5个，年内新建工会组织8家，会员570人。至年底，全县共建立各类工会组织367个，涵盖法人单位478个，其中机关事业单位工会委员会146家、企业工会委员会182家、村级工会组织39家。会员35694人，其中农民工会员18929人，女会员13099人。

【职工技能提升】联合县人社局线上线下互补培训电工、焊工、挖掘机驾驶员、裁缝、家政服务员等技能人才158期，培训10480人。举办果园管理、货车司机县级一类技能大赛2期，快递员、中医急救等县级二类技能大赛6期。积极组队参加全市快递行业、家政服务员、工资集体协商技能大赛。

【职工维权】落实工资集体协商“要约季”行动，县内规模以上企业员工工资集体合同覆盖率达91%以上，创建了南北工贸集团等非公企业省级集体协商示范点3个。指导基层工会加强劳动安全卫生专项集体合同签订，签订率动态保持在91%以上。落实权益保护专项合同，切实维护女职工特殊权益。强化工会法律监督工作。积极整治欠薪、欠保等危害社会稳定问题。落实劳动集体合同执法检查，依法纠正和查处侵害职工合法权益的行为，落实工会劳动法律监督“两书”制度。面对新冠肺炎疫情，先后投入8万多元，及时慰问援鄂医护人员家属以及防疫定点医院、隔离场所和疫情检测防控一线工作人员。“点对点”输送外出务工人员3批次260多人，购买旅途生活用品1万多元，对全县118家小微企业全额返还工会经费16.62万元。

【企业民主管理】 持续推进厂务公开、职代会建设，加强督促指导，邀请省总专家开展职工代表及产业工人培训4期培训470人，发放教材600多份。国有及其控股企业、事业单位职代会、厂务公开制度建制率动态保持在90%以上，已建会25人以上非公企业职代会、厂务公开制度建制率动态保持在85%以上。

【困难职工帮扶】 落实城镇困难职工解困脱困各项帮扶措施，积极通过网络招聘会等形式开展“春风行动”，输转劳务600多人，发放创业就业培训、职业介绍、生活救助、大病救助和疫情补助资金12.92万元。对因疫情影响生活困难的13名职工，落实帮扶资金6.5万元。开展“夏送清凉”慰问活动，慰问一线职工487人，发放价值1万元的慰问品。开展“金秋助学”，帮扶17人资助5.1万元，组织爱心企业及爱心人士捐款2.2万元，资助22人。加大职工互助医疗保险宣传办理力度，年内参保人数达到1972人，报销103人次18.3万元。对接天津武清区总工会为联系帮扶村143户困难群众发放短袖350件、致富图书270册，为7名在校困难职工子女发放助学金4.2万元。筹资8.2万元为41名困难群众职工落实医疗救助。

【职工文体活动】 在工会经费拨付上向基层倾斜，为基层工会下拨职工活动经费6万多元，支持基层工会开展形式多样的文体活动，丰富职工业余生活。“五一”期间举办了全县“体彩杯”职工篮球赛。县总工会积极参与配合县上举办的各类大型文体活动，推动主流思想和改革要求进企业、进车间、进班组，开展了“网聚职工正能量、争做中国好网民”，“一封家书”征文活动，弘扬了主旋律传递了正能量。

县总工会职工书屋

【工会经费管理】 年内，加强与税务部门密切协作，全年税务代征工会经费2673787.22元；强化工会经费收、管、用各个环节管理，加强监督检查，狠抓经费审查审计工作，对12个乡镇、14家县直系统及企业工会经费收支管理情况进行了审计，下发审计意见书26份，提出整改意见3条。

【女职工工作】 开展女职工关爱行动，慰问留守女童77名，发放慰问品价值6500元。扎实推进城镇女职工解困脱困工作。重点关注单亲困难女职工和受新冠肺炎疫情影响生活困难的女职工，共发放医疗救助、生活救助、助学救助资金3.6万元。两节期间慰问救助女困难职工（农民工）52人，发放救助金3万多元。开展“夏送清凉”慰问，慰问女职工200多人。落实女职工权益保护专项合同，切实维护女职工特殊权益。

领导班子成员名录

主　席	赵晓春（兼）
分管日常工作的副主席	温东明
副主席	杜君平
	李永祥
纪检组长	路志峰

（供稿：梁鸿浩）

共青团

【概况】 按照《共青团泾川县委改革方案》，团县委机关下设办公室、希望工程、少工委（学校少年股）、组织宣传股、青年发展和社会工作股5个职能股室，核定编制11个，年底在职人员7人。至年底，全县有基层团组织556个，其中团委38个、团工委2个、团总支57个、团支部459个，团员10059名，专职团干20名，兼职团干1409名。

【青年工作】 通过微信公众平台、团干部微信群和QQ群，及时推送“青年大学习”学习链接3季36期，参与团员青年25万多名。举办学习贯彻党的十九届五中全会精神专题辅导报告会，组织开展学习贯彻实践活动20多场次；策划爱国教育等主题实践和特别主题团日活动340多场次；结合“青春大讲堂”，开展“青年榜样说”“青春·励志故事分享会”等专题宣讲活动8场次，开创《青听》栏目，发布作品20期，发布“青团文创”作品8期，声援“疫”线作品5期，通过分享青春故事，新时代的劲风更加深入青年之心，着力打造“青”字品牌团属新媒体阵地；秉承“团组织+教育部门+社区+社会组织+教师志愿者”的模式，开设泾川县第一家“青社学堂”，围绕法治泾川建设，开展法治、禁毒、防邪活动65场次；打造县级青年电商示范基地1处，建成青年互联网创业示范点3个，培养各类优秀青年130名、电商致富带头人35名；开通“团团帮就业”专栏，发布创业就业信息46条，举行创业就业宣传11次，带动青年创业就业195人；成立泾川县青年创业联盟，选派县域7名优秀创业青年组建导师团，举办泾川县“青创10万+”青年创业培训会，为全县91个贫困村150余名优秀青年开展创业培训。

【希望工程】 衔接天津市青基会、武清区团区委，通过东西部扶贫协作、点对点帮扶、“青春·励志筹”等方式筹集发放奖、助学金33.38万元。开展“青春扶贫”筹措产业发展资金5000元，捐赠爱心衣物980件；组织“青暖衣冬”活动，捐赠棉衣118套；协同团属公益组织捐赠图书500本、体育用品200多件、“壹基金”温暖包20件。

文雅高考奖学金发放仪式

【少先队工作】 全县有少先总队14个，少先大队266个，少先队员1.6万名，少先队辅导员1212名。全县166所小学、19个初级中学全部召开学校少代会，成立少工委，认真落实少先队员分批入队，全面完成中小学少先队改革任务。“六一”节全县2652名少年儿童光荣加入少先队组织；组织“从小学先锋·长大做先锋”建队日网络直播和主题活动123场次。

【志愿服务】 组建泾川县青年防疫志愿者服务队，全县17支青年突击队、3个青年文明号、289名青年志愿者参与疫情防控工作，组织抗击新冠肺炎疫情专项募捐，募集资金15万余元。围绕消费扶贫、志愿扶贫等举办活动16场次，线上线下40万人次参与，带动销售甜瓜、辣椒、西红柿等果蔬1.8万斤。开展春运“暖冬行动”“3·5学雷锋”“爱心助考”等志愿服务活动43场次，年内新注册志愿者2000多人，服务时长1.2万小时。春节前联合县阳光义工协会开展关爱活动10场次，发放“壹基金”温暖包20件。开展“法律进校园”宣传活动7场次，发放宣传资料3000多份。组织1000多名青年志愿者开展“农村人居环境整治暨全域无垃圾治理百日攻坚”“同植共青林　共筑青年梦”等实践活动70场次。

领导班子成员名录

书　记　张胜前

副书记　郑雪艳（女）
　　　　胡海涛
　　　　吴崎君（挂职）

（供稿：杜　娜）

妇女联合会

【概况】泾川县妇女联合会，县编办核定编制11人，年底实有工作人员6人。

2020年，全县有乡镇妇联14个，城市社区妇联1个，机关单位妇联3个，机关单位妇委会46个。

【家庭和儿童工作】评选“最美家庭”示范户66户，“美丽庭院”示范村10个、示范户170个。新建家庭教育实践基地2个，开展家庭教育巡讲活动9次。举办线上家庭教育讲座12期，参与家长1700多人。配合市妇联开展“奋斗的我·最美的国”新时代先进人物进校园宣讲活动，累计参与师生家长6200多人。救助留守儿童120名；开展爱心妈妈与留守儿童结对帮扶等活动16场次。

【妇幼救治】落实农村妇女“两癌”检查资金36万元，完成“两癌”检查3000例，为24名贫困母亲“两癌”患者发放救助资金24万元，为65名婴幼儿发放奶粉420罐；为517名贫困妇女购买“两癌”保险，为256名贫困母亲发放暖心包；为3200个家庭发放健康皂露400箱；配发巾帼志愿服务包80套。

【妇女维权】注册登记妇女儿童维权服务志愿队伍15个，开展普法维权宣传26场次，评选培树“平安家庭”示范村（社区）10个、示范户200户。接待来信来访12件，调处率100%。

【劳务输转】争取“陇原妹”专项资金11.1万元，开展线上培训293人次，集中向北京、兰州输送劳务女工148人，人均年创收2.8万元。联合县人社局“点对点、一站式”输转妇女7批次778人，年创收入116.7万元。新建巾帼扶贫车间3个，吸纳就业268人，带动3000多户家庭发展相关产业。

欢送“陇原妹”赴京

【媒体宣传】举办妇联系统网络与新媒体工作专题培训1期65人，组建新媒体矩阵、圈群300多个，全年发布信息164条，点击阅读量15万余次，分享次数达5.4万余次，41篇信息被学习强国、今日头条、中国甘肃网、泾川发布等采用。

【队伍建设】累计建立妇女之家示范点216个，妇女微家示范点22个，新建改选县直单位妇女组织19个，培训妇女干部123人，调整充实妇联干部69名，储备优秀年轻女干部28名，推荐提拔13名；增选县妇联副主席1名；发展女党员88名，培树优秀村妇联主席50名。

领导班子成员名录

主　席　　李灵芳（女）
副主席　　王秀玲（女）
　　　　　张淑惠（女）
　　　　　王丽丽（女，挂职）
纪检组长　何丽霞（女，3月任）

（供稿：李小娟）

科学技术协会

【概况】泾川县科学技术协会经县编办核定，编制为11名，年底有职工14名。内设办公室、普及股和农村专业技术服务中心。

【科普宣传与培训】开展科技文化卫生“三下乡”和“科技活动周”等科普宣传活动16场次，更新乡镇、村科普惠农服务站科普宣传栏30期，受教育群众2.12万人，发放各类宣传资料8000份，展出各类展板323面、科普展品50件，开展科技咨询3000人次。开展科技培训12期，培训群众3000人次，发放蔬菜栽培技术图书450册。

【科技创新】举办泾川县第36届青少年科技创新大赛，筛选作品489件（幅），推荐42件（幅）参加市上比赛。组织县直学校30名师生参加平凉市第一届青少年机器人竞赛。向省科技馆推荐以“同上一堂科学课”为主题的作品24件。

【科技巡展】在丰台中学开展以“决胜全面小康　践行科技为民”为主题的平凉市2020年“全国科普日”活动暨“科普大篷车千户百村（校）”活动，展出科技设施362件，全镇1500多名师生参加活动；在县四中举办“中国流动科技馆”巡展活动，城区2.8万名师生和群众参观，接受科技知识。

科普巡展活动掠影

【示范点创建】年内，创建汭丰镇为市级科普示范乡镇，汭丰镇郑家沟村、焦家会村为科普示范村，每个村培养科普示范户15个；创建玉都镇康家村、泾明乡白家村为市级科普示范社区，创建罗汉洞乡南河村、党原镇李家村为市级科普示范基地。

【项目建设】协助汭丰镇申报2020年全国“基层科普行动计划”项目，落实资金20万元；协助县四中申报“中国流动科技馆巡展”活动项目，落实资金4万元。

领导班子成员名录

主　席　邓彦君
副主席　刘义成
　　　　康学忠
纪检组长　张小荣

（供稿：陶彩霞）

工商业联合会

【概况】泾川县工商业联合会（民间商会）为全额拨款的事业单位，核定编制6名，年底有工作人员8名。

【光彩事业】在全县非公有制经济人士中开展“双思”“诚信”及“光彩事业”理念教育活动，组织非公经济代表人士40多人营造“光彩纪念林”30多亩；动员工商联会员及会员企业积极投身全县新冠肺炎疫情防控工作，非公经济人士捐款56.77万元，捐物价值87.9万元，为乡村社会公益事业捐款50.56万元，捐物价值100多万元；积极开展“千企帮千村”行动，南北集团公司等11户企业捐助扶贫资金8.7万元。

【服务非公经济发展】根据中央和省市委关于优化营商环境的决策部署，县工商联和县检察院开展了“维护民企权益、优化营商环境”专项行动，走访调研民营企业56户，发现问题线索3条，积极协调督促相关部门进行解决。

【参政议政】围绕企业文化建设、基层商会建设、中小企业融资难和转型跨越发展等非公有制经济发展热点难点问题，组织相关人员开展调查研究，提交调研报告3篇。非公有制经济人士中的人大代表、政协委员积极履行职责，提交意见建议议案提案10条（次）。

【东西部扶贫协作】积极开展“万企帮万村”行动，经天津市武清区工商联沟通协调，大禹节水天津有限公司为朱家涧村捐赠滴水灌溉设备一套，价值31.67万元；天津雍阳园林绿化公司等47

户企业为泾川12个乡镇47个贫困村捐助资金34.7万元。

领导班子成员名录

主　席　　　冯维成（兼）
常务副主席　郭文魁
副主席　　　梁小平
纪检组长　　张存兴

（供稿：王　萍）

残疾人联合会

【概况】泾川县残疾人联合会内设办公室、康复股、教就股、维权股4个职能股室，核定编制11名，下设泾川县残疾人康复中心（加挂泾川县残疾人托养中心牌子），核定编制6名。年底有职工12人。

【扶贫解困】为4344名困难残疾人发放生活补贴465.76万元，为7083名重度残疾人发放护理补贴571.79万元，为18户贫困重度残疾人家庭实施了无障碍改造，为94名肢体残疾人发放燃油补贴2.45万元，为423名一级智力、精神残疾人发放托养补贴35万元，为7600名一、二级重度残疾人代缴医保资金212.8万元，对86户困难残疾人家庭春节前进行走访慰问，送去慰问品价值6万多元，全县5081名建档立卡残疾人全部稳定脱贫。

"全国助残日"活动现场

【康复服务】对符合康复救助条件的38名0～17岁残疾儿童提供康复训练和康复治疗，为23名0～6周岁残疾儿童康复资助9.2万元，为16名残疾儿童配发辅助器具18件。依托东西部扶贫协作等项目，为851名残疾人配发辅助器具872件，为17名肢残人安装了普及型假肢。

【组织联络】对全县220个村（社区）15780名持证残疾人逐村逐人开展了残疾人需求调查、疑似残疾人摸排、残疾人证复核、评残办证和基本公共服务及动态更新数据采集、审核录入、核实修正等工作。同时，全面启动第三代智能化残疾人证核发工作，规范乡镇残联和村残协建设，加强残联业务人员和专职委员管理培训。

【教育就业】与县教育局、特教学校联合进村入户，对319名残疾儿童就学情况、教学方式、受教程度进行了评估认定并提出入学安置建议。组织4名盲人参加省市盲人按摩培训、3名参加省级职业技术培训，对347名残疾人进行实用技术培训。新就业3名，新安置残疾人公益岗位就业20名，新增城乡残疾人个体就业47名，扶持盲人按摩店1家。

【文体宣传】在“全国爱耳日”“全国助残日”“全国爱眼日”“全国特奥日”“全国残疾预防日”“国家扶贫日”等重要节日期间，积极组织开展了政策宣传、公益助残和残疾人文化进家庭“五个一”等一系列扶残助残文体活动。利用中省市残联网站、县政府门户网站和县残联微信公众号等宣传平台，发布残疾人工作动态信息75条，办理网站留言11起。

领导班子成员名录

理事长　　徐永平
副理事长　王　瑾（女，3月离任）
　　　　　魏福昌
　　　　　袁东云（9月任）
纪检组长　袁东云（9月离任）
　　　　　王福全（9月任）

（供稿：吴佐锋）

文学艺术界联合会

【概况】至年底，泾川县文学艺术界联合会下设18个协（学）会组织，有各级各类会员752名，其中国家级41名、省级78名。年内，新入省级会员6名。

【文艺创作】年内，县作协会员曹秋鹏的诗集《青梅煮酒》出版发行；杨军民多篇作品在《人民日报》《文摘报》《时代文学》等刊物上发表；赵毅、吕立萱的诗歌、散文作品分别在《飞天》上发表；梁惠君、张滢、孙亚丽创作的多篇散文、诗歌多篇在《北方作家》《飞天》《甘肃日报》《长江诗歌》等刊物上发表，赵永刚的短篇小说《麦贵》在《奔流》杂志上发表；吕立荣等8位作家15幅作品在第五届“平凉画家画平凉”美术作品展上展出；李延福摄影作品集《泾川记忆》出版；微电影《当你老了》获第五届美丽乡村国际微电影节优秀作品奖，刘勇摄影作品《陇东皮影》入围第20届平遥国际摄影展，张春生摄影作品《柿子红了》入围徐州摄影展；县书协李存林等6人作品在全市书法展览中展出；于小燕、梁红娟剪纸作品入选甘肃省剪纸艺术展。

【首届“西王母文艺奖”评选】首届“西王母文艺奖”共评选出9个艺术门类60件获奖作品，12月9日，县委、县政府召开首届“西王母文艺奖”颁奖大会，对获奖作品进行表彰奖励。

【助力抗疫】新冠肺炎疫情发生后，为记载全县人民众志成城、科学抗疫的壮举，为全县抗击疫情加油鼓劲，县文联组织全县文艺工作者创作出文学、美术、书法、音乐、曲艺等门类的战“疫”优秀作品130余件，以不同的表现形式歌颂了伟大的“抗疫精神”。

【组织建设】12月23日，城关镇文联举行揭牌仪式，这是全县乃至全市成立的第一个乡镇文联组织。

【文化活动】年内，举办主题征文2次，组织县内外采风14次，举办《青梅煮酒》作品讨论会，组织县楹联学会、书法协会赴汭丰、党原、红河等乡镇赠送书画作品和春联，与长武联合举办了“不忘初心、牢记使命”庆祝中国共产党九十九周年书画作品巡回展，县摄影家协会举办了星鼎杯、花样年杯摄影大赛。

领导班子成员名录

主　席　　樊晓敏
副主席、秘书长　盖文华

（供稿：马永强）

法治·军事

公　安

【概况】泾川县公安局内设机构36个，其中派出所15个（13个乡镇所、1个城区所、1个景区所），监管场所2个（1个看守所、1个拘留所），执法勤务机构及综合管理部门20个（刑事侦查大队、经济犯罪侦查大队、禁毒大队、禁毒办、国内安全保卫大队、交通警察大队、治安管理大队、户政管理室、出入境管理室、网络安全保卫大队、巡警大队、指挥中心、办公室、政工室、纪委、督察大队、信访室、法制大队、森林警察大队、警务保障室），核定政法专项编制202名、事业编制121名，2020年底有民辅警435名（男376人，女59人）。

【维护稳定】全县防控新冠疫情期间，累计核查车辆5.8万余辆、检查人员10.9万余人、检查行业场所280余家（次），侦办涉疫案件10起。落实24小时网上巡查制度，严密监测涉政敏感信息，删除有害信息3000余条，落地查证60人，教育训诫11人。完善应急处突工作预案和分级响应应急处置机制，新增防暴处突装备300余件，开展实战拉练8场次。

【刑事打击】严厉打击涉枪涉爆、网络诈骗、“套路贷”、非法集资等违法犯罪活动，破获各类刑事案件274起，打掉各类犯罪团伙12个，抓获犯罪嫌疑人264人，追回各类上网逃犯84人，全县侵财案件发案数同比下降4.5%，八类刑事案件、“两抢一盗”、电信网络诈骗破案率，同比分别上升9%、24%和4%。成功破获“3·18”特大网络非法经营案、“4·13”“11·30”等特大电信网络诈骗案。深入推进扫黑除恶专项斗争，累计打掉恶势力团伙2个19人、村霸5个。加快“雪亮工程”建设，建成各类视频摄像头903路，整合二类视频资源129路，技防网严密构建。加大对重点区域、重点场所的整治力度，办结治安（行政）案件719起，处罚违法人员579人，行政拘留197人。

社区警务服务

【综合治理】全年查处各类交通违法行为8.2万起，交通事故数、死亡人数、受伤人数、经济损失等“四项指标”同比分别下降11.76%、8.57%、25%和19.01%。着力整治全县255所中小学、幼儿园及周边治安环境，强化52家金融机构城乡营业网点、51家要害部位、90家内部单位的安全防范工作，及时整改各类治安隐患。加大对全县12家物流寄递业的检查监管力度，努力实现了“三个100%”工作目标。严格落实枪弹、危爆物品监管措施，侦办涉枪刑事案件1起，收缴枪支2支弹药200余枚。

【警务改革】统筹建设视频监控体系、前端感知设备、移动警务、网上公安、智能服务等应用，不断完善合成作战中心实体化运行机制，强化数据资源智能采集和深度融合共享，采录登记“一标三实”基础信息57.2万余条，8.6万余块标准地址二维码门牌集中上墙，深入推进社区警务，961名治安户长参与联防联治，荔堡、罗汉洞派出所业务技术用房投入使用，基层所队电采暖工程全部落实。

【服务发展】紧盯治安和户籍管理、出入境管理、道路交通管理等领域，出台网上预约服务、延时服务、微笑服务、证件办理绿色通道、特殊群体上门服务等便民服务措施，积极推行“互联网+政务服务”，加快农业转移人口市民化工作进程，全县城镇化率34.82%，同比上升1.12%，通过政务服务平台办理各类证件800余件，办理出入境、户政、车驾管等业务3.5万余人次。

【法制建设】严格落实“五级”审核把关监督机制，审核刑事、行政案件2179起，下发《网上办案情况通报》12期；全面落实案件全要素信息网上制作、录入、生成，所有案件在网上全程流转、主要证据全部上传、法律文书网上开具、执法监督网上考核、执法档案网上建立，案件办理质量稳步提升。

【队伍管理】全面落实从严治警要求，扎实推进“坚持政治建警、全面从严治警”教育整顿及“守初心、担使命，集中排查整治执法突出问题”专项行动；注重素质强警，持续深化全警实战大练兵；经常性开展廉政教育和警示教育，强化日常督察，突出政治标准，推荐提拔25人，对19名同志进行交流任职；深入推进公安体制改革，全面完成森林公安转隶工作。

领导班子成员名录

县政府副县长、局党委书记、局长、督察长
杨　宏（12月离任）
县政府副县长、局党委书记、局长、督察长
李小宁（12月任）
党委副书记、政委　王永红
纪委书记　张永锋
副局长　刘俊英
王宏绪（6月任）
李世虎（4月离任）
刘卓锋
副政委　王宏绪（6月离任）
党委委员、国保大队大队长
梁彩虹（女，3月任）
党委委员　吕燕川（3月离任）

（供稿：尚赟鹏）

检　察

【概况】县检察院内设第一检察部、第二检察部、第三检察部、政治部、办公室5个机构，有政法专项编制29人，实有干警45人，其中公务员27人，事业干部2人，工勤人员4人，聘用制书记员12人。

【维护国家安全】结合全县维稳形势，积极参与反分裂反渗透反邪教反恐怖排查和重点地区、重点人员排查布控，完善预警防范，提高应急处突能力。实行重大危害政治安全犯罪专案专办制度，由业务能力强、办案经验丰富的检察官全程领办，全年办理涉安犯罪提前介入侦查4件，批捕12人，起诉32人，判决27人。

【服务脱贫攻坚】依法严惩扶贫、涉农领域犯罪案件，批捕危害农村稳定犯罪36件51人，侵犯农村特殊群体合法权益犯罪12件13人，审查起诉危害农村稳定犯罪101人，侵犯农村特殊群体合法权益犯罪32人，支持农民工起诉2件。

【服务营商环境】积极协商县工商联召开“维护民企权益，优化营商环境”专项行动会议，制定《关于开展“服务‘六稳’‘六保’护航民企发展”实施方案》，在县工商联设立了检察服务室，走访企业121家，提供法律咨询242人次，发现问题线索6起，已全部办结。办理涉企案件2起，起诉2人，法院均做出有罪判决。

【服务生态保护】依法办理滥伐林木、非法占用农用地等破坏环境资源犯罪案件3件8人。深入推进“携手清四乱，保护母亲河”专项行动，办理相关案件9件，发出行政公益诉讼诉前检察建议7件。年内办理的滥伐林木破坏生态刑事附带民事公益诉讼案件，被市委政法委评为全市十大优质案件之一，受到了通报表扬。

【刑事诉讼监督】牢固树立“在办案中监督、在监督中办案”的理念，对该立案而不立案的，监督立案1人；对不该立案而立案的，监督撤案2件；纠正遗漏同案犯7人，移送起诉遗漏罪行4人；对不构成犯罪或证据不足的，不批捕8人，不起诉45人。同时，严格行政执法和侦查活动监督，向行政执法部门公开送达宣告检察建议，使检察建议做到刚性，通过审查逮捕案件诉讼化办理模式探索，对无逮捕必要的案件尽可能不捕。2020年县检察院办理的王某某正当防卫不捕不诉案件被最高人民检察院评为典型案例在全国推广。

【刑事执行监督】对县看守所进行安全检查112次，配合市检察院对县看守所进行巡回检察4次，办结刑事执行违法案件9件、刑罚执行监督案件15件。办结市检察院交办的涉嫌职务犯罪案件线索1件，向涉案单位制发社会治理类检察建议1份。办理强制医疗执行监督案件4件，办结财产刑执行监督案件3件。针对服刑人员违规领取城乡居民养老保险问题，向有关部门发出检察建议，挽回养老保险金损失1万多元。

【民事行政检察监督】加大对生效裁判结果、违法行为和执行活动的监督，办理民事检察监督案件7件，行政执法监督案件9件，发出检察建议15件，采纳并回复15件，化解行政争议案件1件。

【公益诉讼检察】全年受理公益诉讼案件线索40件，立案37件，发出行政诉前检察建议26件，整改26件，提起刑事附带民事公益诉讼2件，法院均判决支持诉讼请求。重点开展两项专项行动：一是国有文物保护专项行动，与县文旅局深入一线摸查国有文物保护单位313处，办理文物保护类行政公益诉讼案件2件，发出诉前检察建议2件，督促相关单位依法履行文物保护职责；二是食品药品安全检查专项行动，抽组人员深入城区居民小区，就群众关注的饮用水安全问题进行排查，对经营单位疏于卫生安全管理、相关信息未定期更新公示等问题，向职能部门发出检察建议1件，督促限期开展整治。

【严惩刑事犯罪】年内批准逮捕各类犯罪案件57件96人，提起公诉128件183人。依法办理故意杀人、抢劫、强奸等严重暴力犯罪15件15人。办理职务犯罪案件2件2人，办理盗窃、诈骗等多发性侵财犯罪案件63件104人，办理交通肇事等危害公共安全犯罪案件65件65人，办理毒品等犯罪案件9件15人，办理寻衅滋事、聚众赌博等犯罪30件53人，办理非法吸收公众存款犯罪案件3件5人，办理电信网络诈骗犯罪案件19件44人。

【扫黑除恶】深入贯彻落实全省扫黑除恶“六清”行动及挂牌督办案件推进会精神，以清单化、挂图作战、倒排工期的方式，扎实推进“六清”行动深入开展。全年召开7次党组会专题研究扫黑除恶专项斗争工作，受理线索3条，经核查，无涉黑涉恶犯罪事实。对“守初心、担使命，集中排查整治执法突出问题”专项行动，认真开展自查自纠，对2016年以来自办案件进行了“回头看”，评查案件326件，发现不规范问题26起，已全部整改到位。

【社会治安综合治理】践行新时代“枫桥经验”，落实案件依法处置、舆论引导、社会面管控“三同步”要求，扎实落实认罪认罚从宽制度，畅通“12309”检察服务中心群众诉求表达渠道，受理群众来信来访11件11人，信访案件全部在7日内按程序答复，3个月内办结回复。配合相关单位，在“3·15”消费者权益保护日、“6·26”禁毒日、“12·4”宪法日等节点开展法治宣传36场次。

【护航未成年人成长】全年受理未成年人犯罪案件3件3人，依法提起公诉1件1人，不起诉1件1人，附条件不起诉1件1人。围绕“校园欺凌”等主题开展“法治进校园”宣讲45场次，4名检察官受聘担任城区中学法治副校长，通过法治进校园活动，进一步加强了对未成年人的教育。

领导班子成员名录

检察长	苏亚君
副检察长	史　炜
	王文平
	史锁贵
纪检组长	吕生宸
党组成员、侦查监督科科长	牛奇志

（供稿：周楷沅）

审　判

【概况】泾川县人民法院下设综合办公室（司法警察大队）、政治部（机关党委）、监察室、审判管理办公室（研究室）、立案庭（诉讼服务中心）、刑事审判庭、民事审判庭、行政审判庭（综合审判庭）、执行庭（局）、高平人民法庭、玉都人民法庭、荔堡人民法庭、太平人民法庭共13个庭室，核定政法编制61人，年底实有人员58人。另有省聘书记员21人。

【审判总量】全年受理各类案件3259件，办结3218件，员额法官人均结案161件。

【刑事审判】全年受理各类刑事案件135件，审结132件，判处刑罚175人。依法审理电信诈骗案件1起11人，审结毒品犯罪案件7起12人，审理危险驾驶及交通肇事等犯罪案件28案28人；依法适用非监禁刑，判处缓刑43人。

【扫黑除恶】深入推进扫黑除恶行动，全力做好涉黑涉恶案件财产执行工作，审理“涉霸”案件2案3人，按期完成了“案件清零、黑财清底”工作。

【民事审判】受理民商事案件2079件，审结2070件。依法审结劳动争议、建设工程等合同纠纷案件452件；依法维护金融市场秩序，助力防范化解金融风险，审结借款合同、民间借贷等案件699件；审结财产纠纷、交通事故、医疗工伤事故等案件157件；弘扬传统美德，促进家庭和睦、邻里和谐，审结婚姻、抚养、继承、相邻纠纷等案件712件。

【行政审判】全年受理行政诉讼案件3件，审结3件。严格执行行政案件异地管辖制度，对县域内的行政案件，指导当事人到指定法院立案，主动与交叉管辖法院沟通联系，加强协作配合，促进行政争议的实质性解决，提高了当事人对诉讼结果的认可度。

【审判执行】全年受理各类执行案件1042件，结案1013件，结案率97.2%，到位标的7109万元。冻结款项1025.7万元，司法拘留8案12人。限制高消费778人次，纳入失信被执行人名单296人次。通过新媒体曝光失信被执行人120人次。建立“执行+保险”联动合作模式，促进诉讼保全、执行悬赏司法措施的运用，有90件案件办理了保险业务，加快了执行案件的化解。

【智慧法院】开通网上立案和缴费、民事调解、信访、跨域立案四个服务平台，网上立案310件，跨域立案196件。启动“云”办案平台，引导当事人通过网上诉讼服务及移动微法院的方式进行立案187件，接听12368诉讼服务热线450余人次。利用移动微法院开展线上办案，开通电子送达、视频调解，全年利用微信视频调解案件120件。积极探索多元解纷机制，全年调撤结案758件，调撤率36.5%。

【司法服务】采取全程调解、心理疏导等方式审理婚姻纠纷案件472件，发挥社会力量参与调解289件；依法审理教育、医疗、就业等民生案件137件，审理劳动报酬案件58件，追索劳动报酬130多万元。全年接待群众来信来访452人次，依法为困难群众减缓免诉讼费3.5万元，发放司法救助金28.7万元。

【审判管理】强化院、庭长审判监督管理职责，正确厘清“放权”与“监督”的关系，防止干预和过问案件，确保审判权的独立有效行使。修订完善案件质量评估指标体系，建立发回重审、改判案件跟踪反馈剖析制度，坚持案件质效情况逐月通报、季度分析、半年评判，实行动态监管，提高审判工作质效。拓宽案件评查方式，对2018年以来办结的1005件案件进行自查自评，评查裁判文书1450件，评查率100%，上诉发回改判率较上年下降4.8%。

【队伍建设】深入开展政法系统“坚持党对司法工作的绝对领导、坚持中国特色社会主义道路”专题教育、“以案释德、以案释纪、以案释法”警示教育、落实“三个规定”专项整治、“守初心、担使命，集中排查整治执法司法突出问题”专项行动和“队伍建设年”五项教育活动，推进“合议庭+临时党小组”党建工作机制，有效破解党建工作和审判业务脱节问题。组织干警参加国家法官学院、省市法院等各类培训549人次，持之以恒正风肃纪、强化廉政教育和警示教育，促使干警知敬畏、存戒惧、守底线。

领导班子成员名录

院　长	冯乃元
副院长	王新政
	朱春龙
	孙会义
纪检组长	鲁晓龙
党组成员、办公室主任	姚朝晖

（供稿：冯　年）

司法行政

【概况】泾川县司法局管理城关、荔堡、太平、城市社区等15个基层司法所，下设县公证处、法律援助中心和律师事务所，县律师事务所于2020年12月经县编委核定注销；县委全面依法治县委员会办公室设在县司法局。至年底，全系统共有干部职工64人。

【法治建设】召开县委依法治县委员会会议2次，制定印发全县2020年依法治县、法治政府建设工作要点，积极推进依法治县和法治政府建设工作。完成了《2019年度泾川县法治建设工作报告》《2019年度泾川县法治政府建设工作报告》。全面落实行政执法“三项制度”，编制完成行政许可事项流程图138项，梳理公共服务事项181项。多方式、多途径大力开展各类宣传，印制发放张贴各类法治宣传资料5万余份，悬挂横幅50余条，录制防疫电视专题法治节目1期。认真组织实施

"七五"普法验收，整理规范5大项94个方面普法工作验收资料，完成"法宣在线"平台建设工作；严格落实规范性文件审查监督管理工作，畅通行政复议与行政诉讼衔接机制，依法妥善化解行政争议，共梳理行政裁决事项17项（第一批），办理行政应诉案件3件，接收行政复议申请1起，化解行政信访案件1件。

【特殊对象管控】对刑满释放人员，严格落实疫情防控期间"必接必送"、无缝对接和一人一管控预案制度，专人专车接回省内外刑满释放人员29人。对社区矫正对象，严格落实网络学习教育管理模式。本年度接回刑满释放人员29人，开展远程会见75人次，今年接收社区矫正对象43人，解除56人。对7名违反社矫规定对象给予了书面警告和训诫。

【人民调解】指导建成县道路交通事故人民调解委员会、泾明乡白家村人民调解委员会、城关镇延风村人民调解委员会3个标准化人民调解委员会和老乔个人调解工作室，统一了标识标牌和工作制度、办公设施。积极开展人民调解员统一规范证件标识信息和调委会公章缺失损坏情况摸底工作。全年共排查调解矛盾纠纷1411件，调解成功1373件，成功率97.3%，在中国法网报送典型案例11件，兑付个案补贴13.4万元。

【公共法律服务】立足公共法律服务职能，加强法律援助工作，2020年，共办理法律援助案件223件、公证案件939件、律师诉讼案件219件，接受法律咨询3600余人次。

【扫黑除恶】认真做好涉黑涉恶线索摸排清零工作，集中开展"查隐患、堵漏洞"专项行动，对全县在册管理的社区矫正对象、刑满释放人员进行逐人走访摸排，加强对涉黑涉恶案件律师辩护工作的指导监督，律师完成涉黑涉恶辩护案件5起。

【基础建设】投入资金20余万元，对机关各办公室、各司法所废旧设施设备进行彻底更新，采购电脑等办公设备12台套，办公桌椅20件套，完成局机关办公楼及城关等6个司法所的维修和外观统一标识建设工作；建成县局指挥中心，完成与省、市司法行政指挥中心平台对接融合的前期准备。协调调配司法所所长2名，招录基层司法助理员2人。

领导班子成员名录

局　长	袁安林（9月离任）
	巫廷举（9月任）
副局长	刘晓文
	郝　强（4月任）
纪检组长	赵林义（6月离任）
	雷喜泰（6月任，11月离任）

（供稿：王晓芳）

人民武装

【党的建设】将党的十九届四中、五中全会精神，军队基层建设会议精神，《中国共产党军队党的建设条例》等纳入党委中心组学习内容，经常学、反复学。扎实开展"传承红色基因、担当强军重任"主题教育，充分利用驻地吴焕先烈士纪念馆等红色资源开展教育活动，认真抓好经常性思想工作，常态做好谈心交心，了解干部、文职人员、职工和专武干部思想状况，解决现实问题。购买《习近平谈治国理政》（第三卷）、《党的十九届五中全会〈建议〉学习辅导百问》等相关书籍，抓好理论学习宣传贯彻。认真学习研究民兵政治工作相关规定，积极挖掘梳理泾川县红色教育资源，编印下发《民兵政治工作手册》，加强民兵政治教育，巩固了深化民兵调整改革成果。坚持正确的新闻舆论导向，狠抓新闻宣传工作，在《中国民兵》等中央级媒体刊稿3篇，在陇原征兵等省级以上媒体刊稿19篇。

【练兵备战】始终把备战打仗作为第一要务，深化民兵调整改革，集中应急分队民兵128人开展了12天基地化轮训备勤，提高了民兵队伍应急应战能力。在省军区“三项比武”活动中，夺得2金、1银、2铜，为平凉市荣获全省团体第一名做出贡献。组织19名专武干部参加平凉市专武干部资格认证，全部通过资格认证考核。立起按纲施训、从严治训鲜明导向，人武部干部参加军分区年度军事训练考核成绩均为优秀，政治委员张智坤被平凉军分区评为“四有优秀军官”。县人武部被省军区评为“全面建设先进人武部”。

【国防动员】扎实推进“三项基础”建设，协调县委、县政府召开全县“三项基础”建设观摩会，总结建设成果，推进“三项基础”建设全面达标。扎实开展征兵宣传工作，严格落实征兵体检和政治考核相关规定，严密组织役前教育训练，落实廉洁征兵各项制度，未发生征兵工作“微腐败”“暗腐败”问题，圆满完成上级赋予的新兵征集任务，连续两年“零退兵”，被省征兵工作领导小组评为2020年度“征兵工作先进单位”，部长杜鹏被评为“征兵工作先进个人”。会同县委组织部、县人社局，带领人武部各科室负责人、基层武装部长，对年度基层武装工作落实和专武干部履职尽责情况进行“联考联评”，按标准考核打分、拉榜排名，全面掌握了武装工作底数，有力推动了党管武装工作成效。

新兵教育训练

【双拥工作】积极参与脱贫攻坚行动，印发《脱贫攻坚帮扶工作手册》，立足自身扶贫扶智，投资9.8万元为城关镇何家坪村建成“军民共建文化广场”，捐资助学4名家庭困难学生。会同县退役军人事务局，走访慰问了东部战区海军医院援鄂医疗队2名泾川籍医护人员家庭，为抗疫前线人员解除后顾之忧。利用传统节日等时机，为现役立功人员家庭送喜报，发放慰问金，营造尊崇军人、鼓励参军的社会氛围。国庆、中秋前夕，会同县退役军人事务局走访慰问了14名执行任务官兵家庭和1名西藏军区困难官兵家庭。配合县退役军人事务局，对全县参战参试退役人员身份认定核查，全面摸清真正为军队和国防建设做出贡献人员的情况，使他们享受到应有的优待。

领导班子成员名录

部　长　杜　鹏

政　委　张智坤

副部长　孙夕飞（借调）

（供稿：武社平）

农 业

【概况】泾川县农业农村局是县政府工作部门，下辖县畜牧兽医中心、农业机械化服务中心、农业经营服务中心、农技推广中心、蔬菜生产办公室、甘肃农业广播电视学校泾川分校、农村能源工作站、农业综合行政执法队、种子管理站、渔业工作站、农业项目服务中心、人居环境工作站12个事业单位。核定编制285个，年末在册正式工作人员333人，其中公务员21人、工勤人员69人、事业干部243人（其中管理干部27人，专业技术干部216人）。专业技术人员中高级职称69人，中级职称71人，初级职称76人。全局有科级干部47人。

【机构增减】根据泾编委发［2020］12号文件精神，2020年3月27日在农业农村局增设二级单位，泾川县农村人居环境工作站，正科级全额拨款事业单位，核定编制8名，设站长1名、副站长1名。根据泾编委发［2020］35号通知，撤销局下属太平园艺场、任家寺良种场、高丰良种场、温水渔场4个农（渔）业场。

【重点指标】全年农村居民人均可支配收入11286.8元，同比增加990.15元，增长9.44%，完成农业增加值88500万元，同比增长6%。

【粮食生产】全年粮食播种面积46.65万亩，粮食总产量14.38万吨，单产254.66公斤。落实耕地地力保护补贴2929万元，落实测土配方施肥61.03万亩，推广旱作农业16.04万亩。全县农机总动力达19.93万千瓦，农机总收入达1.65亿元，完成机耕48.95万亩，机械播种44.13万亩，机械收获40.67万亩，农作物综合机械化服务达到81.51%。

【疫情防控】安排执法人员69人次，配合市场监管局对农（集）贸市场、活禽交易点、海鲜销售门店等检查23次，未发现活禽交易、售卖野生动物等违法违规行为，有效维护了市场秩序。

【蔬菜产业】新建设施蔬菜园区6处，新建日光温室61座、钢架大棚608座。维修改造日光温室44座，塑料大棚410座。全县蔬菜园区累计达到48处，日光温室达到878座，钢架大棚达到4172座，扶持48个贫困村种植露地蔬菜6800亩（贫困户种植4021.7亩），全县种植露地蔬菜3万亩。招商种植设施西瓜2.1万亩，全县瓜菜种植面积达到5.53万亩。

王村镇章村村甘蓝喜获丰收

【畜牧产业】建成王村朱家涧村、罗汉洞南河村、高平任家寺村3处规模化养牛场，规模化肉牛养殖场（小区）累计达到45个，成立吴建平院士工作站，建成平凉红牛种质资源站，全县牛、猪、鸡饲养量分别达到3.83万头、16.77万头、258.11万只，同比分别增长19.47%、27%、125.4%。肉蛋奶总产量达到1.15万吨，同比增加44.2%，畜牧业总产值和增加值分别达到5.94亿元、3.57亿元。

【高标准农田建设】全面建成2019年高标准农田2万亩，其中高标准梯田1.11万亩，高效节水灌溉0.89万亩。2020年省厅下达1.5万亩高标准农田任务（其他高标准农田1万亩，高效节水0.5万亩），6月底完成招投标，11月底全面完成。

【渔业开发】建立温水渔场、中子沟养殖、思源水产3个水产健康养殖示范点，放养鱼苗340万尾，出塘大宗商品鱼583吨。完成旧池塘改造120亩，新增休闲渔业面积60亩，落实健康养殖面积800亩，全县水产总面积达到2130亩。

【农业执法】完成种子企业及种子代理商登记备案28家，委托代销经营备案种子175个品种。依法打击生产销售高毒、禁限用农药、过期农药兽药及假冒伪劣肥料饲料等违法经营行为，签订《农药经营责任书》127份、《安全使用农药承诺书》160份。全年出动执法人员438人次，出动执法车辆112车次，检查种子经营门店145家、农药经营门店119家、肥料经营门店158家、兽药经营门店32家、饲料经营门店36家，查获涉案肥料52.24吨、涉案豆芽1000公斤、涉案野生动物19只。立案查处违法案件19起，结案19起，处罚5.526万元。

【新品种试验示范】围绕玉米和小麦产业体系项目，落实主要技术示范任务1360亩，新品种示范180多亩；完成新技术、新品种对比试验6个、试验品种22个，新优品种示范展示143个品种143亩，试验示范小麦、玉米、黄豆、高粱新品种248个。

全县玉米新品种观摩培训会

【果蔬保鲜库建设】争取省级项目资金356万元，组织五兄弟、汇磊、百恩、泾延和富原红5家合作社新建机械冷藏库5座，新增贮藏能力4773.4吨。招标采购配发农民专业合作社移动冷藏车2辆。

【厕所革命】组织改厕技术培训67场8060人次，印发户厕建设技术规范和农村卫生旱厕、水冲式厕所改建模式及施工要求1.5万份。新建（改建）户厕7890座，占任务7700座的102.5%，建成村级公厕212座，行政村卫生公厕覆盖率达到100%。配备1.5方吸粪车63辆，每个村安排1～2名公益性岗位人员，负责粪污处理。

【农村环境整治】创建省级清洁村庄64个，累计清理村内水塘27口，整治沟渠1275公里，清理淤泥5580吨，拆除烂房烂墙烂圈、废弃厂房棚舍等16300处，集中拆除废旧房屋7598户33728间，封堵填埋窑洞6630户31694孔，整修林床39.1公里，栽植道路林网44.2公里，绿化村屯32亩，栽植苗木8万多株。

【面源污染防治】 推进化肥农药减量增效，全县化肥利用率达到40.02%，农药利用率达到40.1%。建成废旧农膜回收点9个，回收废旧农膜1376吨，回收率81.7%。采取饲料化利用、简易坑堆沤及直接还田等方式处理尾菜5600吨，处理率40.6%。完成粮改饲种植7.2万亩，建成有机肥生产线2条，实现畜禽养殖废弃物综合利用9.5万吨，大型养殖场粪污处理设施装备配套率达到100%，秸秆饲料利用率达到85%。

【农业保险】 开办3大类14个险种，完成保费总额1883.12万元。农业保险报案2710件，共计理赔612.21万元，9841户（次）农户直接受益。

【农民培训】 按照省市《关于在应对新冠肺炎疫情期间切实做好农民在线培训学习工作的通知》精神，制作农业生产技术视频3条110分钟，上传在“中国农技推广”“云上智农”、微信群、微信公众号等新媒体供学员在线学习。完成农民实用技术培训1.8万人次。落实2020年度新型职业农民培育工程项目资金50万元，以种养大户、合作社负责人为重点，培训农民239人次。

【农民专业合作社】 启动“六个一”质量提升活动，完成合作社辅导员及带头人培训1300人次，对全县466家农民专业合作社开展了一次“回头看”。统筹整合财政涉农资金100万元，对有贫困户参与、有产业到户资金入股，但产业基础较差、带动能力弱的10个合作社进行了扶持。推荐申报市级示范社9家，省级示范社9家。全年新注册合作社11家，全县466个农民专业合作社中运营规范和较规范的400家（创建示范社71个），合作社规范化运营率达到85.8%。

【“三变”改革】 安排入股资金997.2万元，为110个行政村1096个贫困户进行配股，办理抵押担保，签订三方协议。与扶贫办、财政局和审计局组成联合督查组对2018和2019年度入股资金运行情况进行专项督查，防止资产流失。

【产权制度改革】 制定印发《泾川县2020年农村集体产权制度改革试点工作实施方案》、泾川县组建集体经济组织及折股量化操作步骤和泾川县成立股份经济合作社模板，编印《政策解读》手册300本，悬挂横幅15条，开展业务宣讲培训20场次，完成业务培训1000余人次。对2018年、2019年两个年度的集体“三资”进行清理和复核，并录入全国清产核资系统。挂牌成立股份经济合作社212个。

【村级集体经济】 利用中央财政资金和2020年第三批天津帮扶资金（发展壮大贫困村集体经济）950万元，按照每村50万元的标准为红河乡姚哈村、王村镇朱家涧村等19个贫困村进行了扶持，每年为村集体固定分红3万元。年内全县91个贫困村收入348.04万元，村均收入3.82万元；121个非贫困村收入292.47万元，村均收入2.417万元。

【宅基地改革】 召开了全县农村宅基地改革审批管理业务培训会，印发了《关于进一步规范农村宅基地审批管理的意见》，制定了泾川县农村宅基地审批程序。全年14个乡镇共申请478户，审查审批114户，全部符合土地利用总体规划和村庄规划。

【质量监测】 新建农产品监管站1个，检测检验室1个，累计抽检31批次6大类23个品种1744个蔬菜样品，抽检合格率100%。印发《农产品质量检测简报》25期740份，向省市县主管部门报送检测信息25条。配合完成省、市例行抽样4次，取样55份，完成样品预处理85份。

【动物防疫】 严密排查监测非洲猪瘟、H7N9禽流感、猪蓝耳、畜间流行性乙脑和结核等动物疫情，开展屠宰检疫生猪4000多头，宰前PCR检测率100%，屠宰检疫肉牛100多头。产地检疫各类畜禽83.57万头（只）。县疫控中心实验室送检省、市级抗体1400多份、病原500多份，县级抗体检测自检口蹄疫、猪瘟、H7N9等5000多份。严格落实运输生猪、畜禽及其产品车辆备案登记制度，核查无证运输、群众举报案件线索6起，无害化处理违规运输生猪产品10.3吨。处置违规调运案件3起，无害化处理1起，有效防范了疫情风险。

【“三品一标”认证】全县培育“三品一标”生产经营主体20家，建成“三品一标”农产品产地（基地）7个，认证无公害农产品11类，新增绿色食品企业7家，涉及农产品3类（其中苹果5个、玉米1个、番茄1个），续展绿色食品企业6家。

领导班子成员名录

局　长　　任掌元

副局长　　吕义郎

　　　　　周英全（9月离任）

　　　　　吕忠明

党组成员、畜牧兽医中心主任

　　　　　郭贵明（9月任）

纪检组长　　李志兴

（供稿：王有文）

畜　牧

【概况】泾川县畜牧兽医中心是隶属县农业农村局管理的正科级事业单位，下设畜牧技术服务中心、动物疫病预防控制中心、动物卫生监督所、兽药饲料监察所、凤口公路动物防疫监督检查站、畜禽屠宰监管办公室和14个乡镇畜牧兽医站。核定编制70人，2020年末有工作人员122人，其中专业技术人员99人，高级职称13人，中级职称34人，初级职称52人。

【畜牧业规模】全年牛饲养量和出栏量分别为3.83万头和1.76万头，猪饲养量和出栏量分别为16.77万头和9.57万头，羊饲养量和出栏量分别为3.44万只和1.36万只，鸡饲养量和出栏量分别为174.05万只和81.06万只；肉、蛋、奶总产量达到11528.55吨，产值完成5.94亿元，畜牧业增加值完成3.57亿元。

【产业扶贫】安排财政扶贫资金1632.63万元，覆盖14个乡镇193个村7551户30414人，购买平凉红牛基础母牛1050头、红安格斯基础母牛52头，对贫困户养殖的4812头平凉红牛基础母牛采取冻配繁育的每头补助100元，养殖的4804头平凉红牛基础母牛每头补助500元，购买仔猪900头、鸡苗6009只、獭兔117组、肉兔100只、肉羊46只，配发铡草机、揉丝机44台，修建青贮池21个、暖棚圈舍441座13054.8平方米，种植饲用玉米1120亩。

【项目建设】列建实施秸秆汽喷破壁发酵饲草生产技术应用推广、平凉红牛良种中心建设、动物防疫指定通道建设、乡镇畜牧兽医站改扩建、新一轮草原生态保护补助、粮改饲等项目，完成投资1718.22万元，其中财政投资1031.61万元；县财政扶持200万元，全面完成平凉红牛良种中心配套建设，引进遗传育种专业紧缺人才1名，保障了良种中心正常运营。新建改扩建养殖场4个。

县上领导带队赴高校共商畜牧业发展

【疫病防控】制定《2020年重大动物疫病防控工作安排意见》，安排11名专业技术人员，分片包抓全县动物防疫工作，培训乡村防疫人员378人次，对村防疫员实行绩效考核，兑现奖惩。坚持非洲猪瘟“一对一”和“日报告、零报告、周报告”制度，积极推广非洲猪瘟防控“五户联防”

模式，全面开展消毒灭源，消毒畜禽规模养殖场（户、车辆）283.6万平方米，发放告知书、宣传资料6300多张（册）。县畜牧防疫中心实验室通过省级验收，送检省市血清和试纸9937份；县级抗体检测自检口蹄疫、猪瘟、小反刍兽疫、H7N9、布病、新城疫、禽流感等血清6917份，完成了实验室年度检测任务。

【动物卫生监管】全年产地检疫各类畜禽121.49万头（只），监管入泾畜禽65.33万头（只），核查运输过境畜禽及其产品车辆884辆，畜禽20.64万头（只）、动物产品396.33吨，消毒车辆173台，有效防范了疫情传播风险。对2家屠宰企业开展日常执法检查，全年屠宰检疫猪牛4396头、猪牛肉产品32.59吨，生猪宰前PCR检测率100%，屠宰环节无害化处理生猪产品1022公斤。开展畜产品抽检工作，抽检猪肉、猪肝、禽蛋、羊肉67批次，瘦肉精检测120份，未发现违法行为；定期入户检查奶牛养殖情况，确保乳品安全。审查核发兽药经营许可证8家，定期对动物诊疗场所、兽药门店进行监督检查，累计出动车辆60台（次）、执法人员93人次，检查企业门店52家。

【技术推广】建成平凉红牛种质资源站和草食畜牧业陇东试验站，重点开展品种选育、性别控制、谷物熟化压片、秸秆汽喷破壁，优质高端牛肉生产、精深加工等高新技术的研究与应用；市农科院在荔堡、玉都等乡镇建立小黑麦全株青贮示范点4处，推广种植1500亩，完成青贮4800吨。完成“粮改饲”饲用玉米种植7.2万亩，青贮玉米秸秆22.55万吨，秸秆饲用率达到85%以上。配套大型秸秆加工机械44台，建设青贮窖（池）3568立方米，全县青贮窖（池）达到32.65万立方米，肉牛改良9589头。分乡镇举办培训班14场，培训养殖技术人员2800多人次，依托亚行项目邀请甘肃农科院、甘肃农业大学等科研院所专家教授围绕肉牛养殖授课，培训人员300多人次。

领导班子成员名录

主　任　何宏福（9月离任）
　　　　郭贵明（9月任）
副主任　张　弘（9月离任）
　　　　郭儒奎

（供稿：郑　强）

农机管理

【概况】泾川县农业机械化服务中心属县农业农村局管理的二级事业单位，年底有干部职工22名。

【农机规模及使用】年末，全县农机总动力达19.906万千瓦，农机总收入达1.65亿元，农机纯收入5590万元；全年完成机耕49.6万亩，机械播种44.1万亩，机械收获41.2万亩，农作物综合机械化服务达到81.09%，较上年增长0.34%。

大型机械开展玉米秸秆青贮收割现场

【技术推广与培训】重点推广玉米生产全程机械化、秸秆还田及综合利用、农机深松整地等先进适用新技术，举办新技术培训班13期，培训1680余人次。

【农机组织】累计注册农机合作社达到15家，入社社员171人，拥有各类农业机械611台（套）。完成“一乡一社”农机合作社建设试点任务，其中新建合作社4家，提升合作社4家，共补贴资金80万元。

【农机监理】全年检验拖拉机、联合收割机

3812台，占应检4189台的91%，审验换发到期农机驾驶证471本，占应审验换发522本的90.23%，新车入户登记218台，拖拉机累计注册登记4345台，拖拉机拥有量4460台，拖拉机登记率为97.42%。

【项目建设】为全县156户群众兑现农机购置补贴350万元，补贴6大类19个品种260台（件）。实施农机深松整地作业补助项目，完成深松农田8万亩，补贴资金160万元。

领导班子成员名录

主　任　尚世和
副主任　王保生
　　　　余芸芸（女）

（供稿：杨虎平）

农村经营管理

【概况】泾川县农业经营服务中心属县农业农村局下属正科级事业单位，财务单列，经费列入县财政全额预算。县编委核定编制20人，年底有职工20人。

【经营主体】全年新注册家庭农场15家、合作社11家、农业产业化企业20家，规范提升合作社400家，质量提升合作社33家，推荐市级示范社9家、省级示范社9家。

【集体经济】依托“三变”改革和农村集体产权制度改革试点工作，利用各级财政及天津对口帮扶资金，对全县集体经济发展薄弱村进行了专项扶持。全县91个贫困村村级集体经济收入共计348.04万元，村均收入3.82万元。

【财务审计】由县委组织部牵头，抽组县财政局、农业农村局业务人员14名，组成3个工作组、7个小组，对14个乡镇随机筛查的70个村就本届村级干部任期期间（2018—2020）的村级财务进行了专项审计，并形成专项审计报告。

【农村改革】科学指导农村产权制度改革，全县折股量化资金17761万元，组建股份经济合作社212个，完成登记赋码合作社212个。制定泾川县农村宅基地审批程序，严格落实一户一宅和“三到场”规定，全年乡镇共申请农户建房478户，审查审批114户。

【项目建设】为城关镇等10个乡（镇）安排入股资金997.2万元，为110个行政村1096户贫困户进行配股，入股期限为三年。为太平、丰台303户贫困户安排“四小产业”补助资金5.97万元。为高平镇等3个乡镇10个村安排发展村集体经济项目资金500万元，通过对10个贫困村进行扶持，基本消除村集体经济薄弱村。

领导班子成员名录

主　任　辛晓丽（女）
副主任　杨尚坤
　　　　陶海彦

（供稿：何文波）

高效农业示范园区

【概况】泾川县高效农业示范园区创办于2001年，由县上租赁城关镇五里铺村土地430亩，修建钢架日光温室149座，引进蔬菜、花卉、西瓜等新优特品种示范种植，9月成立高效农业示范园区管理委员会，核定编制6人。至年底，园区内正常生产的温室有108座，有工作人员3人。

【重点工作】对园区机制转换进行前期论证和研判。召开机制转换研讨会2次，开展招商引资活动3次。定期开展固定资产清查和安全隐患排查，解决驻园户之间的矛盾纠纷，严格守护边界四至，全面管护园区绿化苗木、风景林和稀有物种。对大棚结构、安全隐患、日常生产等情况开展调研3次，调处矛盾纠纷3件，兑现土地租赁费24.96万元。

【协调服务】协调县公路段及城关镇政府及时疏通过境公路涵洞和排洪渠道，有效解决大棚被淹没毁坏蔬菜问题；集中组织人力对园区道路、院落、棚区环境进行彻底清理和维护；定期开展水电设备养护、线路维护和平时正常运转等工作的管理运营；通过编发手机短信、印发或网上发布技术资料、现场指导等措施，指导帮助驻园企业、经营户及时开展防灾、抗灾工作。

领导班子成员名录

主　任　吕建军

（供稿：赵录琪）

扶贫开发

【概况】泾川县扶贫开发办公室是县政府工作部门，内设综合办公室、建档立卡信息中心、计划统计股、督查帮扶股4个股室。年底有干部职工28人（挂职2人）。

【年度脱贫】2020年，经乡级自评、县级初验、市级验收，全县329户967名贫困人口全部脱贫，王村朱家涧、红河姚哈2个贫困村达标退出，年度减贫任务全面完成；365户监测户及704户边缘易致贫户均实现稳定增收，返贫致贫风险全面消除。

【产业扶贫】建成王村镇朱家涧平凉红牛养殖场、罗汉洞乡南河村大坡塬家庭农场、高平镇任家寺肉牛养殖小区3处，带动全县牛饲养量达到3.83万头，其中贫困户牛饲养量9025头；新建果园2993亩、补植0.94万亩，在丰台、高平等乡镇建成矮化密植园856亩，乔化短枝苹果园403亩；建成王村朱家涧、红河东庄等设施蔬菜园区6处、日光温室61座、钢架大棚608座，维修改造日光温室44座，塑料大棚410座，扶持贫困村种植露地蔬菜1.4万亩；开展建档立卡劳动力技能培训4853人，输转城乡劳动力74093人，实现劳务收入20.3亿元，全县20家扶贫车间吸纳劳动力就业2155人，其中建档立卡劳动力961人，群众增收基础更加牢固。

【基础设施】开展农村住房“大起底、大排查、大整治”百日攻坚行动，对全县7万多农户住房面积、安全等级等情况进行全面核实，集中拆除长期闲置废弃危房，住房隐患全面消除；实施易地扶贫搬迁巩固提升项目16个；改建南部水厂泵站1处，修建调蓄池1座，增建加压泵1台，新建水源大口井1眼，扩建北部水厂水处理设施1处，更新改造部分老旧管网44.8千米，埋设输水管道9.4 千米；硬化自然村组道路50条80.2公里，砂化产业道路35公里，建成水过面桥2座，衬砌排洪渠12.6公里，增设各类警示设施、护栏等安全防护设施13项155.2公里，维修治理农村公路12.8公里。

【公共服务】实施中小学改扩建项目24个，新增校舍面积11593平方米，新建运动场4256平方米，硬化校园面积11030平方米，落实教育扶贫资金4352.9万元，受益学生6.6万人次；为13个乡镇卫生院配备神灯治疗仪66台、中医熏蒸仪20台；严格落实“先诊疗后付费”“一站式”及时结报等政策，至年底，全县建档立卡贫困人口住院特惠政策受益15348次，住院总费用7256.5万元，基本医保报销3473.79万元；大病保险报销3862人次，补偿金额889.24万元；医疗救助政策受益15203人次；全年向3.07万困难群众发放各类社会救助资金9346.53万元，全面保障了群众基本生活。

【挂牌作战】王村镇朱家涧村和红河乡姚哈村是全市挂牌作战的2个年底必须脱贫的贫困村。王村镇朱家涧村，搭建日光温室13座、钢架大棚235座，全部种植瓜菜，日光温室棚均收入1.6万元，钢架大棚棚均收入0.9万元，全面完成朱家涧平凉红牛养殖场附属配套工程，引进养殖平凉红牛基础母牛142头、育肥牛91头，组织输转劳动力173人，其中贫困户151人，有效增加了群众收入。红河乡姚哈村，购买平凉红牛基础母牛23头；6座日光温室和18座钢架大棚种植的瓜菜实现收入17.74万元；动员贫困群众栽植山毛桃杂果经济林545亩，种植板蓝根356亩、饲草玉米246亩、籽用西葫芦18.3亩，组织劳务输转144人。新建卫生厕所36座，硬化村内主干道路2条1200米、巷道10条1347米，配套排水渠及过路管涵826米，有效改善了群众生产生活条件。2个挂牌作战村均实现脱贫退出。

【项目管理】 全年财政专项扶贫资金总投入18028.72万元，其中中央8230万元，省级4870万元，市级2208.72万元，县级2720万元。共计安排项目211个，其中增收产业培育项目109个，投资3657.7205万元；资产收益项目13个，投资1317.2万元；就业扶贫项目5个，投入资金1363.019万元；基础设施建设项目71个，投资7626.4905万元；重度贫困残疾人家庭无障碍改造项目1个，投资9万元；科技培训项目4个，投资957万元；易地搬迁贷款贴息项目1个，投资542.94万元；精准扶贫贷款贴息项目2个，投资1501万元；补短板项目3个，投资936.35万元；项目管理费2个项目，投资118万元。

飞云镇闫崖头村危房改造

【东西部协作】 2020年，落实东西部扶贫协作帮扶资金3609万元，实施项目29个，搭建日光温室44座、钢架大棚352座，扶持贫困户种植中药材3632亩、瓜菜200亩、葡萄40亩，购买平凉红牛基础母牛40头，补贴良种冻配技术能繁母牛3000头；“点对点、一站式”向天津输转贫困劳动力110人，武清区有关企业提供就业岗位3000多个；借助天津消费扶贫展销会等平台，农产品直销天津市场价值1713.27万元；武清区选派12名学科骨干教师、14名医疗人才、4名农业科技人才到泾川开展挂职帮带活动，泾川县7名党政干部和140名专技人才到武清区锻炼，培训党政干部53人、电商人员100人、农业专技人员79人、教育学科骨干40人、卫生医疗人员234人；武清区10家企业和社会组织捐助帮扶资金571.3万元。

领导班子成员名录

主　任　杨旭升（3月离任）
　　　　李　杰（3月任）
副主任　李鸿生
　　　　毛红涛
　　　　赵　亮（4月离任）
　　　　邓小龙
　　　　赵　斌（挂职，3月离任）
　　　　杨尚坤（挂职，3月离任）
　　　　王武亮（挂职，12月离任）
　　　　段建军（挂职，4月任）

（供稿：郭晓玉）

水　务

【概况】 泾川县水务局下设水利工程建设站、水利管理总站2个正科级建制事业单位；河道养护站、水政监察大队、水利工程服务中心、水土保持预防工作站、水旱灾害防御中心、朱家涧水库管理所6个副科级建制事业单位；下辖14个乡镇水管站（含8个灌区管理所）、5个水厂。至年底，全系统有干部职工172人。

【项目建设】 年内争取资金8124.7万元，完成投资4018.6万元，完成固定资产投资3838.12万元。重点实施农村饮水安全提升改造、农村苦咸水改水2大工程，进一步提升了全县农村供水保障能力。

【水旱灾害防御】 及时召开水旱灾害防御工作会议，签订安全度汛目标责任书17份。开展汛前安全隐患排查，全面落实汛期领导带班制和24小时值班制度。抽组专人对县级监测预警平台、全县70处预警广播、39处自动雨量站、4个自动水位站、35处简易雨量站点进行了全面维修，保证了雨水情监测站点和监测预警平台正常运行。

【农村供水】 全年农村供水127万吨，水费收入完成840万元。更换老旧管网11.05公里，改造输水管道9.8公里，埋设配水管道4.36公里，保障了全县农村群众生活用水。新增自来水入户157户。建成了理化分析室、微生物室、色谱室、光谱室、药品室，配备仪器设备28台套，培训水质检测人员5名，“千吨万人水厂”日检测水质指标9项，县财政水质检测工作经费45万元。累计更换智能水表40748块。全面推行“两部制”水价，落实了基本水费和计量费相结合的居民用水费用收缴机制，开通了“甘肃农村饮水微信平台”。

南部水厂新建的净水设备

【河道管理】 在全县开展河湖“清四乱”专项行动，全面落实“一河一策”方案，落实河湖管理分段包抓责任制，县级总河长开展巡河检查4次，县级河长湖长开展巡河检查19次，全年对全县6条河流开展集中清查2次，日常巡查检查110多次，督办整改突出问题6起。加强采砂疏浚企业监管，发现并整治“四乱”问题47起，清理河道沟道垃圾5000多立方米。

【水政监察】 全年全县用水总量为2641.91万立方米，完成水资源费征收23.8万元，依法审批发放取水许可证44个。按照《泾川县工业企业节能节水管理办法》，确定了年度各行业用水总量控制指标，督促中国石油华北分公司等9户重点企业制订了用水计划并获批。始终严格管控超采区域公共供水管网覆盖范围内取水井数量。

领导班子成员名录

局　长　　何科元
副局长　　李永伟
　　　　　刘凯元
纪检组长　史丽琴（女）

（供稿：吕文华）

水　保

【概况】 泾川县水土保持工作局属全额拨款的事业单位，参照公务员制度管理，下设水土保持工作站、水保工程建设站、田家沟水土保持试验示范站（挂田家沟水土保持生态风景区管委会牌子）3个副科级事业单位。核定编制43名，年底有干部职工41人。

【项目建设】 年内，争取各类项目投资538万元，实施了田家沟淤地坝维修及黄土高原塬面保护两个项目。田家沟淤地坝维修投资13万元，实施了G2骨干坝道路铺砂、G7骨干坝排水渠工程；塬面保护项目完成投资525万元，在党原镇、荔堡镇7个村，回填侵蚀沟头7处，兴修梯田2.33公顷，修建涝池9座，消力池7座，铺设排水管1739米，修建跺式砖墙806米，保护塬面面积15平方公里。

中央财政水利发展资金黄土高原塬面保护
泾川县党原塬项目建设工作启动会

【堤坝防汛】 成立了汛期淤地坝防汛应急领导小组及应急队伍，调整充实淤地坝防汛行政、巡查、技术3个责任人。组织力量对各淤地坝坝体、溢洪道、上坝道路、蓄水情况、警示牌等实地检查，逐项梳理归纳，消除了安全隐患。修订各淤地坝工程防汛预案，召开淤地坝防汛培训，开展防汛抢险应急演练，汛期全天候轮流值班。整个汛期没有发生不安全事故。

【水保规划】 组织专业人员，在广泛走访调研的基础上，完成“十四五”时期全县水土保持重大项目规划。“十四五”期间规划建设黄土高原沟壑区“固沟保塬”综合治理、泾川县水土保持综合治理、泾川县生态清洁型小流域建设、泾川县水土保持生态修复工程、淤地坝建设工程及泾川县智慧水保建设六大类项目，工程概算总投资28351.79万元。

领导班子成员名录

局　长　黄勤生

副局长　李晓文（1月任）

　　　　乔光宏（5月任）

（供稿：史建新）

工业和信息化

【概况】泾川县工业和信息局为县政府组成部门，下设县大数据中心和县招商服务中心2个事业单位。核定编制18名，年底有职工49人。

【重点企业培育】培育正大饲料公司、丰泰永晟纺织、越强宏大公司实现“小升规”，多方盘活福润禽业、恒兴果汁2户企业，强化华润陶瓷、家园陶瓷等重点企业预警监测，全力促进各类企业及时复工复产达产达标，全县全年完成规上工业总产值1.62亿元，增加值3096万元。

【项目建设】2020年登记备案项目25项，实施重点项目20项，完成工业固定资产投资1.77亿元。中盛建材一期15万吨活性石灰技改、正大二期饲料生产线、鼎惠公司万吨气调保鲜库和鸣龙服饰熔喷布3 个项目建成投运；年产10万吨矿泉水生产线项目完成用地审批、水资源储量探测；200万吨建筑骨料项目完成场地平整、水电接入和基础打桩；汇丰重油无害化油泥处置项目取得危险废物经营许可证，完成设备管道的基础维护；温泉小镇开发项目完成资产评估，举行了开工奠基仪式；小微企业孵化园项目完成初设评审和前期工作。30万吨高效环保超微细粉、1000吨二甲基砜等项目加快推进。推荐天纤棉业公司申报甘肃省“专精特新”企业和智能自动落纱新型技术改造创新项目，落实资金50万元。

【招商引资】全年实施招商项目44项（其中新建30项，续建14项），总投资38.6亿元，建成了高平生猪育肥场、松果电单车、千亩西瓜种植基地、泾河川区万亩西瓜种植等项目，落实招商引资到位资金15.2亿元，同比增长20.44%，外资到位资金9.05亿元，同比增长28.36%。论证储备招商引资项目54项，概算投资107.79亿元。年内赴深圳、陕西、河南、天津、上海等地开展上门招商活动，线上推介各类项目50多项，发布县上招商优惠政策20余条，推送投资指南信息20多条，帮助企业通过线上注册公司、办理项目审批等事项5项。衔接邀请中铁九局等23家集团企业来泾川考察洽谈项目，成功与新疆特变电工等4户企业开展线上洽谈，达成意向项目3项。

天纤棉业20万锭棉纱生产线

【非公经济发展】帮助508户非公企业注册使用涉企政策精准推送和“不来即享”系统，落实省、市出台的支持企业复工复产各项政策措施，筹资200万元建立了非公企业互助贷款风险补偿担保基金，设立中小企业发展专项资金200万元，支持民营企业加快发展。先后7次召开中小企业金融服务推进会，为142户中小微企业发放贷款5.27亿元，协调金融单位降低贷款利率、不还本续贷、减负罚息等措施为43户企业解决了融资难题，年内新增各类市场主体1285户。

【信息化建设】协调三大运营商加快实施5G基站网络建设、移动大数据中心、电信云网融合应用、物联网、智慧城市、电子政务、光网到村等项目建设。协调有关职能部门，对县城内网络信号塔进行升级改造；联合开展“暖春行动”“秀美平凉、乐购盛夏”等活动；通过“陇政钉”系统为中小微企业提供疫情检测等免费信息技术服务。年内在城区规划建设5G基站9处，年底建成3处，在建6处。

【服务疫情防控】全县新冠肺炎疫情防控工作安排部署之后，县工信局作为医疗物资保障组成员单位，主动履职作为，想方设法累计购买、调拨疫情防控各类物资78.6万件（套），第一时间为乡镇、县直相关单位、各级医院、疫情检测点调拨分配口罩、防护服、消杀用品、医用物资21万多件（套），为全县疫情防控工作提供了物资保障。

【安全生产】严格落实安全生产“一岗双责”，加强安全生产排查整治和闭环管理，健全安全事故应急处置预案，常态化开展隐患排查整治。健全完善企业生产环境保护长效管理机制，全面推进“散、乱、污”企业专项整治，推行企业大气污染治理“红黑榜”制度，5户散乱污企业全部整治到位，其中4户拆除搬迁、1户整改到位。

【煤炭市场监管】制定《2020年煤质管控工作重点》和《泾川县城区居民取暖民用洁净煤补贴办法（试行）》，组织公安、生态环境、市场监管开展煤炭市场监督检查80多次，关闭取缔散煤摊点3处、乱堆散放摊点50余处，劝返走乡串户违规经营劣质煤炭问题120多起（次），向各乡镇、相关部门移交27起（次），查处19起，累计处罚1.7万元。督促煤炭专营市场与8个入驻企业及全县40个二级煤炭配送网点签订授权经营协议49份，订制统一标识的煤炭包装材料50多万件，煤炭供应实现规范化。2020年新增二级网点3处，市、县两级抽检煤质140批次，合格率97.1%。

【国有企业管理】衔接财政、审计等部门对大云文旅集团、广惠担保等企业资产、人员进行了移交，同步加强和改进国有企业党的建设。完成18户国有企业682名离退休人员的组织、人事关系及档案移交。配合县纪委开展国有企业突出问题核查，11户国有企业查摆出存在问题76条，督促相关企业进行整改。推进温泉小镇开发建设和国有企业公司制改革，督促县招待所等5户企业稳步推进改革，制定了三年行动方案，促进国有资产保值增值。

领导班子成员名录

局长兼国有企业党工委书记　　孙柏川（9月任）

副局长　　刘剑辉
　　史红利

纪检组长　　　　　　　梁红云

国有企业党工委副书记　多春明

（供稿：陈金坪）

循环经济产业园区

【概况】县循环经济产业园区管理委员会成立于2013年7月，内设综合办公室、经济贸易科、规划建设科、安全生产和环境保护科4个科室。核定编制22名，2020年底有工作人员22名。

【企业生产】新冠肺炎疫情暴发后，园区及时成立了疫情防控领导小组，实行领导包片、党员干部包企业机制，在企业设16处监测点，派驻23名工作人员，蹲点监控排查，共排摸返企员工1416人，监测7000多人，疫情防控做到了常态化，促进企业安全有序复工复产。因疫情影响，与同期相比，各项经济指标均有不同程度降幅，至12月底，园区完成工业总产值14452.54万元，同比下降64.09%，工业增加值1842.26万元，同比下降35.33%；工业销售收入12236.55万元，同比下降65.53%；上缴税金632.94万元，同比下降39%。

【项目建设】全年实施重点项目6个。泾川县中小企业孵化园项目，选址于循环经济产业园城西片区，一区规划占地85.52亩，正在进行项目预算编制。上海鸭王10万吨航空矿泉水生产线项目，计划投资1亿元，占地35亩，新建矿泉水生产线两条，配套完成办公楼、实验室、仓储等附属设施。已完成选址区土地指标审批，正在进行水资源储量探测等前期工作。兰生血液制品有限公司单采血浆站项目，计划总投资2300万元，占地7.18亩，新建单采血浆制品站1处及相关配套设施。项目已开工建设。正大二期15万吨饲料生产线项目，总投资300万元，完成二期饲料生产线建设。投入正常生产。商品交易和农产品批发市场项目，配套住宅小区中4栋单体楼完成了封顶，其他4栋及供热站在建设之中，农产品批发市场完成了扫尾工程，完成投资3000万元。鼎惠农业改造项目，泾川县鼎惠农业发展有限公司对原果蔬循环化综合利用项目进行了收购，优化了项目建设内容，气调果库、分拣中心等已全部建成并投运。

【招商引资】主要围绕新型建材、农副产品精深加工、轻纺服装、能源化工、物流五大产业布局，通过网络招商、以商招商、节会招商、代理招商等，拓宽招商引资渠道，实现精准招商。全年更新论证储备各类招商引资项目70个，外出考察8次，对接项目15个。正在跟踪洽谈的项目有：广胜食品、云驰蔬菜、圣融假发加工、二甲基砜食品添加剂等项目。

【服务企业】全年解决各类问题150件以上，积极协调正大公司在本地注册、配合选择车辆洗消用地；在疫情防控期间，多方协调解决正大饲料车辆出行、天纤棉业用电、旭康用工等事宜，返还社保资金9000元，兑现劳务奖补61.4万元，协调中小企业扶持资金100多万元；对横穿万美住宅小区的高压输电线路进行改线；督促家园陶瓷公司、华润陶瓷公司完成了生活污水与城区管网搭接，实现了安全排放。开展安全、环保督察30多次，发放整改通知书20多份，排除安全隐患30多处，有效防范了安全事故的发生。

【党建工作】全面加强党的建设，以“党建统领、一强三创”活动和党支部标准化建设为抓手，切实规范基层党建基础工作，全年发展预备党员4名、党员1名，完成“十星级”党支部创建4个，创建样板支部1个。

领导班子成员名录

党工委书记　　　　刘潇甫

管委会主任　　　　袁鹏飞（1—7月天津挂职）

党工委副书记、纪工委书记

　　　　　　　　　李广学

管委会副主任　　　袁红燕（女）

　　　　　　　　　姚小平

姬震岐（5月任，挂职）

综合办公室主任　樊鹏图

（供稿：郭君霞）

供　电

【概况】国网泾川县供电公司隶属国网平凉供电公司，下设五部一中心（办公室、营销部、安全监察部、发展建设部、生产技术部、供电服务指挥中心）、5个班组（电网建设班、综合服务班、输电线路班、带电作业班、市场计量班）、8个乡镇供电所（城关供电所、汭丰供电所、罗汉洞供电所、党原供电所、玉都供电所、荔堡供电所、高平供电所、飞云供电所）。

县公司全口径用工211人，其中全民职工36人、三新职工131人、集体用工4人、东方社聘职工27人、劳务派遣用工13人，平均年龄44岁，大专及以上文化程度139人。

【电力经销】全年供应电量2.66亿千瓦时，同比增长24.25%，供电质量指标位列平凉供电公司第一；综合线损率5.65%；用户平均停电时长17.82小时/户，供电可靠率99.79%。

【服务疫情防控】年初，新冠肺炎疫情发生后，县供电公司以最短时间完成了县医院双电源改造工程建设任务，全面梳理检修政府机关、疾控中心、疫情指挥部、医院等疫情防控重要用户，保证了电网设备在疫情期间安全稳定运行。疫情期间，为全县9613户用电客户减免阶段性电费219.95万元。

【安全生产】常年加强供电运行设备的安全监管，通过无人机、视频监控、调度监控、在线监测系统对电网设备进行远程巡视。提前制定事故预案，完成21条重要供电线路特巡特护，开展红外测温1013处。开展联合检修，修剪树木13.48万棵，更换设备线夹314只，更换高压熔断器、避雷器、低压刀闸及引流线475处，悬挂警示牌792块，完成大修技改项目7处14.8公里，解决隐患63处。

志愿服务队上门进行电力检修

【项目建设】全年实施配农网项目217项，总投资9653.03万元，重点对12个乡镇地埋线、重过载、181个老旧设备台区和9条频繁跳闸线路进行改造，惠及群众7.4万人，项目实施后电压合格率达到99.7%。完成荔堡、丰台等派出所供暖设备煤改电“暖警工程”15项。完成福银高速泾川服务区充电桩和县城两个医院双电源供电等工程12项。

【转变作风】8月，县供电公司建成“泾川县新时代文明实践中心帮扶关爱志愿服务实践基地”，定期开展党员志愿服务活动，发放用电宣传资料8000多份。每月开展“领导服务接待日”活动，及时解决客户反映的问题，全年接到投诉17件，较去年同期44件减少27件，同比下降61.36%。

【优化服务】全面推广“网上国网”手机APP线上业务办理，定制服务大中客户，主动将业务办理地点前移到最前沿，努力提高办理效率，低压用户报装接电时限缩至1～3天，高压用户报装时限缩至43天，同比下降12天，开启了用户“最多跑一次”的办电服务新模式。

领导班子成员名录

经　理　张军平

副经理　包小雄

鲁小强

刘成芳

王　斌

（供稿：景永倩）

商贸流通

【概况】泾川县商务局为县政府工作部门，下设县酒类商品管理局，核定编制16名，其中公务员6名，机关工勤人员2人，事业编制8人。年底实有人员21人。

【目标完成】全年社会消费品零售总额实现11.43亿元，同比下降1.2%。外贸出口完成1780.22万元，同比下降23.2%。

【扩大消费】开展2020年“秀美泾川·乐购盛夏”“乐享消费·美好生活”等扩内需促消费活动，发放电子消费券70万元，带动消费862.26万元，20家企业累计让利98.8万元。开展节庆活动促消费，举办“古井贡酒”促销、“陇上花开·乡约甘肃”、“海尔焕新节”、万美城市广场第二届物资交流会展等促消费活动，促进全领域、多业态融合消费，推动地摊经济发展，全县设立固定经营场所19处，其中乡镇集贸市场16处532个摊位，县城3处1207个摊位。

【东西部协作】举办“东西部协作电子商务运营技能培训班”，培训120人。组织旭康食品公司、富原红果品公司、丰农电商公司与天津益洋电子商务公司签订线上采购合同，销售农特产品90114件，销售额1087.16万元。举办“甘肃2020网络扶贫博览会”网络直播带货活动，通过视频连线和网络直播方式，推介县内牛肉、苹果、小杂粮、黄花菜等农特产品，销售各类农特产品7.4万元。集中签单销售甜瓜订单17.8万斤，实现收入106万元。联系天津武清区采取“以购代捐”的方式销售苹果16800箱137.5吨，实现销售收入168万元。通过武清味道电商平台销售苹果49万多元。

【外贸出口】发挥富原红果品公司在泰国营销窗口作用，稳定向东南亚国家出口，与其他外贸公司合作，向墨西哥出口苹果6柜150多吨，实现销售收入130多万元。

【电子商务】县级电子商务公共服务中心内设运营中心、培训中心、创客中心、孵化中心等功能区。创办“泾州特产”淘宝店，建成电商体验馆，协议入驻孵化服务企业4家。在京东平台开通富原红苹果销售馆，改造提升乡镇电商服务站14个，新建改建村级电商服务点141个，行政村电商覆盖率达到65.6%，建档立卡贫困村电商服务实现全覆盖。建成农产品标准化生产加工中心、农产品标准化运营管理中心和果品、柿饼、小杂粮三条标准化生产线，加工销售果品19.5万斤、小杂粮7万斤，实现销售金额355万元，带动贫困户165户653人增收，农产品效益明显提升。

【物流配送】吸纳京东、极兔、中通、申通等物流快递公司入驻电商物流配送中心运营。购置厢式配货车辆6台，科学规划配送线路和频次，乡镇快递物流配送实现全覆盖，村级配送覆盖率达到75.35%，基本形成县、乡、村三级物流配送体系。

【电商品牌培育】“泾川苹果”商标成功注册，配套制作“陇上泾川”logo使用指南和公共电商品牌产品专用箱，形成了以苹果、蔬菜、小杂粮、红牛肉、王小凤擀面皮等特色食品为主，手工艺品为补充的5大类110多种品牌网货。加大对林源果业公司、瑶池农庄等优秀电商企业、优秀网店和农特产品电商品牌培育，举办了全县“双创大赛”“首届电商直播大赛”及“我为泾川代言”短视频大赛等活动。参加全省第一届直播电商带货大赛，参赛产品数量69个，实现销售收入4554元。

【项目建设】争取省市外贸发展专项资金、消费促进、东西部扶贫等各类资金188.7万元。甘肃普惠再生资源回收利用公司分拣中心完成投资242万元，建成1700平方米彩钢结构原料大棚，硬化了场地，已投入使用。泾延果品专业合作社1.2万吨果品冷藏库铺设了办公楼瓦屋面，建成一期1500吨冷藏库。

【安全生产】严格落实新冠疫情防控各项措施，全县17户纳入限额统计的批零住餐企业3月底全部复工，复工率100%。制定《2020年全县商贸流通领域安全生产及消防安全工作要点》，组织32户企业签订安全生产和消防安全目标管理责任书，悬挂安全生产监督举报公示牌16个，印发各类宣传资料1700多份，悬挂横幅4条，编发手机短信260多条，组织商贸企业开展培训教育6场次，应急演练4场次。

【综合执法】认真做好商场超市、酒类企业、加油站、餐饮住宿、再生资源、二手车市场等重点场所关键环节消防安全管理和隐患排查，出动执法人员32人次，排查治理风险隐患36起，下发整改通知书13份。配合市上主管部门对11户成品油企业、26户酒类批发企业开展年检，依法查处1起扰乱成品油市场秩序行为。

领导班子成员名录

局　长　　刘　泰
副局长　　贾华宁（女）
　　　　　张永龙
纪检组长　刘　炜

（供稿：康建军）

供销合作

【概况】泾川县供销合作社联合社内设综合办公室、财务金融股和合作指导股3个股室，下设太平、高平、飞云、窑店、泾明、罗汉洞、荔堡、红河、丰台、玉都、党原、王村、汭丰、城关等14个基层供销社。县编办核定供销联社机关编制11名，年底有职工9名。

【供销体系建设】争取县财政资金16万元，自筹资金20万元，新建村级供销综合服务社61个，累计建成村级供销综合服务社175个，村级社覆盖率达到82.5%。初步建立以县联社为主体的行业指导体系和以丰农公司为支撑的经营服务体系的“双线”运行体系。引领建办农民专业合作社5个，全部取得营业执照。建成泾川县丰农惠农供销服务运营中心和窑店、丰台供销惠农服务运营平台。丰农电子商务公司注册“陇上人家”商标，完成电子商务交易额348万元。

【农资供应】2020年组织供应各类化肥1.2万吨，农膜112吨。

【农产品销售】借助东西部扶贫协作在天津举办的农特产品展销会，签订帮扶大礼包合同金额29.91万元；在广州农特产品专项产销对接活动中，与东莞市惠凯果业公司签订3000吨苹果意向采购协议，签约金额3960万元。

【合作社代表大会】2020年7月3日，泾川县供销合作社第六次代表大会在泾川宾馆召开，参加大会的正式代表45名，特邀、列席人员5名，杨昌宏同志代表县供销合作联社做供销合作社工作报告，会议选举产生了新一届理事会理事、监事会监事，选举杨昌宏为理事会主任、樊荣为理事会副主任、张维宏为监事会主任。

7月3日，县供销社第六次代表大会在泾川宾馆召开

领导班子成员名录

理事会主任　　杨昌宏
监事会主任　　张维宏
副主任　　　　王小东（7月离任）
理事会副主任　樊　荣（女，7月任）
纪检组长　　　脱向红

（供稿：毛如奇）

石油销售

【概况】中国石油天然气股份有限公司甘肃平凉泾川县分公司隶属于中国石油天然气股份有限公司甘肃平凉销售分公司，公司截至2020年12月31日共有全资加油站6座，其中城区3座、农村3座，年底员工总数52人，是泾川县能源供给的主要单位。

【油品供应】全年完成成品油销售1.97万吨，非油品销售530万元，上缴税金180万元。

【基础建设】2020年，投资510万元，将窑店镇陇东加油站扩建成综合型加油加气站。

【营销服务】2020年在所属加油站先后开展了油非互促；暖春出游季非油消费满赠；爆款促销；油品加满非油立减；爱车驿站·享好礼；润滑油专项促销；五月回馈季、最美天使节；爱心助考，“油”惠到底；助力扶贫，惠及“三农”等丰富多样的针对广大客户的普惠活动。

【服务中心工作】新冠肺炎疫情发生后，公司在加强员工自身保护的同时，积极参与进入加油站的人流、车流疫情防控，全力协调保障油品供应；在复工复产期间，为工农业用户提供送油到户活动，配送油品63车（次），配送油品252吨。

【安全生产】督促指导各加油站点认真落实油品接卸、散装汽油实名销售、经理值班、重大作业经理全程参与等工作制度，制定了意外事故应急预案，组织抢险演练1次，通过严格管理、规范日常销售操作，全年石油供应安全有序，没有发生一起不安全事故。

领导班子成员名录

经　理　杜甲琦

（供稿：杨　恺）

烟草专卖

【概况】泾川县烟草专卖局（营销部）有职工24人，下设综合办公室、专卖管理科、客户服务中心，专卖科下设稽查督查、市场监管和证件管理3个中队。2020年底，全县有持证卷烟零售客户1121户。

【经销业绩】 全年销售卷烟6698.77箱，同比增长1.38%，实现销售额15114.43万元，同比多收14036.77万元，增幅3.82%，单箱销售额2.16万元，同比上升2.41%。

【专卖管理】 全年查处烟草违法案件109起，查处卷烟100.18万支，同比上升2.9%，案值49.09万元。其中真品卷烟60起，登记保存卷烟97.48万支，案值44.58万元；假冒卷烟（物流快递环节）49起，数量2.7万支，同比上升51.69%，标值4.51万元；案值5万元以上案件3起，移交公安刑事侦查1起。

【依法行政】 进一步精简卷烟经营审批程序，积极推行“告知承诺制”，从申请受理到送达1个工作日内办结，强化“互联网+政务服务”，坚持线上线下融合办理原则，全年行政许可事项实现了工作　“零差错”和服务“零投诉”。

【安全管理】 扎实开展安全风险分级管控和隐患排查治理双重预防机制建设，企业安全生产管理水平持续提升。以安全教育为着力点，开展各层次和不同内容的培训45次，员工的安全意识和安全技能有效提示。实施安全风险动态管理，辨识危险源282项，对52项重要危险源制定了目标指标管理方案，做到安全风险可防可控，全年未发生重大安全事故。

领导班子成员名录

局　长（主任）　姚进才

副主任　潘彦文

副局长　王光宇

（供稿：杨　斌）

盐务管理

【概况】 中盐甘肃省盐业（集团）有限责任公司泾川县配送中心隶属于中盐甘肃省盐业（集团）有限责任公司陇东盐业分公司，负责全县的食盐供应，公司内设运销股、综合办公室2个股室。现有职工6名。

【食盐购销】 全年购进各类盐产品991吨，其中食用盐886吨；销售各类盐产品801吨，其中小袋盐634吨，完成责任目标91.3%。上缴税金12.34万元。在星鼎购物广场北门店、东大街店、家福乐超市等4家商超设立“中盐”专柜，销售低钠盐、天然海盐、无碘盐（仅供特殊人群食用）等中高端盐产品。

【盐政执法】 2019年5月根据国家政策完成了盐业体制改革，实现了政企分离，将盐政执法划归市场监管局。按照省公司的要求，10月份注册成立了中盐甘肃省盐业（集团）有限责任公司泾川县配送中心。

领导班子成员名录

经　理　侯炳杰

副经理　口春红

（供稿：口春红）

交通·通信

交通运输

【概况】 泾川县交通运输局是县政府的工作部门，下设道路运输管理局、县乡公路管理站、交通建设工程质量监督站3个科级事业单位。年底，全县交通运输系统有干部职工91人。

2020年底，县境内公路总里程达1532.109公里。按行政等级分：国道4条161.303公里，省道3条109.87公里，县道11条282.043公里，乡道25条239.344公里，村道461条739.549公里；按技术等级分：高速公路74.245公里，一级公路16.979公里，二级公路59.684公里，三级公路171.677公里，四级公路1160.715公里，等外公路48.809公里；按路面等级分：有铺装路面（沥青混凝土、水泥混凝土、沥青表处路面）1415.27公里，未铺装路面（砂砾、无路面）116.839公里。共有桥梁280座18906.01延米，其中危桥（四、五类）7座819.5延米，隧道1道1467米，服务区1处，停车区3处。县城通高速公路，9个乡（镇）政府驻地通三级以上公路，所有建制村全部通四级以上硬化路。全县有二级客运站1个，客运企业2个，货运企业4个，出租汽车公司3个，驾培机构4个，机动车检测公司1个，二类机动车维修企业1个，乡镇客运站19个，行政村停靠亭225个，共有营运班线客车104辆、出租汽车169辆、货运车辆688辆、教练车88辆、城市公交车16辆。

【公路建设】 年内，国道312线改扩建工程（泾川段）建成投入运营。硬化自然村组道路50条80.224公里，砂化产业道路35公里，修建水过面桥2座，配套排水设施，衬砌排洪渠12.6公里，完善公路标志、标牌、警示设施及护栏等安全保障设施13项155.22公里。改建城关镇新沟村至凤凰村四级公路6公里。维修泾川至柏树等12.8公里农村公路和17条9.8公里因雨受损路段。对县境内39座农村公路桥梁进行全面排查，其中蒋家大桥（五类）已于10月份开始危桥改造，计划2021年6月底完工；对吕家拉水库桥、洪河桥、合子沟小桥、水泉寺大桥和龙王桥5座危桥设置警示标志，并申请省级2021年危桥改造项目。

【道路运输】全年新增县内客运班线3条，重新许可县内客运班线5条，延伸县内客运班线5条，许可涉路工程4项。新增营运货车9辆、客车2辆，更新客车9辆。审验营运车辆994辆，换发营运证IC卡231张。全年完成客运量166.33万人、客运周转量7842.38万人公里，同比下降24%和下降27%；完成货运量226.45万吨、货运周转量65737.6万吨公里，同比增长6%和增长7%。对225个村级停靠亭进行了刷漆、维修，制作了客车运营信息公示牌。

【交通执法】开展各类专项整治行动，出动执法人员3582人次、执法车辆721台次，排查车辆6950辆次，查处非法营运车辆147辆次、超限超载车辆61辆次、抛洒遗漏车辆355台，卸载货物2307吨，纠正各类交通运输违规行为416起。巡查公路9897公里，清理公路堆积物、公路垃圾30处，清理非公路标志牌（杂牌）40块，立案查处擅自开设平交道口2处、路损案件10起，收回公路赔偿费4.3万元。

【疫情防控】从1月22日开始，在火车站、汽车站、高速公路出入口、国省道及主要公路县界处陆续设置交通检疫点21个，抽调干部职工志愿者1500多人次，每天24小时无间断轮流值守，落实“逢车必查，逢人必检”要求，累计检测群众13.1万多人次，查验各类车辆9.8万余辆，向卫健部门移交发热人员28人。疫情防控工作进入常态化后，继续派驻工作人员同卫健部门人员常驻汽车站、火车站，全力做好进出站人员体温筛查及扫码登记工作，督促运输企业严格按照《公共交通工具消毒操作指南》《客运场站及交通运输工具卫生防护指南》要求落实防疫措施，构筑全县交通防疫网。

高速路口服务疫情防控

领导班子成员名录

局　长　刘兴国
副局长　史林森
　　　　康　仁
纪检组长　袁瑞生

（供稿：何文琦）

道路运输管理

【概况】泾川县道路运输管理局是县交通运输局管理的二级单位。至年底，全县道路运输行业有客运企业2个，货运企业4个，出租汽车公司3个，驾培机构4个，机动车检测公司1个，机动车维修企业69户，各类汽车客运站、行政村停靠亭245个。

【运输总量】全年实现客运量107.91万人、客运周转量5102.38万人公里，完成货运量153.11万吨、货运周转量45067吨公里，完成公路运输总周转量45577.8万吨公里。

【安全监管】开展“安全生产陇原行”和道路运输行业安全生产大排查大整治大提升专项行动，督促泾川汽车站落实了“三不进站，六不出站”和“三品”检查制度以及旅客实名制购票、小件寄存托运物品“三必检”和三个100%检查制度。组织工作人员深入企业从警示教育、规划设计、安全制度、操作规程、持证上岗、监管责任、隐患整改、闭环管理等12个方面入手，全方位开展检查整改，消除了安全生产隐患。督促公交公司为新增的16辆新能源公交车安装了驾驶区域安全防护设施。全年组织召开安全生产工作会议4次，开展安全检查46次，检查企业14家，约谈企业3家，排查安全隐患101起，下发整改通知3份，落实整改101起。

【疫情防控】新冠肺炎疫情发生后，按照县疫情防控工作领导小组部署和上级主管部门疫情防控工作要求，县道路运输管理局严格执行领导带班、职工24小时值班制度，在泾川汽车站设置疫情检测点，工作组轮班值守指导汽车站疫情防控，对全县94辆客运班车、22辆城区公交、170辆巡游出租车全部按要求分阶段运营，对县域内防范疫情扩散发挥了积极作用。

【增加班线】争取县级财政补助20万元，协调泾运汽车运输公司年内开通了4条客运线路（泾川至南堡子、泾川至姚哈、泾川至岸门、泾川至石家槽），延伸了5条线路（玉都—党原延伸至西联村、玉都—党原延伸至唐家村、玉都—党原延伸至郭马村、合道—党原延伸至永丰村、凤口延伸至雷家峪—练范村），极大地改善了偏远地区农民群众的出行需求。

领导班子成员名录

局　长　杨　鑫

副局长　杜宏科

（供稿：赵小鹏）

县乡公路管理

【概况】泾川县县乡公路管理站是县交通运输局管理的二级事业单位，主要负责县境内218公里县道和1100多公里乡道的日常养护和路域环境卫生整治保洁工作，保障农村公路的安全畅通。核定编制15名，年底实有职工24人。

【公路养护】对城乡接合部、车流量大、污染较为严重的合道坡、蒋丰坡、玉都坡和景观大道等22公里路段，实行重点养护，坚持每周清扫1至2次；对泾柏坡、红河坡、长飞坡、高太路、高绍路等60多公里路段，根据天气变化和路况需要进行随时养护；对其他路段进行全面巡查，随时发现问题，随时处理。1至10月，累计上路清扫路面110次800多公里，清理边沟10公里、小塌方23处，清理路边垃圾46多处。

【应急抢险】进一步完善应急抢险预案，加强应急值班值守，及时有效地开展了以冬春防滑、夏秋防水毁为重点的道路应急抢险工作。去冬今春，在合道坡、玉都坡、蒋丰坡、红河坡、红荔坡、巨荔坡、长飞坡、高绍坡、泾柏坡和高太路等急弯陡坡危险路段，共倒防滑砂200多方，上路铲雪除冰20多次，撒融雪盐约3吨，帮助救援被困车辆脱险。汛期积极组织人员冒雨巡查，及时排查处置水毁隐患，累计进行水毁抢险作业20多次，处理危险路趴树80多棵。

【安全巡查】围绕重大节庆和恶劣天气等关键时点，坚持重点路段经常巡查、恶劣天气加大巡查、所有路段全面巡查的工作制度，累计巡查70多次，及时处置坡崖塌方、落石、倒树和路面塌陷等安全隐患，有效地预防了交通事故的发生。

【养护指导】与各乡镇路管所签订目标管理责任书，落实养护工作责任制。经常深入乡镇农村公路管理所、乡村道路进行检查指导，督促健全制度，完善养护资料，促进乡村道路养护和路域环境卫生整治经常化、制度化。组建农村公路管理专职负责人微信群，确保紧急情况实现快速反应、及时处置。

【参与疫情防控】年初，针对新冠肺炎疫情严峻形势，根据县交通局安排，在窑店镇凤口设立公路检测站，自1月29日起全员参与值勤检测工作，严格尽职尽责，有效防控了疫情输入。深入14个乡镇农村公路管理所，指导各乡镇在交通要道、路口设立检测站100多处，指导各检测站认真开展外来人员查询、测温、登记，筑起了乡村疫情防线。

领导班子成员名录

站　长　刘仲文

副站长　袁　静

（供稿：高全军）

汽车站

【概况】泾川汽车站为二级公用型汽车站，隶属于甘肃东部运输实业集团。现有进站经营的客运班线32条，日发班次218次，其中省际班线4条、班次11个，市际班线5条、班次8个，县际班线5条、班次65个，乡镇班线22条、班次134个，辐射县内各乡镇，远达银川、西安、兰州，日均发送旅客2000人次左右，年客流量达60万人次。年底共有工作人员27名。

【安全管理】汽车站与客运车辆经营者签订安全目标和进站协议书103份，与员工签订安全目标责任书27份。全年安检客车31828辆，在车站进站大厅安检旅客行包34.26万件；定期对员工进行安全运营知识教育，开展集中培训6次，组织进行笔试2次。

【疫情防控】新冠肺炎疫情发生后，根据县上安排，汽车站迅速搭建了人流检测点，安排车站工作人员和医务人员全天值守，对进出旅客逐人检测体温、登记来去目的地，随着全国疫情形势的严峻，2020年1月27日车站停运泾川至兰州客运班线，2月24日恢复；1月27日停运泾川至平凉客运班线，2月20日恢复；1月27日停运县城至各乡镇客运班线，2月10日恢复；客运恢复后，及时督促车辆配备消毒液、体温检测仪和限定乘客人数按50%的上座率进行运营，严格落实旅客上车测温登记，县际以上车辆按要求在车厢后排设置隔离区。车站候车大厅、各办公场所保持通风，每日进行消毒，并在门口和出站口设置了检测通道，进行进出站旅客扫码、登记和体温检测工作，确保出行、到站旅客的行程可追溯。

汽车站疫情防控人流监测点

【经营情况】2020年完成收入268.69万元，周转量6972万人公里。投入客车89辆；发生一般服务质量投诉6起，有责投诉0起，一般行车责任事故0起；年度质量信誉考核车站为AA级。

【新站建设】新汽车站位于甘家沟加油站西侧，于2018年底开工建设，项目占地面积54亩，建设标准为一级客运站，总建筑面积26470.79平方米，概算总投资1.06亿元，其中国家投资400万元。设计平均日旅客发送量10000人次，发车位20个，日均发车班次369班次。主要建设内容包括：站务楼（建筑面积13358.32平方米，主体五层，局部三层，框架结构）、站前广场、停车位、发车区以及安检车间、维修车间、洗车间、门房等。目前，项目建设基本顺利，后续施工密集排布，倒排工期，计划于11月冷冻期前完成全部施工内容，达到站务运营条件，预计年底前项目投入运营。

领导班子成员名录

副经理　刘宗明

副站长　杨婷婷（女）

（供稿：胡丽丹）

泾川公路段

【概况】泾川公路段机关设综合办公室、财务资产室、养护技术室、督查考核室4个股室，下辖泾川、长庆桥2个养管站、唐洼里隧道1个专业化养护队及罗汉洞1个拌和料场，辖养G244线乌江公路、G312线沪霍公路、X067线泾灵公路、S517线泾白公路、Y127线长凤公路5条干线公路，共计151.011公里（其中桥梁61座，涵洞299道，隧道1座1467米）。 2020年底，全段有职工66人。

【公路养护】实施G244线乌江公路K662+228长庆桥实施养护维修工程，完成桥梁安全防护能力提升工程，为G312线沪霍公路9座桥梁打孔384孔；采取20厘米厚全深式基层冷再生处治方案完成X067线泾灵公路K2+500—K3+000处路面重铺；新作边沟50米，彻底解决S517线K2+200—K3+300下穿高速公路路段积水问题；及时修复G244线大型水毁1处；每月清洗隧道洞壁1次，及时更换隧道两侧人行道断裂盖板3个，修复隧道洞口墙壁掉落瓷砖25平方米；聘请专业人员维护唐洼里隧道机电系统，维修G312线甘家沟、飞云交通量观测点2处，清理桥涵淤积234处480立方米。通过加强公路养护管理，提高了公路服务效率。

工作人员现场调查路况

【路域环境整治】以“全域无垃圾”百日整治攻坚行动为契机，采取分段划线包干，组织人员及时清理路面及路侧垃圾、淤砂1207立方米，清洗维修交安设施14.5米，疏通边沟261.4千米，修剪林床高草，校正刷新标志标牌163个，施、补画缺失标线 2232平方米，9月顺利通过“全省全域无垃圾三年专项治理行动”验收。

【应急保障】与气象部门协作，发挥部门联动协调作用，完善各项应急预案，加强雨雪等极端天气应急响应，提前做好应急准备工作，向社会公众提供准确、便捷、安全的公路出行信息服务；在急弯陡坡、桥梁隧道、站队院落、拌和料场等重点路段、重点区域分阶段增设远程监控摄像头，扩大监控覆盖面，加强重点路段运行监测监控；将G244线唐洼里隧道内所有监控信号接入段应急值班室集中监控；职工上路巡查随时携带移动视频终端，发现问题及时上传音像资料。

【安全生产】全年组织防灾减灾宣传、安全知识专题讲座等理论教育和地震应急演练、沙盘实地模拟、养护技能竞赛等实践操作10余次，参加300多人（次）；购置养护作业标志牌2套、路锥400个、锥形桶套200个，对养护作业车辆安装车载LED警示灯5套，为两站两室配备工作手机4台，专门用于登录“互联网+”道路养护平台APP；经过全体职工努力，全年安全生产零事故。

【精神文明建设】组织开展“亮身份、我先上、冲在前、做表率”党员先锋示范、主题党日和“大手拉小手、全域无垃圾”、关爱留守儿童、“信用交通宣传月”等活动，举办“不忘初心、牢记使命”文艺会演，组织职工演讲比赛和文学作品、摄影、书画、微视频和手工作品等比赛，编辑出版《回眸十三五　畅想十四五　职工文化作品集》。

领导班子成员名录

党支部书记　李　戈
段　长　张保贵
副段长　魏永强
工会主席　张会义

（供稿：吕文涛、张　倩）

泾州高速公路大队

【概况】平凉市公安局交通警察支队泾州高速公路大队成立于2009年9月，2017年4月1日整建制由省管移交市管，大队为正科级建制，设综合办公室、事故处理中队、秩序巡查中队、法制宣传中队、凤口中队5个部门。年底，大队有交通民警24人，辅警20人。

【综合治理】 全年查处各类交通违法行为42677起，其中现场查处16665起、非现场录入26012起，无证驾驶15起，准驾不符2起，驾驶证暂扣期间驾驶机动车2起，有证交无证9起，醉驾1起，酒驾5起，行政拘留6人，超员176起，客车超员2起，超速23451起。

【事故预防】 围绕2020年道路交通事故预防“减量控大”的工作要求，定期组织开展安全巡查和应急演练，加强警医警保联动和区域协作，实现了“三个明显下降、三个零发生”（三个明显下降：交通事故、死亡人数、受伤人数明显下降，三个零发生：不发生一次死亡10人以上的群死群伤道路交通事故、不发生因交通管理工作不到位引发的严重交通堵塞、不发生公路“三乱”行为）的工作目标。全年共发生各类道路交通事故450起，死亡8人，受伤52人。

【安全宣传】 全年开展“五进”宣传132场次，利用微博抖音开展交通安全直播活动3次，通过微信群发布提示信息34216条，官方微博发布10396条、抖音发布920条。年内，中央级媒体采用素材1条，公安部交管局微博采用素材1条，甘肃公安交警微信采用素材5条，甘肃广播电视总台《百姓有话说》栏目采用素材2条，《法制日报》发布3篇，《平凉日报》发布1篇，泾川县电视台报道3次。

领导班子成员名录

大队长　杨红宁

副大队长　王怀钦

　　　　　潘铅龙

（供稿：马宝龙）

邮　政

【概况】 中国邮政集团公司甘肃省泾川县分公司内设综合办公室、市场营销部，下设北新街、安定街、高平、荔堡、丰台、玉都、党原等7个邮政支局，窑店、合道、红河、黑河、飞云、梁河、王村、太平、罗汉洞、泾明、汭丰等12个邮政所及代办所。至年底，分公司有合同工54人，劳务工24人。

【业务收入】 2020年业务总收入2545万元，同比增长16%，其中邮务类收入611万元，寄递类收入189万元，金融类收入1745万元。

【邮政设施】 全县营业、投递网点19个，邮路3条，里程322公里。全年进口邮件量达76.4万件，出口邮件量达15.22万件，改造了城市邮件处理中心，安装自助机具15台、监控设施20全套、室内外信箱38个。配备投递专用电动车24辆。

【金融业务】 全县共有邮政金融综合营业网点7个，其中乡镇5个，县城2个，储蓄余额达到12.17亿元，网点市场占有率11.77%。

领导班子成员名录

总经理　田建荣

副总经理　叶　瑞（3月止）

　　　　　樊愿斌（10月止）

　　　　　李　倩（11月任）

（供稿：赵晓成、袁文军）

电　信

【概况】 中国电信泾川分公司内设办公室、渠道运营中心、政企教育客户部、综合维护站、营业班5个职能股室，下辖18个城乡支局。2020年底，有职工86人。

【经营效益】 宽带新增用户4100户，宽带出账用户到达47000户。电视新增用户2400户，电视用户到达36000户。新增智家业务11500户，其中天翼看家6000户，全屋WIFI5500户。新增5G用户16196户，5G用户到达19081户，5G用户占比31%。经营收入达到3860万元。

【网络建设】 落实“新基建”发展战略，加快

5G建设步伐，完成了主城区5G信号全覆盖，基本实现重要党政办公楼和重点商业区域连续覆盖；重视网信安全，完成了重点机房3.0等保认证；有线光网及高清电视网络承载能力超过8万线，行政村覆盖率达到100%，互联网出口带宽达到120G；城区实现家庭宽带千兆直接入户；天翼看家、全屋WIFI等一批新型智能家居业务陆续推出。维护国家一级干线光缆100.53公里，省级骨干网光缆73.536公里，本地网光缆111.91公里；县乡中继光缆及接入光缆共计2647.4皮长公里。

【项目建设】年内，以精心打造泾川智慧城市运营中心为核心，疫情期间快速打造“健康二维码”，助力疫情防控，拉动电信信息收入5万元；8月，智慧旅游上线运行，实现一部手机游泾川；9月，网格化智能管理“城市社区社会治理云平台”上线试运行，整合视频资源80路；同时签约泾川县公安局指挥中心改造项目及“泾川县智慧城市运营及二类视频资源整合服务”等创新项目。在县委政法委的牵头下，签订并实施全县“平安乡村”监控信息系统项目建设合同，签约视频监控4500处，建成后既有利于乡村平安建设，每年又能增加收入81万元。

领导班子成员名录

总经理　程　光
副总经理　贾小军
　贾志强
技术负责人　陈元杰
总经理助理　潘小波

（供稿：赵新民）

移　动

【概况】泾川县移动公司内设综合部、业务运营部、建设维护部3个职能股室，全县有直营店5处，委托经营厅60余处，职工42人。

【指标完成】2020年底，全县有移动用户13.6万户，净增0.48万户；5G客户数3万户，创收15万元；4G用户2万户，创收10万元；家庭宽带用户4.3万户，光纤维护0.86万户；全年通信收入9800万元，上缴税金128万元。

【网络建设】2020年底，全县有4G基站400多座，实现县城、乡镇、行政村全覆盖，自然村覆盖率99.5%以上；年内建成5G基站19座，实现县城、乡镇实体服务店全覆盖，形成了“县、乡、村”三级移动通信网络服务体系，更好地服务全县人民，做好通信保障。

【项目合作】年内与县公安局、工信局签订移动通信网络视频监控项目，加大移动通信视频监控力度，实现信息化收入49.6万元。在5G基站建设过程中，与县工信局对接，协调解决5G基站选址、机房建设等难点问题，确保5G基站一期、二期建设项目顺利完成。

首座700M频段5G基站建成开通

领导班子成员名录

总经理　李晓刚
副总经理　刘建兵（12月离任）
　刘　鹏（11月离任）

（供稿：吕海霞）

联　通

【概况】中国联通泾川县分公司内设市场部、综合部、维支中心、政企客户部。自有营业厅1家，社会兼营网点30家。年底分公司有员工19人。

【服务能力】 至2020年底，全县移动通信手机使用联通网络的客户有2万户，互联网使用联通网络的客户有500户。全县联通通信管道总长16.55千米，在城区建有光交箱15个。共有通信基站361个，其中4G（FDD-LTE）基站154个，3G（WCDMA）基站195个，2G（GSM）基站12个，可满足全县所有手机用户的语音、数据业务需求。全县宽带FTTH端口2032个，宽带出账用户500户。

【业务成绩】 全年实现经营收入1541万元，同比增长20万元；新增手机用户3000户，新增互联网用户110户。

【业务创新】 开展春、秋两季校园营销活动，以2I业务为主打产品，线上线下一体化受理；以创新业务为主，多次开展集体营销活动，挖转异网用户；在盘活现有资源的基础上，对部分小区、乡镇进行了接入网建设，常态化开展宽带宣传，提高资源利用率。

【5G网络建设】 目前与电信共建5G基站20个。

领导班子成员名录

总经理　周　博

（供稿：袁世英）

财 政

【概况】泾川县财政局是县政府的工作部门，内设国有资产综合事务中心、国库集中收付中心、财政综合事务中心、财政绩效评价中心、政府采购中心、税政农税局、农业资金核算中心、基层医疗卫生机构财务核算中心、道路交通事故救助基金管理中心9个二级事业单位，下设城关、太平等14个乡镇财政所，至年底全县财政系统共有职工162人。

【财政预算】2020年全县一般公共预算收入完成21611万元，占年预算23600万元的91.6%，同比少收237万元，下降1.1%。大口径财政收入完成34075万元，占年预算43011万元的79.2%，同比少收7485万元，下降18%。全县公共财政预算支出完成265887万元，占调整预算数的100%，同比多支14450万元，增长5.7%。

【基金预算】全年基金收入完成25463万元，占预算30000万元的84.6%，同比少收4537万元，下降15.1%；基金支出完成24923万元，占调整预算30000万元的83.1%，同比多支7955万元，增长46.9%。

【支持县域发展】积极争取上级支持，全年落实转移支付202498万元，同比增加11095万元，增长5.8%；争取债券资金28876万元、抗疫特别国债资金7210万元、特殊转移支付资金8379万元，有效支持了疫情防控和重点项目建设资金需求。聚焦重点，落实“六保”责任，年内安排保基层运转支出5341万元，保民生支出23.4亿元，占财政总支出的87.9%，投入教育专项及补助经费68201万元，落实文化旅游事业资金5975万元，落实社会保障和就业资金35169万元，投入卫生健康资金21293万元，落实“三农”资金64056万元，落实交通运输资金5317万元，投入住房保障资金5549万元，安排保基层运转支出5341万元等，全力支持了全县经济社会平稳健康发展。

【助力疫情防控战】统筹抗疫特别国债资金、

政府债券资金，支持疫情防控、公共卫生等重大项目，全年筹措医疗救治、疫情应急物资购置、核酸实验室建设、一线防疫人员补助资金3233万元。

【助力“三大攻坚战”】全年安排各类财政扶贫资金32411万元，落实县级财政扶贫资金2720万元，较上年增长15.7%；落实上级专项扶贫资金18028万元，增长12.7%；全年统筹整合6个部门涉农资金20533万元，实施农业生产发展和农村基础设施建设项目138个。统筹安排生态转移支付资金3000万元、落实环保专项资金4410万元，进行生态修复、污染防治、城乡垃圾清运和村庄环境整治，改善了人居环境。加大政府性债务化解力度，全年共偿还政府性隐性债务12962万元，其中，清偿中小企业和民营企业欠款5846万元，全面完成了清欠任务。

【财政改革】实施预算绩效管理，对绩效目标实现程度和执行进度进行“双监控”，全年实施绩效评价项目161个58869万元，提升了资金使用效益。推进国库集中支付电子化，实现了所有预算单位、县财政、代理商业银行、人民银行等单位之间全部通过网络办理业务，结合建立“一卡通”长效机制，从10月份起全面启动惠民惠农补贴资金“一卡通”发放管理系统，全年通过惠农补贴管理系统发放惠民惠农补贴资金29项2119万元。全面落实政府非税收入收缴电子化管理，全县所有收费单位通过省政府非税收入电子化管理系统开票，实现了非税收入全流程一体化管理、电子化收缴、智能化监控，从源头上规范收缴行为。

业务培训

【财政监管】加强财政投资项目评审，全年完成精准扶贫、易地搬迁、城市绿化、民生工程、农田基本建设等461个项目预决算编审工作，审减金额4569 万元，有效节约了政府投资成本。加强政府采购管理，年内通过公开招标，确定了2020年协议供货及定点采购供应商5类208家，全年完成政府限额以上采购111项，实际成交资金28362.17万元，节约资金578万元。加强国有资产管理，审核批复资产处置16项，对11个单位的办公用房进行了调整，结合事业单位改革，对35辆事业单位公车公开拍卖，完成了事业单位公务用车改革工作。认真开展财政专项监督检查。牵头开展了全县财政扶贫资金、疫情防控资金、到户产业资金及城市基础设施配套费收缴等专项监督检查8批次，联合审计局、扶贫办对17个部门的2019年以来扶贫项目资金管理和使用情况开展检查。对发现的问题及时下发整改通知，督促限期整改。

领导班子成员名录

局　长　任小平
副局长　王晓亮
　　　　吕文贵
纪检组长　袁智兴

（供稿：闫建伟）

税　务

【概况】国家税务总局泾川县税务局设办公室、纪检组、财务管理股、人事教育股、机关党委、法制股、税政一股、税政二股、社会保险费和非税收入股、收入核算股、纳税服务股、征收管理股、税收风险管理股13个内设机构，信息中心1个事业单位；下设第一税务分局（办税厅）、第二税务分局、城关税务分局、王村税务分局、玉都税务分局、荔堡税务分局、窑店税务分局、高平税务分局8个派出机构。年底，全局有干部职工78人，其中中共党员46人。

【税收业绩】2020年累计组织各项收入63973万元，同比增长13.1%，增收7422万元。税收收入完成22875万元，同比下降23.1%，减收6854万元；非税收入完成971万元，同比下降17.1%，减收200万元；社会保险基金完成37517万元，同比增长51.5%，增收12759万元；其他收入完成2610万元，同比增长1.92倍，增收1717万元。

【税政服务】优化业务流程，简化办税程序，在办税服务厅新增7台自助办税终端，在自助办税区安排专人辅导纳税人进行网上申报、登记、备案，着力提高办税效率。建立重大项目清单，完善“项目管家”纳税服务工作台账，确定重大项目和重大招商引资项目共19个，预计总投资7.19亿元。全面拓展线上“银税互动”平台，促进“银税互动”工作全面提速增效。

【税法宣传】利用税企微信群、税企QQ群、12366短信平台、办税厅LED电子滚动显示屏，向纳税人宣传《宪法》《民法典》《税收征管法》等内容，在城关镇凤凰村法治文化公园补充了税法板块，加入了税法宣传展牌10块，包含个人所得税法、社会保险法和环境保护法等相关内容，营造学法和依法办事的良好氛围。

税收宣传

【服务地方经济】紧扣推进供给侧结构性改革、扶持小微企业、促进节能环保等重点工作，认真落实各项税收优惠政策，2020年累计新增减税降费4193万元，其中2020年出台的支持疫情防控和经济社会发展税费优惠政策新增减税降费4002万元，2019年年中出台政策在2020年的翘尾新增减税降费情况191万元。

领导班子成员名录

局　长　王　晖
副局长　景红生（11月离任）
　　　　朱海鹏（11月离任）
　　　　陈文奎
　　　　刘小军
　　　　牛惠生（11月离任）
　　　　何凤玺
　　　　卢红生
纪检组长　张文耀（11月离任）
　　　　朱海鹏（12月任）

（供稿：刘思源）

人民银行泾川县支行

【概况】人行泾川县支行作为全县金融服务行业的牵头部门，主要管理全县8家银行业金融机构、营业网点。其中，政策性银行机构1家，为中国农业发展银行泾川县支行；国有商业银行4家，为中国工商银行、中国建设银行、中国农业银行、中国邮政储蓄银行泾川县支行；地方性股份制商业银行1家，为甘肃银行泾川支行；地方法人银行业金融机构2家，分别为泾川县农村商业银行和甘肃泾川中银富登村镇银行。

【主要指标】截至2020年底，泾川县银行业金融机构各项存款余额106.04亿元，比年初增加6.07亿元，增长6.07%；单位存款余额9亿元，比年初减少2.79亿元，下降23.68%；个人存款余额96.9亿元，比年初增加8.97亿元，增长10.2%。各项贷款余额69.6亿元，比年初减少1.23亿元，下降1.73%；单位贷款余额26.32亿元，比年初减少2356.37万元，下降0.89%；个人贷款余额42.62亿元，比年初减少1.23亿元，下降2.81%。

【货币政策执行】2020年，泾川县金融机构认真贯彻落实中央关于统筹疫情防控和经济社会发展的重大决策部署，结合泾川县域经济发展实际，综合运用各项货币信贷政策工具，围绕抗疫保供、稳企纾困、脱贫攻坚重点领域，为县域经济企稳向好发展提供了有力的金融支持。全力以赴支持疫情防控工作。发放专项再贷款3000万元，金融机构主动对接疫情防控重点保障企业贷款需求，安排专项信贷额度给予资金保障，对受疫情影响较大的行业企业采取延期还款、分期还款、展期等措施，帮助民营小微企业有序复工复产。灵活施策运用各项货币信贷政策工具。2020年，累计发放支农、扶贫再贷款9414万元，运用小微企业贷款延期还本付息、普惠小微信用贷款支持工具，向法人银行业金融机构发放激励资金44.9万元，累计支持办理延期还本付息70户，做到了小微企业贷款“应延尽延”，严格执行存款准备金激励约束政策，年内共三次下调地方法人机构法定存款准备金率1.5个百分点，释放金融机构可用信贷资金6000万元。多措并举助力稳企业保就业。成立县金融支持稳企业保就业工作部门协调小组，建立企业定期融资对接和日常监测制度，广泛开展金融支持稳企业保就业政策宣传，一企一策解决企业融资需求，全年累计支持企业63户，发放普惠小微企业贷款1.41亿元，全县企业贷款余额达到14.68亿元。继续做好脱贫攻坚金融支持。以特色产业为重点，持续加大对“三农”、扶贫领域的信贷投入，全县精准扶贫贷款3.97亿元，为泾川乡村振兴与脱贫攻坚有效衔接提供了充足的资金支持。积极引导贷款利率下行。全面完成贷款利率LPR改革目标，贷款利率同比下降67个BP，金融让利实体经济的政策导向得到显著体现。

【金融稳定】持续压紧靠实金融风险防控“四个责任”，牢牢守住不发生系统性金融风险底线。成立了以县委书记、县长任双组长的“泾川县金融风险化解领导小组”，紧盯重点环节、重点机构加强日常监测，摸清风险底数，有效落实早期风险预警、问题纠正各项工作措施。严格执行重大事项报备制度，开展应急风险演练，提升突发事件应急处置能力。扎实开展《存款保险条例》实施五周年宣传活动，在存款类金融机构顺利启用存款保险标识。全县金融机构经营稳健，金融市场秩序良好，金融生态环境持续改善。

【金融服务】征信体系进一步完善。推广中征应收账款融资服务平台和动产融资统一登记公示系统应用，二代征信系统顺利上线运行，严格执行日核查、月报告、季度自查自纠制度，征信监管持续加强。支付结算更加便利快捷。ACS系统安全稳定运行，支付服务渠道畅通，清算效率不断提高，支付方式创新多样，工作流程不断优化。现金投放和管理不断加强。2020新版5元人民币顺利发行，加大小面额原封新券投放力度，建立和完善金融机构小面额现金备付制度、主办网点和主办银行制度，在农村地区建立了15个现金服务点，现金服务网络更加完善。持续提升国库履职水平。开通国库拨款无纸化系统，实现了退库业务电子化，税款联网缴库比率达到了100%。快速落实党中央、国务院小微企业减税降费政策，共办理退库2109笔，金额575.3万元。金融消费者权益保护不断强化。持续推动金融知识纳入国民教育体系，金融课程纳入泾川县第三小学的高年级学生课堂。在县职教中心开展金融知识讲座，定期开展多种形式的金融反诈及金融政策、法律法规集中宣传活动，有效提升公众金融知识素养；统筹推进金融消费权益保护工作，金融消费纠纷多元化解机制不断完善。

领导班子成员名录

行　长　　雷　霖
副行长　　吕新鹏
　　　　　王林玉
纪检组长　郑小平

（供稿：李明轩）

工商银行泾川县支行

【概况】中国工商银行泾川县支行位于泾川县中山街15号，全县设有营业网点1个，离行式自助银行2处，附行式自助银行1处，年底有员工14人。

【经营效益】至年底，各项存款余额35012.68万元，较年初增加1448.36万元，其中储蓄存款余额28266.13万元，较年初增加5924.1万元；对公存款余额6746.55万元，较年初负增加4475.74万元。各项贷款余额25578.44万元，其中个人贷款余额21598.32万元，较年初增加719.44万元，公司贷款余额3980.12万元，较年初负增加29.49万元。

【风险防范】支行全年始终坚持从严治行、规范管理，切实落实员工异常行为排查措施，严格排查员工经商办企业、信用卡套现、与客户资金往来等违规行为。积极防范外部风险，全年内控管理水平保持在B级以上，营造了良好的经营环境，全年没有发生一起不良事故。

领导班子成员名录

行　长　杜晓龙
副行长　祝　晖
　　　　胥佳文
副书记　徐世文

（供稿：马志鹏）

农业银行泾川县支行

【概况】中国农业银行泾川县支行内设综合管理部、财会运营部、信用管理部、客户部4个部室，有营业网点10个，其中1个营业室，4个单点支行，5个分理处；城区4个，农村6个。年底全行有职工117人。

【业务成绩】至年底，全行存款余额272830万元，较年初净增18204万元。各项贷款余额118907万元，较年初增加13566万元，其中个人贷款余额39216万元，比年初净增8173万元；法人贷款余额79691万元，比年初增加5393万元。实现中间业务收入1041万元。

【客户发展】全年新增对公结算账户98户，个人有效客户较年初净增15688户，掌银客户64096户，较年初新增16360户；信用卡有效客户14840户，较年初净增1001户；个人有效账户新增31261户，新增私人银行客户2户，三方绑卡、商户分别完成14166户、2176户。

【贷款清降】至年底，全行不良余额1216万元，较年初减少863万元；贷款不良率1.07%，较年初下降0.95个百分点。诉讼不良贷款51笔1698万元，已全部转执行。

【风险防范及内控管理】以“双基”管理建设为契机，建立健全各层级案防责任体系，全力做好案件查防、安全保卫、“三线一网格”管理模式推广。制定了《关于进一步转变放款中心效能的实施意见》《进一步加强金库管理的办法》等文件，班子成员按分管部门落实责任，各层级管理人员逐级排查，强化监督制约。全年共开展案例警示教育3次，组织参加上级行案例警示教育2次，年内对35人次员工进行了岗位轮换。

【助力脱贫攻坚】制定了《关于加强对挂牌督战贫困村金融服务监督工作的意见》《2020年金融扶贫服务方案》《朱家涧村金融扶贫工作实施方案》等具体实施办法，发动员工购买全国52个贫困县农产品3.6万元，购买朱家涧村甜瓜1000余斤1.2万元、蔬菜3600余斤7500元，为荒场村贫困儿童捐赠学习用具40份0.6万元，为姚哈村贫困群众捐赠生活用品35份1万元，与贫困村联谊4次。开展普惠金融知识宣讲12次。全年发放精准扶贫贷款116笔1121万，累计带动776户农户实现脱贫。

【队伍建设】泾川农行始终秉承“人才强行”

思想理念，以党建工作为统领加强人才队伍建设，加强人文关怀，员工归属感、幸福感、获得感进一步增强。对干事能力强、思想觉悟高、自身素质优、群众口碑好的干部，加大培养力度，年内提拔35岁以下的部门及网点负责人10名，组织58名员工参加省市行举办的培训。通过举办营销技能竞赛、演讲比赛、文体活动等一系列竞赛活动，不断激发了广大员工立足岗位、比学赶超、争做标兵的积极性。

领导班子成员名录

行　长　　李　晓
纪委书记　李向东
副行长　　吕晓斌
　　　　　代小红（女）
行长助理　马宏亮

（供稿：于泾平）

邮储银行泾川县支行

【概况】中国邮政储蓄银行泾川县支行位于泾川县城泾州街765号综合市场门口，现有营业网点9家，安装自助取款机20台。年底全行有员工165人。

【经营业绩】截至12月31日，储蓄余额16.04亿元，累计净增1.75亿元。2020年累计发放贷款1.2亿元。经营类贷款发放3934.80万元，净增813.99万元；住房类贷款发放277.80万元，净增135.19万元；非房类消费贷款发放5383.20万元，净增1224.73万元。

【业务创新】2020年，我行加大就业创业担保贷款投放力度，全年发放再就业贷款110笔1711万元，列全县各家合作银行第一。通过发放创业贷款，为城乡创业人员提供了资金帮助，为人员就业及县域经济发展做出了贡献。为加大普惠金融力度，我行与泾川县菲达热力有限公司、泾川县城东暖气公司共同合作推出开放式缴费平台缴纳暖气费业务。客户可在微信、邮储银行手机银行等平台线上缴纳暖气费，足不出户即可办理金融业务，解决了居民排队缴纳等候的难题。通过开放式缴费平台业务累计收缴暖气费3000余户900余万元。新建成信用村3个，共建成信用村33个，累计发放信用村贷款515万元，极大地促进了农村信用体系的建设，为做到普惠金融贡献自己的力量。

职工跨年度团建活动

领导班子成员名录

副行长（主持工作）　马　博
　　　　　　　　　　王彩虹（女）
　　　　　　　　　　梁　辉（女）

（供稿：王甲荇）

建设银行泾川县支行

【概况】中国建设银行泾川县支行现有营业网点1处、离行式自助银行1家、便民服务点253家。至年底，有员工19人。

【指标完成】至年末，各项存款余额40827.10万元，比年初增加7415.41万元，增长22.19%。其中储蓄存款余额31276.64万元，比年初增加9074.73万元。对公存款余额9128.46万元，较年初增加-2047.02万元。累计投放各类贷款34326.35万元，较年初增加6433.13万元。

【风险管控】认真落实监控重启、周内安全自查和安全日志登记等工作制度，坚持每天班前、班中、班后对线路、安全器械、消防设备进行检查；持续深化安全管理“双基建设”，及时更换消防器材，在高柜、后院、楼道等安装高清摄像头8个，进一步加强场所安全监督管理。

【政策业务宣传】 利用营业大厅内外的LED显示屏、液晶电视等载体，长年宣传各类金融知识、反诈骗知识和日常存贷业务办理流程，增强了广大群众的金融意识。配合全县扫黑除恶专项斗争，滚动播放扫黑除恶主题和内容，宣传省市银保监会开展扫黑除恶斗争的相关政策和工作要求，营造宣传气氛。

领导班子成员名录

行　长　张鸿鹏（7月离任）
　　　　戴丑奔（7月任）
副行长　张春涛
营运主管　冯安平

（供稿：冯安平）

农业发展银行泾川支行

【概况】 农发行泾川支行内设信贷业务部、会计结算部和办公室3个职能股室。2020年底有职工20名，大学本科以上学历的16名，助理师以上专业技术职称的6名，党员13名。

【经营业绩】 2020年底，日均存款达到6895.89万元，较上年减少9609.39万元，降幅58.22%；各项贷款达到102545.5万元，同比减少6140万元，下降5.65%。

【服务粮食安全】 大力支持粮食增储轮换和市场化收购，发放应急储备贷款1380万元，支持新增市级储备小麦500万公斤。累计发放市县级储备粮贷款4笔1869万元，轮换市县级储备小麦254.15万公斤。发放粮油收购贷款1笔150万元，支持企业收购玉米71.43万公斤。

【服务发展大局】 年初，向甘肃蓝康医疗器械公司发放贷款2000万元，支持企业及时采购生产口罩、防护服等必需的原材料，保证企业全力生产防疫物资。根据建设进度及资金使用计划，向泾川县人民医院新建项目发放贷款1000万元，支持县医院整体搬迁建设。积极响应国家“六稳”“六保”政策，对中小微企业不抽贷、不断贷，有序推动企业复工复产，帮助企业渡过困难期。

领导班子成员名录

行　长　路广林
副行长　白一峰
　　　　杨　舟
纪检员　王军龙

（供稿：王金明）

泾川农商银行

【概况】 泾川农商银行下设办公室、会计财务部、运营管理部、科技信息部、三农业务部、合规与风险管理部、稽核审计部、纪检监察部、消费者权益保护部、安全保卫部、教育培训部、业务营销部12个职能股（室），现有员工40名。营业网点25个，便民服务点133个，布放自助设备64台，配备背包银行64台。

【经营管理】 2020年底，各项存款余额428044万元，较年初净增27146万元，市场份额占比40.37%。各项贷款余额324308万元，市场份额占比46.59%。不良贷款余额75110万元，较年初下降43861万元，不良率下降8.9个百分点。电子银行业务替代率90.89%。实现各项收入25537万元，计提拨备7140万元，上缴各类税金774万元。

【业务办理】 深入开展全员营销、“百行进万企”、“走千村、访万户”、“战疫情、促发展”个人金融业务营销竞赛等活动，以农户小额信用贷款、农担贷、产业扶贫贷款等产品为抓手，累计投放涉农贷款110711万元。积极营销卡贷通、兴陇合作贷、富民产业贷个人住房按揭贷款、住房按揭贷等贷款业务，开发推出“抗疫快捷贷”“惠民贷”等线上贷款产品，实现了线上主动联系客户、开展精准互动式营销的业务拓展新模式。向有发展前景但受疫情影响暂时困难的企业投放贷款23131万元，受益企业17户，累计实施延期还本付息贷款33笔6445万元，减费让利370万元。进一步下调贷款利率，优化审批流程，小微企业及各类市场主体融资成本较同期下降1.5个百分点。

【风险化解】积极开展各类清收活动，采取多种措施，全力压降不良贷款。全年清收化解不良贷款61337万元，实现不良贷款余额和不良率双降。

【内控合规】持续加强稽核审计效能，全年完成序时稽核审计、大额贷款专项审计、支行负责人经济责任审计、呆账核销贷款审计、业务营销费用专项检查等共计10个项目的审计工作。累计出具情况记录1264份，发出风险提示书64份，经济处罚103人次，处罚金额1.93万元。不断完善信贷管理体系及风险管理流程，严把增量信贷风险。

【企业文化】加强员工教育培训，组织开展反洗钱、反假币、金融统计、信贷管理新制度、柜面业务操作、《民法典》等各类培训10次，培训人员850人次。组织开展业务技能竞赛，对全行35岁以下青年员工进行了业务技能测试，利用“三八”妇女节、“五四”青年节、“七一”建党节等节日开展业务培训、演讲比赛、趣味运动、职工座谈等丰富多彩的员工活动，积极打造健康向上的企业文化。

领导班子成员名录

董事长	解永成
行　长	李耀龙
纪委书记、监事长	戴惠荣（女）
副行长	刘永生
	张海锋
	王晓云（女）
	张　宇

（供稿：张　欢）

甘肃银行泾川支行

【概况】甘肃银行是经中国银行业监督管理委员会批准，通过合并重组原平凉市和白银市商业银行，联合其他发起人共同设立的，由甘肃省人民政府直接管理的唯一一家省级法人股份制商业银行。甘肃银行2011年11月19日挂牌成立后，原平凉市商业银行泾川支行正式并入甘肃银行股份有限公司，更名为甘肃银行股份有限公司泾川支行。泾川支行目前有员工23人，营业网点2个，经过多年的发展，逐步形成了以城区为中心向乡镇延伸的服务格局，金融服务能力逐步提高。

【业务发展】截至2020年末，各项存款余额12.7亿元，比年初净增1.4亿元。其中，储蓄存款余额11.5亿元，比年初净增1.24亿元；对公存款余额1.2亿元，比年初净增0.16亿元。截至2020年末，各项贷款余额6亿元，比年初净投放1.1亿元。个人类贷款余额2.9亿元，比年初净增6846万元；对公类贷款余额3.01亿元，比年初净增818万元。

【社会责任履行】根据甘肃银行“服务地方经济、服务中小企业、服务‘三农’、服务城乡居民”的市场定位和要求，我行立足于泾川实际，紧紧围绕泾川县区域经济及五大核心产业，在文化旅游、商贸流通、畜牧养殖、绿色果蔬、地方工业方面，利用我行特色化产品，积极进行信贷投放。2020年累计投放各类贷款1.1亿元，主要为泾川县元顺建筑安装工程有限责任公司投放流动性贷款600万元，为甘肃南北工贸集团有限公司投放流动性贷款2000万元，为泾川县大云文旅集团有限责任公司投放特色产业发展工程贷款1100万元，为平凉金港湾物资有限公司投放流动资金贷款800万元，有力地支持了全县重点项目建设、工业企业和商贸物流等产业的发展，为推动全县经济结构调整、产业升级，促进经济全面、快速发展做出了积极的贡献。

领导班子成员名录

行　长　刘辛勤

副行长　赵宇飞

　　　　杜明强

（供稿：李小鹏）

中银富登村镇银行

【概况】甘肃泾川中银富登村镇银行原名甘肃泾川国开村镇银行，于2007年3月16日挂牌成立，是国内第一批成立的村镇银行，注册资本1800万元。2017年12月26日，经中国银监会甘肃监管局批准，将名称变更为甘肃泾川中银富登村镇银行。现有员工37人，行内设有运营部、风险管理部、零售金融部、三农金融部、公司金融部、综合管理部、合规审计岗。

【经营业绩】至2020年末，总资产为30881.26万元，各项贷款19104.99万元，负债总额为24748.09万元，各项存款23662.83万元。

【业务办理创新】上线移动PAD业务平台，实现移动发卡、现场进件、线上审批、在线签约、当场放款，一笔贷款从申请到放款仅需2.5小时，基本实现客户经理离行可以办理全流程贷款业务，客户足不出户就可以获得贷款。

领导班子成员名录

董事长　张浩东

行　长　王东科

副行长　张海平

　　　　王森林

（供稿：周　博）

广惠投资公司

【概况】泾川县广惠投资有限责任公司是县人民政府2015年批准成立的具有独立法人资格、公益性国有独资企业，2015年11月登记并取得了营业执照、开户许可证、机构信用代码证等。公司主要负责承接易地扶贫搬迁工程地方政府债券、专项建设基金、长期低息贷款。截至2020年底，出资设立了泾川县达源开发建设有限责任公司和泾川县诚源新型农业开发有限责任公司两家子公司，共有员工23名。

【融资归还】积极衔接开展2020年度到期融资及贷款归还工作，协调大云寺·王母宫大景区1.05亿项目归还本金365万元，利息90多万元；县职教中心归还实训基地2000万元项目本金200万元，利息21.9万元；县花样年养老服务中心归还2900万元项目本金220万元，利息32.7万元；棚户区改造归还500万元项目利息6万元；衔接天纤棉业公司完成二期20万锭7200万元项目抵押物的变更及归还项目本金360万元，利息44.16万元。

【易地搬迁资金监管】全年拨付易地扶贫搬迁资金163笔3996.9万元，涉及全县各乡镇。配合县发改局、财政局等部门对2017年易地扶贫搬迁及搬迁后续巩固提升项目进行了验收，对项目资金运作情况进行全面审计，对2019年度结余的贷款贴息资金391.7万元上缴县财政局。

【门面房经营管理】2018年12月，县政府决定将全县行政事业单位的门面房统一交由县广惠公司经营管理。至2020年8月底，共接收县直部门闲置门面房32处。年内2次委托甘肃正大拍卖公司对新接收房屋进行公开拍卖租赁，成交14处交回租金53.33万元，扣除拍卖佣金和税金，上解财政房屋租金46.74万元。

领导班子成员名录

党委书记、董事长　丁晓文

党委委员　　　　　马红生

副总经理　　　　　邓　方

（供稿：袁　阳）

中国人寿财险泾川支公司

【概况】中国人寿财险泾川支公司年底有员工14人。

【经营效益】至年底，公司实现保费收入1377.49万元，占年度计划1375万元的100.18%，比去年同期增长645万元，增幅88.04%。非车险完成保费87.51万元，同比增长65.8%。

【车险理赔】2020年，公司接到报案701件（不含外代案件），日均报案1.92件，较上年同期减少43件，增幅-6.1%；立案616件，同比减少14件，增幅-2.2%；结案率97.61%，同比上升0.9%；金额结案率87.32%，同比上升19.41%。估损偏差率Ⅰ-43.03%，同比下降4.99%；案均结案时长457.76小时，同比增加56.9小时；已决赔款318.43万元，同比增加49.96万元，增幅18.6%。

【农险理赔】2020年，农险已决赔偿1045户271.83万，已发生未报案预赔款280万元，其中种植业210万元、养殖业70万元。

领导班子成员名录

经　理　梁志敏

（供稿：史　君）

中国人寿泾川县支公司

【概况】中国人寿保险股份有限公司泾川县支公司内设个险销售部、团体业务部、银行保险部、综合管理部、客户服务中心等5个机构，全县设11个营销服务部，年底有管理人员17人、销售人员120人。

【经营业绩】全年保费收入5339.45万元，同比增长1.31%。首年期缴保费收入876.42万元，同比增长21.23%；10年期及以上首年期缴保费收入366.22万元，同比增长0.01%；短期险保费收入271.34万元，同比增长1.15%。全年给付及赔款支出1409.19万元，同比增长8.13%。

【理赔服务】全年处理赔案1578件，赔付金额448.83万元，其中长险183.54万元、基金险174.89万元，移动理赔率99.67%，理赔服务时效1.02天，非团险业务从出险到支付时效为27.81天，非基金险理赔案件全流程智能化通过率78.96%，5日结案率100%。

【风险管控】公司将依法合规、防范风险作为保险工作的重中之重，成立专门工作机构，从单证印鉴、可疑人员、可疑业务线索、重点内控风险点、保险资金案件和微信朋友圈等细节入手开展常规性风险排查。组织实施了乱象整治、反洗钱、防范和处置非法集资、打击电信网络新型违法犯罪、扫黑除恶、断卡行动、“风险大排查”回头看等专项风险排查防范金融风险，全体人员牢固树立底线思维，确保了给付平稳、运营合规、风险可控。

领导班子成员名录

经　理　付　强

（供稿：孟俊义）

中国人财保险泾川支公司

【概况】中国人民财产保险股份有限公司泾川支公司内设经理室、综合管理部、营销业务部、电子商务部、车商业务部、直销业务部、农村（扶贫）业务部，下设高平、丰台、玉都3个营销服务部。年末有职工23人，PICC标志服务专用车2辆。

【保费收入】年内，公司全险种签单保费2127.79万元，比2019年增长18.69%；车险签单保费1115.11万元。商业险659.52万元，占59.16%，交强险455.59万元，占40.84%；商业非车险签单保费224.98万元；政策性农业保险实现保费收入630.85万元。

【理赔支出】年内，公司受理各类案件赔款

1019.27万元，其中，车险赔款465.75万元，非车险赔款40.52万元，政策性农险赔款513万元。

【商业非车险业务】 全年保费240万元。财产险64.95万元，增长保费60.7万元。责任险85.25万元，同比增长-1.19%，负增保费1.03万元。意外健康险74.73万元，同比增长19.66%，增长保费12.27万元。

【经营管理】 年内，车险业务结合公司实际情况制定合作方案，持续跟进与维护车商、车行的合作。利用晨夕会及每天的信息汇总，由相关负责人汇报车商业务情况，经理室根据市场情况及时做出费用政策和资源送修的调整，确保车商业务稳定发展。

【电网销团队服务】 年内，按照市分公司关于续保考核办法，每周一、三、五定期召开续保专题会议；加强续保与电商呼叫团队的协作，对续保清单提前下发到各团队，逐笔呼叫，做到业务专人跟踪办理；通过多形式的分析和宣导，员工主动联系客户，保障了业务发展。

【农村保险】 年内，吸收素质好、有能力的村社干部或有影响力的人员为农村保险协保员，实现“1+N+4”团队建设，进一步完善工作制度，规范业务办理和人员管理，高平、丰台、玉都3个三农服务营销部硬件设备配备到位，正式营业。全年政策性农险保费收入630.85万元（份额内保费），政策性农业保险支付赔款513万（份额内赔款），为农业发展农民增收发挥重要作用。

领导班子成员名录

副经理（主持工作） 张建新
杨利涛

（供稿：张卿豪）

发展和改革

【概况】泾川县发展和改革局是县政府组成部门，加挂泾川县粮食和物资储备局牌子，下设县重大项目服务中心、县价格认证中心、县以工代赈办公室、县交通战备信息中心、县能源开发服务中心、县粮食稽查队6个二级单位。年底，有干部职工48人。

【经济运行】2020年，全县完成生产总值40.36亿元，增长3.4%（第一产业增加值完成11.2亿元，增长6%；第二产业增加值完成4.89亿元，下降4.3%，建筑业增加值完成3.17亿元，下降2.1%；第三产业增加值完成24.27亿元，增长4.9%）；固定资产投资完成13.24亿元，增长0.12%；规模以上工业增加值完成0.35亿元，下降27.3%；社会消费品零售总额完成11.44亿元，下降1.2%；公共财政预算收入2.16亿元，下降1.1%；城镇居民人均可支配收入28341.3元，增长4.4%；农村居民人均可支配收入11286.8元，增长7.7%；规上工业营业收入利润率完成-2.08%，上升1.65%；省外招商引资到位资金9.05亿元，增长28.36%。

【项目建设】年内，列入市级重大项目2个，总投资8.4亿元，当年计划投资1.7亿元，完成投资1.2亿元，占计划的71.8%；纳入市级500万元以上投资项目清单49项，总投资55.57亿元，当年计划投资18.03亿元，完成投资14.22亿元，占计划的80%；实施500万元以上项目82个，完成投资17.71亿元，G312线凤翔路口至平凉东段改建工程（泾川段）、县医院整体搬迁、泾河流域水环境综合整治、鼎惠万吨气调保鲜库、城区商品交易和农产品批发市场等项目建成投用。全年争取中央和省市财政专项资金9.8亿元，落实债券资金4亿元。论证储备县城城镇化补短板强弱项项目66项，总投资30亿元；新基建项目74项，总投资41亿元；黄河流域生态保护和高质量发展项目89项，总投资87亿元。

全县重大项目集中开工仪式

【易地扶贫搬迁】“十三五”期间，全县实施易地扶贫搬迁1862户7465人（其中建档立卡户1635户6563人），新建集中安置点34个，全部实现搬迁入住，配套水、电、路、暖等基础设施及基本公共服务。2020年，围绕安置区基础设施补短板、后续产业发展，投资3502.177万元，实施王村镇朱家涧村迁出区杂果经济林、王村镇朱家涧小学改（扩）建、红河乡姚哈村安置区中药材基地、玉都镇安置区设施产业园区等建设项目20项（后续产业培育项目7个、基础设施和公共服务补短板项目12个、旧房拆除及宅基地复垦项目1项）。实施易地扶贫搬迁旧房拆除和宅基地复垦，拆除旧房1522户，宅基地复垦面积974.04亩，复垦后新增耕地894.23亩、林地26.40亩、草地10.70亩、园地42.71亩，实现了“搬得出、稳得住、能致富”。王村镇朱家涧村入选全国美丽安置区。

【“十四五”规划编制】2020年，按照党的十九届五中全会确定的《中共中央关于制定国民经济和社会发展第十四个五年规划和二〇三五年远景目标的建议》要求，完成36个重大课题研究和39个县级专项规划编制，邀请兰州大学黄河流域绿色发展研究院高质量编制完成《泾川县国民经济和社会发展第十四个五年规划和二〇三五年远景目标纲要》，经县十八届人大六次会议审议通过，谋划论证“十四五”重大项目347项，概算总投资676亿元。

【深化改革】依托甘肃政务服务网和投资项目在线审批监管平台，推行并联审批运行机制，将投资项目审批压缩至120个工作日以内，全年在线审批项目107项，办结107项。围绕减税降费、稳定扩大就业、创新引领发展、优化营商环境四个方面，查找出44个问题，建立问题清单、明确责任和时限，全力协调督促并全面整改到位。

【社会信用体系建设】开展行政许可行政处罚信息“双公示”，联合惩戒典型案例及“诚信泾川”红黑榜信息录入工作，录入“双公示”信息3684条、红黑榜3批7条、曝光失信被执行人547名，发布联合惩戒典型案例1例、拒执罪典型案例12件。印发《关于在行政管理事项中使用信用记录和信用报告的通知》，全面推广应用“信易贷”平台，更新信用泾川网“信用资讯”677条、图片新闻106条、通知公告24条，发布政策法规206条，宣传信用知识19条，发布专项治理信息127条。

【粮食和物资储备】全面开展粮食库存、粮食收购、政策性粮食销售出库和储备粮轮换检查，审核11户涉粮企业经营资质，开展粮食市场专项检查10次。制定《泾川县应对新冠疫情期间粮油供应保障工作方案》，协调全县41户粮油经营和加工单位组织货源8000多吨，落实农户科学储粮囤2222套。实施粮食质检站项目，建成蒸煮烘焙室、原粮和成品粮检验室、接样室、快检室、试剂室、品质分析室、化学分析室等9个检验室。轮换县级储备小麦883.88吨。

【价格认定管理】对各类实行政府定价、政府指导价的事项进行清理，上报日托制幼儿园保育教育费收费标准，核定朱家涧水库水价，对城区自来水价格进行成本监审并召开听证会，协调解决“两部制”水价问题。会同市场监管局开展转供电环节清理整顿专项行动，督促转供电主体清退多收一般工商业用户电费2.46万元。下调非居民销售气价0.1元，全县非居民获得降价红利7.022万元。及时发放1—9月价格临时补贴550.85

万元。完成各类价格认定案件27起，标的金额53.23万元。

领导班子成员名录

局　长　　樊志辉

副局长、县粮食和物资储备局长

　　　　　刘鹏忠

副局长　　张田世

　　　　　杨小勇

纪检组长　彭　哲

（供稿：章小红）

能源开发

【概况】 依据全县机构改革精神，2019年9月，泾川县能源局更名为泾川县能源开发服务中心，隶属县发改局管理，正科级全额事业单位，核定编制11名。截至2020年底，有干部职工13人。

【能源保障能力】 2020年，全县天然气保供能力达1045万方/采暖季，成品油库存2.8万吨/日以上，煤炭市场保有量6万吨，全县电力最大负荷65兆瓦，年用电指标2.71亿千瓦时，实际用电量2.44亿千瓦时，供电可靠率99.85%。

【能源开发】 年内布设井位9口，生产原油2万吨，完成投资3600万元。新增用户2794户，累计达到13734户，其中农村用户1307户。完成投资1441.2万元，丰台、玉都、党原、城关、王村、汭丰6乡镇镇域内已贯通天然气。年内建成王村、党原、陇东加油气站3个，完成投资1660万元，全县累计加油气站达到18个。年内新增分布式光伏发电项目2户，新增装机容量30.9千瓦、发电能力5.6千瓦时，完成投资15万元；建成新能源汽车充电站1座，充电桩4个，新增功率2160千瓦，完成投资120万元。农村电网升级改造项目顺利完成，完成投资5701万元。结合编制“十四五”能源发展规划，“十四五”期间共储备各类能源项目28个，概算投资547亿元。

【清洁取暖】 制定了县城及周边居民冬季清洁取暖项目实施方案，集中供热管网覆盖范围内的居民采取集中供热方式，集中管网覆盖范围之外的居民使用电能、清洁能源取暖。2020年，投入214万元，完成清洁取暖改炉改炕3630户，占市上分配任务3600的100.8%。全县总采暖建筑面积533.4万平方米（城镇258万平方米、农村275.4万平方米），其中清洁取暖面积336.8万平方米（达标燃煤锅炉集中取暖193.5万平方米、天然气取暖109.33万平方米、电供暖33.97万平方米），清洁取暖占总取暖的63.21%。

【安全监管】 大力开展“安全生产月”和“安全生产陇原行”活动，与能源企业签订安全生产目标责任书，开展油气管道保护专题培训，在管道途经的5乡镇，利用逢集日进行安全生产宣传，累计发放各类宣传资料2.5万余份。督促西气东输二线过境管道，保护企业对沿线5个乡镇28个行政村61公里高压长输管道实行常态化巡护、监测、维修。组织开展重大节日期间常规性能源行业安全生产大检查，确保能源行业安全生产零事故。

领导班子成员名录

主　任　李灵平

副主任　刘俊奎

　　　　王军宏

（供稿：党金龙）

统　计

【概况】 泾川县统计局是县政府工作部门，内设综合股、业务股、普查稽查股和普查调查中心，核定局机关行政编制9名、事业编制7名。现有各类在岗人员18名。

【重点业务】 农业、工业、商贸、固定资产投资等行业统计工作按照业务口径圆满完成月度、季度联网直报。规模以下工业、限额以下批发零售、住宿餐饮业、部分行业事业单位月度调查顺利开展，全面建成小康社会监测、国内旅游、公众生态满意度等社情民意调查按时完成。年内新增“四上企业”2户。加大乡镇经济统计台账和工业、商贸、固定资产投资、建筑、房地产等统计专业台账建设，调整乡镇统计人员11名。加强与调查队、发改、住建、交运等部门之间的衔接，靠实各项统计指标的来源和依据。

【统计服务】及时向各级、相关部门提供统计咨询服务，完成2018年全县第四次全国经济普查公报、2019年度统计公报和《泾川统计年鉴2019》的整理编辑。按照全县统一安排，完成整县脱贫的自查验收，重点核实贫困户经济收入来源和具体金额。抽调人员参加全国脱贫攻坚普查。

【法治建设】深入贯彻落实《关于深化统计管理体制改革提高统计数据真实性的意见》《统计违纪违法责任人处分处理建议办法》《防范和惩治统计造假、弄虚作假督察工作规定》及相关统计法律法规，县委常委会和县政府常务会对意见、办法、规定多次学习研究并提出贯彻落实办法。在县委党校举办统计及相关法律法规知识培训班2期，开展统计执法检查1次。

【第七次全国人口普查】2020年2月，县政府印发《关于做好全县第七次全国人口普查工作的通知》，成立由22个县直部门为成员单位的普查工作领导小组，16个乡级单位同时成立相应组织领导机构，制定工作方案及相关细则。县财政安排普查经费120万元，采购PAD手持设备650台，订购普查员马甲1500件，印制宣传手册1.5万册、宣传手提袋5000个。以村级单位为基本全县划分普查区221个，普查小区1359个，选聘普查指导员和普查员1418名，标绘建筑物7.91万个。11月1日开始正式入户登记至30日结束，通过APP采集软件个人自主填报及普查员入户填报工作顺利完成，12月完成部门数据比对和数据质量核查等工作。

10月9日，全县第七次全国人口普查工作推进会议召开

领导班子成员名录

局　长　　张剑冰
副局长　　李培建
　　　　　王晶平
纪检组长　牛君瑞（女）

（供稿：王海峰）

国家统计局泾川调查队

【概况】国家统计局泾川调查队是国家统计局的派出机构，由甘肃调查总队垂直管理，依法独立行使统计调查、统计报告、统计监督的职责，对上报数据的真实性负责。同时，承担地方政府委托的统计调查任务，为本县社会经济发展提供统计服务。目前承担国家、省、市、县级17项调查业务。

【住户类调查】在全县抽取130户为样本，开展住户收支与生活状况调查，全面准确及时了解居民收入及生活消费状况，客观监测居民收入分配格局和不同收入层次居民生活质量，为国民经济核算和居民消费价格指数权重提供基础数据，130户中有126户实行电子记账。同时开展贫困监测和农民工监测调查，按季、年度进行调查数据的审核、汇总和上报。

【农产量及畜禽监测调查】全县共抽中5个国家调查点、7个地方调查点，季节性地开展农产量调查。通过估产、排队、抽样、打磙、推算、折损等调查程序，客观反映本地域农业生产形势。畜禽监测调查按季度实地调查7个乡镇20个村所在的全部中小企业和分别抽取的猪、牛、羊和家禽10户散养户，准确反映全县畜禽生产经营活动情况。

【月度劳动力调查】全县抽取11个样本点，其中城镇调查点3个、农村调查点8个。按月入户实地调查，对就业、失业状况进行重点调查，及时上报调查数据。

【联网直报调查】全县开展主要农产品中间消耗、农产品价格、新设立小微企业和个体户跟踪等联网直报调查，每季度定期入户，认真负责地完成源头数据的采集、审核和直报工作。

【脱贫攻坚普查】按照省市县的安排部署，配合省脱贫复核组，对全县17017个脱贫户进行了脱贫复核和数据直报等工作。

领导班子成员名录

队　长　刘得弟（6月止）
　　　　刘林福（6月任）
副队长　马　伟（9月止）
纪检员　柳　杨（女，6月任）

（供稿：胡望绚）

审　计

【概况】泾川县审计局下设经济责任审计办公室、“三农”资金审计中心。核定局机关行政编制10人，工勤编制1人，下属事业单位事业编制18人。年底实有人员26名。

【县级预算执行审计】对本级财政预算执行情况和13个重点部门预算执行情况进行审计，查出各类违规资金1496.99万元，管理不规范资金168476.52万元，审计决定收缴县财政资金1496.99万元，已调账处理金额534.64万元，出具审计报告14篇，提出审计建议8条。

【经济责任审计】对12名部门主要负责同志任期和任中经济责任进行审计，共查出各类违规资金641.59万元，管理不规范资金940.02万元。

【政府投资审计】对2018年“畅返不畅”处治工程等13个项目建设情况进行了审计，委托中介机构对易地扶贫搬迁项目等18个项目竣工决算进行了审计。

【专项资金审计】对泾川县博物馆2019年度免费开放资金使用情况等5个民生项目进行了审计。

领导班子成员名录

局　长　　韩东堂
副局长　　闫玉成
　　　　　贾永春
纪检组长　杨再励（女）
党组成员、经济责任审计工作联席会议
　办公室主任　殷春涛（7月任）

（供稿：杜　璐）

自然资源

【概况】泾川县自然资源局是县政府工作部门，加挂泾川县林业和草原局、泾川县不动产登记管理局、泾川县绿化委员会办公室牌子。内设土地征收和储备中心、规划测绘服务中心、城乡规划设计研究室、自然资源执法监察大队、基本农田保护建设办公室、矿产资源服务中心、不动产登记中心、林业有害生物防治检疫站、退耕还林工作站、林业技术推广中心、果业局、果品产业技术服务中心12个下属单位，下设官山林场1个基层场站。年底，有干部职工213人。

【规划管控】启动全县国土空间规划编制工作，确定12个研究专题，完成了资料收集、实地调研、初步成果局内初审。完成荔堡镇高马村等4个村庄规划成果、县城旧城区等5处地块控规修改方案、泾明山底下村等5处用地规划设计方案的批复工作；全年办理建设项目用地预审41个；通过甘肃省投资项目在线审批监管平台审查办理建设项目用地预审20个；拟定项目用地规划条件通知书21份；核定建设项目设计方案26个；参与建设项目施工放线30多处。

【用地保障】上报省市批准各类建设用地578亩，城区垃圾填埋场等14个项目用地442亩，农宅及配套道路等附属设施用地136亩。全年土地成交35185.5万元，其中经县政府批准，按挂牌方式供地10宗351.69亩，成交价款32593万元；按租赁方式供地1宗20.67亩，租赁价款17.5万元；催收2019年度土地出让价款2575万元。在14个乡镇实施城乡建设用地增减挂钩项目，保障建设项目用地3420亩。

【生态林业建设】全县完成荒山造林3.52万亩，建成机关义务植树点2处，完成造林910亩；新建道路林网310公里，抓建美丽乡村示范村和易地扶贫搬迁项目村村庄绿化工程42个2000亩，建设国家森林小镇1处、省级森林乡村4个，落实2021年新一轮退耕还林工程项目计划5300亩。

荒山造林

【果品产业】完成果园新建补植1.24万亩，在丰台镇焦家等村栽植矮化密植园856亩、乔化短枝园403亩，在王村、泾明等乡镇新建核桃、花椒等杂果经济林1734亩。全县改造提升二、三类果园1.6万亩，在丰台镇焦家村引进瑞阳、瑞雪等新品种苹果60亩，在荔堡镇西关村嫁接华硕、红噶啦等品种430亩；全县完成果树修剪27万亩，清园25万亩，覆膜4.6万亩，拉枝6万亩，完成果园地下施肥26万亩，叶面喷肥23万亩，病虫害防治30万亩，落实政策性果园保险6万亩。全年果品产量实现19.19万吨，果品产值10.5亿元。

培训现场发放果业种植技术教材

【项目建设】争取省级地质勘查基金420万元，实施了何家坪地热普查和延风村矿泉水普查项目，地热资源普查项目完成二级验收，延风村矿泉水普查完成了物探工作。投资108万元，在党原镇赵家村、罗汉洞乡吕家拉村实施土地整理复垦项目，建设总规模31.19公顷，新增耕地15.11公顷。投资2330万元，完成三北防护林工程3000亩、三北退化林分修复2.1万亩、天保人工造林2000亩及官山林场林区道路改建10公里等项目建设任务。投资2090万元，其中财政专项扶贫统筹整合资金1306万元、县级财政投入784万元，实施了果园标准化管理、间作套种和新建果园苗木补贴、肥料项目。

【矿政管理】全面落实矿山地质环境恢复治理基金制度，建立基金账户3个，计提基金28万元；积极推进绿色矿山建设，全县所有采矿企业编制《矿产资源开发利用与生态复绿方案》，进一步提高全县非煤矿山企业节约资源和环境保护意识。

【防灾减灾】认真组织开展地质灾害防治工作，印发《2020年地质灾害防治方案》和《突发性地质灾害应急预案》，全面落实了防灾减灾领导责任制。发放宣传资料1.8万多份，与县气象局发布预警信息19期；申请县级财政资金311万元对王村镇完颜村地面沉降和城关镇土窝子村不稳定斜坡隐患点进行治理。

【执法监管】开展国土资源及护林防火动态巡查193人次，发现各类违法违规行为为42起，下发整改通知书66份，现场制止36起，对6起涉地违法行为和1起失火案件进行了立案查处，拆除非法建筑物28处1100多平方米，移送起诉1起。查处G312项目非法占地情况，收缴罚款45.7万元。

【不动产管理】出台了不动产登记历史遗留问题处理意见，及时化解遗留问题108个。全年办理各类不动产登记证书及证明17562本，其中证书5814本、不动产登记证明11748本，收取不动产登记费18.52万元。

【国土三调和农房颁证】第三次全国国土调查工作共勾绘图斑数85085个，举证图斑17379个，顺利完成了国家互联在线核查、县（市）级接边等工作。完成全县14个乡镇196个行政村72738宗“房地一体”补充调查工作，颁发宅基地集体土地使用证67481本、集体建设用地使用证569本，颁发房地一体不动产权证1129本。

领导班子成员名录

局　长	梁小峰
副局长、林业和草原局长	夏爱军
副局长	赵　勇
	王惠军（女）
	辛永发
纪检组长	梁春荣

（供稿：刘俊俊）

市场监督管理

【概况】泾川县市场监督管理局是县政府的工作部门，加挂泾川县食品安全委员会办公室、泾川县知识产权保护局牌子，下设食品药品检验检测中心、市场监管综合行政执法队、质量技术监督检测所和15个基层市场监督管理所。至年底，有干部职工199人。

【市场主体】全县共有市场主体10602户，注册资金967691.82万元；2020年新发展1681户，注册资金100664.7万元。国有、集体及其控股企业109户，注册资金98694.81万元，新发展18户，注册资金7395万元；私营企业2017户，注册资金624395万元，新发展383户，注册资金70019.3万元；农民专业合作社478户，注册资金163153万元，新发展24户，注册资金5855万元；个体工商户7998户，注册资金81449.01万元，新发展1256户，注册资金17395.4万元，完成“个转企”75户。

【注册登记】全面推行“审核合一”登记制度，实行各类市场主体、各类登记业务“全程电子化”登记模式，实现远程在线办理营业执照，全年办理营业执照1502户。

【知识产权】2020年，全县商标申请208件，成功注册148件，有效注册商标总量达到747件。“泾川苹果”地理标志证明商标注册成功。新增授权专利52件，其中有效发明专利1件、实用新型专利50件、外观设计专利1件。指导查处商标侵权案件4起。

【食品安全监管】指导村级食品安全协管员和流动厨师在手机安装“农村聚餐”APP，简化申报流程。全年完成抽检833批次，食品快检5500批次。全县餐饮单位餐饮废弃物集中处置率及“明厨亮灶”实施率均达100%，全县21户食品生产企业、93户高风险食品生产加工小作坊、67户食品

食品执法检查

批发企业、359户餐饮单位（其中学校食堂66户）接入“陇上食安”监管平台。

【药品安全监管】全年完成省级下达的药品监督抽验任务34个批次，完成市级药品监督抽验任务59个批次，上报药品不良反应230例，上报医疗器械不良事件65例。

【特种设备安全监管】全年办理新注册登记设备48台（部），办理车用气瓶登记证68个。共检查特种设备相关单位78家（次），出动执法人员354人次，抽查各类特种设备285台（部），下达《特种设备安全监察指令书》91份。全县纳入监管的特种设备使用单位82家，移动式压力容器充装单位1家，气瓶充装单位2家。现有在册特种设备771台（件），目前在用设备431台（件）。

【质量计量安全监管】全年抽查商品煤86批次，检验合格率97.7%；抽查车用燃油19批次，合格率100%；检定戥秤244杆、电子秤643台、汽车衡（静态）18台、天平7台（件）、血压计154台、压力表797块，检查加油站15家、加油机67台，在集贸市场、超市配置公平秤16台。

【消费维权】年内受理消费者投诉283件，为消费者挽回经济损失9.6万元，办理“诉转案”6件。

【综合执法】查处各类违章违法案件174起，案值11.38万元，罚没款92.88万元。办理商标侵权案件4件，案值1.72万元，罚款1.67万元。

【非公企业党建】全县纳入党内统计的法人企业143户，党员390名，建立非公企业党组织83个，覆盖企业107户。创建“双强六好”党支部7个，其中市级“双强六好”标准化党支部4个，培育入党积极分子52名。

【疫情防控】新冠肺炎疫情发生后，全面加强市场监管，强化价格监管，严查囤积居奇、哄抬物价等违法行为，加大药品、医疗器械、日常消费品等领域的巡查。倡导全县462家非公企业捐款7.3万元，捐物价值104.5万元。

领导班子成员名录

局　长　董永峰
副局长　贾自慧
　　　　王卫星
　　　　毛永明
　　　　张　勇
纪检组长　郭富祥
非公有制经济组织和社会组织工作委员会
　副书记　郭　刚

（供稿：闫振中）

住建·环保

住房与城乡建设

【概况】泾川县住房和城乡建设局是县政府的工作部门，加挂泾川县人民防空办公室牌子，下设县房产服务中心、县建筑工程服务中心、县市政设施管理处、县回中广场管理处、城区污水处理中心、房屋征收与补偿办公室6个科级建制的事业单位，监管县自来水公司、房地产开发公司、城东供热站等3个县属国企。至年底，局机关有干部职工42人，全系统共有干部职工256人（含县属国企职工）。

【城市基础设施建设】年内，投资1953万元，实施市政基础设施建设项目3项：实施水泉路道路硬化749.3米， 完成投资690万元；实施县城北亮化工程，在朝阳东路、朝阳西路、新城东路、新城西路、文昌南路、文昌北路及文景路等8条街道安装路灯311盏及配套设施，完成投资506万元；实施西关正街道路及排水工程，完成投资634万元。

【住房保障】投资1.14亿元，实施老旧小区改造及老旧楼改造77幢2105户。为480户符合条件的住户发放住房租赁补贴30万元，惠及群众740人。抽组80余名干部，开展为期3个月的农村住房“大起底、大排查、大整治”百日攻坚行动，核查、鉴定、登记7.87万户农村住房，扎实推进危旧房屋拆除整治“清零行动”，集中拆除“视觉危房”3.5万余间。

【房地产开发】投资28.86亿元，实施房地产开发项目14项。名都花苑、天和人家、金江御苑、锦绣财源、万美家园、世纪花园C区、金都花园、星鼎花园三期、凤凰城、紫润东郡、花样年美年文化城等房地产开发项目进展顺利；新景嘉苑、聚贤华府、文华麓城3个住宅小区全面开工建设。全年累计完成固定资产投资5.9亿元，建筑业产值11.6亿元。

【小城镇建设】投资3996.76万元，实施小城镇开发项目13个，实施基础设施建设、人居环境整治、绿化亮化等项目23个。年底，23个项目全面完成。其中，投资118.79万元，完成城关镇凤凰村村庄综合建设示范村项目建设和绿化亮化工程；投资554.85万元，完成汭丰镇基础设施建设项目及人居环境整治项目；投资153万元，完成王村镇朱家涧社区服务中心建设、街道东西排洪渠建设和绿化亮化工程；投资713.92万元，完成党原镇合道村人行道铺设、村庄环境整治、贫困村道路硬化、城刘森林小城镇建设等项目；投资100万元，完成玉都镇排污管道铺设及检查井修建工程；投资405万元，完成丰台镇道路设施建设、供排水设施建设及绿化亮化工程；投资727.25万元，完成红河乡道路硬化排水渠修建工程；投资811万元，完成泾明乡污水处理站建设、小康屋新建、行政村规划编制等项目；投资20万元，完成罗汉洞乡街道绿化项目；投资35万元，完成窑店镇凤口街道提升改造工程项目；投资29.46万元，完成飞云镇基础设施建设、排水工程及绿化工程；投资120.6万元，完成高平镇污水处理站维修、垃圾填埋场维修、废旧检查井更换维修及绿化亮化工程；投资207.89万元，完成太平镇道路建设、排洪渠修建工程。

老旧小区改造

【工程招投标】 全年审批建设工程招投标项目10项，办理招标公告审批业务55项，合格率达到100%，上网公告率达到100%；办理非国有资金投资工程项目直接发包备案业务10项，完成2020年度招标代理机构进场备案登记36家。

【人防工程建设】 年内完成3个防空地下室建设项目审批和11个人防工程易地建设项目审批，《泾川县人民防空方案》和《泾川县城人民防空工程规划》通过专家评审。投资241.1万元，实施泾川县人防宣传教育体验基地项目，目前已完成展馆装修及设备安装，正在进行设备调试，预计2021年7月底完成。

【乡镇垃圾收集处理】 投资8579.9万元，建成乡镇垃圾填埋场（处理站）5个、乡镇污水处理站13个、餐厨垃圾处理站1处，发放餐厨垃圾收集桶271个。推行城乡环卫一体化处理，通过政府购买服务，每年支付第三方服务公司3159.6万元，对城乡生活垃圾及餐厨剩余物进行集中收运处理。深入推进农村人居环境整治百日攻坚行动，全面清理整治房前屋后、村庄周边等重点区域内柴草、粪土、垃圾等乱堆乱倒现象，累计清理生活垃圾2000多吨。

【工程建设审批制度改革】 梳理权力和责任事项190项，其中行政许可20项、行政处罚103项、行政征收1项、行政确认4项、其他行政权力44项、公共服务18项，通过甘肃省权力事项加载系统进行加载公开，信息共享至甘肃省政务服务网和平凉市工程建设项目审批管理系统。6大类61个事项全部进入政务大厅，业务统一集中受理，落实“并联审批”和“联合验收”，全年办理工程建设行政审批事项2394件。

领导班子成员名录

局　长　何会军
副局长　雷喜太（6月离任）
　　　　何君贵
　　　　刘自鹏（9月任）
纪检组长　梁晓虎
党组成员、房产服务中心主任
　　　　刘亮亮

（供稿：王　瓅）

房产管理

【概况】 泾川县房产服务中心是住建局管理的自收自支的事业单位，年底共有职工25人。全县在册房地产开发企业共18家，其中一级资质的1家、二级资质的3家、三级资质的1家、四级资质的3家、暂定资质的10家。

【房地产市场管理】 年内销售住房1185套12.86万平方米，楼房销售均价每平方米4980元。剩余商品房库存1207套13.66万平方米。办理商品房预售许可证7个，网签备案1339套，面积14.48万平方米。收缴住宅专项维修资金5688.24万元，涉及19个小区76幢住宅楼。

【物业服务管理】 年底，全县共有物业管理企业11家，其中二级物业服务公司3家，服务面积40.16万平方米，三级物业服务公司8家，服务面积31.1万平方米。业主自行管理楼房175幢105.42万平方米。

领导班子成员名录

主　任　刘亮亮

工程质量监督

【概况】 2020年底，县建筑工程服务中心共有职工32人。

【监督检查】 全年监管建筑工程111项，建筑面积111.2万平方米，其中县城工程80项，乡镇工程31项，监督覆盖率100%。在建工程安全条件备案审查率100%，意外伤害保险投保率100%，竣工工程质量达标合格率100%。

领导班子成员名录

主　任　张　健

市政管理

【概况】 2020年泾川县市政设施管理处共有职工21人。

【维护管理】 投资297万元，实施回中广场改造提升和音乐喷泉维修工程，新铺石材人行道1057.95平方米，安装道牙235.1米，安装树穴37个，更换木栈道1882.15平方米、玻璃栈道124.95平方米，更换钢龙骨12吨，玻璃栈道下增设彩色灯带200米，新增设人工草坪125平方米，并对原喷泉控制电缆、专用水泵、水下彩灯、控制柜、喷泉音箱等进行拆除更换。投资56万元，实施县城东入口广场景观小品改造工程，新建景观小品砼基础。完成37条街路1200多处沉淀式水箅子及城东加油站150米排洪渠清淤，更换检查井圈盖、水箅子45套和盖板16块。疏通青年路等街道排污管道640米。

领导班子成员名录

主　任　樊军华

副主任　王之焕

污水处理

【概况】 2020年泾川县城区污水处理中心共有职工21人。

【处理运行】 2020年全年共计处理生活污水381.09万吨，日处理量为1.041万吨。产生污泥402.5吨，处置营养土402.5吨，COD出口浓度平均22.4mg/L，氨氮出口浓度平均1.1mg/L。各类排放物均达到《城镇污水处理厂污染物排放标准》一级A标准。

领导班子成员名录

主　任　陈广文

城市供水

【概况】泾川县自来水公司成立于1974年，原为县住建局下属自收自支事业单位，实行企业化管理，2020年经营类事业单位改制，改为全民所有制企业。主要承担城区及城关镇、王村镇部分农村人饮自来水生产供应，年底有职工117人。

【自来水经营情况】2020年完成安全优质供水230万吨，实现经济收入796.4万元。

【安全供水】年内开展巡查60多次，检修阀门541台，维护供电专线26公里，检测水样429份，检测合格率均达100%，按季度在县门户网公示水质监测报告4次。

领导班子成员名录

经　理　黄鹏岗

供　热

【概况】泾川县现有城东、城西、城北、华天燃气4处集中供热站，供热总面积294.5万平方米，共有职工89名。

【城东供热】原有供热面积57万平方米，新增面积世纪花园C1、C2区17.2万平方米，现有供热锅炉3台，供热总面积74.2万平方米。

【城西供热】原供热面积120万平方米，新增天和人家4.5万平方米；农垦局、林业局、统计局、副食厂、煤矿家属楼、农调队旧楼共计15.5万平方米，现有供热锅炉3台，供热总面积140万平方米。

【城北供热】原有供热面积14.15万平方米，新增花样年3区16.1万平方米；现有供热锅炉2台，总面积30.25万平方米。现供热面积 50万平方米，供热锅炉3 台，供热区域包括世纪花园B区、星鼎庭院、第三小学、第五和第六幼儿园及世纪花园A区12#、13#楼。

供　气

【概况】泾川华天燃气开发公司是县政府招商引资企业，公司注册资金2900万元，现有职工40人。

【基础建设】持续开展城区天然气管网改造，截至年底，天然气用户9222户，已接通丰台、党原、玉都、城关、王村、汭丰及张老寺农场燃气260户。

燃气公司应急演练

领导班子成员名录

经　理　田　军

城市综合执法

【概况】泾川县城市管理综合执法局成立于2013年9月，为县政府直属事业单位，参照公务员制度管理，下辖城市管理综合执法大队、城市管理指挥中心、环卫处、园林处4个单位，全局共有职工90人，科级干部17人。

【疫情防控】牵头负责在泾灵北路口设置疫情检测点，对进入车辆全面开展检疫工作，共筛查人数2930人，车辆1647辆次。为精准扶贫吊沟村的疫情防控一线工作人员捐赠防控物资消毒液80公斤、方便面10箱、加多宝饮料10箱、电动喷雾器2个。为中天环境公司筹措拨付主要用于购买城区公厕及公共场所疫情防控消毒物资专项资金2万元，购买消毒液200公斤。为一线环卫工人发放防护口罩3300只、废弃口罩收集桶2个、电动喷雾器3个、消毒液50公斤、500mL洗手液20瓶、新鲜蔬菜50箱、苹果110箱。督促中天环境公司每日对城区敏感区域、垃圾箱（桶）、垃圾清运车等设施全面消毒至少4轮次，对垃圾做到日产日清，日均清理垃圾120吨。安排党员进社区协助入户排查87余户，为出入社区的居民测量体温3000余次，健全登记台账50多份。

【环卫一体化】督促指导中天环境公司落实“一冲五扫五洒”全天保洁制度，每天在对街道至少5次湿法清扫的基础上，彻底对路面进行冲洗，晚上12：00前持续喷雾抑尘。督促做到垃圾随满随清，及时拉运；餐厨垃圾收集车每天定时定点上门收集，密闭清运，确保垃圾及时清运到位。制定了环卫一体化考核办法和考核细则等规定，负责监督考核，环卫处、园林处、执法大队分别对中天环境卫生清扫保洁、园林苗木管护和“牛皮癣”小广告清理等情况进行跟踪考核问效，环卫一体化机制运行稳步推进。

【城管执法】对城区秩序进行集中整治，累计下发整改告知书820余份，劝导进店经营商户320余家，取缔流动摊贩72个，处罚违规行为12起。严格审批商铺门头牌匾，共审批门头牌匾18家。划定经营区域，全力支持个体工商户入市经营。劝导规范摆放摊点1000多个，取缔流动摊贩600多个，整治出店经营200余处。与城区新开工的5家建筑工地签订管理责任书，严格落实运输车辆苫盖措施。联合公安、交通等部门对城区内行驶的车身带泥上路、密闭苫盖不严、沿途遗撒的运输车辆依法予以查处，共查处违规行为186起。开展露天烧烤专项整治，共取缔烧烤摊点42个。禁止燃放“升天类”烟花爆竹，对违规行为严管重罚6起。与各酒店、婚庆、物业公司签订烟花爆竹燃放责任书22份。

城管执法评估调研

【园林绿化】补植各街路、公园缺损苗木146棵，栽植灌木9000多株。对回中广场、中山林公园移植乔木72棵，移植灌木7737株，新植樟子松66棵。集中实施2轮次苗木病虫害防治、灌水作业。对公园绿化带（绿篱）、草坪进行集中修剪，对街路2200余棵行道树进行修剪，清理病枝、枯枝、劈裂枝等枝条300多条，剔除重叠枝、交叉枝、下垂枝等多余枝条120多条，配合供电公司，修剪影响供电设施树木600余棵。

【典型培育】健全执法管理制度，整理汇编执法常用法条政策规定10条、相关法律法规25部，统一规范执法文书式样52种。制定从轻从快办理城区摊贩乱扔（乱倒）垃圾、污水案件适用当场行政处罚简易程序意见，运用当场行政处罚简易程序办理案件143件。充分运用100余处城管监控，对城市管理违规行为实行监控，及时将城市管理问题反馈各片区城管中队进行处置。

【城区垃圾填埋场二期工程】项目2019年8月经县发改局批复立项，2020年5月正式启动实施。目前完成了库区清表、进场道路、供电设施、垃圾坝灌注桩及灰土挤密桩、生产生活辅助区、渗滤液处理站主体等单项工程，污水调节池、挡土墙、综合水池已完成了底板浇筑，渗滤液处理设备加工制作完成并拉运至县内。整体工程计划2021年10月底建成。

领导班子成员名录

局　长　　吕燕川
副局长　　王永强
　　　　　任晓春
纪检组长　董志强

（供稿：陶　盼）

住房公积金

【概况】平凉市住房公积金管理中心泾川县管理部成立于1997年7月，原名泾川县住房资金管理中心，2003年3月机构上划平凉市住房公积金管理中心，实行垂直管理，年底有职工10名。

【公积金归集】2020年全县234个单位10652名职工缴存住房公积金1.51亿元，其中财政统发190个单位共缴存11021万元，44个自缴单位缴存3335万元。县财政统发工资单位公积金缴存比例由10%提升到12%，月均增加缴存额 176万元。至12月，完成全年归集任务1.4亿元的108.37%，归集余额达到6.6亿元。

【公积金贷款】2020年，发放住房贷款377笔1.23亿元，占全年贷款计划1亿元的123.7%。其中，住房公积金质押贷款7笔186万元；房产抵押贷款370笔12151万元，异地贷款49笔1392万元。贷款余额达到6.5亿元，个贷率99.18%，逾期率为0。

【公积金提取】2020年共提取住房公积金3897人9103.7万元。其中，提取还贷396人2847万元，离退休提取190人1554万元，购房提取119人1122万元，约定提取3082人3183万元，租房提取1人次4800元，死亡提取9人23万元，户口迁出所在市或出境定居33人122万元，解除劳动合同提取7人18万元；大病医疗提取1人2.3万元；其他提取（包括法院执行）64人次319万元。全年提取占计划1亿的91.94%。

领导班子成员名录

主　任　朱永明

（供稿：高旭飞）

环境保护

【概况】平凉市生态环境局泾川分局是平凉市生态环境局的派出机构，内设平凉市泾川生态环境监测站、泾川县生态环境事务中心2个事业单位，核定编制31人。2020年底，有干部职工38人。

【空气质量监管】全面落实城区街路 “一冲五扫五洒”抑尘措施，湿法洗扫率达到80%以上。对县域内40台10蒸吨以下燃煤锅炉进行清理整治，其中淘汰2台、煤改气5台、煤改电9台、采取洁净煤替代24台。加强煤炭专营市场和40个二级配送网点监督，加大煤质抽检频次，严厉打击流动销售劣质煤和二级网点外非法经营行为，年内抽检煤质110批次，抽检合格率98.2%。督促县城351户和乡镇372户餐饮企业全部安装油烟净化装置。完成3630户居民清洁取暖改造。通过推进重点整治措施，全年城区空气质量有效监测天数347天，优良天数320天，达标率92.2%，剔除沙尘影响后，PM_{10}平均浓度值为63微克每立方米，较2019年下降13.7%；$PM_{2.5}$平均浓度值为36微克每立方米，较2019年下降12.2%，污染物浓度均呈下降趋势，区域空气质量明显改善，完成了市政府下达的空气环境质量目标。

【污水监管】完成《泾川县农村生活污水专项治理规划（2020—2030）》的编制工作。对省级、市级入河排污口进行核查、登记、溯源，共排查排口276处，其中历史排污口18处，排雨等类型排口258个。完成荔堡、玉都、窑店3个乡镇污水处理站环保竣工验收，至年底，有12个乡镇污水处理站竣工验收并规范运行。全县5个地表水考核断面、城乡集中水源地、地下水水质均达到Ⅲ类标准，水质达标率100%。

【土壤整治】核实全县土壤重点监管企业农用地详查点位67个，配合第三方开展重点行业企业用地土壤污染调查取样，按期完成信息采集任务。在泾明乡白家村、城关镇新沟村实施中央农村环境综合整治项目，在罗汉洞乡南河村实施省级农村环境综合整治项目，项目总投资95万元。

【环保执法】全年完成环评备案项目897个，

审批环境影响报告表7个，审核、发放排污许可证199家。全年立案4起，处罚8.8万元，受理环境信访案件60件，结案率100%。

环保政策宣传

领导班子成员名录

局　长　　王博玉
副局长　　薛小军
　　　　　董小花（女）
　　　　　王　鑫
纪检组长　梁安民

（供稿：王丽娟）

教　育

【概况】泾川县教育局是县政府工作部门，加挂中共泾川县委教育工作委员会牌子，内设招生办公室、教学研究室、教育督导室、教育培训中心、学生资助管理中心，管理城乡43个科级教育事业单位。年底，局机关有干部职工63人。

【基础教育】2020年，全县有各级各类学校345所，其中幼儿园139所、小学166所（另有教学点17个）、初级中学15所、九年制学校2所、特殊教育学校1所、完全中学2所、高级中学2所、中职学校1所，在校学生43814名，教职工4516名。全县学前三年毛入园率达到93.65%；九年义务教育巩固率达到98.47%，适龄儿童入学率、初中入学率均达到100%，小学、初中在校生持续保持零辍学；小学毕业升学率100%，15周岁初等教育完成率达到100%；残疾儿童、少年入学率达到98.6%；当年普通高中招生1550人，高中阶段毛入学率达到94.19%。参加高考1875人，一本上线484人，上线率25.8%，同比提高5.4个百分点；二本以上上线1504人，上线率80.2%，同比提高0.5个百分点。

【职业教育】2020年，泾川县职教中心招生1418人，毕业1384人。德育工作成效显著，文明校园创建工作顺利开展，被省委、省政府命名为“省级文明校园”。教学质量持续提升，职教高考本科上线49人，4名学生高考总分分别位居旅游服务类、工业类、信息技术类、教育类全省第一名。478名师生在各级各类技能大赛中荣获等次奖。校企合作持续深化，与大金空调、安靠封装测试2家合作企业新建企业订单班3个，订单培养114人，联合办学企业发放奖（助）学金共计51650元，毕业生就业率96.82%。

【教师队伍建设】招聘引进教师71人。选派城区学校40名学科骨干教师赴农村学校开展支教活动。教师参加各类培训5500多人次。全年评定高级职称179人，中级职称142人，初级职称79人。

获评甘肃省特级教师1名，省级骨干教师1名，省级农村骨干教师2名，市级农村骨干教师18名。

【办学条件】全面建成投用县第四幼儿园，完成对4所乡村幼儿园的校舍改扩建，投资80多万元，完成对5所农村幼儿园的日托制改造；投资8500多万元，新建、改扩建校舍2.35万平方米，新建运动场5648万平方米。至年底，全县校舍总建筑面积669433.45万平方米，生均小学13.17平方米、初中25.83平方米、普通高中23.74平方米、职教中心11.07平方米。生机比小学5.3：1、初中2.2：1、普通高中5.5：1、职教中心5.2：1。师生网络学习空间创建率分别达96%、71%。改善城区幼儿园办园条件，建成STEAM编程科技坊、生活馆、绘本阅读区、科学区、美术区、3D打印教室、乐高教室、体验区各1个，购置教玩具1批；为王村中学安装校园监控，为中街小学安装“班班通”设备9套；为11所农村中小学配备“班班通”多媒体设备37套；为窑店中学建设物理、化学实验室各1个，计算机多媒体教室2个；新建泾川一中现代化吊装生物实验室2个、数字化文科综合实验室1个；完成了职教中心学校学术报告厅AV项目安装工程和“全景漫游”校园综合门户网改造项目，启动了实训基地建设项目工程。

【素质教育】举办“阅读点亮智慧，书香润泽素养”泾川县第四届中小学读书节，开展各类阅读活动60多次，全县中小学生均图书达到30.2册；组团参加平凉市第五届运动会，青少年组获得14金12银9铜，跆拳道、羽毛球、5人制男子足球项目获得团体第一名；创建国家级足球特色学校2所，省级文明校园3所，禁毒示范校3所（其中省级1个，市级2个），语言文字示范校创建达标率100%；9月至11月分别举行了少数民族地区群众、青壮年农民、基层干部语言文字培训，受益人群达600人。第二届中华经典诵写讲大赛中，泾川二中和东街小学选送的诵读作品获得甘肃省赛区二等奖，东街小学诵读作品获教育部优秀奖；组织开展全县中小学（幼儿园）教师“三字一话”基本功竞赛，推荐50名教师参加全省竞赛，有38名教师获得一、二等奖；在全国高中数学、物理、化学、生物学科甘肃赛区竞赛中，11名学生获奖；在“同上一堂科学课”全国科技馆联合行动西部区域优秀科学课程评选中，2名教师获省级一等奖。

【教研教改】制定《泾川县高考综合改革工作推进实施方案》。举办全县幼儿教师教学技能大赛，全县中小学全科课堂教学讲赛；召开全县小学教学质量监测分析会，全县中考质量分析暨初中教学研讨会，全县高考备考研讨会和推进会；组织管理人员和高三年级科任教师112人次，赴西安、崇信参加高考备考交流研讨会、班主任高峰论坛、普通高中教育教学研修培训会，组织初中校长和科任教师90人赴华亭市、静宁县考察学习中考备考和特色办学；聘任108名中小学（幼儿园）兼职教研员；积极组织课题申报鉴定，全年省级课题立项19项，鉴定通过13项；市级课题立项59项，鉴定通过97项。“泾川教研”微信公众平台推送290期，编发教研论文352条。

【教育管理】修订完善《泾川县义务教育学校教育教学工作考核奖惩办法》《泾川县高考中考质量考核奖惩办法》；对全县139所幼儿园“小学化”倾向开展专项治理，对下属学校、幼儿园进行教育教学综合考核评估，督促整改问题50多个；调整基层督学29名，对全县24家民办教育培训机构进行年度检查工作，颁发办学许可证18份（其中新申请设立的校外培训机构11个，换发民办幼儿园办学许可证7份）；深入开展校园安全及周边环境隐患排查，全年无重大事故发生。

【疫情防控】研究制定《2020年春季学期学校疫情防控和开学工作指导意见》《泾川县中小学幼儿园新冠肺炎疫情防控应急预案》《泾川县2020年中小学春季开学工作方案》《泾川县2020年幼儿园春季开园工作方案》和《泾川县中小学幼儿园新

冠肺炎疫情联防联控工作制度》等十项制度，通过政府采购、企业捐助、社会捐赠等方式筹备防疫物资，聘任39名健康副校长指导学校疫情防控工作，全面做好应急处理、环境消杀、信息报送、师生晨午检等疫情防控工作。安排学校错峰开学、错时上下学，坚持“停课不停学”原则，高三、初三两个毕业年级先后启动线上教学，初、高中其他年级和小学中、高年级通过网络、电视、移动终端、陇政钉等方式开展复习和实践活动，实现了疫情防控与教育教学两不误。

部署春季学校安全工作

【教育扶贫】落实教育脱贫攻坚包抓责任制，抽组机关44名干部，成立14个包抓小组，先后20多次深入村组和学校现场指导教育脱贫攻坚工作。全年落实各类教育惠民资金2993.7万元，受益学生48660人次，其中为建档立卡贫困户学生落实1162.7万元，受益学生19505人次；通过入户走访及时发放教育惠民政策宣传资料9万多份，为5160名大学生发放生源地信用助学贷款3258.7万元，全县无一例因贫困失学学生。落实财政补助资金374.425万元，全县174所农村义务教育学校全部实现自主供餐，惠及18596名在校学生。

领导班子成员名录

局　长　　解天俊
副局长　　李旭勤
　　　　　樊俊玺
　　　　　魏军民
纪检组长　尚筱竑

（供稿：鲁成成）

泾川一中

【概况】泾川一中始建于1940年8月，1981年被甘肃省教育厅确定为全省首批办好的重点中学，2004年被命名为“甘肃省示范性普通高中”。学校占地120亩，校舍建筑面积4.2万平方米。学校建有国内较为先进的化学和物理实验室、录播教室，有校史室、国防及禁毒教育展室、李商隐纪念馆等，教学设施齐全，功能完善。2020年底，学校有教学班65个，学生近3000人，教职工299人，其中正高级职称2人，副高级职称84人。

【高考成绩】坚持“研究考点，明确考情；研究学生，了解学情；加强考练，以考促学；临界学生，精准发力；名生培养，突出提高”的备考策略，2020年一中参加高考989人，重本上线478人，上线率48.3%，二本以上上线942人，上线率为95.2%，各项数据创学校历史新高。其中贾豪同学以总分664分的成绩被清华大学核工业与技术专业录取。

【德育教育】开学初，以班为单位集中开展入学教育，集中学习《中学生守则》《中学生日常行为规范》等制度，学期中途，持续抓紧抓实规范学生的行为习惯，禁止乱扔纸屑果皮、破坏公物、吸烟、上网、携带手机等行为。将社会主义核心价值观教育融入学校特色活动，实现月月有主题，周周有活动，每周开展“国旗下讲话”、主题班会、晨会活动，年内举行“海棠诗会”、校园文化艺术节、秋季田径运动会、“厉行节约，反对浪费”主题演讲等活动。注重学生心理健康教育，高一年级着重培养吃苦耐劳的精神和积极向上的心态，使他们尽快适应高中的学习和生活；高二年级重点做好行为习惯引导教育，明确目标，高起点，严要求，为高考奠定基础；高三年级重点做好考试心理引导和自我调节等方面的工作。积极开展社团活动，各社团开展活动50多次。组织开展第五届全国学生“学宪法讲宪法”及《民法典》宣传系列活动，通过主题班会、主题团会、参与知识竞赛、主题演讲等形式组织学生学习《宪法》《民法典》《交通法》《未成年人保护法》等相关法律法规知识。

【改善办学条件】 2020年，新建文综（史地）数字化实验室1间，配套了实验设备，新建生物吊装实验室2间、生物准备室2间、生物药品标本室1间、生物仪器室1间，购买常规配套产品、探究包及数码显微镜、实验室及仓库管理系统各一套。采购了电子屏及音响系统，完成学儒园景观工程。安装了智能纳米黑板，完成了网络阅卷系统招标工作。

化学教研周活动

【校园安全管理】 全力做好新冠肺炎疫情防控工作，精准落实疫情防控各项措施；落实食品安全责任，认真监管餐饮中心货品供应；定期维护各楼域消防设施，开展师生消防逃生演练、应急疏散演练、疫情防控演练。加强走读生、住校生的安全管理，落实学生离返校与学生家长及时衔接措施，行政领导24小时带班值周，加强学校保安、值周人员巡查，学校平安有序和谐，全年无安全事故发生。

【教师队伍建设】 年内，引进师范院校应届毕业生4名，遴选骨干青年教师12名。采取名师示范、开设讲座、集体座谈等方式，定期开展青年教师业务培训，借助教职工大会、专题活动，与教师签订了拒绝有偿补课承诺书，告诫教职工远离赌博、拒绝酒驾、拒绝宴请，遵守学校各项规章制度。派出教师参加《深化新时代教育评价改革总体方案》培训会2次，组织骨干教师听取平凉市课堂教学研讨活动讲座，教师队伍思想素质和业务能力有较大提升。

领导班子成员名录

校长、党委书记	李晓华
副校长	杨建玺
	王渭宁
	杜俊夫
纪委书记	范晓勇
党委委员、教导主任	冯金龙

（供稿：温海英）

泾川二中

【概况】 至年底，全校有教学班30个，在校学生1676人，教职工156人。

【教学成绩】 2020年，初三级毕业学生533人，被泾川一中等省级示范性高中录取250人，省级重点高中升学率达46.9%；县内普通高中录取125人，普通高中总体升学率达70.36%，有7人进入全县中考总分前10名。普通高中升学率、中考优秀生占比位居全县第一。

【教研教改】 组织了第七届全校新课改课堂教学讲赛活动，有13门学科128名教师参加了讲赛，全校教师人均听课20节（次）以上。经过课堂改革的实践，教师之间取长补短，相互学习借鉴，各学科教学水平显著提升。

组织学生开展爱国主义教育活动

【特色办学】 成立校园文学社、书画社、科技兴趣活动小组和学校舞蹈队、合唱队、器乐队、篮球队、田径队等10多个学生社团，按计划定期开展活动。举办校园经典诵读比赛、师生演讲比赛和班级歌咏比赛等活动，有效培养和发展了学生的兴趣爱好和特长。在平凉市全民运动会上，我校代表队夺得少年组羽毛球女子单打冠军，男子双打亚军，混双亚军；跆拳道55公斤级女子冠军，56公斤级男子冠军，50公斤级男子冠军，跆拳道比赛总计夺得6金1银；男子足球5人制第一名，男子足球11人制第三名，女子足球5人制第四名；自行车赛女子组第二名。全省青少年足球锦标赛U16男子组第三名，学生智超、贾政、王明获得了国家二级运动员证。

【德育教育】以提高学生素养为重点，从生活习惯、待人接物等生活细节入手，注重学生的文明习惯培养。利用班会、个别谈话等形式，加强对学生的思德教育，邀请司法人员来校开展专题讲座2次，增强了学生的法治意识和辨别是非的能力，减少违纪违规现象。

领导班子成员名录

校　长　吴麦科

副校长　冯小平

　　　　赵宏荣

（供稿：温小涛）

泾川三中

【概况】泾川三中秋季学期有教职工211人，教学班44个，在校学生1649人。

【教学质量】2020年高考质量位列全市普通类高中组（非示范性学校）第一名，本科一批上线139人，本科二批以上276人，本科上线率68.1%。高三级7个备课组被市教育局表彰奖励为高考质量优秀备课组，21名教师被县教育局评为学科优秀教师；3项研究课题通过市教科所鉴定为合格，35名教师在省市县各级教学活动竞赛中获奖。

【办学特色】学校突出艺术教育，扩大美术班、体育训练队、音乐班和传媒班规模，现有专任美术教师6名、音乐教师11名，拥有声乐室5个，舞蹈室4个，器乐室2个，传媒室、编导室、服装室各1个，美术画室12个，教具室1个。2020年高考，学校艺术类本科一批上线129人，本科二批上线158人，上线率81.9%，有7名学生专业课成绩进入全省前50名，周文涛同学以影视表演专业全国第四名的成绩被中央戏剧学院录取。

艺术特长课堂

【队伍建设】学校领导班子、科任教师队伍凝心聚力、团结协作、开拓创新、砥砺奋进。有正高级教师1人，高级教师14人，一级教师99人，省、市、县级骨干教师36人，优秀教师138人。年内24名教师被县委县政府表彰为优秀教师工作者、优秀教师，3人被县委教育工委评为优秀共产党员。

【工作成效】年内，学校先后被评为全市普通高中教育教学质量先进学校、全市课堂讲赛优秀承办单位、全县教育工作先进单位、高考工作先进单位、普通高中教学质量先进单位、阅读推广工作先进单位、共青团工作先进单位、教育信息化应用示范学校等。

领导班子成员名录

校　长　徐经隆

副校长　张祺寿

　　　　贾宏斌

　　　　李金科

（供稿：赵尔博）

泾川四中

【概况】2020年底，泾川县第四中学现有教学班27个，在校学生1063名，教职工140人。

【教学管理】学校严格执行课程设置和素质教育的基本要求，开齐课程开足课时，深入开展课堂教学竞赛，教学工作规范化、制度化。坚持定期检查和随机检查相结合，从各个环节落实教育教学过程性管理。有针对性加大课程改革，通过培训会、推进会、教研会等手段，指导学校新课程改革稳步推进。2020年，在全县中学综合考核中名列第六，被县委、县政府评为“全县教育工作先进单位”。

【德育教育】学校围绕“立德树人，质量强校”的主题，按照“普及+提高”的原则，成立了14个学生社团，着力开发了德育学习课程、专题课程、环境课程、活动课程、社会实践课程五种德育课程体系，通过思政课和主题班会以及国旗下演讲等方式将德育教育融入日常教育教学中，鼓励每一位学生都能在社团中找到一个岗位、扮演一个角色、获得一份体验。坚持每周一个主题，每月形成一种习惯，使学校德育教育达到了课程化、校本化、特色化。

开展女生心理健康教育讲座

【安全保障】学校举行多种形式的安全教育讲座，靠实安全责任，与班主任、家长、学生签订了安全目标责任书。实行教室宿舍日巡查、课间及昼夜值班交接、特定时段分区域管理、及时汇报等工作制度，加强学生安全管理，配备了学校安全防范器械，强化门卫管理，坚持学校班子成员每周一小检、每月一大检，发现隐患及时整改，做到了“防患于未然”。全年学校无安全事故发生。

领导班子成员名录

校　长　杨广成

副校长　孙定春

　　　　刘海红

（供稿：吕宏伟）

职业教育

【概况】泾川县职业教育中心（平凉理工中等专业学校）2020年开设数控技术应用等专业15个，年底有教职工225人，开设教学班93个，有学生4277人。

【教学活动】全面推行“做中教、做中学”的理实一体化教学模式和“教、学、训、考、鉴、赛”六环一体化人才培养方式，积极实施仿真教学、情境教学等教学方式，持续加强教学精细化管理，不断提升教学质量。2017级259名学生参加了全省中职对口升学考试，本科上线49人，4名学生总分分别位居全省旅游服务类、工业类、信息技术类、教育类第一名。

【校企合作】继续推行校企（校际）合作、订单培养、工学结合人才培养模式，新建企业冠名订单班3个，招收学生114人，合作企业捐赠奖教金7万元、发放奖（助）学金51850元、提供实训耗材总价值79万元。组织36名返乡过节学生顺利返厂复工，重新安置实习学生43名。全年累计安置实践实习学生538人。

【成人教育】全年完成成人教育招生65人，完成了县委组织部委托开展的干部在线培训工作。

【队伍建设】持续加强师资培养，年内有12名教师被评为市县级教育工作先进个人、师德标兵、教学能手、模范班主任。在2020年全省职业院校学生技能大赛、教师教学能力大赛和班主任能力大赛中，18名教师获优秀指导教师、8名教师获教学能力大赛省级一等奖和省级二等奖、2名教师获班主任能力比赛省级一等奖和三等奖。教职工在省级期刊发表论文20多篇，完成省市级课题6项，13名教师在2020年甘肃省教科所论文征集活动中获奖。

庆城职业中专学校来校考察交流

领导班子成员名录

主任、党委书记	赵博琼
党委副书记	郭宝红（7月任）
副主任	张乃强
	张鸿翔
	郭虎祥
纪委书记	景仁义
党委委员	周晓军

（供稿：郭海峰）

科　技

【概况】泾川县科技局属县政府工作部门，加挂县外国专家局牌子，下设科技开发服务中心。至2020年底，有工作人员16名，其中公务员7名、事业管理人员9名。

【项目建设】全年论证储备科技项目21项，申报省市级科技创新、东西部扶贫协作、科技特派员专项等项目20项，立项5个，争取项目资金65万元。年内，省级农业科技园区建设项目通过省科技厅评审；冬小麦新品种长6359引进项目在党原镇陈袁村示范种植170亩；平凉红牛高效繁殖关键技术创新项目实施顺利，总结技术规程1套；苹果矮化密植栽培技术、国家知识产权强县试点县创建2个项目正申请省、市验收。贫困村果园病虫害物理防控、蔬菜标准化栽培技术集成研究、塑料大棚蔬菜模式化栽培技术集成研究3个项目稳步实施，进展顺利。

【科技特派员】全县从农业、卫生、企业等行业择优选定科技特派员171名，建立科技特派员微信工作群。农业科技特派员指导建成现代苹果矮砧密植园946亩、日光温室103座钢架大棚295座，引进推广蔬菜新品种13个，试验示范新品种22个、新技术新模式8大类，引进良种母牛1535头，开展种养实用技术培训35场次，培训群众5500多人。企业科技特派员积极开展技术革新指导服务，建成技术创新示范点3处。社区科技特派员主动开展健康咨询服务，举办卫生保健常识讲座2期，创建“甘津”双地科技特派员合作基地1处。

科技特派员现场培训

【科技创新平台建设】成功申报田家沟水保科技馆为省级、市级科普基地，创建城关镇为市级科技创新型乡镇，凤凰村、何家坪村为市级科技示范村。

【企业创新】编印《企业科技创新政策法规文件资料选编》，发放企业300多本。先后3次深入14家企业开展项目申报服务，帮助首燕牧业公司申报省级项目1项、市级项目1项，落实资金15万元；为甘肃航远信息技术工程公司争取疫情期间研发补助经费5万元；推荐县首燕牧业公司、甘肃航远信息公司、鼎惠农业公司、富原红果品贸易公司、甘肃苹安农资公司5家企业进入全国科技型中小企信息库；培育省级创新示范企业1家、市级科技创新型企业3家。

【引才引智】支持泾川金桥国际科技文化交流中心实施联合国教科文组织《信使》国际合作项目，推荐申报了甘肃省国际科技合作基地项目。支持鼎康牛业发展公司与省农科院、甘肃农业大学合作，建立了平凉红牛种质资源站、草食畜牧业陇东试验站和外国专家引智工作站，引进省内外专家5名。

【宣传培训】积极组织开展科技三下乡、志愿服务月、科技活动周、民族团结进步宣传月、防震减灾日等宣传活动7场次，广泛宣传相关法律法规、产业技术、知识产权、健康养生等知识，共展出展牌20多面，发放《现代苹果矮化密植栽培技术规程》《科技创新政策汇编》等书籍1500多本，各类宣传资料30000多份。

【科技体制改革】深入推进科技奖励制度改革、财政支持科技创新制度改革，制定了《"十四五"科技工作规划》，修订完善《泾川县科学技术奖励办法》《泾川县科技创新平台建设与运行管理办法》《泾川县深入推动科技服务业发展实施方案》等，年内表彰优秀科技工作者10名，推荐上报省级优秀科技特派员1名、先进集体2个。

【科技成果展赛】从卫健、教育、工信、农业等9个部门征集科技成果87项，经过县上专业人员评选，筛选48项科技成果参加平凉市首届科技成果展。县政府对7个先进集体、20名先进个人进行了表彰奖励。

领导班子成员名录

局　长　贾军虎
副局长　郝　强（4月离任）
　　　　马芬琴（女）
　　　　王小东（6月任）
纪检组长　高宏慧（女）

（供稿：王志锋）

气　象

【概况】泾川县气象局内设气象台、政策法规科、县人工影响天气指挥部办公室、县气象防灾减灾中心等，年底有工作人员10人。

【地面测报】1—12月综合质量指数99.99%。其中设备稳定运行率99.99%，到报率99.99%，数据可用率99.97%，工作过程质量100%。全年平均温度10.5℃，年总降水量612.7mm。

【农业气象服务】全年冬小麦、高粱观测质量为0.0‰，自动土壤水分观测资料传输及时率达到业务指标。

【防灾减灾】修订《泾川县人工影响天气应急预案》，组织人影地面作业人员上岗培训2次，作业人员全部持证上岗，全年开展人工消雹作业11场次，发射炮弹676发，累计有效覆盖面积1591平方公里。

【气象预报】全年发布各类气象服务专题材料240期，其中重大气象信息专报126期、重大灾害性天气预警信息98期、启动重大灾害性天气应急预案16次，灾害性天气预警信号发布率达100%，重要天气短时临近预报订正100%。

【环境探测】开展"三星级台站"创建，健全探测环境月巡查（报告）、年询问和探测环境保护登记备案制度，开展特种作物、苹果物候观测，对辖区50%以上自动站仪器进行了校准。

【气象执法】全年开展气象执法5次，对18个单位开展气象工作常规检查。

领导班子成员名录

局　长　张永勤（4月离任）
　　　　刘尚博（4月任）
副局长　刘尚博（4月离任）
台　长　史秀成

（供稿：史秀成）

卫生健康

【**概况**】泾川县卫生健康局是县政府的工作部门，加挂县中医药管理局牌子，县编委核定局机关编制16名，至年底局机关有工作人员21名。

全县共有各级各类医疗卫生机构386个，其中县级医院2个（泾川县人民医院、泾川县中医医院），妇幼保健计划生育服务中心1个，社区卫生服务中心（站）14个，乡镇卫生院15个（含1个分院），村卫生室210个（含2个第二村卫生室），个体诊所144个。年底全县卫生系统共有在职人员1067人。

【**疫情防控**】1月下旬，全国新型冠状肺炎疫情蔓延时，县上在第一时间成立由县委、县政府主要领导任组长，四大班子分管领导任副组长的疫情防控工作领导小组，下设“一办九组”开展工作，指导督促各医疗机构在医院主通道设立了预检分诊处，落实24小时预检分诊，对进入医院的所有人员进行体温筛查；建立了汽车站、火车站、商场等人员聚集场所的体温监测制度。县医院、县中医医院规范设置了发热门诊，筹措资金405万元，建成了县医院、疾控中心核酸检测实验室。加强了实验室人员配备和培训，日核酸检测能力达到7680人次。截至10月底，累计投资388万元，储备口罩69932个、防护服1744套、消毒剂729瓶（桶）、核酸检测试剂22600份。

【**健康扶贫**】投资 236.5万元，新建村卫生室15个，产权转换村卫生室9个。争取天津帮扶资金850.7万元，为12个乡镇卫生院配备DR机、彩超、全自动生化分析仪、心电工作站、神灯治疗仪、中医熏蒸仪等设备143台（件），提升了乡镇基本公共卫生服务和分级诊疗病种救治能力。对全县摸排出的1154例大病患者，及时落实大病救治，救治率100%，组织县乡村家庭医生团队医生对大病患者定期上门随访，提供医疗服务和健康帮扶。加大健康扶贫政策宣传，张贴健康扶贫（医疗部分）政策宣传版面752张，发放健康扶贫政策宣传手册7000余份。

【**基础设施建设**】针对疫情防控的医疗应急能力建设，论证申报储备项目11个，概算总投资4.37亿元。年内落实抗疫国债资金5190万，国家专项债券5000万，中央预算投资1500万，投资2400万元的医疗应急物资储备库项目已上报编制规划，其他项目正在论证阶段。招商引资兰生单采血浆有限责任公司落户泾川，该项目投资2300万元，工作场所4000平方米，主要开展血液制品生产所用原料血浆采集。

护士节活动现场

【**医疗服务**】县医院建成了新生儿重症监护病房、胸痛中心等5个急危重症救治中心，并通过了国家认证；建成了检验诊断中心等5个县级区域医学中心。组建了内科、外科等6个专业县级医疗质量控制中心。在县医院建成远程会诊中心，向上联结北京等十余家大型三甲医院，向下覆盖全县各乡镇卫生院。为14个乡镇卫生院配备多合一电子健康卡识读终端114台，为每个村卫生室购置1台二维码识读盒，积极推广应用居民电子健康卡，开通候诊提醒、电子处方等功能，有效提升了服务水平。

【**公共卫生服务**】全县共建立电子居民健康档案262181份，老年人健康管理25120人，规范管理高血压患者19596人、糖尿病患者2602人、严重精神障碍患者1144人、肺结核患者46人。完成农村妇女“两癌”检查3000人，确诊宫颈癌15

例、乳腺癌1例。开展健康教育，在“健康泾川”栏目每周星期二和星期六播放健康中国行动、健康生活方式等健康教育短片9条56次；播放合理膳食、出生缺陷干预、控烟等公益广告9条98次。

【中医工作】开展三批五级中医药师承教育105人，2人被评选为平凉市名中医。积极与天津市武清区中医医院衔接，在县中医医院设立全国名中医陈宝贵传承工作室，遴选22名业务骨干作为继承人进行培养。依托甘肃中医药大学远程教学平台，采用线上授课形式，对医务人员开展中医适宜技术培训，确保县中医医院能规范熟练开展45项以上中医适宜技术，乡镇卫生院至少开展9项中医适宜技术，村卫生室至少开展6项中医适宜技术。争取省卫健委基层中医药服务能力提升项目，投资20万元，在罗汉洞乡卫生院建成了中医馆，全县共有9家乡镇卫生院建成了中医馆。

【人才建设】武清区卫健委选派14名专业技术人才到泾川开展驻院帮扶工作，泾川选派48名人员到武清区开展跟岗培训，选派乡镇卫生院40名医师40名护士在泾川参加了东西部扶贫协作专业技术人员培训班。聘请天津医科大学和天津中医药大学博士生导师、外科学教授、天津市南开医院外科首席专家崔乃强教授在县医院建立了名医工作室。年内两次为县乡两级医疗机构公开招聘医学类专业人才49名，安置2020届订单定向医学毕业生2名。

【地方病防治】接诊疑似肺结核患者人数为196例，就诊率68.77/10万，初诊病人查痰人数为196人，痰检率为100%，检出活动性肺结核患者46例，胸片检查人数为 46例（其中自带胸片46例），胸片检查率为100%。全县共管理克山病患者178例，大骨节病患者1998例，Ⅱ度甲肿患者178例，急性期布病患者4例（新发1例），地方病防治工作规范有序推进。共报告预防接种异常反应279例，预防接种异常反应监测覆盖率达100%。建卡、建证及时率分别为100%、98.7%。

【卫生监督】继续开展以医疗美容、中医药养生、采供血、职业卫生、传染病防控等为重点的医疗机构依法执业专项监督检查，全年检查各级各类医疗机构246户次，下达监督意见书260份，对10起医疗机构的违法行为立案查处，罚款15200元。对28家医疗机构开展不良执业行为积分检查，发出医疗机构不良执业行为积分通知书28份共积分78分。查处职业卫生违法案件17件，结案17件；传染病防控违法案件1件，结案1件，罚款1000元；消毒产品单位违法案件8起，结案8件，罚款13200元。

【人口与计划生育】2020年全县总出生1584人，出生率4.40‰，自增率4.35‰，出生人口性别比110.64。认真开展一、二孩生育登记服务和再生育对象受理、审核、办理和信息登记等工作。对农村部分计划生育家庭奖励扶助等6项计生类惠民财政补贴资金进行监督核查。

【老年健康】制作中医药健康文化宣传栏238处，发放《中医适宜技术手册》3200多册，广大老年人健康保健常识知识知晓率达到80%以上。为153名60岁以上老年人办理优待服务证，督促落实65岁以上老年人县内景区门票免费和医疗机构“一免一半五优先”优惠政策。

领导班子成员名录

局　长	马新恩
副局长、县中医药管理局局长	雷小勇
副局长	陈宏亮

（供稿：许红林）

县人民医院

【概况】泾川县人民医院始建于1941年，是一所集医疗、预防、教学、科研为一体的二级甲等综合性医院。2020年，医院设15个临床科室、5个医技科室、9个职能管理科室，设置床位700张。职工688名（正式职工292名，招聘人员396名），其中高级职称70人、中级职称51人。医院

2020年共接诊门诊患者179020人次，同比减少27%；收治住院患者22157人次，同比减少19.8%；开展手术1927台次，同比减少10.2%。

【县医院整体搬迁建设项目】 该项目占地108.3亩，修建建筑面积7.8万平方米，投资4.2亿元，年底前已完成医疗综合楼、传染病楼、多功能厅、园林景观、配套附属等工程。年内，申请实施传染病区负压病房改造及救治医疗设备购置项目和应急救治能力提升项目，其中传染病区负压病房改造及救治医疗设备购置项目概算投资1397万元，主要包括：购置医疗设备25台，扩建传染病区普通病房10间，改造传染病区负压病房10间，改造面积2000平方米，改造后总床位达到56张；应急救治能力提升项目概算投资7176万元，主要包括：建设医学影像中心防护工程及配套设施，面积1200平方米，购置医疗救治设备139件（套）。以上项目年内已基本完成。

【业务管理】 建立健全医院质量与安全管理委员会、职能管理科室、临床医技科室质控组三级质控责任体系和激励约束机制。全年开展病历评阅4次，评阅病历480份；处方点评4次，点评处方2400份，点评医嘱360份。全年开展护理业务查房19次，护理教学查房42次，科内业务学习56次。组织护理人员理论考试2次518人，开展护理技能考核344人次。

【疫情防控】 及时成立县人民医院联防联控工作办公室，按照规范要求设立预检分诊处和隔离病区，抽调配强工作人员，严格落实24小时值班和疫情及时报告制度。按照规范化要求，投资20余万元改造了发热门诊工作室，投资150万元在门诊楼三楼实施了PCR实验室改造项目，配备快检设备2台，培训核酸检测人员10名、核酸采样人员105名。及时采购、储备医用口罩、防护服、隔离衣、消毒液等防护物资，组织全院培训20余次，应急演练3次。全年预检分诊12万多人次，累计完成核酸检测36000多人次。

【人才队伍建设】 年内，引进本科学历医学类紧缺专业毕业生3批17名，从乡镇卫生院调入专业技术人员1人，自主招聘大专学历以上专业技术人员38名。选派30名专业技术人员前往上级医院进修学习，选派425人次专业技术人员外出参加各类学术会议和短期培训。科室举办业务知识交流讲座45次，组织医务人员参加全省县级医院250种分级诊疗病种和30种大病专项救治规范化远程培训207场次。天津市武清区人民医院、河西学院附属张掖人民医院选派10名优秀业务骨干来县人民医院驻点帮扶，邀请崔乃强教授团队来泾开展系列学术活动，并建成崔乃强名医工作室。选派10名临床一线护理人员赴甘肃省人民医等上级医院进修学习。

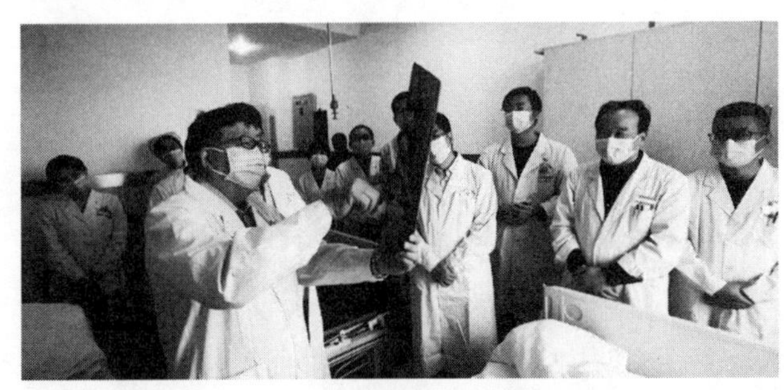

崔乃强教授来院进行现场教学指导

【专科能力建设】 继胸痛中心、卒中中心2019年通过国家、省级中心认定后，创伤中心于2020年11月通过甘肃省创伤中心认证验收。进一步完善了检验诊断中心、影像诊断中心、心电诊断中心、病理诊断中心、消毒供应中心5个县级区域医学中心以及远程会诊中心运行机制，建成了以糖尿病管理为核心的全县慢性病规范化管理中心，为慢性病患者建立档案。

【健康扶贫】 持续提升对“250+N”种常见病、多发病的诊治能力。发挥大病救治定点医院作用，对25种77类重大疾病建立临床路径，规范医疗行为。成立大病救治专家组，做到专科、专病、专家、专治，全年收治贫困人口大病住院患者240人次。对全县7个乡镇建档立卡贫困人口重大疾病患者138人全部建立“一人一策”档案，落实家庭医生签约服务。对建档立卡贫困户实行“先诊疗后付费”及一站式结算服务。加强慢性“四病”管理工作，对7个乡镇慢性“四病”患者12403人（其中建档立卡贫困人口3019人）开展家庭医生签约服务，组织签约医师和慢病管理中心专家团队定期上门开展诊疗服务、健康宣教和政策宣传。邀请省级专家先后7次来院开展“光明行”行动，为185例患者实施白内障手术。

领导班子成员名录

院　长　王宏刚

副院长　史良科

　　　　卢宏福

　　　　杜生华

　　　　吕兴旺

（供稿：王向红）

县中医医院

【概况】泾川县中医医院始建于1984年3月，是一所二级甲等中医医院。医院占地13800平方米，业务用房12350平方米。拥有万元以上大中型医疗设备150多台（件），核定病床290张。现有职工394人，高级专业技术人员23人，中级专业技术人员31名；拥有甘肃省“基层名中医”和“乡村名中医”各1名，平凉市名中医2名，平凉市领军人才1名。

【疫情防控】新冠肺炎疫情突发后，医院迅速成立领导小组、防控工作专家组、医疗救治队和患者转运队，向住院患者及社会各界免费发放避瘟香囊1.1万份，调配避瘟汤剂1500余服。抽调医护人员240余人次对城关辖区、火车站、高速公路泾川东和泾川西收费站来泾返泾人员进行体温检测和信息登记。承建“泾川县集中医学观察点”，2月3日正式投入使用，至年底共抽调医护人员83人次对来泾返泾人员进行集中医学隔离观察，共隔离观察336人。

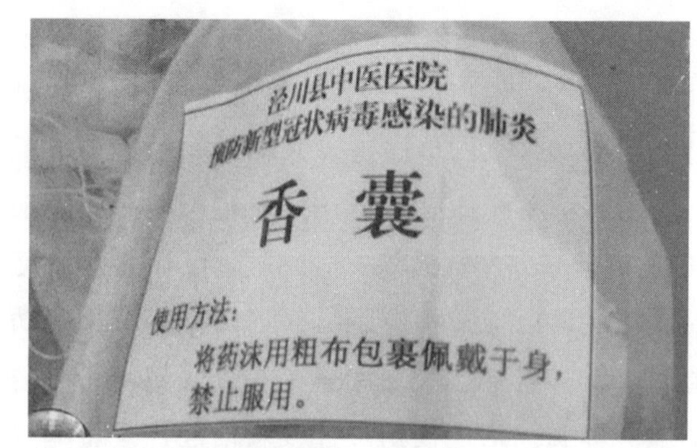

中医院研发的防疫香囊

【医疗服务】开设“无假日专家门诊”，为上班族、学生及工作日内没有时间来院就诊的人群提供便利。邀请国家级、省级专家教授来院开展继教授课、手术指导，成功实施了“80岁以上高龄老年人人工半髋关节置换术”。更新医院医疗设备，新安装自动CT胶片打印机、服务器、三层核心交换机各1台，进一步保障HIS、PACS、LIS系统和自助机等设备的正常运行。积极开展无偿献血，献血量达10600毫升。

【东西部扶贫协作】2020年，全国名中医陈宝贵教授2次来院开展学术讲座、教学、义诊，再次为工作站招收12名学术传承人。武清区中医院选派6名专业技术人员来院开展对口帮扶。

陈宝贵传承工作室泾川工作站招收第二批学术传承人

领导班子成员名录

院　长　杜志刚

副院长　燕小伟

　　　　脱文勤

　　　　刘俊亮

（供稿：张转转）

妇幼保健

【概况】泾川县妇幼保健院（泾川县妇幼保健计划生育服务中心）是县卫健局下属单位，为公益一类事业单位，非营利性医疗保健机构，集保健、医疗、教学、培训、健康教育为一体。医院占地4800平方米，总建筑面积2853平方米，开设床位40张，固定资产1672万元，为省评一级甲等妇幼保健院。至年底，全院有职工93人（正式在编人员43人，临聘人员41人，返聘2人，借调7人），其中专业技术人员77人（高级职称12人，中级职称9人，初级职称56人）。

【疫情防控】年内预检分诊接待来诊人员35401人次，开展院内业务培训指导7场次，喷绘印制宣传版面2个、展板4个，印制宣传彩页3万份，投入5万多元，购进N95口罩300个、一次口罩1万只、护目镜和防护服等50多套、消毒剂90多瓶，红外线电子测温计10件、移动紫外线消毒灯管5架、消毒喷雾器1台、消杀药品100瓶（件）。与移动公司签订合同，通过手机短信，积极为广大市民、孕产妇、儿童等重点人群推送新冠肺炎疫情防治知识10万余条，通过微信公众平台推送新冠肺炎防控知识及疫情期间妇女儿童健康保健、围产期保健等知识30多条，现场发放各类宣传资料6000多份，开展核酸检测1350人次。

【健康扶贫】严格落实“先诊疗、后付费”制度，建立“一站式”结算窗口，让建档立卡贫困户享受到方便快捷的医疗服务。全年为332名城乡居民住院患者报销住院医药费用329617.28元，为640名门诊就诊者报销门诊费用52239元，总计报销城乡居民医保费用381621.38元。积极配合上级部门落实一站式报销政策，为58名建档立卡户落实民政救助金41803.54元，1名符合条件的住院患者报销大病保险资金562.53元。为5名参保职工报销生育保险6500.33元，为973名在职职工门诊刷卡汇总上报报账资金139336.82元。

【医疗服务】2020年度，实现门诊诊疗32239人次，住院516人次，业务收入576万元。有效落实门诊胎心监测2969人次，新生儿疾病筛查441人次，听力初筛441人次、复筛1529人次，规范接种各类疫苗450人次，新生儿洗浴531人次，盆底康复486人次；面向社会公开招聘合同制专业技术人员16人次，引进紧缺专业技术人才3人；年内聘任晋升中级专业技术人员2名，副高级专业技术人员2名。

【妇幼健康】2020年开展辖区妇幼健康集中督导4次，半年及年度考核各1次，母婴安全保障暨妇幼健康项目专项督导1次，召开全县妇幼健康工作会议4次，疫情期间率先开展线上业务培训6期。孕产妇系统管理率91.88%，产后访视率93.57%，高危产妇957人（其中橙色197人、红色5人、紫色38人），高危孕产妇管理率100%；2020年全县共计活产2192例，剖宫产442例，剖宫产率20.16%，7岁以下儿童健康管理率92.43%，新生儿访视率93.39%，新生儿死亡率为4.11‰。完成托幼机构儿童健康体检、生长发育评价1860人次。辖区内0～6岁儿童视力筛查18722例，覆盖率达90%；办理《出生医学证明》953人。

【妇幼卫生项目】全年完成农村妇女“两癌”检查3016人，妇科疾病患病1443例；阴道镜检查152例，病检51例，检出癌前病变33例，确诊宫颈癌3例，乳腺钼靶检查34人，病理检查4人，确诊乳腺癌1例；配送发放贫困地区儿童营养改善包36840盒，发放率98.96%；完成农村妇女孕早期补服叶酸2381人，服用率92.14%；落实免费孕前优生健康检查1125对，完成率100%，早孕随访率95.46%；完成孕产妇艾滋病、梅毒、乙肝检测1877人，检测率为100%；落实产前筛查200人，完成率100%；新生儿听力筛查1513例、新生儿疾病筛查1513例，筛查率分别为99.5%、99.7%。

【健康教育】年内开展健康公众咨询活动56场次，健康知识讲座 419次，健康沙龙活动647次，印发各类宣传资料12种4万余份，更换宣传栏 699期，在泾川县融媒体中心开办的“健康泾川”栏目播放健康教育短片、科普知识等123次4620小时，开办线上孕妇学校培训5000多人，与中国移动签订母婴安全科普知识，推送短信50万条，印制母婴安全工作宣传折页32类16万份，印制一次性口杯、遮阳伞、围裙4万份，开展健康巡讲20场次。

领导班子成员名录

主　任	毛瑞红（女）
副主任	董秀丽（女）
	周富明
保健院副院长	宋贵荣

（供稿：吕娟霞）

疾病控制

【概述】泾川县疾病预防控制中心承担县疾病预防控制，设传染病防制科、免疫规划科、公共卫生科、检验科、结防所、性病艾滋病防治科、地方病与慢性病防治科、精神卫生科、财务后勤科、办公室等十个科室。年底有职工43人，其中专业技术人员32人。

【疫情防控】新冠肺炎疫情发生后，先后召开疫情防控工作会议24次，指导各乡镇卫生院、火车站、汽车站、医学隔离点、学校、酒店、企业等单位疫情防控工作400余次，对5名疑似病例和7名确诊病例的密接者进行了流行病学调查和采样送检，对20名入境人员、552名重点地区来泾返泾人员、93名羁押人员、38名看守所（拘留所）工作人员、46名福利中心（敬老院）工作人员进行了采样检测，完成373份市场环境及冷链食品、240名市场从业人员、3136名卫生工作人员和病患（陪护）、136份医疗机构预检分诊（发热门诊、隔离观察点）样品的检测，参与专家会诊12次。2020年7月，建成PCR核酸检测实验室并投入使用，全年共检测新冠肺炎病毒核酸样品检验2056份，全部为阴性。

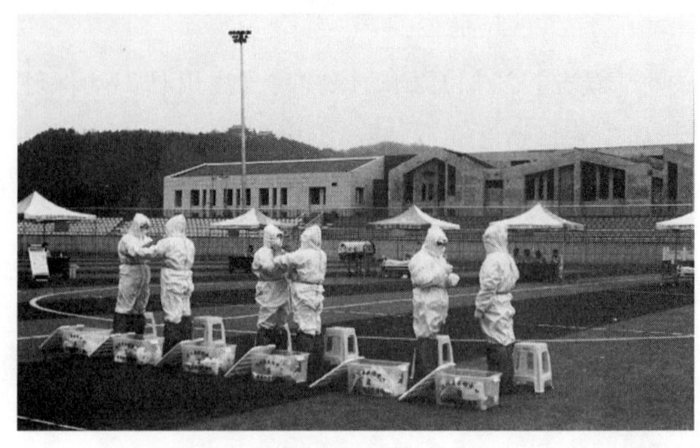
新冠病毒肺炎疫情处置演练

【传染病监测与控制】全年累计报告各类传染病19种725例，报告发病率为203.62/十万。发病率与去年同期相比下降了34.86%。全年未报告死亡病例。2020年1—12月共收到传染病自动预警信息138次，预警信号分析处理138次。

【免疫规划】全年全县免疫规划疫苗接种率达到90%以上的疫苗12种。共查验预防接种证2次，春季入学补种率97.8%，托幼补种率95%；秋季入学补种率95.8%。全县1—12月共报告预防接种异常反应（AEFI）345例，比去年同期（313）增加了32例， 接种单位报告AEFI覆盖率96%。

【艾滋病综合防治】截至2020年管理艾滋病患者80例，免费抗病毒79例（治疗率98.7%），高于90%的管理目标要求。县医疗卫生单位共开展艾滋病抗体检测50217人次，全人群检测率18%。

【结核病防治】全年共接诊疑似肺结核患者257例，查痰257例，痰检率为100%；胸片检查257例，胸片检查率为100%。共发现并治疗活动性肺结核患者54例。

【精神疾病管理】2020年全县严重精神障碍系统患者累计建档1675人，在管患者1454人，检出率为5.15‰，享受门诊抗精神病药物困难补助哈力多治疗100人。

【癫痫病治疗管理】全年筛查患者16人，确诊16人，入组治疗16人，完成任务的0.6‰，全县累计筛查癫痫患者1085人，累计入组622人，入组率2.18‰，实际服药295人，入组治疗率47.42%。

【食源性疾病监测与报告】全年共上报食源性疾病病例402例，其中男性214例，女性188例。

【慢性病管理】全县各基层医疗机构管理老年人39353人，高血压患者57940人，2型糖尿病患者22304人。

【地方病防治】全年确诊克山病患者189例，确诊大骨节病现症患者1998人。碘缺乏病共检测8～10岁儿童和孕妇家中食用盐样320份、尿样320份，结果均达到了碘缺乏病消除标准。布鲁氏菌病检测项目共检测布病血清1063份，检出虎红阳性37人，试管阳性（1：50++及以上）20人，符合确诊标准7人。

领导班子成员名录

主　任　康建业

（供稿：王小成）

医疗保障

【概况】泾川县医疗保障局属县政府组成部门，下设医疗保险中心，核定行政编制6名、事业编制18名，年底有干部职工39人。

【保障新冠疫情防控】制定《泾川县新型冠状病毒感染的肺炎患者救治医疗保障工作方案》，对参保人员中确诊、疑似、医学观察人员实行“先救治、后结算”，分别向县医院、县中医院预拨新型冠状病毒感染的肺炎患者医保报销专项基金200万元、100万元，对进行医学观察的25名人员，落实医保报销6.2万元，大病保险和医疗救助补偿0.99万元。

【医疗扶贫】组织人员对贫困户参保资助、政策享受、政策知晓集中开展起底排查，确保建档立卡贫困人口实现应保尽保、应资尽资，各项医保扶贫政策全面落实到位。至年底，全县建档立卡贫困人口住院特惠政策受益15967人次，住院总费用7615.23万元，基本医保报销3641.31万元（提高5个百分点报销240.42万元）；大病保险报销4137人次，补偿金额938.04万元；医疗救助政策受益15799人次，兑付救助资金1323.19万元。

【医保报销】2020年全县城乡居民医保报销18965.64万元，其中，住院补偿13007.62万元，普通门诊补偿2716.69万元，慢性特殊疾病门诊补偿494.48万元，门诊“两病”支出2.51万元、门诊谈判药品支出61.04万元，上解大病保险统筹基金2683.3万元。城镇职工医保报销4543.4万元，其中，统筹基金支出1541.66万元，个人账户支出2838.1万元，生育医疗费支出131.5万元，生育保险津贴支出32.14万元。城乡医疗救助资金支出2665.9万元。

【政策宣传】编印发放《甘肃省医保扶贫明白卡》《致全县建档立卡贫困户的一封信》等宣传资料6万多份，抽组人员深入乡村开展政策宣讲培训85场次，为建档立卡贫困人口发送医保扶贫政策信息8万多条。

【基金监管】制定《泾川县医保基金监管暂行办法（试行）》《泾川县医保基金监管内控制度》《泾川县基本医疗保险定点医疗机构服务协议》等制度，与30余家定点医疗机构续签了协议；加强资料审核，推行了“四审核、一确认”（即审核参保情况、审核患者身份证、审核外伤是否存在第三方责任、审核医疗文书、确认是否符合政策报销）机制，扣减违规基金150多万元；集中开展检查2次，查处挂床住院11人次，扣减违规基金664.19万元；开展外伤调查60多人次，不予报销金额8万余元。2020年全县医疗保险基金实现综合结余平衡。

【便民服务】梳理录入政务服务事项19项，按照“一窗受理、集成服务”要求，对基本医疗、大病保险、医疗救助进行递次式报销。城镇职工异地住院报销下放到医疗机构办理，建档立卡贫困人口的慢性病办理下放到乡镇卫生院报销。全力推行“互联网+医保服务”，推进网络异地就医备案，提高经办效率。

领导班子成员名录

局　长　胡广兴
副局长　丁小平
　　　　刘鑫全
纪检组长　何惠秀（女）

（供稿：赵林玉）

爱国卫生

【概况】泾川县爱国卫生运动委员会办公室是县爱国卫生运动委员会的办事机构，核定编制5名，至年底有职工6名。

【疫情防控】新型冠状病毒肺炎疫情突发后，爱卫办积极印发《关于在防控新型冠状病毒感染期间快速行动起来积极整治环境卫生的紧急通知》，认真落实省市爱卫办有关疫情防控工作指示精神，与县执法局紧密配合，定期检查城区环境卫生，清除垃圾和卫生死角，减少疾病传播。散发张贴宣传资料2000多份。

【爱卫宣传】县爱卫办牵头，住建局、执法局、市场监管局等12个部门合作，在全县全面开展"防疫有我，爱卫同行"为主题的爱国卫生月宣传活动，发放宣传单8000份、倡议书6000份、健康知识宣传手册3000多本，在城区主要干道悬挂宣传横幅38条，清理城区乱贴乱画100多处、卫生死角26处。各乡镇普遍在乡村文化广场、村卫生所张贴宣传画、散发宣传品，城乡群众的健康意识和卫生习惯明显提高。

【爱卫创建】年内县烟草专卖局、总工会、档案馆创建"省级卫生单位"，城关镇创建"省级卫生乡镇"，党原镇陈刘村、高平镇寨子村、高平镇牛家咀村、高平镇任家寺村、丰台镇巨家村、红河乡田赵村、罗汉洞乡挽头坪村、窑店镇练范村、太平镇里口村、泾明乡白家村、泾明乡郝家村创建"省级卫生村"，荔堡镇创建"市级卫生乡镇"。年底，经省市主管部门抽查验收全部达到创建要求。

【控烟宣传】5月30日，在回中广场开展泾川县第33个世界无烟日宣传义诊活动。摆放宣传展板12面，发放控烟宣传资料3000多份，免费义诊120人次。全县各中学召开了"保护青少年远离传统烟草产品和电子烟"主题班会，组织学生观看《烟草吞噬生命》健康教育短片。

领导班子成员名录

主　任　杨晓春
副主任　鱼昭华

（供稿：鱼昭华）

红十字会

【概况】泾川县红十字会成立于1998年7月，是负责全县人道主义救助工作的群团组织。核定编制6人，年底有工作人员6名。全县成立基层红十字会22个，建立红十字会志愿服务队23个。

【慈善募捐】全年募捐救灾救助款物价值641.85万元，其中捐资439.72万元、捐物价值202.13万元。联系天津市武清区红十字会、爱心企业捐赠198.47万元（物资价值31.67万元）。

【宣传培训】全年开展"红十字博爱周""防灾减灾日""世界献血者日""国际志愿者日"等集中宣传活动20多场次，制作展牌12幅，发放宣传资料5.7万份（册），受教育群众5.6人次，接受现场咨询500多人次。开展普及性应急救护培训

救援示范培训

955人次，红十字救护员培训完成530人次。在有关学校、社区开展了疫情防控、应急救护和防震疏散演练5场次，发布红十字工作信息52条。

【志愿服务】开展志愿服务140余次，参加志愿者和义工3000多人次，工时累计达8106小时；开展无偿献血宣传17场次，发放宣传资料 12000多份，参与无偿献血人员1600人次，全年献血量65万毫升。新冠肺炎疫情期间616名会员（志愿者）主动参与执勤值班，服务时长26112小时。

【援助青少年工作】向县教育局拨付疫情防控资金11万元；列支5.04万元，购买一次性医用口罩2.8万只发放给17所学校14581名师生；联系爱心企业向泾川一中红十字会捐赠防疫经费0.5万元，捐赠红外线测温门4套；筹集资金9533元，为3所学校595名贫困家庭儿童发放价值3.57万元的“爱牙包”；县红十字会“峪润基金会”向应往届大学生捐资24.24万元；平凉市宝贝计划商贸公司捐赠了价值20万元的奶粉，受益儿童400人。

【博爱送万家】安排50.94万元，走访慰问孤寡老人、困难大学生、困难职工以及大病患者家庭270户1080人。实施天使阳光基金项目，对摸排出的37名先心病患儿上报并介绍到兰大一院补助治疗。

领导班子成员名录

会　长	袁志兴（兼）
常务副会长	孙赉学
副会长兼秘书长	杜义平
纪检组长	翟二伟

（供稿：杜义平）

文体广电和旅游

【概况】泾川县文体广电和旅游局是县政府的工作部门，加挂县文物局牌子，下设博物馆、图书馆、文化馆、文物管理所、重点业余体校5个事业单位。年底，全系统有干部职工86人。

【项目建设】百里石窟长廊保护项目完成投资5167万元，其中罗汉洞景区建设项目完成投资600多万元，建成景观围墙、管理用房和厕所等基础设施；完颜村道路工程及布展工程全面完成；韩王墓、城隍庙维修保护完成投资193万元，完成韩王墓周边防护围栏安装，城隍庙院内地面铺设、排水排污设施配套；焦家、盖郭、长务城、紫荆、袁家城等村的文物遗址保护和县博物馆建设项目投资2400万元；罗汉洞石窟岩体加固工程完成投资320万元，完成脚手架搭建平台基础开挖和丈八寺、千佛崖、南石崖、凤凰沟围栏建设；大云文化学术报告厅建设项目全面建成；南石窟寺二期岩体加固项目，完成防护网加固、堡坎加固、岩体复旧、考古清理等工程；温泉小镇项目完成文物保护审查、规划策划、可行性研究报告的编制、工程前期相关审批工作；吴焕先烈士纪念馆布展全面完成；蒋家桥至锦绣凤凰景区旅游道路改造提升工程建成通车；城北游客集散中心全面建成并投用。

【文化工作】文化馆、图书馆新馆设计方案通过评审，建成15个村级文化服务中心，为共池村等61个行政村配发了文化活动器材，选聘2020年度文化“三区”人才14名。持续做好“三馆”免费开放工作，图书馆接待读者1.2万多人次，博物馆接待观众2.8万多人次。开展送文化下乡活动15场次、送图书下乡活动6场次，开展送文化进军营、进学校、进社区、进福利院活动营活动6场次。举办大型文艺晚会3场次，举办文艺培训班8期，培训人数500人次。

【旅游工作】全县接待游客350万人次，成功创建为省级全域旅游示范区。王村知情记忆园、吴焕先烈士纪念馆成功创建为国家3A级旅游景区，汭丰镇郑家沟村列入全国第二批乡村旅游重点村。打造了王村镇刘家沟千亩油菜花海、王村千亩向日葵花海、上塬薛家庄古梨园、章村连云堡紫荆花海，城关镇何家坪千亩芍药园、万寿菊花海等乡村旅游景点；设计推出养生游、观光游、红色游、研学游、乡村游等5条精品旅游线路。先后举办了“陇上花开·乡约甘肃”甘肃省乡村旅游美丽之旅推介活动平凉市分会场暨平凉市乡村旅游季启动仪式、田家沟生态风景区首届低空飞行暨“古井贡酒”“五一暖春”系列活动、“梦寻醉美乡村·相约山水白家”文化旅游系列活动、王村镇第二届乡村旅游季、泾明乡“激情八月天·最美白家游”乡村旅游文化活动、汭丰镇第四届乡村旅游季暨全民运动会、城关镇锦绣凤凰景区大型水上乐园灯光秀等系列活动。

文化活动

【文物工作】组织文物安全检查8次，组织博物馆、文管所工作人员对全县石窟寺开展专项调查，完成了石窟寺普查工作任务。编写完成博物馆新馆陈展大纲，确定宋代龙兴寺佛教遗址为县级文物保护单位，龙兴寺遗址出土文物的修复项目完成文物修复127件（套）、移交127件（套），制作博物馆馆藏金石质文物拓片60份。提升改造大云寺地宫舍利展示平台。布设“到世界找敦煌”流散海外文物复制展（泾川展），“陶钧化育”泾川县博物馆馆藏陶瓷器文物展等展览。

【行业监管】组织开展文化旅游行业“扫黑除恶”“扫黄打非”专项工作，调查摸排涉黑涉恶问题线索，加强对各类出版物、印刷品等企业的监管，严厉查处歌舞娱乐场所违禁内容、产品、服务和黄赌毒问题。定期检查旅游景区经营秩序、服务质量、安全建设等情况，重点打击“黑社”“黑导”等违规行为。全年出动执法人员200多人次，检查全县文化旅游企业及营业性演出活动60多次，对违规事宜责令限期整改。

领导班子成员名录

局　长　朱银柱
副局长　李宝船
　　　　刘晓炜
　　　　肖树标
纪检组长　景娟娟（女）

（供稿：张志伟）

博物馆

【概述】泾川县博物馆是县文体广电和旅游局下属的副科级事业单位，馆址占地3000平方米，建筑面积320平方米，展厅面积160平方米。泾川县博物馆现有馆藏文物1519件（组），其中国家一级文物29件（组）、二级文物122件（组）、三级文物479件（组）、一般文物889件（组），按质地分金、银、铜、铁、陶、瓷、玉、木、骨、石、丝棉、字画等14类，县域有各类不可移动文物点313处，其中全国重点文物保护单位3处、省级文物保护单位6处、县级文物保护单位35处、一般文物点269处。

【文物安全保护】认真落实领导带班、全员值班的24小时值班制度，落实全天值班、展厅管理、文物库房管理安全责任，确保馆藏文物绝对安全；坚持开展日常安全自查检查，定期邀请专业消防技术人员开展消防安全培训与演练；维修更换博物馆入侵报警系统设备；与各乡（镇）政府、文保员、岗位责任人逐级签订安全目标管理责任书，层层分解工作任务，做到责任到人。

【开放服务】2020年推出了“泾川佛教文物菁华展”，“到世界找敦煌——敦煌流散海外文物复制展（泾川展）”，“陶钧化育——泾川县博物馆馆藏陶瓷器展”，“厚德嘉宝——泾川县博物馆接受社会捐赠文物特展”；新冠肺炎疫情期间，以网络在线的形式，先后推出“泾博在线”“文物鉴赏”“文博人讲文物故事”等线上展览栏目，满足广大群众的参观需求。

【社会教育】全年开展各类社会教育活动14场次，开展“五进”活动21场次。线上以泾博课堂为主，线下以请进来、走出去的方式开展了“新春嘉年华·玩转博物馆”“说文解字·博古知今”“丝路古道有新知”等主题的社教活动，举办了“平安喜乐元宵节——泾博在线灯谜竞猜活动”，“传承文明基因·增强文化自信——泾川历史文化知识网上竞答活动”，首届泾川县博物馆文物知识辩论赛等活动，印发《文物保护法》《面向社会征集文物公告》等宣传资料3000余份。

流动博物馆走进机关单位进行宣传

【项目建设】馆藏纸质文物修复项目完成初验；馆藏文物保存设施建设项目、馆藏铜器修复项目已完成公开招标，正在实施；新馆安防建设项目和新馆陈布展项目已通过省文物局审批；珍贵文物数字化保护项目、泾川城隍庙防腐防蛀保护修复项目、博物馆业务技术和社教活动用房建设项目已上报省文物局。

【文物征集】年内，博物馆共接受捐赠和征集各类文物藏品327件，其中刘玉林先生捐赠文物藏品230件，社会其他各界人士捐赠94件，征集文物3件。5月，邀请甘肃省文物鉴定委员会成员郎树德、汪保全、陈东东三人对馆内近年征集和社会捐赠文物进行了鉴定。

领导班子成员名录

馆　长　陈景强

副馆长　高建锋

　　　　郭　珍（女）

（供稿：徐宏强）

图书馆

【概况】泾川县图书馆是隶属县文体广电和旅游局管理的副科级事业单位。现有各类图书4.63万册，馆舍面积500平方米，阅览室面积400多平方米。核定编制7人，现有职工8人。

【开放服务】受新冠肺炎疫情影响，1月24日至4月1日闭馆，其余时间均坚持不间断对外开放。按时对场所进行消毒灭菌，全年接待读者1.2万多人。投资2万余元购置图书760多册。

【古籍保护】6月，省图书馆副馆长李芬林、省古籍保护中心主任宋炎、专家邵正春组织由古籍专家及志愿者8人组成的古籍普查整理小组，入驻县图书馆开展古籍普查和古籍录入，共录入古籍普查信息200多条，整理古籍4000多册。

【阅读推广】利用世界读书日、图书馆服务周等时机，加大全民阅读活动宣传。在汭丰、王村等乡镇开展送图书下乡活动6场次，并现场书写赠送春联。组织开展流动图书阅读服务活动，在提供流动借阅服务的同时向读者赠送图书200余册。在“4·23”世界读书日，组织开展了“打卡21天，和名师相约春天里”、答题战“疫”知识挑战等线上活动，500多人次参与。

领导班子成员名录

馆　长　杨　祯

副馆长　杨淑叶（女）

（供稿：程　鹏）

体　校

【概况】县重点业余体校是县文体广电局管理的副科级二级事业单位，核定编制7名，现有职工8名。

【赛事活动】年内，承办了中华垂钓大赛钓鱼比赛暨甘肃美丽乡村休闲旅游垂钓赛、2020年甘肃省大众滑雪公开赛、“飞天云翼杯”全地形车山地摩托车自行车场地越野赛、平凉市足球超级联赛4项国家省市级大型比赛。举办了2020年庆元旦越野赛、田家沟钓鱼邀请赛、泾明白家休闲垂钓赛、广场舞大赛、完颜垂钓邀请赛、“体彩杯”兄弟联盟篮球赛、泾川县第四届徒步越野挑战赛、青少年围棋赛、乒乓球赛等群众体育赛事10余次，参与人数约1800人次。

【群众体育】组织开办中国足协D级教练员、甘肃足协E级教练员、全省大众冰雪（轮滑、陆地冰壶）教练员、甘肃足协三级裁判员培训班，来自省内及周边省市的教练员裁判员120余人参加培训；开展三级社会体育指导员培训1次，发展三级指导员42人，全县社会体育指导员达到616人（国家级35人，一级56人，二级98人，三级427人），发展了围棋、田径、足球、篮球等11个体育单项108名三级裁判员。

【竞技体育】开展青少年足球、篮球、围棋、乒乓球、羽毛球、跆拳道6个项目的假期培训班，同时结合各单项运动俱乐部、协会常年开展训练200余次，参训人数累计超过600多人，向省自行车队输送队员1名，向市体校输送运动员5名。选拔337人组团，参加平凉市第五届运动会大众组和青少年组13个大项153个小项比赛，取得17金12银12铜的良好成绩。

【体育设施】7月，建成王村镇体育健身中心，占地5.1亩，硬化场地3400平方米，安装篮球场、羽毛球场、乒乓球台及健身路径18件套。在城关镇杨柳村、兰家山村，王村镇百泉村，党原乡戴家村，玉都镇郭马村、官村等16个村建成村级农民健身工程。

领导班子成员名录

副校长　李　昕
　　　　付小宁
　　　　刘义民

（供稿：李　昕）

文化馆

【概况】县文化馆隶属县文体广电和旅游局管理，副科级建制，核定编制11人，实有人员9人。

【节庆活动】春节前组织书法人士，深入城乡开展送春联、送祝福活动。春节期间，在荔堡袁口、汭丰三十梁、红河吴家、王村镇王村村举行文艺惠民演出；结合季节和群众意愿，组织了“迎中秋·庆国庆”群众秦腔大赛、欢度重阳节文艺晚会、广场舞比赛等活动。

【文艺培训】利用寒暑假期举办免费成人书法、成人美术、少儿书法、少儿美术、成人音乐、少儿古筝、剪纸和面塑等培训班8期，培训500人次。开展线上文艺培训，播出文化艺术慕课课程35期。

【书画展览】5月，举办泾川县第三届“楠林杯”青少年书画展，共收到书画作品440件，其中书法作品128件、美术作品312件，确定入展作品139件，评选一等奖4件、二等奖12件、三等奖20件、优秀奖24件。

【非遗保护】中国音乐家协会副主席赵塔里木一行对泾川小曲进行了调研，传承人刘毅和吕文孝参与座谈交流；兰州文理学院徐凤教授对泾川民间故事和传统技艺保护及传承工作进行调研，实地了解了高台芯子和传统农具制作技艺。举办全县非遗传承人培训班1期，培训40余人，邀请民俗专家讲解皮影戏的历史渊源和传承保护，邀请剪纸、面塑传承人现场讲解并培训。

领导班子成员名录

馆　长　王红权

（供稿：朱　虹）

文物管理

【概况】泾川县文物管理所成立于2019年，主要负责景区内王母宫、大云寺、南石窟、凤凰山、牛角沟、百里石窟长廊等古建壁画、雕塑、碑铭、遗址等文物的保护修缮、搜集调查、整理建档、陈列展示、考古发掘等工作。核定编制9名，年底有工作人员11人。

【文物保护】建立健全文物安全管理的各项规章制度，制定文物管理应急预案，定期对各项制度落实情况进行检查。在窟内放置温湿度计，加强对窟内环境监测，定期培训工作人员，提高职工业务技能。定期对供电线路、安防系统、监控设备、消防器材等进行检修保养，及时排除安全隐患。妥善处理保护利用与旅游开发的关系，科学评估王母宫石窟、南石窟寺游客最大承载量，严格管控游客流量。向游客群众发放文物保护宣传资料600余份。

【文物展览】受新冠疫情影响，王母宫石窟春季关闭。恢复开放后，王母宫石窟接待游客2.8万人次，南石窟寺由于施工全年关闭。

【项目建设】年内，南石窟寺维修二期工程完成防护网安装、裂隙注浆封堵、局部岩腔嵌补、表层复旧和考古清理等工作；积极申报南石窟寺三维数字化保护与展示项目，当年完成方案编制和评审；申报王母宫石窟和南石窟寺安防系统改造升级项目。

领导班子成员名录

所　长　李秀竹（女）

副所长　王小刚

（供稿：盖红元）

融媒体中心

【概况】泾川县融媒体中心为县政府直属事业单位，归口县委宣传部领导。县编委核定编制34名，至年底有工作人员49名，其中专业技术人员7名。

2020年开办电视节目1套、广播节目1套，有电视、广播、阅泾川客户端，泾川发布、泾川融媒2个公众号，门户网站、头条号、微博、抖音、视频号等10个媒体发布平台，县内中央和省市县广播电视节目覆盖率达95%以上。

【新闻报道】全年制作播出《泾川新闻》144期1454条，策划拍摄、制作播出电视栏目《零距离看泾川》12期、《德孝大讲堂》24期、专题片8部，在《泾川新闻》节目中开办了“决战决胜脱贫攻坚”“东西协作助脱贫　携手同心奔小康”“党建引领　决战决胜脱贫攻坚”“全域无垃圾家园更美丽”“主播带您游泾川”“疫情防控　泾川在行动”“泾川战‘疫’速阅”等21个主题宣传栏目120多期，播发新闻稿件220多篇。

【外宣工作】年内，上送《甘肃平凉“骑着蜗牛追宝马”东西部扶贫协作助脱贫》《甘肃平凉易地扶贫搬迁——朱家涧村开启幸福生活》《中国影像方志——泾川篇》3条电视新闻稿件被中央广播电视总台播出，省级媒体播出新闻28条，《平凉日报》刊播76条，平凉电视台播出电视新闻320条，广播新闻452条。

【安全播出】严格落实三级审查和重播重审制及监听监看制度，建立健全播出流程，保证节目内容导向正确，加强安全播出日常管理和技术维护保障，建立和完善长效安播工作机制，确保节目播出“零差错”“零失误”。全年播出新闻综合频道5400小时，转播中一3510小时、中七3510小时30分，转播中国之声、甘肃人民广播电台和甘肃农村广播共7020小时。

【典型培育】积极探索传统媒体和新兴媒体融合的具体运用，发挥各媒体间深度融合和聚合共振效应，全县主流媒体电视和广播2个频道频率节目、泾川发布等7个新媒体平台，采取即时传播与深度报道相结合，形成了同时发声多渠道发布，快速传播、广覆盖的宣传报道新格局。2020年电视、广播、报纸和新媒体采发量达 50400 多条，同比增长50%，网络和新媒体发稿49000 多条（篇），是传统媒体的34倍，粉丝数79319。其中泾川发布全年发布消息5948条，总点赞31590，阅读量248万+，分享量24785，单条消息阅读人数高达65000多人次，2020年在全省榜单中排名第十五位，全市第一。泾川发布微博号共发布消息3714条，粉丝数1637，全年在全省榜单中排名前十四名。抖音全年共制作发布消息770条，粉丝数达34415，全年在全省榜单中排名前十名，全市第一。“阅泾川”客户端全年发布消息7529条，门户网站全年总推送消息5387条，今日头条全年总推送消息2934条。

领导班子成员名录

主　任　史春荣
副主任　周剑锋
　　　　卢　燕（女）
纪检组长　王志宏

（供稿：章　鹏、王　璐）

新华书店

【概况】泾川县新华书店属国有企业，内设办公室、业务科、财务科3个科室，下设县城、玉都、高平、荔堡4个发行网点。年底有员工16人。

【一般图书销售】全年销售各类图书4.32万册（统计不含学校教材），销售收入108万元。

【教材发行】春秋两季，组织员工100多人次运送教科书到乡村学校，累计发放教学图书98.47万册，全力做好教材余缺调剂，保证了教学工作的正常开展。

【政治理论读物发行】为全县党政机关事业单位征订政治理论读物200多种，销售《习近平谈治国理政》（第三卷）3600册、《中国制度面对面》2551册、《十九届五中全会》系列2500册。

【送图书下乡活动】精选优秀图书杂志，出动流动售书车20次，员工80人次下乡赶集、进校摆摊，销售各类图书2100册。

【文化三下乡活动】结合文化科技卫生“三下乡”、“红色文艺轻骑兵”文化文艺小分队下基层、宣传思想文化等活动，免费为群众发放新华字典112册、挂历120本、农历1000册、撕历200本、对联300副。

【农家书屋配送】对建成的212个农家书屋进行了图书补充，主要增加了《不忘初心牢记使命：新时代农村党员学习简明读本》、《新时代党和政府的“三农”好政策解读》、甘肃报（缩印版）等61个品种6030册，按时完成各个农家书屋的图书上架、分类成列及验收交接等工作。

领导班子成员名录

经　理　徐　杰
副经理　卢文辉

（供稿：魏元虎）

大云寺·王母宫大景区

【概况】大云寺·王母宫大景区管理委员会组建于2017年6月，核定人员编制30名，内设综合办公室、财务审计科、规划建设科、产业发展科、市场营销科、招商融资科、监督管理科7个科室。年底有干部职工30人。

【项目建设】抢抓创建国家5A级旅游景区机遇，实施了大云寺佛教塑像、景区环境整治、地宫升级改造工程和王母宫基础设施改造提升、供电线路改造、回山地质灾害防治等项目。110千伏高压线跨越高速公路、西平铁路工作取得实质性进展；完成温泉小镇项目前期工作，2020年12月19日开工建设；论证5个项目纳入全县“十四五”期间重点建设项目，王母宫景区旅游基础设施建设项目列入2021年中央预算内投资范畴。

【宣传推介】 推动景区联盟协作，注重线上线下发力，组织开展了一系列有针对性和实效性的营销活动，开通大景区官方快手、抖音、今日头条、微博账号，围绕景区特色进行线上宣传，直播推介30余场次，制作发布短视频500多条，点击量达到1400多万次；拍摄制作大云寺旅游宣传视频《丝路舍利之都·华夏地宫之宗》，征集景区宣传语60多条，组织实施了“平凉市派送亿元门票邀请陕甘川宁毗邻地区好邻居‘问道崆峒·养生平凉’游活动”等一批精准营销活动；组团参加中国国际文化旅游博览会等一批旅游节会，进一步提升了景区的知名度。

【景区管理】 坚持景区日巡查制度，不间断、不漏点做好日常运营管理，在一线服务中历练提升工作人员运营管理水平；制定《大景区安全生产“一岗双责”工作实施意见》，扎实开展“安全生产月”活动，排查整改各类安全问题12个；联合景区运营公司开展防汛、地质灾害和消防演练；围绕“五一”、中秋、国庆等重点节假日，细化接待安全保障方案，深入开展旅游安全和服务质量检查工作10余场次，创设了舒适的游览环境。2020年，景区共接待游客50.19万人次，实现旅游收入5446.72万元。

领导班子成员名录

主　任	杨本县
副主任	林立峰
党工委委员、办公室主任	徐　涛

（供稿：杨文杰）

吴焕先烈士纪念馆

【概况】 泾川县吴焕先烈士纪念馆成立于2013年7月，隶属泾川县人民政府管理。内设办公室、宣传教育科。核定事业编制13名，现有工作人员17名。

【场馆建设】 完成纪念馆整体绿化美化工程，平整红军楼院墙四周地面并新挖排水渠，用隔离栏划定保护区并进行维修加固；对陵园和展厅基本陈列进行提升改造；配套游客服务中心，配备休息室、影视室、书画室、红色书屋、警务室、医务室、游客咨询服务中心、商品销售中心等功能区；设置标识导向设施；新建景区停车场1000平方米。年内被平凉市文旅局命名为国家AAA级景区，被甘肃省社科联、平凉市社科联分别评为“甘肃省社会科学普及示范基地”“平凉市社会科学普及示范基地”。

【宣传教育】 利用快手、抖音等社交媒体发布短视频或进行直播讲解，开展“致敬·2020清明祭英烈”网上祭扫、“5·18”国际博物馆日主题采风、“传承红色基因、讲好红色故事”系列社教、“八一”建军节青少年军事模型制作、全国第七个烈士纪念日、2020中国长征·汽车（新能源）拉力赛泾川站发车仪式等重大活动。全年举办吴焕先烈士事迹展和图片展10场次，“五进”宣传教育活动35场次，“红色泾川”主题宣讲52场次，配合开展各类主题活动583场次，受教人数18.1万人次。年内，在各级媒体发布消息和报道2000条。

聆听烈士事迹

【馆际交流】 年内，有华亭工委纪念馆、康乐景古红色政权革命纪念馆、庄浪梯田纪念馆来馆

开展馆际交流。8月21日，邀请井冈山革命博物馆、延安革命纪念馆、永坪会师纪念馆、南梁革命纪念馆、兰州战役纪念馆、两当兵变纪念馆、中国工农红军西路军纪念馆、会宁长征胜利纪念馆、高金城烈士纪念馆、哈达铺红军长征纪念馆、腊子口战役纪念馆、鄂豫皖省委第十八次常委会议纪念馆等三省十二红馆参加，签署馆际交流合作协议93份。

【产品创作】发行吴焕先牺牲85周年、泾川“四坡战斗”85周年、红二十五军长征胜利85周年——《永远的丰碑》纪念邮册，与甘肃省广播电视总台联合制作三集广播剧《吴焕先1935》，重新拍摄制作幻影成像电影《四坡战斗》。

【实物征集】征集到黄麻起义和当地武装斗争使用过的土枪五把，鄂豫皖苏区战刀两把，军号一把，题词一幅，快板一副。

领导班子成员名录

党工委书记、馆长	李晓京
副馆长	李广学（4月离任）
	许晓明
	刘　华（5月任）
纪工委书记	何川霞（女）

（供稿：秦银丽）

人力资源和社会保障

【概况】泾川县人力资源和社会保障局内设办公室、人事人才管理股（泾川县职称改革领导小组办公室）、工资福利股（泾川县机关事业单位工资制度改革领导小组办公室）、就业促进和社会保障股、劳动人事争议仲裁委员会办公室（泾川县劳动监察大队）5个股室；下设县社会保险事业服务中心、县政府劳务工作办公室、县人才市场管理办公室3个正科级参公事业单位，县新型农村社会养老保险管理中心、县人力资源培训中心、县劳动人事争议调解中心3个副科级事业单位。年底有干部职工85名。

【就业创业】积极应对新冠疫情冲击，出台贫困劳动力就近就地务工奖补政策，全县发放稳岗返还、就业奖补等资金1747.08万元，惠及企业47户，受益贫困劳动力9232人。城镇新增就业4333人，城镇登记失业率3.52%，南街社区被认定为“市级充分就业社区”。全面落实高校毕业生就业创业政策，公开招聘2019届硕士研究生3名，选拔省选“三支一扶”13人、农村特岗教师57人，招募县选“三支”生29人，支持高校毕业生到企业就业110人，招聘专职社区工作者50人。大力开展青年就业见习工作，认定青年就业见习基地29家，新增就业见习人员112人，发放就业见习补贴76.35万元，高校毕业生就业率达到92.88%。新安置公益岗位人员153名，为675名灵活就业人员返还社保补贴329.67万元。深入开展创业带动就业，审批发放贷款300笔5141万元，带动就业1328人。为240名创业人员发放一次性创业补贴120万元。积极争创省级农民工返乡创业示范县和创业典型，创建省级农民工返乡创业示范基地1家、市级创业孵化基地1家，吸纳带动就业1328人。

【人事人才】制定《泾川县县直事业单位引进招聘紧缺人才工作流程》，全面下放事业单位紧缺人才引进权限，落实用人单位人才引进自主权，实行招聘备案制，为教育、卫健、住建等单位引进急需紧缺人才62名。分类推进人才评价机制改革，组织网上职称申报，推荐评审中高级专业技术人员454人，其中正高级职称10人、副高级243人、中级201人，完成新聘人员和职称晋升人员岗位认定备案610人。不断加强专业技术人员继续教育培训，邀请天津市武清区专家培训泾川县专业技术人员199名。

【社会保障】坚持参保登记、政府代缴、待遇发放“三位一体”推进，为51183名建档立卡贫困人口、低保对象等困难人员代缴养老保险费，将年满60周岁的贫困人口全部纳入待遇发放范围，做到应保尽保、应代尽代、应发尽发。持续扩大社会保险参保覆盖面，全县基本养老、失业、工伤保险参保人数达到4.2万人次。通过系统发放机关事业单位、企业职工、城乡居民养老待遇3.22亿元，发放工伤保险待遇107万元。完成130户参保企业划型确认，减免社会保险费1045万元。落实失业保险扩围政策，1345人申领失业补助金576.4万元。加快电子社保卡签发应用，通过系统经办社保卡业务38万人次，发放社会保障卡34.77万张。

【劳务输转】全年输转城乡富余劳动力7.4万人，创劳务收入20.3亿元，其中输转贫困劳动力3.2万人，创劳务收入8.5亿元。筹集资金45万元，安排包车43辆、专列3趟、飞机1架，开展“点对点、一站式”集中输送1388人。采取“内引外联”模式，建成扶贫车间20家，吸纳劳动力就业2155人。开发乡村公益性岗位安置就业2016人。线上线下开展技能培训，支出各类培训补贴资金1576.4万元，完成精准扶贫劳动力培训12176人。

欢送外出务工人员

【劳资管理】为11979名机关事业单位在职及离退休人员审批发放2020年度冬季取暖费6340万元，为8973名机关事业单位工作人员审批发放2020年平安建设奖5388.9万元，为7248名机关事业单位工作人员正常晋升工资级别、档次（薪级）月增资总额535714元，人均月增资74元。提高退休人员基本养老金，企业职工退休人员月人均养老金提高166元，机关事业退休人员月人均养老金提高188元。

【劳动维权】开展劳动关系集体协商，劳动合同签订率达96%，集体合同签订率达90.7%。严格落实农民工工资保证金制度，全县44个新建工程项目缴存农民工工资保证金679.14万元，按照疫情期间保证金相关政策办理33个项目缓缴农民工工资保证金354.97万元。受理劳动监察举报投诉案件13起，结案13起，为166名劳动者追讨工资105.25万元，受理劳动人事争议仲裁案件34起，结案34起，涉及劳动者33人，涉及金额22.55万元。

领导班子成员名录

局　长	吕晓文
副局长	李永强（10月离任）
	闫俊春
副局长、劳务办主任	王　贤
纪检组长	许春艳

（供稿：李建军）

民　政

【概况】泾川县民政局是县人民政府的工作部门，内设城乡最低生活保障服务中心、社会福利事业服务中心、城乡居民经济状况核对中心、流浪乞讨人员救助管理站4个事业单位，共核定编制31人，年底实有人员38名。

【社会救助】全面完成了城乡低保标准提标及资金发放，城市低保保障标准提高10%，由429

元/月提高到472元/月，农村低保保障标准提高10%，由4020元/年提高到4428元/年；农村一类对象月补助水平由335元提高到369元，年补助4428元，二类对象月补助水平由318元提高到350元，年补助4200元。全年为6430户15482人发放农村低保金4129.28万元，为1035户2359人发放城市低保金1356.22万元，发放临时救助资金1688.49万元，临时价格补贴402.15万元。

【养老服务】完成高平中心敬老院改扩建附属工程项目初设和立项，启动了特殊困难老人家庭适老化改造工作。采取公开招投标的方式，投资223.488万元，统一对全县720名特困人员床上用品和生活用品进行了集中采购。按省市政策要求，农村特困基本生活费年标准由5280元提高到5760元，城市特困基本生活费年标准由8184元提高到9012元，城乡特困集中和分散照料护理标准统为一个标准。全年共发放城乡特困供养金664.77万元，其中为农村685户707人特困人口发放特困供养金654.19万元，为城市9户9人发放特困供养金10.58万元，为34名特困供养人员发放丧葬费25.8万元。

【慈善福利】为597名经济困难老年人发放生活补贴74.62万元，为养老机构和特困老人购买综合责任保险和雇主责任保险2.02万元，为124名孤儿发放生活费149.84万元，为84名事实无人抚养儿童发放生活补贴64.92万元。发放残疾人“两项补贴”1037.55万元。

【社会事务管理】发放“文明祭祀从我做起”倡议书2500余份，救助遣送流浪乞讨人员160人次，为3名符合条件的流浪乞讨人员办理了落户安置手续。规范婚姻登记和收养登记服务，全年办理结婚登记1744对、离婚登记461对，补发结婚证2960对，收养登记1起。

【基层政权建设】撤并城关镇芋子沟林场、高平镇石家槽村、汭丰镇来家洼村3个行政村。组织212个行政村、6个居委会开展“两委”换届工作，严格落实村委会成员任职资格联审机制，发放村（居）委会成员当选证书1314本，村（居）务监督委员会委员当选证书654本，更换村（居）委会统一社会信用代码证书96个。指导218个村（居）委会修订完善村（居）民公约。

【区划地名管理】印制泾川县行政区划图1200张，为全县14个乡镇制作悬挂“二维码”门牌85975个。

【社会组织管理】对64个社会组织开展年检，注销12个，新成立社会组织4个。

【项目建设】投资260万元完成县福利中心和城关、玉都中心敬老院基础设施提升改造；实施王村镇朱家涧村扶贫车间建设项目，完成投资300万元；争取8.5万元，维修改造了高平镇茜家沟村老年幸福大院。衔接天津市武清区慈善协会对口帮扶资金16.62万元，解决了122名孤儿家庭和85名事实无人抚养儿童家庭及特困残疾人、特困孤寡老人生活困难。

领导班子成员名录

局　长　　李雄伟
副局长　　段　瑾（女）
副局长、县非经济和社会组织党工委
　副书记　辛伟宏
纪检组长　张治福

（供稿：尚小平）

退役军人事务

【概况】泾川县退役军人事务局下设双拥办和退役军人服务中心，核定行政编制6名，事业编制10名。至年底，有干部职工14名。

【服务体系建设】县级财政预算安排退役军人服务站工作经费14万元，14个乡镇和城市社区、217个村（社区）分级成立退役军人服务站（中心），设立了来访接待室和服务室，配备了办公设备，统一设计制作了县乡村三级退役军人服务台账资料，实行动态管理。

【优抚政策落实】全年发放优抚资金2104.73万元。为2439名优抚对象发放生活补助资金1242.27万元，发放价格临时补贴资金82.82万元，为117名2019年退役士兵发放优待补助金661.29万元，为32名“两参”人员发放生活补助资金13.56万元，为5名军队离退休干部发放退休金70.9万元，为544名优抚对象发放门诊医疗补助11.9万元，为12名优抚对象补助医疗费用1.99万元。为符合社保接续条件的299名退役士兵完成缴费706.31万元。受理来信来访66件（次），全部得到协调处理。

【就业创业】县职业教育中心、泾州机动车驾驶员培训学校、永安驾驶员培训学校3家承训机构被市局授牌确定为全市退役军人及随军家属职业教育技能实训基地。组织77名退役士兵参加培训，54名退役士兵参加驾驶员职业技能培训，拨付培训费共计12.95万元。为退役军人争取乡村护林员、交通协管员、保洁员等公益性岗位117个。安置退役士兵13名。

【褒扬纪念】积极参加“平凉最美退役军人”和平凉市退役军人思想政治工作先进单位评选活动，城市社区管委会被评为第二届平凉市退役军人思想政治工作先进单位，1人被表彰为第二届“平凉最美退役军人”。召开全县优秀退役军人座谈会，表彰第二届“泾川最美退役军人”13名。在县吴焕先烈士纪念馆开展烈士陵园祭扫活动3次。在元旦、春节、“八一”前夕组织走访慰问，对县人武部、武警中队、优抚对象、生活困难退役军人、执行任务部队官兵家属及抗美援朝出国作战老战士等进行走访慰问，共发放慰问金（慰问品）21.72万元；为荣立二等功、三等功的10名现役军人家庭送喜报，发放慰问金0.54万元；上门看望3名泾川籍驰援武汉抗疫一线军队医务人员家庭。

【双拥创建】定期召开县委议军会、双拥工作领导小组会、双拥工作协调会，及时研究双拥工作。利用广播、电视、网络等媒介，大力宣传双拥模范乡（镇）、先进单位和退役军人、致富能手先进事迹，在县城、乡（镇）悬挂宣传标语150余条，设永久性双拥标志宣传牌10处，发放双拥宣传资料5000余份。完善了泾川二中、城关镇、玉都镇、城市社区和城关镇蒋家小学国防教育展室；组织参训民兵200多人接受国防知识教育，培训国防教员35人次、国防教育骨干20人次；协调解决军人子女入学入托11人，解决家属就业3人。

领导班子成员名录

局　长	鲁新生
双拥办主任	卢焱炜
副局长	王小奇（4月止）
	何宏福（9月任）
	史永旺
纪检组长	陈兴科

（供稿：吕燊堃）

应急管理

【概况】泾川县应急管理局是县政府的工作部门，承担县安委会办公室、防灾减灾救灾委员会办公室、防汛抗旱指挥部办公室、森林草原防灭火指挥部办公室、地质灾害应急指挥部办公室和抗震救灾指挥部办公室6个议事协调机构办公室职能，下设安全生产执法监察大队、抗旱防汛服务队、应急保障中心、地震局4个事业单位，核定编制65人，至年底有干部职工75人。

【应急管理】召开县安委会全体会议、应急管理、防汛抗旱、森林草原防灭火工作会议11次，与乡镇、部门签订“三位一体”目标责任书，形成了各司其职、齐抓共管的工作格局。深入推进安全防灾科学化、专业化建设，组建成立16个专家组91名各行业领域专家队伍。

【安全生产】坚持安全防范关口前移，以矿山、危险化学品、烟花爆竹、消防安全、道路交通等领域企业为重点，严把企业审批关、准入关，强化企业生产、运输、销售等环节全过程督导。为450户高层建筑住户安装救生缓降装置、配备火灾应急器材箱，为部分高层住宅小区微型消防站配备逃生气垫10个、调度指挥终端10部。对全县危险化学品、烟花爆竹、工矿商贸、道路交通、建筑施工等领域进行“拉网式”大检查，系统检查5次，专项检查101次，下发责令整改指令书70份，排查整治各类隐患305条。集中开展泾川段铁路沿线安全专项整治，排查整治隐患50处，开展其他重点行业领域安全生产专项整治12次，查处隐患161条，整改完成152条，行政处罚69起，罚款16.8万元。

【防灾减灾】联合水务、自然资源等部门，开展暴雨洪涝、山体滑坡、泥石流等自然灾害隐患排查12次，开展野外火源专项治理3次。争取防灾专项资金30.8万元，购置防汛设备、装备15600多台（件），调试检修救灾设备1600多台（件）。核查灾情24次568人次，申请抢险救灾资金50万元，向6967户受灾农户发放生活救助资金367万元。

【应急救援】建成县应急指挥中心，集信息化、科学化应急指挥为一体。全面梳理突发公共事件总体应急预案及各领域专项预案，指导各乡镇、部门按照“一案三制”要求，修订完成总体预案15份，编制完成自然灾害、事故灾难类应急预案5份，提出应急预案整改意见76条，收编4大类各项应急预案47份，组织行业领域开展应急演练756场次。

【救援队伍建设】全县有综合救援队1支40人，专业救援队伍3支144人，专项应急救援队伍24支612人，签约救援企业4家，初步建成了以综合性消防救援队伍为主力、专业救援队伍为协同、社会救援力量为补充的应急力量体系。

【宣传培训】利用科技文化卫生“三下乡”、城乡广播大喇叭等平台，大力开展安全应急知识“七进”宣传，在防灾减灾宣传周、全国消防日和国际减灾日等重要宣传活动期间，通过电视台、网络直播平台开设“主播话安全”栏目20期，播放防灾减灾宣传片5部50多次，通过微信、微博、短视频等新媒体平台推送安全防灾科普知识150余篇，点击量30多万人次，发放《应急知识手册》5万余本，宣传彩页10万余份，发送安全防灾提醒短信6万余条。举办应急大课堂5次培训1000多人次，举办企业职工应急技能提升培训班7期700人次。深入各乡镇开展安全防灾知识培训4轮，培训乡村干部及承担防火、防汛、防地质灾害等职责的村民小组人员1500余人。

领导班子成员名录

局　长	张静平
副局长	高贵成
	郭瑞廷
	毛春晖
纪检组长	薛　瑛（女，4月任）

（供稿：吴向东）

消防救援

【概况】泾川县消防救援大队位于县城东部，占地15亩，有综合办公楼1栋，建筑面积3958.78平方米，建有消防车库6个，年底有水罐消防车3辆、泡沫消防车1辆、抢险救援车1辆、皮卡车1辆、消防摩托车2辆，各种灭火救援装备1388件套。有在编干部4名，消防文员15名，政府专职消防员28名。

【防火监督】年内，开展冬春火灾防控、打通“生命通道”治理、消防安全专项整治等专项行动，督促相关单位、小区刷画醒目的“消防通道、禁止车辆停放”的标志黄线42处，检查单位752家，发现火灾隐患960处，下发责令改正通知书577份、行政处罚决定书146份、临时查封决定书

10份，罚款37.67万元。

【业务培训】举办派出所消防业务培训4期，培训专兼职人员150余名。定期召开消防监督执法例会，上报典型案例1个、火灾案例1个、论文2篇。

【消防宣传】全年开展消防知识“五进”活动20余次，发放中小学消防知识读本5000本，播出消防公益广告50余条、消防安全提示字幕600余条；组织单位、学校师生参观消防科普教育基地19次，创建泾川县第三小学为县级“消防安全教育示范学校”。利用“安全生产月”“5·12防灾减灾”“119宣传日”等大型集中宣传活动，全力开展消防宣传，在城区悬挂横幅150幅，发放资料2万余份，展出消防宣传展板35余次。

【联合执法】联合相关部门到易燃易爆单位、劳动密集型企业开展消防演练42次，维护保养市政消火栓28次、张贴二维码标识牌125张，修订重点单位消防工作预案51份。全年全县共发生火灾及其他灾害事故救援264起，社会救助7起，出动车辆334次，出动2045人次。

“5·12”全国防灾减灾日消防宣传活动

领导班子成员名录

大队长　韩堂堂

教导员　吴　鹏

（供稿：吴　艳）

城关镇

【概况】 城关镇辖18个村115个村民小组，总人口7658户33405人，耕地面积30953.73亩。2020年，全镇农民人均纯收入11711.6元。镇政府内设党政综合办公室、党建工作办公室、经济发展和社会事务办公室、社会治理和应急管理办公室、自然资源和生态环境办公室5个内设机构，农业农村综合服务中心、公共事务服务中心、政务（便民）服务中心、社会治安综合治理中心、综合行政执法队5个下属事业单位，年底镇政府机关有干部职工152人。

【产业发展】 林果产业以加强管理提升效益为目标，筹措资金10万元，对天池、新沟、凤凰、甘家沟、延风、何家坪等果品园区及泾柏路红富士基地全面落实果园标准化管理措施，完成修剪整形4500亩、拉枝定型240亩、病虫害防治2700亩，完成五里铺村苹果园中药材间作套种500亩；配套发放尿素18吨、有机肥30吨，组织劳力300多人次，动用机械100多台次。

蔬菜产业采取承包到户、落实经营主体的方式，全力抓好211座大中拱棚135座日光温室的正常蔬菜生产，争取东西部协作项目扶持，在何家坪村种植全膜马铃薯200亩，产量400吨，产值40万元。由镇政府统一提供化肥、籽种，在凤凰、蒋家、何家坪3个村合建千亩油菜花基地1处，占地1023亩；建成蒋家村大棚西瓜种植基地1处，占地600亩。畜牧产业持续发挥凤凰鼎康牛业、阳坡盛腾牧业、兰家山金辉牧业等畜牧养殖小区的龙头示范作用，引导和带动散户养殖规范饲养、科学防疫。建成固定青贮池10座，完成粮改饲4020亩，青贮饲草1.2万吨，秸秆资源化利用率达到80%以上。

【乡村旅游】 深入推进景区环境综合整治，实施凤凰村旅游节点改造提升3处5400平方米，有效提升了凤凰村的旅游品质和服务水平；全年迎接省级调研观摩6次，提供全市旅游现场会观摩点1次，全年接待游客10万人次，旅游收入280万元。

【基础设施建设】实施新沟、凤凰、东庵等村庄环境综合整治项目和村庄综合建设示范村项目5个；在何家坪村依托易地扶贫搬迁项目，硬化产业园区道路1800米、砂化4700米，硬化群众安置区道路450米，配套排洪渠450米，新建公共卫生间2个；新建土窝子村文化广场1处1529平方米；投资36万元，完成天池、共池、土窝子3个村村级卫生改扩建工程，增加面积180平方米。累计建成户用卫生厕所1230座、村级卫生公厕18个。

【服务重大项目】征地工作全年完成县法院、垃圾填埋场二期、西园区、华天燃气二期项目等征地172.2亩，完成鸭王集团征地前期土地丈量工作。全年申报失地农民补贴609人，退出110人，兑现失地农民生活补贴529.63万元。棚改工作配合县住建局、农牧局、征收办、规划办完成公社路、官泉巷、石家巷、三元宫、延风片区、泾灵路片区、城东一期、房屋征收拆除、区城丈量规划、违章建筑拆除以及水泉路修建等工作，全年完成镇域内棚改征收、房屋拆除6户，化解矛盾纠纷2起。

【村庄环境整治】建成何家坪、新沟2个改厕示范村；全年完成农户改厕695户，累计建成户用卫生厕所1230座、村级卫生公厕18个；配发垃圾清运车5辆，配套垃圾箱69个，自主采购吸粪车4辆。创建茂林、共池、水泉寺、五里铺、甘家沟5个清洁示范村，选聘村级保洁员96名；清理整治农村生活垃圾1200多吨，清除农户门前柴草堆、杂物堆300余处，清理排洪渠8公里；整修林床39.1公里，拆除（封堵）窑洞670户2843孔，拆除废弃房屋2860间46878平方米，栽植绿化苗木6000多株，村容村貌得到明显改善。开展河流沟道巡查24次，更新公示牌23个，排查整治“四乱问题”11起，清理泾汭河道各类垃圾35.7吨。

开展村庄环境整治工作

【惠农政策落实】全面落实强农惠农政策，全年兑现“五保”资金18.75万元、农村低保金326.6万元、孤儿生活费11.2万元，经济困难老人补贴资金1.3万元、临时救助79.2万元、医疗救助21.7万元；发放森林抚育资金19.2元，退耕还林资金284.7万元，果树技术员报酬43.8万元、护林员报酬13.6万元；发放残疾人“两补”72万元、残疾人器具28套，完成残疾人信息库数据录入1503人；完成养老保险基金收缴14598人39.6万元，参保率98%，全年发放养老保险金773.3万元；完成合作医疗保险收缴31159人872.45万元，参合率97%。

【军人服务】建立镇退役军人服务中心、村级退役军人服务站18个，年内顺利通过省级示范性退役军人服务站创建验收；全年发放抚恤金112.3万元，临时价格补贴8.4万元，门诊补助0.8万元；慰问困难退役军人36人18000元，摸底申报60周岁以上农村籍退役士兵老年生活补助11人，更换伤残退役军人残疾证10人。开展征兵宣传31次，悬挂横幅21条，发放宣传资料1200余份，张贴标语400余条，圆满完成年度征兵任务。

【耕地保护】农村乱占耕地建房问题专项整治摸底工作，抽组150多人划分18个排查小组，以村民小组为单位，对照国家级和省级反馈图，对农村乱占耕地建房逐地逐户进行全面摸底排查，共接收乱占耕地违法图斑1095个2947.74亩，已全部完成外业信息采集工作。严格执行农村宅基地审批制度，规划住宅13户、审批宅基地3.08亩。

【社会事业】认真贯彻农村义务教育均衡发展

方针，全镇适龄儿童入学率达到100%；开展妇女“两癌”普查240例；为全镇贫困人口疾病筛查420户1499人，患病人口96人；完成优生健康检查140例，办理生育登记服务证214人。完成农村房屋安全信息采集6814户，采集完成率100%；完成二维码门牌安装7168户；筹资26万元为296户困难群众购买、发放米面油、棉被等御寒物资和生活必需品，保障困难群众温暖过冬。举办元旦文艺晚会、庆元旦庆七一职工运动会、书画摄影展、广场舞大赛、社火表演、民俗节目展演等文化体育活动，开展文化体育活动8次。成立了全县乃至全市首家乡镇文联。

【脱贫攻坚】针对未脱贫的6户19人落实党委委员“一帮一”包抓帮扶制度，针对巩固提升的5户21人落实包村领导联系帮扶制度，针对精准监测的25户83人和人均纯收入较低的边缘户125户262人全面开展“回头看”，精心制订“一户一策”帮扶计划和巩固提升计划；申请东西部协作帮扶资金50万元，建成甘家沟扶贫车间1个（泾川县福利源缝纫加工中心），吸纳贫困人口就近就业61人，迎接国家、省市县验收检查9次。全年召开驻村帮扶工作队例会暨集体约谈会12次，调整帮扶队员1名，购买人身保险10份，全年整改完成国家、省市县各级反馈问题106条，年底未脱贫的6户19人稳定脱贫、边缘户稳定增收，已脱贫人口脱贫成果得到进一步巩固和提升。

【新冠肺炎疫情防控】自今年新冠肺炎疫情暴发以来，城关镇严格按照中央、省市县疫情防控工作要求，及时成立疫情防控工作领导小组，制定印发了工作方案和应急预案，镇村干部全天候在岗值守，在全镇重点路段、路口设立疫情监测点和劝返点，对省外省内返泾人员逐村逐户进行认真摸查，并逐人签订了承诺书；对摸排到的重点区域来甘返甘人员，按照“一对一专人负责”的工作要求，建立防控措施落实台账，镇红十字会积极动员社会各方力量筹集防护消杀物资，实现了“外防输入，内防扩散”的阶段性目标。在确保做好疫情防控的前提下，积极推进企业复工复产，截至三月初，企业复工率达到100%，劳务输转5004人。

领导班子成员名录

书　记	张宗翔
镇　长	高凯华（4月离任）
	李　勇（4月任）
人大主席	李广社
副书记	李　勇（4月离任）
	脱　玮（4月任）
纪委书记	脱　玮（4月离任）
	王天伦（4月任）
副镇长	王海映
	曹　刚
	可　佳
	武　菲（女，挂职）
武装部部长	鲁鹏飞
党建办主任	张　琰（女）
党委委员、延风村党支部书记	完祥林

（供稿：胡尉平）

纳丰镇

【概况】纳丰镇辖9个村、1个社区（张老寺），年底全镇3172户12198人，其中农业人口2863户9805人。总面积111.28平方公里，耕地面积23152.4亩，人均1.8亩。镇政府内设党政综合办公室、党建工作办公室、经济发展和社会事务办公室、社会治理和应急管理办公室，12月底，镇政府机关有职工68人。

【产业发展】蔬菜产业按照“扩规模、打品牌、延链条、创市场”的思路，扶持贫困户种植露地蔬菜1442亩，落实补贴资金72.1万元，带动种植露地蔬菜3200亩，争取帮扶资金50多万元，在龙王村连片种植露地蔬菜实验田250亩。争取项目资金50.98万元，对枣林子、龙王、东王蔬菜园区212座钢架拱棚破损棚膜、卷帘机进行更换，投资15.6万元对同中村蔬菜园区大口井进行了维修，招商引进浙江客商，种植大棚西瓜640亩，建成钢架拱棚1670座，240户贫困群众通过流转土地亩均增收800元，带动本地务工54人，人均增收1.2万元。果品产业对全镇2100亩山地核桃园落实了树下覆膜、浇水保活、间作套种等管理措施，在东王村新建葡萄采摘园1处40亩，通过以奖代补支持三十梁村桃园、焦家会葡萄园落实标准化管理措施。畜牧产业支持首燕牧业养殖公司持续扩大发展规模，全镇肉牛养殖量达到480多头，参与群众320多户；在范家洼村支持产业大户发展肉羊养殖，在焦家会村支持农户发展庭院经济，家兔、土鸡养殖量得到较大提升。

蔬菜示范园区

【乡村旅游】 推动红色文化游、绿色生态游、民俗乡村游多彩融合，全镇全域旅游格局初步形成。全年争取项目资金97.8万元，自筹资金20万元，引进资金47万元，实施郑家沟景区硬化路建设、绿化亮化等工程，建成了水上茶座、农家手工面馆、轻奢露营基地等旅游服务设施。发展焦家会葡萄采摘园、百烟草莓园等采摘园12处，引导128户贫困户参与发展生态采摘，增加村级集体经济收入16.5万元，120名群众就近务工，户均增收1.5万元。年内郑家沟村被评为省级优秀乡村旅游示范村，成为全市唯一入选的全国第二批乡村旅游重点村。

【劳务输转】 组织贫困人口就业技能和实用技术培训6期760人次，输出贫困劳动力4028人，实现劳务收入1.23亿元，落实各类奖补资金146.76万元，劳务输转和就地就近补贴140.6万元，受益贫困劳动力990人。

【基础设施建设】 争取项目资金145.57万元，硬化郑家沟、枣林子村组道路1.6公里，配套排洪渠0.49公里，修建波形梁护栏0.44公里。硬化同中村巷道2.88公里，砂化上山路2.6公里，修建片石挡土墙562.75立方米。

【人居环境整治】 在百烟、焦家会2村实施人居环境整治项目和贫困村人居环境治理项目，新修公厕7处，购置手推式吸粪车5辆、三轮吸粪车2辆，新建碾晒场1处，修建废旧农膜回收点2处，尾菜处理坑4个、建成固定垃圾仓62个，设立警示牌48个，向农户发放垃圾箱2833个，对部分村道巷道进行硬化整修，垃圾进行集中清运。

【社会事业】 建成“乡风文明”积分超市8处，创建命名“最美庭院”264户，对1500多户孝老敬亲、友爱乡邻、复工复产示范户进行了表彰奖励。建成新时代文明实践所1处、新时代文明实践站8处，招募志愿者350人，组织志愿服务队36个，开展志愿服务活动240次，宣传教育活动120次，措办惠民实事720件，帮助慰问困难群众3600多人次，组织开展“话扶贫、强信心、树新风”主题故事会36次。举办第四届乡村旅游季、农民趣味比赛、广场舞大赛、徒步越野赛等大型赛事活动。持续加强重点行业和领域安全生产监管，召开安全生产专题会议5次，开展宣传教育12次，组织镇村干部常态化开展巡河和交通劝导工作，集中开展劝导整治行动13次，处理农用车辆拉人载客38起。开展地质灾害隐患点排查治理工作，向隐患区内群众发放“两卡”50多份，布设警示线5处，安装警示牌12个，疏通排水渠5条3.5公里。

【民生保障】 落实基本医保资助7200人50多

万元，完成贫困人口住院报销1856人，疾病筛查6629人。新建幼儿园2所，改建幼儿园4所，实施中小学改薄2所。全镇共有低保对象189户419人，纳入建档立卡贫困户177户397人，残疾人357人，纳入建档立卡274人，五保供养对象22户25人，纳入建档立卡贫困户12户13人，实现了贫困人口应纳尽纳。全年发放低保资金288.64万元，优抚资金35.21万元。

【生态环境治理】 成立了规划和环境治理办公室，探索建立环境整治“红黑榜”及村庄保洁长效机制，开展集中整治活动78次，整理林床3.6公里，清理农户门前“三堆”120处，整修河道沟道2.7公里，拆除维修危旧房屋130户501间，封堵填埋窑洞30户76孔，拆除“一户多宅”326户，清理残垣断壁148处1300平方米，乡村“视觉贫困”问题得到有效解决。

【脱贫攻坚】 对61户挂牌督战对象精准制订“一户一策”帮扶计划，每个帮扶对象至少有1名镇干部或1名驻村帮扶干部包抓联系，扎实开展脱贫攻坚“大核查、大起底、大整改、大提升”行动，抽调32名机关干部和9名科级干部开展脱贫攻坚问题排查，对发展产业难以稳定脱贫的36户贫困户，调整公益性岗位21个，进行兜底保障7户16人，为28户群众接通了自来水，帮助54名群众办理了慢病证，为12名医保报销不到位的群众进行了补报，帮助260名贫困群众就近务工。扎实开展各级巡视巡察、督查检查反馈问题“回头看”，确保所有问题全部整改到位。

领导班子成员名录

书　记　张静平（4月离任）
　　　　高凯华（4月任）
镇　长　刘明华
人大主席　贾永春
副书记　孙海涛
　　　　王　炜（女，12月离任，挂职）
纪委书记　何惠秀（女，4月离任）
　　　　王新红（4月任）
副镇长　任亮亮
　　　　刘燕妮（女）
　　　　田之珍（女，6月任，挂职）
武装部部长　李小银
党委委员、焦家会村村委会副主任
　　　　文录成

（供稿：杨宝山）

王村镇

【概况】 王村镇辖18个村101个村民小组8022户28261人，总面积102平方公里，总耕地6.3万亩。镇政府内设机构有5个，内设机构为股级，分别为党政综合办公室、党建工作办公室、经济发展和社会事务办公室、社会治理和应急管理办公室、自然资源和生态环境办公室；下属事业单位5个，下属事业单位为正科级，分别为农业农村综合服务中心、公共事务服务中心、政务（便民）服务中心、社会治安综合治理中心、综合行政执法队。2020年底，镇政府机关有干部职工78人。

【产业发展】 年内对1.5万亩果园全面落实修剪、拉枝、覆膜、果实套袋等管理措施，悬挂糖醋液、粘虫板3.3万只，果园投放尿素68吨、有机肥396吨，果品产量达11813吨，产值5197.72万元。2020年，争取东西部扶贫协作资金1481.58万元，在朱家涧、章村村新建日光温室31座，钢架拱棚252座，并配套相关供水、保暖、道路硬化等设施，在川区13个村建设绿色蔬菜种植基地4718亩，招商引资种植拱棚西瓜7014亩。王村镇平凉红牛养殖场3月底投入使用，养殖基础母牛及育肥牛239头，当年出栏育肥牛88头，新增牛犊6头，目前存栏239头。

【基础设施】 在朱家涧、燕雷、章村3村硬化道路6公里，完成章村、刘家沟村生产道路砂化

6.5公里，新建完颜、上塬、四坡、中塬4个村卫生室。建成了王村村体育健身中心。

【乡村旅游】深挖王村知青文化与红二十五军红色文化，圆满举办王村镇第二届乡村旅游节，进一步完善完颜村旅游配套设施，开发民俗餐饮和文化娱乐项目，多层次开展宣传。全镇以知青记忆园、完颜民俗文化景区、掌曲红军楼、薛家庄梨园等为核心的“王村八景”乡村旅游圈初具规模，全年接待游客28万人次。

完颜民俗文化村篝火晚会

【文化活动】举办了王村镇第二届庆祝中国农民丰收节、王村千亩油菜花旅游节、千亩向日葵花海旅游节、赛园活动启动仪式暨高考中考颁奖晚会、农民农事体验运动会、王村秧歌大奖赛、王村农民歌手大奖赛、朱家涧移民新村话变迁、王村镇党员干部抵制高价彩礼推动移风易俗集体承诺活动等文化活动。

【社会保障】2020年养老保险参保19139人，参保率96.2%，符合养老保险待遇领取的4489人。医疗保险参保28263人，参保率97.15%。发放各类社会救助资金480.91万元，其中发放低保金285.64万元、农村分散特困供养资金29.31万元、孤儿生活补助资金6.88万元、居民临时救助资金87.32万元、残疾人“两项补贴”66.5万元、经济困难老人补贴5.26万元。

【脱贫攻坚】实施扶贫项目27个涉及资金2341.77万元，维修改造日光温室32座、钢架大棚72座，栽植核桃等杂果经济林1160亩，对1366亩果园进行标准化管理，间作套种1216亩，配备冷藏车1辆，新建蔬菜育苗扶贫车间1处。在巩固脱贫攻坚成果的同时，重点帮扶45户未脱贫户、29户监测户、64户边缘户，年底脱贫45户116人，朱家涧村实现稳定脱贫退出贫困村序列，全镇1470户6028人建档立卡贫困人口全部脱贫。在县城3家超市开办蔬菜等农产品直销窗口。实施东西部协作帮扶资金项目6个，投资1501.5万元；以天津武清区为重点开展消费扶贫，销售甜瓜17.8万斤，销售收入106万元。累计落实精准扶贫贷款1178户5890万元、助力脱贫贷款147户735万元，完成到期续贷247户1049.5万元，收回贷款267户1335万元。

【疫情防控】2020年1月下旬，镇、村成立新冠肺炎疫情防控工作领导小组，组织网格员、村组干部、村医全员参与，对外出务工返镇人员进行排查，摸排外省返乡人员1869人（武汉45人），全部造册管理，就地实行居家医学隔离观察。在全镇对外交通道口设立卡点，对进出车辆及人员实行交通管制，严禁人员随意进出。各村由网格员、村组干部负责，在村组进出口设立疫情监测点，24小时值班值守，严防外来人员进入村组。经全镇干部群众共同努力，全镇无新冠肺炎确诊病例。

领导班子成员名录

书　记	刘小平
镇　长	尚晓星
人大主席	郭建忠
副书记	孟红刚
	徐艳珍（女，挂职）
纪委书记	脱丽英（女）
副镇长	赵小刚
	张正彪（6月任，挂职）
	康有宏
	周金霞（女）
武装部部长	王　军

镇党委委员、二十里铺村党支部书记

魏金平

（供稿：马小伟）

党原镇

【概况】党原镇辖23个村165个村民小组，有农业人口8017户35981人，从业人员17126人（其中第一产业9249人，第二产业2817人，第三产业5060人），2020年全镇农民人均纯收入10451元。2020年镇政府内设党政综合办公室、党建工作办公室、经济发展和社会事务办公室、社会治理和应急管理办公室、自然资源和生态环境办公室、农业农村综合服务中心、公共事务服务中心、政务（便民）服务中心、社会治安综合治理中心、文化旅游服务中心、综合行政执法队副科级以上的工作机构，年底，镇政府机关有干部职工79人。

【产业发展】果品产业全面落实果园标准化管理措施，筹措资金购买黑地膜3.2吨，完成清园整带16000亩、修剪10020亩、病虫害防治5910亩、幼园覆膜2100亩，搭建果园防雹网60亩，建成赵家火箭弹防雹作业点1处，分片区开展果农技术培训6场次。按照“龙头企业+合作社+农户”模式，加强与富原红果品公司合作，探索推行果园“托管”、订单销售和“期货+保险”等模式，有力促进果品产业提质增效。加大对养殖业的扶持力度，新增平凉红牛210头，投资11万元新建唐家村牛棚11栋，落实能繁母牛“冻配项目”补助613头6.13万元，发放平凉红牛基础母牛补贴202头101万元，落实猪仔补助6.1万元，引导养殖农户积极购买农业保险。定期集中对养殖小区、畜禽市场等重点场所消毒灭源，定时定点监测，推动各项动物防疫措施落实。年底，全镇生猪存栏达到4.2万头，肉牛存栏2885头，蛋鸡存栏55.3万只。招商引资建成城刘、东联双千亩设施西瓜种植基地2100亩、徐家村设施西瓜种植基地450亩，搭建设施拱棚6350座，就地解决群众务工300多人，实现务工收入420多万元，为塬区发展瓜菜探出了路子。坚持种养互促发展模式，种植全膜玉米3.68万亩。积极探索多元产业发展，在唐家、徐家村订单种植药用万寿菊360亩。

鼎惠公司高丰矮砧密植设施园

【基础设施建设】在唐家、合道、陈袁、徐家等6个贫困村实施村组道路硬化及渠系配套项目，硬化道路7.84公里，配套排洪渠系7.8公里，安装过路管涵573米、污水管道250米。砂化城刘、东联生产道路3.2公里。在党原街道实施柏油罩面6000平方米。

【精准脱贫】紧盯全镇73户231人未脱贫户、28户100人监测户、81户267人边缘户，研究制定《党原镇未脱贫贫困人口及“两摸户”挂牌作战方案》，精准对接制订“一户一策”精准脱贫计划和巩固提升计划，制定帮扶措施1950条，落实财政扶贫项目资金24.03万元。深入推进“3+1”冲刺清零后续行动和“5+1”专项提升行动，落实产业扶贫资金338.5万元，扶持贫困户落实果园标准化管理2881亩，间作套种252.6亩，种植露地蔬菜331.2亩、药用韭菜540亩，新增平凉红牛202头，猪仔610头。劳务输转劳动力8700人（贫困户3087人），发放务工补助90.5万元，“一站式、点对点”输转贫困劳动力413人，就地务工130人，公益性岗位安置贫困劳动力224人。完成徐家、吊沟等6个贫困村道路硬化及渠系配套8.07公里，坷老村供水管网改造24.8公里。采取“党支部+公司”模式，建成老代家手工挂面厂和泾川弘泰食品有限公司食品加工厂，促进村集体增收。全力整改完成中央脱贫攻坚专项巡视“回头看”、2019年度国家脱贫攻坚成效考核、中纪委调研反馈问题整改，省委脱贫攻坚第二轮巡视及市、县明察暗访反馈问题。贫困人口全部实现脱贫，顺利通过国家脱贫攻坚普查验收。

【社会事业】持续改善办学条件，完成城刘小学、高崖小学、合道小学教育教学附属用房主体建设，完成中心幼儿园、高崖幼儿园标准化食堂主体工程。加强农村医疗服务能力建设，投资12万元新建代家村卫生室3间60平方米，为合道、党原卫生院配备彩超机、治疗仪9台，协助镇卫生院开展65岁以上老年人体检1200人，完成农村妇女“两癌”筛查150例，为614名老年人办理慢病证。落实基本医疗报销政策1743人次563.9万元、大病保险294人100.1万元、医疗救助1720人106.4万元。广泛开展劳动技能培训，举办“陇原巧手”技能提升培训班1期，培训70人次，举办劳动力职业技能培训班4期，培训433人次，办理返乡人员创业贷款15人。持续加大特困群体救助，严格落实低收入家庭、特困供养对象、孤儿、残疾人等特殊群体生活保障措施，办理残疾证301人，落实残疾人“两项补贴”37.88万元，发放低保金203.68万元、五保金29.64万元、临时救助资金40.1万元，不断提升社会保障水平。

【生态文明建设】实施丁寨、唐家、徐家等6个村黄土高原塬面保护项目，投资417.69万元，新建排洪涝池8座，配套排洪渠0.58公里，硬化、砂化道路0.25公里，有效遏制水土流失。实施“增减挂”耕地垦复项目，高丰、李家、柳寨等村新增耕地850亩，抓建永丰、唐家等改厕示范村，完成农户卫生厕所改造910座。集中组织开展农村环境“大清洁、大整治”行动，清理整治非正规垃圾堆放点33处，整治门前“三堆”460多处，创建省级卫生村1个、清洁村庄7个、改厕示范村2个。栽植徐家、陈坳、吊沟等村道路林网5.4公里，东联、唐家、完颜洼等村完成村屯绿化6000多平方米，栽植樱花树、云杉等景观苗木7920株，切实营造生态宜居的人居环境。

【精神文明建设】扎实开展坷老村省级文明村，高崖、西联2个市级文明村和吊沟、陈袁、高寨、高丰、陈坳5个县级文明村创建工作。精心举办庆祝中国共产党成立99周年“践初心颂党恩”主题书画展、“迎国庆·庆丰收”首届全镇农民运动会暨“讲文明·树新风”系列活动，开展广场舞展演及文明家庭、孝老敬亲模范等先进典型评选表彰活动。充分发挥镇村新时代文明实践站（所）职能作用，在完颜洼村举行泾川县新时代文明实践“暖冬·润心”志愿服务集中示范活动启动仪式，集中开展党的十九届五中全会精神宣讲、爱心理发、义诊、科普宣传、实用技术培训、“流动博物馆”进乡村等文明实践活动，全镇各志愿服务队围绕脱贫攻坚、农村环境整治、产业培育、民生保障等开展以“邻里守望”“暖冬行动”为主题的志愿服务活动31场次。

【疫情防控】坚持把疫情防控作为头等大事来抓，严格落实联防联控、群防群治措施及三级网络管理要求，组建镇村组网格189个，明确网格长46名、网格员255名。持续强化宣传，悬挂宣传条幅150条，张贴宣传标语300条，印发《致全镇党组织和广大党员的倡议书》1500份，疫情防控知识宣传单2.3万份，制作宣传版面102面，利用党原发布和微信工作群推送疫情防控知识700多条。按照省市县《关于暂停组织聚集型文化活动的紧急通知》，取消了各类庙会、民俗社火等文体活动，严格执行农村红事停办、白事一律简办要求，及时关停党原、合道集贸市场。逢集日组织镇村干部和派出所民警、市场监督所执法人员上街劝导，开展超市和商业门店执法检查17次。按照“外防输入、内防扩散”要求，严格落实隔离观察、核酸检测等措施，对湖北武汉、北京兴发等重点疫区返乡人员开展“地毯式”排查，累计摸排返乡人员7126人，完成核酸检测采样42人，落实居家隔离措施7人；在吊沟、完颜洼等入镇进村路口设立疫情检测点32个，累计检测、消毒过往车辆8845辆、登记人员15808人。通过镇村干部不懈努力，全镇未出现确诊病例。

领导班子成员名录

书　记　　　　温建平
镇　长　　　　段文军
人大主席　　　徐胜军
副书记　　　　黄　强
纪委书记　　　王　杰
党建办主任　　王新红（11月离任）
副镇长　　　　李　昊
　　　　　　　王海生（4月离任）
　　　　　　　韩宏福（4月任）
　　　　　　　王亚丽（女，4月任）
武装部部长　　韩宏福（4月离任）
　　　　　　　王海生（4月任）
镇党委委员、丁寨村党支部书记
　兼村委会主任　王德良
镇党委委员、徐家村党支部书记
　　　　　　　徐和平
人大副主席　　王亚丽（女，4月离任）

（供稿：杨柳泉）

玉都镇

【概况】2020年，玉都镇辖16个村129个村民小组7970户28532人，耕地总面积6.75万亩，全镇农民人均纯收入11543元，镇政府内设党政综合办公室、党建工作办公室、经济发展和社会事务办公室、社会治理和应急管理办公室、自然资源和生态环境办公室，年底，镇政府机关有干部职工69人。

【产业发展】发挥裕康、盛通、宏康等肉牛养殖专业合作社示范引领作用，带动全镇新增养殖大户17户，肉牛、生猪存栏量分别达到2630头、13539头，肉牛存栏同比增加21%，生猪存栏同比增加30.55%。果品产业全面落实修剪、拉枝、施肥等标准化管理措施，调运化肥53吨、地膜15吨，完成间作套种1.1万亩、施肥1.2万亩、修剪1.7万亩、拉枝7000亩，全镇果品总产量达到5000吨，实现果品收入2500多万元。引进浙江客商投资4200多万元，在官村、王寨、下坳流转土地1250亩，建成设施西瓜园区两处，搭建钢架大棚2750座，亩均收入2万元以上，群众实现了土地流转和就近务工双增收，走出了塬区设施西瓜种植新路子。全年举办果园管理、畜牧养殖、瓦工、电焊工、钢筋工、烹饪等实用技术和实用技能培训班7次，培训群众353人次，其中贫困户122人次，输出务工人员6358人。积极探索发展花卉产业，在官村新建收购站1处，采取订单种植万寿菊668亩，亩均产量达2200公斤，亩产值2200元左右，总产值达到140多万元。

移民新村设施蔬菜园区

【基础设施建设】2020年，硬化尹家洼村组道路3公里，街道接入天然气27户，在端贤、康家、李胡、下坳、王寨等14个村完成水冲式卫生厕所改造812户，在李胡、郭家咀、王寨、太阳墩等5个村完成旱厕改造68户，改造星火村、西王村、刘李河村、贾洼村、太阳墩村5个村级公共厕所；争取项目投资860多万元，在下坳建成垃圾处理站1处。

【生态环境整治】依托土地增减挂钩项目、易地搬迁旧庄基拆除和人居环境整治“百日攻坚”

行动，积极落实危房（窑洞）拆除、封堵等措施，拆除废旧庄基431处、残垣断壁269处，新增耕地161.4亩，封堵窑洞117户565孔，拆除废弃窑洞194户980孔，封堵箍窑298户585孔，消除了安全隐患和视觉贫困。争取项目资金340多万元，在尹家洼、西王等11个村拆除废旧庄基392户，复垦土地900多亩。以清理生活垃圾、乱搭乱建、残垣断壁等问题为突破口，集中清理拉运垃圾8次260多吨，清理农户门前柴草、粪堆、建筑垃圾和墙体小广告等视觉垃圾860多处。建立村级卫生保洁制度，组织保洁员定时清扫、定点收集清运，做到了日产日清。签订农户门前“五包”承诺书，实行保洁员划段包干，重点区域、重点路段全天候保洁。在泾镇路、玉丰路等重点路段整修林床30多公里，栽植油松、云杉等绿化苗木3.2万株，整理门前菜圃980多户，村容村貌得到显著改善。

【社会保障】统筹推进教育、卫生、社保等各项社会事业发展，全年累计发放各类惠农补贴1051.12万元。参加养老保险17518人，比例达92.66%，合作医疗26987人，比例达95.96%。为全镇4177名60岁以上老人发放养老金551.364万元，为402名住院患者报销医药费50.85万元，大病救助103人10.86万元，医疗救助403人19.04万元。新办理残疾证607个。玉都中学高考上线77人，上线率达到93.9%，中考上线率达到51%。全镇有低保对象467户1082人，全年发放低保金272.9万元；五保分散供养对象68户70人，全年发放五保供养金54万元，为14名孤儿发放孤儿生活费15.1万元；为230名优抚对象发放优待抚恤补助资金80.3万元，发放残疾人“两项补贴”资金676人72.4万元；发放经济困难老年人补贴资金23人2.88万元；发放临时生活救助52.5万元；发放秋冬退役士兵补助资金35.9万元。

【扶贫攻坚】围绕脱贫验收标准及群众意愿，精心制定脱贫攻坚挂牌作战方案和17户未脱贫户、30户监测户、65户边缘户“一户一策”帮扶计划，定期入户走访、持续跟踪用力帮扶，切实提升脱贫质量。落实贫困户果园标准化管理1500亩，间作套种1400亩。依托易地搬迁后续产业扶持项目，投资400多万元，流转土地128亩，建成了设施蔬菜产业园1处，修建钢架大棚135座、日光温室4座，引导群众种植甜瓜、辣椒、豆角等蔬菜，棚均收入6000元以上。引进天津对口帮扶企业建成扶贫车间2个，63个贫困劳动力实现了家门口就业，月平均收入1000元以上。紧盯中央脱贫攻坚专项巡视反馈、省级考核反馈和审计发现等问题整改，结合“3+3”冲刺清零行动扎实开展“大起底、大排查、大整改、大提升”专项行动，逐项查漏补缺，入户核查6756户，逐户建立台账，制定整改措施，7月底已全部整改到位。

【精神文明建设】申报端贤村、李胡村、摆旗村为县级文明村，申报下坳村、郭马村为市级文明村；评选“泾川好人”1名、“文明家庭”2户、“道德模范”1名、“向上向善好青年”5名、“平凉好人”2名；建成运行移民新村“乡风文明”积分超市，开展“弘扬孝道文化，推进依法治镇，助推脱贫攻坚”宣传活动3次，开展精神扶贫宣讲4次，开展勤俭节约宣传教育活动17场。

【新冠肺炎疫情防控】成立了以党委、政府主要负责人任组长，其他班子、相关单位为成员的联防联控工作领导小组，组织镇村组干部开展重点人员排查，并落实“五个一”管控措施和家庭成员体温检测和回访制度，在全镇主要路口及村组入口设立疫情监测点24个，排查过往车辆11200多辆，体温监测16000人次，劝返走亲访友人员2600多人次。先后4次致信广大群众，通过乡村大喇叭、流动宣传车、玉都发布、“党员之家”微信群等平台发布疫情防控信息1000多条。

领导班子成员名录

书　记	吕永发
镇　长	朱俊毅
人大主席	吴向忠

副书记　　　罗双福

纪委书记　　刘向东

武装部部长　吴文刚

副镇长　　　曹海勇

何小鹏（6月任，挂职）

丁　娜（女）

曹人方（4月任）

党建办主任　巨永生

党委委员、康家村党支部书记

康广生

（供稿：邓虎虎）

丰台镇

【概况】丰台镇辖13个村103个村民小组6333户27020人，耕地面积67306.4亩，其中果园3.9万亩。丰台镇政府内设党政综合办公室、党建工作办公室、经济发展和社会事务办公室、社会治理和应急管理办公室、自然资源和生态环境办公室等工作机构，年底，机关干部职工共有75人。

【产业发展】果品产业方面，邀请专业技术人员开展理论培训6场次，现场技术培训8场次，参训4500人次；完成果树整形修剪3.75万亩、病虫害防治3.9万亩、配方施肥3.9万亩、间作套种4500亩、幼园覆膜5500亩，改造老旧果园500多亩，完成果园补植补造1800多亩；引进维纳斯黄金、瑞阳、瑞雪等新品种，建成了焦家等三个村现代矮化密植示范园300亩，总计新建矮化密植园500多亩，打造金牌示范园13个，合计全镇果品产量达到3.17万吨。畜牧产业方面，在湫池沟、杨涝池村建成养牛场3处，每处补助1万元；同时大力推广玉米秸秆饲料化利用，全年全株青贮面积1185亩，青贮量4740吨，秸秆青贮收贮面积3986亩，青贮量13951吨，秸秆饲料化利用总量18691吨；严查严控非洲猪瘟，全年共对200多户养猪户进行了1200多次巡查，未出现感染疫情情况。劳务产业培训贫困户115人次、非建档立卡561人次，奖补县域内务工人员50人、县域外务工人员49人。

苹果幼园管理

【环境治理】以玉丰路沿线5个村为重点，引领全镇6500多人开展村庄环境清洁，清理淤积水渠5.8公里、门前“三堆”8000多处、生活垃圾300多吨，修建垃圾仓45个；在清理的同时注重环境美化，在杨涝池、丰台墩、丰台等村连片整修门口小花园150多处，安装花园栅栏5500米，在公路两侧连片种植椒叶梅1.5公里，完成乡村道路林网建设14公里，栽植海棠、红叶李等风景树1.4万株。全镇聘用村级公益性岗位保洁员78名，配备垃圾清运车15辆、分类式垃圾桶103个，摆放垃圾箱15个。集中在伍仲村西面洼、曹家洼、通尔沟核桃山完成荒山造林工程540亩；完成湫池沟项沟岨、欠子洼退化林分修复1927亩。开展“最美庭院”“巾帼建功人居环境”和“团员青年护林”等评选活动，提高了群众的环卫意识，推进人居环境持续改善。

【基础设施建设】启动盘活果品储存库2家；拆除危房危窑4500多孔（间），复垦新增可利用土地690多亩；全镇完成户厕改造670户，在焦家村、巨家村、西头王村、通尔沟村改建公厕4座；新增3户自来水入户，水管道总长283米。

【精准扶贫】组织镇村干部逐户开展“大起底、大排查、大整改”工作，持续完善“一户一策”精准帮扶计划，完成贫困户1107.3亩果园标准化管理、贫困户404.8亩果园间作套种，对全镇6个村的边缘户46亩果园实施果树施肥、打药、覆膜、拉枝等标准化管理措施，并对化肥、农药等物资进行补助；贫困户购买9头平凉红牛，补贴项目资金4.5万元；动员17户贫困户发展“四小产业”；组织32户贫困户入股泾川县鼎惠农业科技发展有限公司；输转劳务人员中贫困人口594人，贫困户长期公益性岗位74人。年底脱贫退出16户64人，顺利通过国家脱贫攻坚普查验收，所有贫困人口全部脱贫。

【疫情防控】镇、村成立新冠肺炎疫情防控领导小组，抽组人员，靠实责任，全力落实疫情防控，坚持“四早四集中”（早发现、早报告、早诊断、早隔离，集中患者、集中专家、集中资源、集中救治）、“零报告”等制度，在镇、村各个出入地段设置疫情检测点27个、劝返点24个，配备工作人员50多名，采取全天候开展值班值守，严格落实体温监测、信息登记、杜绝人口聚集等措施，构筑起抵御疫情的防线。镇政府统一购买电子测温仪30个、消毒液420公斤、喷雾器14台、医用手套50双，下发到各检测点，每日坚持定时消毒灭菌，疫情期间没有出现确诊病例。

【社会事业】全年共免收662名幼儿保教费32.18万元，为2521名义务教育阶段学生落实“两免一补”和“营养餐改善”计划；完成养老保险、合作医疗收缴任务940多万元，养老保险参保率达95.37%、基本医保缴费率达95.68%，为55人大病患者建档立卡，建档立卡贫困户累计住院248人次，办理慢特病补偿证300本；累计为484户1243人发放低保救助金2843125元。年内举办扫黑除恶宣传活动5次，发放宣传资料3000份，对全镇11名涉毒人员进行了全面摸排，完成了对4名“门徒会”涉邪教人员的帮教转化工作；接待来访群众23人次，办理回复23件；共排查各类矛盾纠纷90余起，调处87起，化解率96.6%。

领导班子成员名录

书　记	任晓钟
镇　长	张小英（女）
人大主席	朱小军
副书记	李　亮（4月任）
纪委书记	卢燚飞
党建办主任	吕新锋
武装部部长	赵向恒
副镇长	陈永刚
	赵　丽（女，挂职）
	张志杰
	张雄雄
党委委员	杨维东

（供稿：李文钦）

红河乡

【概况】红河乡辖8个村50个村民小组2050户7784人（农业总人口），耕地29048.5亩，其中川地6505亩、山地22543.5亩。2020年农民人均纯收入11580元。2020年政府内设党政综合办公室、党建工作办公室、经济发展和社会事务办公室、社会治理和应急管理办公室、政务（便民）服务中心、农业农村综合服务中心、社会治安综合治理中心、公共事务服务中心和综合行政执法队等副科级机构，年底乡政府机关有干部职工50人。

【产业发展】在东庄、田赵新建设施蔬菜园区2处，建成日光温室19座、钢架大棚52座，同步配套管理房、蓄水池、卷帘机、棉被、滴灌及道路、供电、供水等设施；对柳王、朱段、吴家、田赵4个村173座蔬菜钢架大棚棚膜进行集中更换，对部分损毁钢架进行维修；全乡设施蔬菜园区总计达到15处，日光温室达到116座，钢架大棚达到322座。扶持贫困户种植露地瓜菜683亩、间作瓜菜1355亩，实施果园标准化管理3200亩、病虫害防治4000余亩、拉枝修剪1400余亩。新建暖棚牛舍149户，新增基础母牛378头，为姚哈村16户贫困户每户购买铡草机1台、修建青贮池1处；年底，全乡牛、羊、猪存栏量分别达到1754

头、824只、994头。全年劳务输转3695人，安排公益性岗位201人，安排贫困户护林员44人，规范提升专业合作社6个，落实配股分红90户。

露地蔬菜种植

【基础设施建设】在姚哈、柳王、杨吕3村实施村组主干道路硬化7条4.7公里，在姚哈、东庄2村实施村内巷道硬化2600平方米，配套排水渠及过路管涵2.04公里，安装安全防护栏988米，群众生产生活条件得到明显改善。新建改造安全住房31户、厨房77户，完成窑洞危房封堵拆除1572户6753孔（间），实施自来水入户21户；新建高标准农田602亩，整修道路9.7公里，砂化道路6.6公里，配套排洪渠系3.2公里，栽植行道树6.2公里。

【生态建设】深入推进农村“三大革命”，清理垃圾260吨，整修乡村主干道路林床，新栽、补植行道树1.2万株，新建道路林网5.8公里，在道路林床种植百日菊、万寿菊等花卉26公里。在姚哈、田赵、龙王桥等村完成农户改厕217户，新建垃圾收集仓4处。集中实施洪河川区面山绿化治理，栽植海棠、油松、云杉等绿化苗木210亩4.3万株，清理河道林木11.3亩，整治违规复垦32亩，有效改善了全乡生态环境。

【社会事业】全乡城乡基本医疗保险参合人数7205人，参保率95.52%，贫困人口参保率100%，帮助1215名贫困人口补报各类医疗费用319.45万元，办理慢病补偿证698人，城乡居民基本养老保险参保5446人，其中政府代缴3595人35.95万元，参保率95.61%，待遇领取1467人；年内发放临时救助资金21.45万元、医疗救助113.45万元、低保金140.51万元、五保金17.04万元、残疾人补贴资金33.82万元、雨露计划补助资金47.4万元；成功举办了红河乡新时代文明实践所“讲文明·树新风·担使命·献爱心”党员志愿服务活动启动仪式、红河乡朱段村2020年籽瓜推介暨“情系中秋·喜迎国庆”系列活动、红河乡“厉行勤俭节约·制止餐饮浪费”签名承诺活动、红河乡“新时代·新思想·新红河”喜迎国庆演讲比赛和田赵村“九九重阳节·浓浓敬老情”主题活动，展示姚哈村挂牌作战成果的微电影《一个都不落》如期上映。

【疫情防控】全乡共摸排来泾返泾人员1504人，其中湖北返乡6人，武汉返乡11人，累计检测车辆3232辆5961人，印制疫情宣传资料共计1.1万份，发放图册、彩页1300多份，制作悬挂、张贴横幅、宣传标语140余张。

【精准扶贫】紧盯姚哈村挂牌作战工作，以全乡24户未脱贫户、22户监测户和1户边缘户为重点，围绕“一超过、两不愁、三保障”目标任务，全面落实“一户一策”帮扶措施，结合“3+1”冲刺后续清零行动和“5+1”专项提升行动，全乡8个贫困村全部通过国家脱贫攻坚普查验收，24户未脱贫户“两不愁三保障”全部达标，顺利通过各级脱贫验收。

领导班子成员名录

书　记	王俊宏
乡　长	朱红娟（女）
人大主席	史志强
副书记	李小军
纪委书记	赵永锋
党建办主任	刘　兵
武装部部长	席　晨
副乡长	鲁春虎
	林婷婷（女）

党委委员、龙王桥村党支部书记

袁高峰

（供稿：万小鹏）

荔堡镇

【概况】荔堡镇共辖17个村136个村民小组，总人口8214户33044人，耕地7.5万亩，林地6.1万亩。2020年，全镇农民人均纯收入10988元，荔堡镇设置农业农村综合服务中心（加挂农产品质量检测服务中心牌子）、公共事务服务中心（加挂农村公路管理所、退役军人服务站、综合文化站牌子）、政务（便民）服务中心、社会治安综合治理中心、综合行政执法队5个事业机构单位，机关内设5个办公室，即党政综合办公室、党建工作办公室、经济发展和社会事务办公室（加挂卫生健康办公室牌子）、社会治理和应急管理办公室、自然资源和生态环境办公室。年底，镇政府机关有干部职工70人。

【产业发展】果品产业全面落实果园管理措施，完成果树清园整带修剪1.88万亩、病虫害防治1.88万亩、施肥1.8万亩、覆膜4530亩、间作套种3400亩，调购苹果乔化苗4720株、矮化苗8000株，补植果园1548亩，新建矮化果园50亩。年内，全镇果品总产量达到4300吨，果品收入1900万元，农民人均果品收入680元。畜牧产业动员贫困户购买良种基础母牛15头，发放补助资金7.5万元，购买红安格斯基础母牛2头，发放补助资金2万元，为贫困户养殖的545头平凉红牛基础母牛进行补助，发放补助资金27.25万元，为17个村190户贫困户配股154万元，扶持贫困户修建牛棚3座。年底，全镇牛、羊、猪、鸡存栏分别达到2506头、1325只、8980头、13570只。劳务产业全年输转富余劳动力9644人，其中建档立卡贫困户4528人，紧密配合县劳务办提供的“点对点、一站式”服务，向天津、上海等地组织输转劳动力106人（其中贫困户76人）。开展劳务技能培训14期，培训电工、育婴员、果品技术员、焊工、畜牧养殖等821人次。通过公益性岗位安置229人，落实劳务奖补政策717人，发放资金258.12万元。种植全膜玉米1.4万亩、地膜洋芋1485亩。

【基础设施建设】在问城等村硬化村组道路13.91公里，配套衬砌水渠7.59公里；在东关、南关、西关、小寨、崖窑5个村实施高标准农田建设项目，其中实施完成2019年其他高标准农田4850.7亩，投资265.15万元，高效节水高标准农田295亩，投资81.17万元；完成2020年整修高标准农田5763.13亩，投资336.11万元。完成2020年农电网升级改造和问城村赵家沟头治理项目。完成南关村、云吕村村级活动阵地升级改造。完成小盘河移民安置和小盘河水库工程二期导截流验收准备，全面开展库底清理，对水库修建工作全程资料整理归档。

【人居环境整治】以全域无垃圾专项整治为契机，集中推进“村庄清洁行动”，以拆旧、治乱、增绿为重点，整修林床37.5公里，清理农户门前“三堆”（柴堆、土堆、粪堆）1037处，整修涝池23个，购置钩臂式垃圾斗86个，设立临时垃圾堆放点156处。对全镇7499户自建和非自建房屋进行全面摸排，清除残垣断壁、危旧房屋，全面消除了住房安全隐患和视觉贫困。完成原董、袁口、南关、崖窑、大寨5个村村级卫生厕所改建，完成763户卫生户厕的改建新建任务，和改厕户签订了厕所粪污清运告知书1333份。2020年在南关村进行荒山造林工程，全年完成造林面积120亩。年内，大力开展生态绿化工程，全年整修林床17.4公里，栽植补植行道树绿化苗木7800株，其中国槐4500株、云杉3300株。

【社会保障】全年为641户1838名低保对象发放低保资金4716.6万元，为分散特困供养对象64人发放生活补助资金47.8万元，为13名孤儿发放生活补助费15.6万元，为12名事实无人抚养儿童发放生活费7.3万元。为908名残疾人发放“两项补贴”11.6万元，为399人办理残疾证，发放轮椅、助行器、坐便器等辅助器具136件（个）。发放临时救助资金57.5万元，为64名分散特困供养人员发放生活用品及棉衣、棉被、床单、被套等生活物品。大力开展健康扶贫政策宣传，全面落实家庭医生签约服务活动，办理生育登记服务256人，完成宫颈癌筛查504人、乳腺癌筛查533人，完成免费孕前优生健康检查93例。

【社会治理】深入推进扫黑除恶专项斗争，依法惩治“黄赌毒”“黑拐骗”等违法犯罪活动，印发宣传资料6000份，悬挂宣传条幅23条，制作宣传海报158张，张贴宣传版面51个，排查调处各类矛盾纠纷200余起，对全镇89名涉邪、涉毒、涉访、有案底等重点特殊人群逐人进行了回访，有效维护了社会和谐稳定。

【脱贫攻坚】对37户未脱贫户、28户脱贫监测户、51户边缘户进行挂牌督战，精准对接制订“一户一策”脱贫计划和巩固提升计划，制定帮扶措施945条。深入推进“3+1”冲刺清零后续行动和“5+1”专项提升行动，扶持贫困户进行果园标准化管理、间作套种，动员贫困户购买良种基础母牛15头、红安格斯基础母牛2头，扶持贫困户修建牛棚3座。开展贫困户劳务技能培训8期，落实公益性岗位政策229人（其中临时公益岗17人）。年底，经过县级验收、省市抽查复核，37户131人稳定脱贫，至此全镇建档立卡贫困人口2177户9063人全部实现脱贫，10个贫困村全部脱贫退出。

刘山移民搬迁新村

【疫情防控】年初，全镇上下认真贯彻落实中央和省市县关于新冠肺炎疫情防控的一系列决策部署，镇党委、政府制定了新冠肺炎疫情防控工作方案和应急预案，从严落实“五个一”工作措施（即发放一份告知书、一份宣传单、一只防护口罩、一只体温表，做好一次健康随访登记），在全镇上下形成了“主要领导包片、科级干部包村、镇村组干部包户、村医包人”的四级联动责任清单。全镇举办疫情防控培训班6期，培训医护人员、干部群众2200多人次，编录了疫情防控春官诗，印发通告倡议书4800多份，悬挂宣传横幅110条，发放宣传折页1.2万余份，张贴宣传挂图5000多份，签订返乡人员承诺书3901份。在进入荔堡的主要路口、各村出入口设置固定检测点14处、临时监测劝返点48处，组建党员干部“先锋队”17支、青年志愿者服务队1个、青年志愿者服务岗5个、招募返乡大学生志愿者15名，干群同心同德、昼夜坚守开展监测劝返、防疫消毒等防疫活动236次，劝缓举办红事28起，简办白事16起。发动镇域13个爱心企业、301名爱心人士捐赠84消毒液、酒精等消毒物资2834斤，喷雾器113个、防护手套163双、医用帽子100个、口罩1425个，方便面、矿泉水、饮料等物资628件，全镇1058名党员捐款28549元，支援疫情防控。经过严密防守，全镇疫情防控取得了全面胜利，没有出现确诊病例。

【精神文明建设】扎实开展原董村市级文明村和庙李、沟圈、地庄、南关、东关、西关、云吕、小寨、大寨、崖窑、张茂才等11个县级文明村创建工作。精心举办敬老月暨重阳“九个一”系列活动，开展广场舞展演及文明家庭、孝老敬亲模范等“荔堡最美”评选表彰活动。镇村新时代文明实践站（所）充分发挥职能作用，集中开展党的十九届五中全会精神宣讲、爱心理发、义诊、科普宣传、实用技术培训等活动，全镇各志愿服务队围绕脱贫攻坚、农村环境整治、产业培育、民生保障等开展以“暖冬行动”为主题的志愿服务活动19场次。

领导班子成员名录

书　记　　巫廷举（9月离任）
　　　　　吴生文（9月任）
镇　长　　郭亚锋
人大主席　吕保郎
副书记　　康惠敏（女，4月离任）
　　　　　袁红亮（5月任）
纪委书记　艾俊林
党建办主任　陈怀勤
武装部部长　代春红
副镇长　　何丽萍（女）
　　　　　吕拴宏
　　　　　甘烘伟（5月任）
人大副主席　王　伟
党委委员、西关村村主任
　　　　　孙碎虎

（供稿：陶方铖）

泾明乡

【概况】 泾明乡辖12个村71个村民小组4031户13624人，总面积61.5平方公里，总耕地2.91万亩，2020年农民人均纯收入10677.9元。乡政府内设党政综合办公室、党建工作办公室、经济发展和社会事务办公室、社会治理和应急管理办公室、农业农村综合服务中心、公共事务服务中心、政务（便民）服务中心、社会治安综合治理中心、综合行政执法队9个副科级以上的工作机构，年底，乡政府机关有干部职工69人。

【产业发展】 蔬菜产业在雷家沟、山底下等5村新建大棚设施西瓜基地1545亩，建成钢架大棚3500座，全乡设施西瓜种植达到3332亩，群众增收1700多万元。投资376万元，在算李村建成日光温室7座、钢架大棚110座，带动全乡种植地膜洋芋、辣椒、包菜等露地蔬菜2000亩。果品产业累计投入化肥393吨、地膜5.5吨，完成果园整带1.2万亩、施肥1.2万亩、覆膜3200亩、修剪1.4万亩、拉枝7400亩、病虫害防治2万亩，举办果园技术培训班15场次，培训群众4500多人。建成标准化管理园区4个。全年果品总产量达到11850吨，总产值达3318万元，农民人均果品收入2435.4元。畜牧产业新建暖棚圈舍71座，扶持贫困户引进平凉红牛基础母牛34头，新增猪133头、鸡3094只，全乡牛、猪、鸡存栏量分别达到295头、2714头、10891只。

【基础设施】 争取资金197.4万元，硬化贫困村村组道路1.242公里，砂化3.525公里，衬砌排洪渠道5.46公里。累计建成紫荆、郝家、白家、苏家河4个改厕整村推进示范村，在全乡12个村完成分户水冲式厕所改造528户。新建山底下村标准化卫生室。

【生态文明建设】 全力实施以拆违治乱、清除垃圾为主要内容的村庄环境综合整治工程，封堵土窑洞（箍窑）1885孔，拆除危旧建筑568户2161间。实施山底下、郝家、白家3个村人居环境综合整治提升项目，铺设道牙2560米，安装路灯40盏，整修林床5.5公里，栽植云杉、火炬等绿化苗木5300株，清理排洪渠1800米，安装户外不锈钢垃圾桶20套、环保垃圾桶40个，购置罐式多功能洒水车1辆、小型电动保洁三轮车20辆；确定乡村公益性卫生保洁员105名，累计发动群众3300多人次，出动机械80多台（次），清运垃圾400多吨，清理柴草粪土110多处。完成算李至庄头面山退化林修复工程3300亩，建成北大路、飞长路等道路林床50多公里，实施村屯绿化40多亩，累计栽植补植油松、柳树、云杉等苗木10万多株。

【社会事业】 开展第六届“情系学子·筑梦起

航”高考、中考、会考表彰大会，发放奖学金2.65万元；完成优生检测40人、妇女“两癌”筛查110人，参加“两癌”保险424人；规范完善政务（便民）服务大厅运行机制，将民政、社保、卫健、综治、退役军人事务等12项业务集中便民大厅实现“一站式、一窗式”办理；全年发放各种惠农资金1151.62万元，养老保险参保人数8650人，医疗保险参保人数9617人，贫困人口参保率达到100%；农业保险参保722户；新增低保、特困供养对象90户196人，发放临时救助50.6万元、残疾人补贴52.8万元。

【精准脱贫】制订“一户一策”精准脱贫计划8户、巩固提升计划17户、帮扶计划43户。全乡新增边缘户1户3人，无新识别和返贫情况。新增公益岗30个，全乡公益岗数达到105个，点对点输送7人，发放就业奖补资金371人次48.4万元。扶持292户贫困户落实果园标准化管理206.4亩、间作137.5亩，种植露地蔬菜231亩，新建暖棚圈舍44座，新增牛猪鸡养殖2431头（只），为71户贫困户落实配股资金77万元。落实小学寄宿生生活补助79名3.95万元，其中建档立卡户20名1万元，落实小学非寄宿生生活补助52名1.3万元，其中建档立卡户47名1.175万元；为221名幼儿免补保教费11.225万元，其中建档立卡户29名减免保教费1.73万元，落实中高职学生雨露计划补助113名16.95万元。完成基本医保报销11.46万元，提高5%报销8.73万元，大病保险报销30.86万元，医疗救助40.05万元。落实维修或新建危房21户，全乡常住农户安全住房比率达到100%。全乡累计落实精准扶贫贷款365户1626万元、助力脱贫贷款11户55万元，完成到期续贷247户1049.5万元。全乡稳定脱贫8户29人，新核定边缘户1户3人，贫困发生率下降至0%。

【社会治理】建成新时代文明实践所（站）13个，组建成立志愿者服务队130支，志愿者队伍232人，打造了“五心”文明实践服务品牌，开展各类志愿服务活动120多场次，服务群众3000多人次，评选表彰“泾明好人”“十大孝子”“最美家庭”等各类先进28个。打造社会治理“五中心融合”品牌，建成120平方米“五中心融合”平台，接待办事群众1300多人次，办理便民服务事项1100余件，开展矛盾纠纷集中排查30多次，发放宣传资料1000余份，调解矛盾纠纷58起。

【乡村旅游】围绕生态观光、农事体验、健康养生等主题，深度挖掘牛角沟历史文化资源和白家山水旅游资源，紧盯清明、“五一”、国庆等旅游黄金时段，承办“陇上花开·乡约甘肃”甘肃省乡村旅游美丽之旅推介活动平凉市分会场暨平凉市乡村旅游季启动仪式“激情四月天·浪漫赏花季”“寻梦最美乡村·乡约山水白家”“激情八月天·最美白家游”，第六届“情系学子·筑梦起航”高考中考颁奖晚会暨全乡“培树文明新风·助力脱贫攻坚”精神文明评选表彰大会等系列活动，累计接待游客6.5万人次，实现旅游收入180多万元，白家村从事小吃经营、手工艺品制作、土特产品销售等乡村旅游关联产业的农户达到42户。

【重要活动】5月19日，在白家民俗文化景区举办“陇上花开·乡约甘肃”甘肃省乡村旅游美丽之旅平凉推介活动暨平凉市乡村旅游季启动仪式。天津市河西区文旅局副书记、副局长袁莉，天津市武清区文旅局四级调研员朱长义，平凉市委常委、宣传部部长、统战部部长马琦，平凉市政府副市长王锦，平凉市政协副主席郭宏，泾川县委、县人大、县政府、县政协的主要负责同志，市文旅局主要负责同志以及各县（市、区）文旅局主要负责同志，省级乡村旅游示范村负责人，广大新闻媒体记者和游客共计3000多人参加。活动包括了游览白家山水，观赏精彩非遗展演，品尝风味特色小吃，体验平凉美丽乡村等内容。

“陇上花开·乡约甘肃”全市乡村旅游季启动仪式在白家民俗文化村举行

领导班子成员名录

书　记　　赵华强（4月离任）
　　　　　蒋明福（4月任）
乡　长　　蒋明福（4月离任）
　　　　　赵　亮（4月任）
人大主席　刘宏鹏
副书记　　王福全（10月离任）
　　　　　何建辉（10月任）
　　　　　李　星（6月任，挂职）
纪委书记　刘拴民
副乡长　　脱丽英（女，4月离任）
　　　　　杨　云（4月任）
　　　　　赵小鹏（女，12月离任，挂职）
　　　　　罗小龙
党建办主任　刘　忠
武装部部长　杨　云（4月离任）
　　　　　刘宝明（4月任）
党委委员、山底下村党支部书记
　　　　　王安贤

（供稿：吕亚鹏）

罗汉洞乡

【概况】罗汉洞乡辖12个行政村81个村民小组4852户16270人，耕地总面积33000亩，其中山台地26500亩、川地6500亩。2020年乡政府内设党政综合办公室、党建工作办公室、经济发展和社会事务办公室、社会治理和应急管理办公室、自然资源和生态环境办公室、农业农村综合服务中心、公共事务服务中心、政务服务中心、社会治安综合治理中心、综合行政执法队等科级机构，年底，乡政府机关有干部职工83人。

【产业发展】投资121.53万元，对4000亩柿子园、苹果园进行标准化管理；投资27.86万元，间作套种瓜菜等低秆农作物1400亩；投资44.5万元，对900亩柿子园、苹果园实施了品种改优。投资40.91万元，对全乡4000亩黄花落实标准化管理措施，新栽黄花1000亩。种植设施蔬菜6200亩，种植设施西瓜5000亩。新增养殖红安格斯牛84头、平凉红牛358头；投资77万元，建成肉牛养殖场2处2310平方米。建办扶贫车间1处，引进建成豆芽菜加工厂1处。

丈八寺黄花菜烘干加工扶贫车间

【基础设施】硬化村组、园区道路8.58公里，配套排洪渠6.77公里，铺设涵管4处32米，波形护栏290米，吕家拉、中村村新修果园深水井滴灌设施2处。为南河村购置钩臂式垃圾车1辆，配套垃圾转运收集箱5个、电动保洁三轮车5辆、罐式吸粪车2辆、分类垃圾箱50个。在王家沟、三山子、吕家拉、张姚4个村新建村级公厕各1座，全乡完成农户卫生改厕428户。在罗汉洞、张姚、中村村实施文化广场建设项目，建成村部办公用房455.6平方米，新建露天舞台1座180平方米，新建篮球场1540平方米，铺装文化广场3342平方米，改造文化活动室26间588平方米，在吕家拉村维修村民综合服务中心共6间300平方米，栽植绿化道牙171平方米，安装水泥道牙586米、太阳能路灯24盏。

【社会事业】新建新时代文明实践所1个、新时代文明实践站4个，评选出了“文明家庭”6户，“最美庭院”5户，“孝老敬亲”11人。创建“乡风文明”积分超市试点4个。全乡有108名初中学生圆满地完成九年义务教育，64名学生考入高中，46名学生考入职中，高中升学率达到了92.6%。完成优生健康检查57例、适龄适育妇女“两癌”检查160例，推动群众购买妇女“两癌”保险470份14100元。开发乡村公益性岗位15个。办结群众信访件113件，整治乱占耕地建房41处15.73亩。

【民生保障】全年对367户938人低保对象按时发放低保金240.68万元，发放特困供养金34户34人25万元，落实残疾人补贴420人43.5万元，医疗救助报销138人29.74万元，对709户2125人生活困难群众发放救助资金49.07万元，累计发放各类惠农资金1499.55万元。

【精准脱贫】对全乡1547户建档立卡户开展大摸底、大排查工作，完善补充国扶系统数据信息980条，规范乡村户三级资料5次，整改问题10类125条；采集就业信息2105人，完成劳务输转877人，发放劳务奖补118.68万元，紧盯困难户、边缘户制订“一户一策”帮扶计划73户，全乡下剩的20户55人贫困人口实现了稳定脱贫。

【人居环境整治】全年完成荒山造林1380亩，栽植苗木8.1万株，新建道路林网9.3公里，补植林网9.5公里。实施中心街道绿化工程，栽植苗木2000株。清理河道垃圾40吨，整治河道乱采乱挖6处。清理农户门前“四乱”450多处，拆除危旧房屋537户1698间、废弃庄基45户136间、废弃圈舍13处、残垣断壁8.5公里。清运垃圾420多吨，创建清洁村庄8个。

【疫情防控】新冠肺炎疫情暴发后，全乡成立了防控办公室和8个专责工作小组，全体领导干部坚守岗位，采取轮班制；组建了12个村级“党员先锋队”，全面落实防控措施；联合派出所、卫生院，设置检测点6处、劝返点28处，对来甘返甘人员进行排查登记。其间，购置防护服60套、防疫口罩8500个、防护手套8500双、体温枪45个、洗手液30箱、84消毒液35箱，悬挂横幅96条，张贴海报240多份，张贴公告通告150多份，推送各级疫情防控信息1000多条，签订《罗汉洞乡返乡人员疫情防控承诺书》《罗汉洞乡返乡人员疫情防控告知书》200多份，发放《新型冠状病毒感染的肺炎知识问答》4000多册。有效防控了新冠肺炎疫情，全年未出现确诊病例。

领导班子成员名录

书　记	赵亮亮
乡　长	吕俊英
人大主席	史小银
副书记	杜小伟
	张　颖（女，挂职，12月离任）
纪委书记	张志杰
党建办主任	马　强
武装部部长	王世龙
副乡长	李　亮（4月任）
	周海燕（女，挂职，6月任）
	王建锋
	赵利芳（女）
党委委员、王家沟村委会主任	韩福林

（供稿：丁兆乾）

窑店镇

【概况】窑店镇辖12个村82个村民小组4831户16920人。土地总面积56平方公里，耕地总面积3.18万亩，人均耕地1.88亩，2020年全镇农民人均纯收入12949元，镇政府内设党政综合办公室、党建工作办公室、经济发展和社会事务办公室、社会治理和应急管理办公室、自然资源和生态环境办公室，年底，镇政府机关有干部职工65人。

【产业发展】果品产业积极引进新品种，投放烟富8号自根砧苗木4万株，新建矮化密植园500亩，投放有机肥300吨、羊粪100吨、尿素60吨、黑地膜6吨、农药4.5吨，指导群众全面落实追肥、覆膜、拉枝、修建、病虫害防治等果园管理措施。强化果园技术培训，举办果园管理技术培训班16期，受训群众3100多人次。积极引导贫困户参加农业保险，完成果树投保5384亩。举办全镇赛园赛果活动，确立果园样板园15个，表彰奖励果农30户。全年果品产量3.56万吨，果品收入21375万元，人均果品收入12632.98元。持续加大招工信息宣传力度，共计输转劳动力5400多人，借助县人社局“点对点”绿色通道输转劳动力15名前往上海、天津、广州等地务工，有效拓宽增收渠道。

南头湾村防雹设施园

【基础设施建设】争取实施全面改薄项目，建成窑店中学微机室和实验室、饮用水净化系统，年内全部投入使用，学校科技楼改造项目通过验收，窑店中心小学综合楼项目建成主体，先后在中心幼儿园、东坡幼儿园推行日托制幼儿园试点工作。硬化东坡、龙盘、庙头主干道路3公里，砂化道路13公里。建成庙头村、西门村卫生所。积极实施农村改厕项目，完成厕所改造886户，12个行政村卫生公厕全覆盖，群众健康卫生的生活习惯逐步养成。

【环境治理】组织干部群众清除房前屋后乱堆乱放的柴草粪土1108处，清运垃圾320多吨；全力开展危房拆除及废旧土窑洞清零行动，拆除危房308户1099间，并对拆除后的建筑垃圾及时清理，彻底消除安全隐患。建立健全村庄环境保洁和考核评比机制，定期开展评比、曝光，群众的居住环境明显改善。大力开展造林绿化，整修312国道、凤环省道、G70高速公路、各村主干道路林床25公里、林网13公里，村屯绿化10.1亩，栽植绿化苗木9000多株，在东坡青龙山、庙头岭家山实施荒山造林工程466亩，栽植油松5380株、刺槐6.7万多株。

【精准脱贫】对全镇8户20人未脱贫人口、9户30人脱贫监测人口以及44户161人边缘人口，因户因人制订“一户一策”精准脱贫（巩固提升）帮扶计划，精准落实各项帮扶措施。依托财政专项扶贫资金，帮助193户贫困户对885.4亩果园全面落实果园标准化管理措施，扶持贫困户购买平凉红牛8头，红安格斯牛4头；持续推进三变改革，为18户贫困户配股13万元，争取中央财政扶持壮大村级集体经济发展项目补助资金，练范村集体配股50万元入股富原红果品贸易有限责任公司，进一步提升贫困村集体经济发展活力。扎实开展“3+1”冲刺清零后续行动和“5+1”专项提升行动，共整改各类问题和短板弱项586条，对排查出的29户疑似危房进行了改造维修；为11名动态调整对象补交医疗保险，调整新增低保17户53人；衔接办理残疾证35张，调整残疾等级2人；动员贫困户及边缘户劳务输转313人，调整护林员10名、公益性岗位12名；新办、补办慢性病诊疗卡20张，签转120张。下剩贫困人口全部脱贫，脱贫攻坚顺利通过国家普查验收。

【社会事业】扎实做好农村医疗保险收缴工作，2020年全镇参加医疗保险13985人，参保率96.28%；为215人次患病住院贫困人口落实了医保扶贫优惠政策，发放医疗救助金17.6万元；完成免费孕前优生检查49例，农村妇女“两癌”检查75例。对贫困户、“计生两户”、五保、重残等特殊困难人群代缴基本医保资金33.68万元。认真落实劳动力稳岗就业政策，开展电焊工、挖掘机等技术培训9期495人次，输转劳动力3500多人，其中贫困户307人，发放劳务奖补资金14.8万元，调整充实公益性岗位13个，新增临时性岗位12个。妥善安排困难群众生产生活，共发放低保金240.88万元、五保供养费41.97万元、抚恤金58.53万元、经济困难老年人补贴4万元、孤儿生活费6万元、临时救助金48.37万元、自然灾害救助金15万元，社会保障能力稳步提高。

【疫情防控】制定了《窑店镇新型冠状病毒感染的肺炎疫情防控工作方案》和《窑店镇新型冠状病毒感染的肺炎疫情防控应急预案》，成立窑店镇新型冠状病毒感染的肺炎疫情防控工作领导小组，建立三级网格责任制，共同落实防控责任。印发《窑店镇新型冠状病毒感染的肺炎联防联控倡议书》《致全镇广大村民的一封信》及各种宣传资料20000余份，充分利用“果乡窑店”公众号等新媒体手段及时准确、公开透明发布疫情信息，扎实开展返乡人员摸排，逐户逐人摸排登记，建立台账。在312国道甘陕交界处、凤口高速出口、各村主干道路路口及人流密集处设立监测点共38处，严格落实24小时值班值守和信息报告制度。停办各种庙会、社火、广场舞、民间自乐班等群众性演出和群众性运动会，劝导群众暂缓举办红喜事18起，简办丧事14起，严防人员聚集。助力企业复工复产，采取“一对一”“点对点”服务的方式，积极组织群众到企业务工，协助企业解决用工难题，确保疫情防控和企业复工复产双胜利。

新冠肺炎疫情防控动员部署

领导班子成员名录

书　记　吴生文（9月离任）
　　　　陈建新（10月任）
镇　长　陈建新（9月离任）
　　　　徐　桥（10月任）
人大主席　雷永平
副书记　王红刚
纪委书记　何建辉（9月离任）
　　　　张　健（10月任）
党建办主任　林　相
副镇长　郭双武
　　　　张　莹（女）
　　　　郭文斌（4月任）
武装部部长　郑海龙
党委委员、龙盘村党支部书记
　　　　薛宽义

（供稿：冯春芳）

飞云镇

【概况】飞云镇辖11个村84个村民小组4964户17886人，土地总面积4.2万亩，耕地面积3.42万亩，其中山地1.1万亩、塬地2.3万亩，年底有果园2.06万亩。镇政府内设党政综合办公室、党建工作办公室、经济发展和社会事务办公室、社会治理和应急管理办公室、自然资源和生态环境办公室，镇政府机关有干部职工58人。

【基础设施建设】投资1154.8万元，建成东高寺垃圾处理站，5月正式投入使用；在南庄头、岸门、老庄等5村实施城乡土地增减挂钩项目，复垦废旧庄基98户，新增耕地122亩；实施村级“共管共享”项目，砂化道路5条4.2公里，维修排水渠960米，在岸门村安装路灯18盏；实施中学、卫生院清洁取暖工程，实现清洁取暖面积1.2万平方米；实施村庄环境综合整治，累计清除残垣断壁1360余米，拆除危旧房屋324户1216间，封堵窑洞719户2219孔，“视觉贫困”得到彻底消除。

【产业发展】围绕果品、畜牧、劳务三大产业，持续夯实群众增收基础。果品产业按照“老果园抓改造、挂果园抓提质、新幼园抓管理”的发展要求，举办果园管理培训班28期，培训果农4200多人次，发放肥料、地膜等农资327吨，示范引领果农落实树下覆膜4500亩，完成修剪、拉枝、配方施肥、病虫害防治2.06万亩，淘汰残次园460亩，完成果园防雹工程50亩，实施果园滴灌工程450亩，培育了老庄村官场、南庄头村葫芦口、毛家村丁家坳等果园标准化管理示范点，有力带动了全镇果品产业发展。畜牧产业始终加强畜禽防疫监测，全力防控非洲猪瘟疫情，新增规模养殖户4户，全镇年底牛存栏221头、生猪存栏810头、羊存栏1405只、鸡存栏4.2万只。不断壮大劳务经济，发布劳务信息180多条，发放劳务宣传资料5200多份，向天津、上海、银川等地输转劳动力5228人，全镇全年劳务收入9000多万元，劳务收入占到了群众总收入的40%。

果园管理培训

【生态建设】年内在毛家村黑家湾完成荒山造林300亩，栽植刺槐、山毛桃6.6万株，补植道路林网22公里，栽植云杉等绿化树种8500多株，整修林床42公里，栽植黄花6.8公里，种植花草14公里，完成村屯绿化美化124亩。在坡头村、南峪村、闫崖头村实施“村庄清洁”行动项目，建成小花园3处，新增绿化面积1450平方米。在元朝、闫崖头、飞云等村完成农户改厕524户，建成村级公厕3座；配套发放户垃圾收集桶4500个，全镇生活垃圾处理基本形成户收集、第三方转运和集中处理的长效机制。

【社会事业】大力发展文化卫生体育事业，积极开展庆元旦群众拔河比赛、迎新春广场舞大赛、庆“七一”送文化下乡活动及“暖冬·润心”活动。大力改善就医条件，投资20万元，建成老庄村、东高寺村标准化村卫生室；卫生院建成标准化DR室、心电图室、B超室、化验室、中医熏蒸室；发放雨露计划资金71人次10.65万元；聘用公益岗45人、临时公益岗11人，发放公益岗工资33.45万元；完成孕前优生健康检查64对，“两癌”筛查110例。

【社会保障】发放低保金846人202.81万元、7名孤儿生活补助金8.4万元、5名事实无人抚养儿童生活补助金4.43万元、特困供养金30人26.18万元、经济困难老年人30人3.6万元、残疾人“两项补贴”445人452.99万元、临时救助金3095人53.84万元；共为388户低保户、五保户、残困户等其他特殊困难群众，发放床上四件套79套、面粉401袋、食用油401桶、大米163袋、煤炭74吨；对152名优抚对象，发放抚恤补助金67.55万元、退役士兵优待金29.96万元、大学生参军入伍一次性奖励金2.7万元；全镇城乡居民基本养老保险参保人数达11119人，落实政府资助16.86万元，参保率92.74%；城乡居民基本医疗保险参保人数达14930人，落实政府资助37.34万元，参保率92.89%。

【扶贫攻坚】投入扶贫资金50.2万元，扶持贫困户落实果园标准化管理措施825.5亩，帮助48户购买平凉红牛、羊、鸡等发展“五小”产业，引导28户贫困户饲养能繁母牛35头，发放精准扶贫贷款12户，举办贫困劳动力技能培训班4期134人，输转劳动力665人，兑现劳务奖补资金449人44.2万元，公益岗安置7人，贫困群众人均收入达到1.02万元。完成农房改造53户，实施硬化道路工程2.1公里，新增自来水入户29户；落实医保和社保减免政策387户1508人，新增低保户10户34人；落实“万企帮万村”行动项目资金13户6500元，年内实现贫困户5户21人稳定脱贫，全面完成脱贫攻坚任务。

【疫情防控】始终坚持把人民生命安全和身体健康放在第一位，认真落实各级部署要求，领导班子靠前指挥，以上率下，率先谋划，科学防治，精准施策。利用入户摸排、村村响、微信群等形式广泛宣传疫情防控知识，严禁群众扎堆聚集，发放红白喜事告知书600多份，延迟取消喜宴、简办丧事46场次。全面实施镇、村、组三级网格管控措施，合理设置26个疫情检测点和劝返点，组织150多名志愿者参与防控，形成联防联控、群防群治的工作体系；深入排查各类返乡人员5913人，严格落实“五个一”居家隔离防控措施，全力保障群众复工复产。广泛开展献爱心活动，社会各界爱心人士积极捐款捐物，大力支持疫情防控工作，充分展现了全镇广大干部群众担当破难、众志成城、共渡难关的良好精神风貌。

领导班子成员名录

书　记　　吴晓峰
镇　长　　王小强
人大主席　　吕军明
副书记　　王　强
纪委书记　　王　栋
副镇长　　杨　华
段龙前
田喜娟（女，8月离任）
雷华锋（12月任）
党建办主任　　赵兴旺
武装部部长　　赵　鑫
党委委员、南峪村党支部书记
辛秀成

（供稿：薛建荣）

高平镇

【概况】高平镇位于泾川县城东南部，地处312国道沿线，高邵公路、双河公路、高太公路横穿全境，镇域南北长22公里，东西宽10.4公里，总面积228平方公里，所在辖区地貌属黄土高原破碎塬区。全镇辖28个村211个村民小组10283户33948人，总耕地面积9.3万亩（其中塬地3.6万亩、山地4.8万亩、川地0.9万亩），人均耕地2.7亩。2020年全镇农民人均纯收入11830元。2020年镇政府内设党政综合办公室、党建工作办公室、经济发展和社会事务办公室、社会治理和应急管理办公室、自然资源和生态环境办公室，年底，镇政府机关有干部职工94人。

【基础设施】整合资金1200多万元，硬化上梁、任家寺等8村村组道路、通户巷道12.3公里，衬砌渠道12.6公里，砂化草滩村、董家村、铁佛村、原尚村、三家村产业园区道路15.9公里，完成任家寺、牛家咀村沟头治理和综合排水体系建设。依托建设用地增减挂钩项目，腾退土地5.9公顷，复绿127.2亩。投资6万元在茜家沟村实施农户电网改造项目，投资8万元在茜家沟村实施老年幸福大院维修改造项目。按照“宜水则水、宜旱则旱”的原则，在全镇28个村完成农村改厕工程888户，在袁家城、铁佛、杜家、黄家铺、渠刘等12个村完成村级改厕12处，为寨子、许家坡、草滩、代家、上湾、三十里铺6个贫困村配套吸粪车6辆。

【产业发展】按照特色产业“扩量提质增效创牌”的要求，持续狠抓果、菜、畜三大产业。果品产业扎实推进新幼园拉枝修剪、丰产园提质增效、老旧园高接换优、低劣园间伐改造等措施落实，向群众发放有机肥、羊粪300吨，指导完成果园标准化管理4.8万亩，累计完成果园标准化管理投资105万元。利用“村企合营”模式，在高太路、高邵路沿线10个村间作籽瓜510亩，推动果园增效。全年全镇果品产量达到4.2万吨，产值2.2亿元，群众人均果品收入5700元，果品收入占农民人均年收入的48%。蔬菜产业，在草滩村、代家村、上梁村、下梁村、董家村、渠刘村、茜家沟村等7村新建日光温室23座、钢架大棚31座，栽种设施瓜菜670亩，种植高原夏菜347亩，全镇累计日光温室达到39座，大棚达到635座，以设施蔬菜为带动着力打造梁河川区无公害蔬菜生产基地。畜牧产业在牛家咀、任家寺建成标准化肉牛养殖小区1处，在茜家沟、牛家咀、杜家、渠刘、三家、上湾、下梁、寨子、草滩、三十里铺、大寺坳、董家村、代家、黄家铺等14个村分散建设牛棚75座。积极招商引资2100万元，建成原尚村万头生猪育肥场1处，年底全镇牛、羊、猪存栏分别为1509头、2389只、5146头，分别比上年增加101.88%、73.41%、106.84%。

【生态环境治理】以高太路、312线、高邵路、双河路为重点，组织干部群众及时清理路旁堆放的杂物、柴草、建筑材料，定期清扫路面、清运垃圾。扎实开展消除“视觉贫困”和拆旧除危行动，封堵窑洞10520孔，拆除危旧房屋1564间，加固、维修改造群众住房228户606间。动员各村大力开展春季绿化补植、行道树抚育工作，三十里铺等5个村完成森林植被恢复3411亩，梁河川区7个村完成退化林修复3096亩。秋季在后庄村植树造林520亩。

人居环境治理一角

【脱贫攻坚】紧盯全镇18户43人未脱贫户、27户75人边缘户、84户272人监测户，深入开展“3+1”冲刺清零后续行动、“5+1”专项提升行动和脱贫攻坚冲刺清零“大起底、大排查、大整改”行动，抓实抓细“一户一策”帮扶计划，持续加大贫困户、边缘户、监测户帮扶力度，全力补短板、强弱项，抓基础、增后劲，多方整合各类资源，不断发展壮大果、菜、畜产业。大力发展“五小”产业，积极拓宽群众增收渠道，争取资金4.3万元，为18户贫困户和4户边缘户投放獭兔216只。着力补齐水、电、路、房等基础设施短板，全面落实教育扶贫、健康扶贫、兜底保障等政策措施，落实疫情期间乡镇内零工补助656人10.6万元，新增公益性岗位56人，其中临时性公益岗29人、爱心理发员27人，调整低保户27户84人。大力推行“企业+合作社+贫困户”模式，至2020年3月底，全镇共量化配股财政支农资金1485万元（产业到户742万元），带动全镇28个村参与“三变”改革，14个建档立卡贫困村实现全覆盖，参与贫困户731户，实现分红61.93万元，户均847.2元，村集体经济增长3.12万元。整改完成了中央脱贫攻坚专项巡视反馈自查自纠3方面9大类21个问题，第三方评估及专项评估检查督导组发现的6个问题。年底，下剩的18户43人贫困人口如期实现稳定脱贫退出。

【社会事业】认真落实教育、医疗、文化等各项惠民政策，全年发放各类惠民资金3595.8万元。将878户1892人困难群众纳入低保保障范围，向941户2633人困难群众发放临时救助74.6万元。为732名残疾人换发、办理了残疾证。争取资金46.5万元，对茜家沟等7个村老年幸福院进行维修改造，改善了115名孤寡老人的生活条件。2020年全镇养老保险应参保22622人，实际参保22151人，参保率93.02%，待遇领取人员5746人；合作医疗应参合29850人，实际参合27870人，其中贫困人口参合率100%。全年住院1685人次，住院总费用872.37万元，基本医保报销1685人次，报销金额431.54万元，大病保险报销455人次，报销金额97.49万元，医疗救助报销1683人次，报销金额144.78万元，报销比例89.56%。为1229名群众办理了慢病补偿证。

【社会治理】深入开展安全生产大检查和专项整治，着力整治农用车载人、无照、无证及酒后驾驶等违法行为，保障群众出行安全。持续加大森林防火、烟花爆竹、危险化学品、公共场所等领域的安全宣传和隐患排查整治，深入开展扫黑除恶专项行动、综治维稳、禁毒防邪等工作，及时化解各类矛盾纠纷，全镇社会形势持续向好。

【节庆活动】2020年9月22日至26日，高平镇以“畅游甜美高平·共享丰收之旅”为主题，在三十里铺村和上湾村文化广场成功举办了高平镇庆祝中国农民丰收节暨苹果艺术节。举行了项目签约、赛园赛果、果品及农特产品展销、脱贫攻坚成就展、苹果采摘体验、文艺演出、秦腔艺术表演等活动，对全镇涌现出的一批最美家庭、孝老敬亲模范和中考高考优秀学子进行了表彰奖励。

领导班子成员名录

书　记	林立峰（3月离任）
	赵华强（4月任）
镇　长	吕永亮
人大主席	杜　斌
副书记	韩　伟
纪委书记	马　亮
武装部部长	李永锋
副镇长	李海峰
	张小军
	李　亮（4月离任）
	景　岩（4月任）
	童　心（6月任，挂职）
党建办主任	董小平

（供稿：周晓强）

太平镇

【概况】太平镇辖15个村94个村民小组3978户16217人，共有耕地面积70356亩，人均4.3亩。2020年全镇农民人均纯收入8965元。2020年镇政府内设党政综合办公室、党建工作办公室、经济发展和社会事务办公室、社会治理和应急管理办公室、自然资源和生态环境办公室，年底，镇政府机关有干部职工70人。

【产业发展】按照“牛扩量、果转型、菜提质”的工作思路，果园管理投放黑地膜24.5吨、有机肥料91.2吨，完成果园施肥4628亩、间作套种2650亩、果园补植150亩、果树修剪3850亩、病虫害防治4700多亩，全镇果品总产量达到4200多吨，人均果品收入1038.65元。依托项目资金292.94万元，在里口村新建养殖小区1处，建成暖棚牛舍22座，在荒场、朱家沟、红崖湾、崖窑等11个村新建分散式牛棚64座，购买平凉红牛基础母牛245头、红安格斯牛15头，年末全镇牛存栏达到4048头。蔬菜产业以黑河川区为主线，紧盯盘口等7个蔬菜产业园区，突出“一村一品、一园一品”，加强95座日光温室、384座钢架大棚经营管理，引进推广肥水耦合、膜下灌溉等新技术，引导农户精细化劳作，带动川区发展露地蔬菜1500多亩。采取“合作社+种植大户+农户”模式，新建中药材加工厂1处，焦村黄花菜扶贫加工车间和冷藏库通过市县验收，为特色产业种植、加工、销售发挥了引领带动作用。

设施蔬菜种植

【基础设施建设】依托扶贫项目，在崖窑、口家、四郎殿、红崖湾4村硬化乡村道路6.53公里，衬砌排洪渠道2.43公里，砂化阴坡村产业路3.13公里，黑河里口大桥续建工程建成投用，全年基础设施建设投入达到1050万元。扎实开展“三大革命”“六项行动”，年内共完成农户卫生改厕382户，建成村级卫生公厕6座，购置吸粪车2辆，全镇卫生厕所改造比例占常住户数的35%。

【社会事业】争取省科学院支持，投资216万元，完成“智慧太平”系统开发及示范应用研究，成功举办“智慧太平”上线仪式，组织开展庆祝建党99周年文艺演出。开展食品药品、禁毒防邪、道路交通安全等集中宣传8次，纵深推进扫黑除恶专项斗争，开展政策宣传24场次，悬挂横幅64条、发放宣传彩页6100份，排摸问题线索4件。以“高价彩礼”“厚葬薄养”、公共事务管理、行为习惯养成等问题整治为切入点，加快推进红白理事会、村民议事会等基层组织建设，建成新时代文明实践站（所）16个，推进移风易俗，培育文明乡风。

【民生保障】全镇有低保对象433户949人，特困供养33户34人，优抚对象65人，经济困难老年人44人。兑付农村低保、临时救助、残疾人补贴等各类惠农资金434.11万元，落实政策性农业保险8.73万元。2020年全镇合作医疗应参合人数13968人，实际参合13709人，参合率达到98.15%，养老保险应参保人数10378人，实际参保10108人，参保率97.39%。

【生态建设】年内在盘口村、口家村完成春秋季造林绿化623亩，栽植油松1.625万株，刺槐15.76万多株，完成三星、何家、盘口、朱家沟、焦村5个村退化林分修复2740亩。以高太路、双河路、七崖路、何崖路、任阴路为重点，完成道路林网整修40.3公里，实施村屯绿化和道路林网补植补造50多亩，在主干道路沿线、居民聚集区周围规划种植花草约5万多平方米。

【脱贫攻坚】认真开展脱贫攻坚“大起底、大排查、大整改、大提升”行动，全面整改各级巡察检查反馈问题，动态调整“一户一策”86户244人；实施种养产业扶贫、就业扶贫、生态扶贫等项目11个，维修更换日光温室、钢架大棚棚膜41座，购买平凉红牛245头、红安格斯牛15头，动员402户贫困户种植露地蔬菜407亩，发展庭院经济18亩，购买鸡苗3452只，解决农户住房安全问题147户，接通自来水45户，落实春秋两季雨露计划343人，办理残疾证181人、慢性病及“两病”补偿证326人。聘用村级公益性岗位13人，新增低保对象56户121人，动员外出务工4201人，就近就地安置劳动力134人，完成消费扶贫10.16万元，年底，全镇30户81人未脱贫人口全部达到脱贫标准，17户52人脱贫监测户和38户108人边缘户全部消除返贫致贫风险，脱贫攻坚顺利通过国家普查验收。

【疫情防控】按照“镇不漏村、村不漏户、户不漏人”的要求，严格落实网格化管理措施，印制发放疫情宣传资料2万多份，设立疫情检测点18个，累计检测车辆5000多辆7500多人，排摸返泾来泾人员2265人，鼓励党员干部群众和社会各界爱心人士捐赠口罩、消毒液、洗手液、防护服、体温计、方便面等防疫物资，真正形成全民共防疫的强大合力。

【村庄环境整治】把农村人居环境改善与实施乡村振兴战略紧密结合，深入推进全域无垃圾专项治理，建立常态化监测管理机制，组织保洁员定时开展卫生清理，动员农户清理房前屋后柴堆草垛、粪土杂物，大力整治垃圾乱倒、污水乱泼等现象，共清理生活垃圾45吨，清理积存垃圾10吨，整理堆放秸秆、柴草等生产生活垃圾60多处。按季度开展“最美庭院”评比活动，及时和农户签订门前三包责任书，引导农户自觉做到“三清五净”，创建阴坡、荒场、三星等清洁村庄示范村5个，集中拆除危旧房屋251户872间，封堵危旧窑洞1443户5928孔，拆除残垣断壁117处，完成易地搬迁庄基复垦403户。

领导班子成员名录

书　记	薛立军
镇　长	高永强
人大主席	杜江鲛（3月离任）
	吕宏伟（4月任）
副书记	吕志厚（4月任）
纪委书记	吕宏伟（4月离任）
	王红艳（4月任）
副镇长	秦小龙
	薛文虎
	章　岩（4月任）
	海秉刚（挂职，12月离任）
武装部部长	刘斌勤
党建办主任	王红艳（女，4月离任）
	杨芳芳（女，4月任）

（供稿：韩永强）

城市社区管委会

【概况】2004年1月，县政府批准成立街道办事处，2016年12月，街道办事处更名为城市社区管委会。2020年下设综合办公室、党建工作办公室、公共管理办公室、公共服务办公室、公共安全办公室5个科级建制的工作机构，核定编制50名，至年底管委会机关有干部职工36人。

城市社区党工委下设南街、北街、东街、中街、西街5个社区党总支，17个网格党支部和1个机关党支部，有党员906名。管委会下辖5个社区居委会，辖区内有常住人口13771户43716人，其中60岁以上老年人3952人。

【社区服务】举办城市社区大讲堂6期、法治讲座5次，开展环境保护、安全急救、民生政策、扫黑除恶等方面的知识宣讲，受教育人数达8000多人。登记发放一孩生育登记服务证50个、二孩生育登记服务证95个，再生育指标审批1个。配合相关单位进行基础数据比对，核对公安出生报户等信息1576条，审查在职人员计生信息523人次。在东街社区率先建立新时代文明实践站，成立党员服务队、政策宣讲队、健康医疗队等7支志愿服务队，全年义务开展服务活动15场。

【疫情防控】年初，新冠肺炎疫情发生后，管委会立即采取果断措施，全力防范疫情传入并蔓延，在住宅小区、楼宇搭棚设卡建立疫情检测点134处，按小区或楼宇实行封闭式管理，减少人员流动，入户走访1.4万余户，发放张贴宣传资料1.5万余份，摸排登记返泾来泾人员1250人，及时规范发布疫情信息、回应社会关切。全年坚持开展巡查指导，推动疫情防控常态化，辖区内没有发生疑似病情。

社区防疫工作督查

【健康服务】举办健康知识讲座10次，开展健康体检、义务诊疗、签约服务10295人次，入户访视居民3400多次，筛查慢性病患者3054人，对2432名65岁以上老年人进行常规体检，体检孕产妇82人、0～6岁儿童270人。

【社会治理】开启“五治”（政治、法治、德治、自治、智治）、建设“五家”（温暖家园、和谐家园、快乐家园、文明家园、平安家园）的社区治理模式，利用公众号、微信群、电子屏，散发传单、折页等形式，广泛宣传政策和工作要求。结合扫黑除恶专项行动，对城乡接合部、人流密集区等重点区域进行集中走访巡查，摸排线索，鼓励引导群众积极揭发举报，发放安全告知书1500多份，排查隐患 20余处。开展消防、防汛、安全宣传教育8次，悬挂横幅40余条，宣传版面5处，发放安全应急宣传传单4万多份。全年调处各类矛盾纠纷83起。

【文化活动】编排积极向上、贴近生活的快板、小品在回中广场、居民楼院巡回演出。元旦、“七一”、国庆等节庆期间均开展了丰富多彩的职工文化活动，表演小品歌舞等文艺节目30多个。

【社会保障】年内有低保对象912户2006人，残疾人297名，优抚对象122人，孤儿8人。全年发放低保金1181.6万元、孤儿生活费12.2万元、抚恤金223.3万元，发放居民临时救助17.2万元。全年办理居民社保卡650张。

【社区建设】经县政府批准，2020年10月19日，西街社区居委会挂牌成立，办公地点位于泾崇路67号，有工作人员1名，专职社区工作者7名，协管员6名。管理服务范围为西至西环路，东至农林路，北至泾州街，南至安定街，辖区居民2298户7398人。年内，为社区配备干部10名，招录社区工作者50名。

领导班子成员名录

书　记　　王安平
主　任　　吕小莉（女）
副书记　　尚旭华
纪工委书记、监察室主任
　　　　　王晓龙（3月任）
党建办主任　王晓龙（3月离任）
　　　　　李志鹏（3月任）
副主任　　张　鹏
　　　　　刘军鹏
武装部部长　郭瑞华

（供稿：樊史红）

亚盛股份张老寺分公司

【概况】亚盛股份张老寺分公司是以种植玉米、培育酸枣和绿化苗木产业为主的农垦企业。拥有土地面积7.43万亩，其中耕地1.05万亩、果园0.21万亩、公益林3.2万亩、草地1.02万亩，其他用地1.95万亩。2020年总人口830户2630人，从业人员319人，在册职工127人。

【生产经营】全年实现主营业务收入610万元，完成计划的103.4%。实现利润231万元，超计划184.3万元，职工均收入4.9万元。

【农业生产】全年农作物播种面积8755亩，其中玉米4618亩、小麦1563亩、苹果574亩、酸枣1200亩、绿化苗木300亩、油料500亩。落实统一经营面积3725亩，其中玉米2169亩、绿化苗木76亩、苹果280亩、酸枣1200亩。实现苹果总产4060吨，粮食总产2839吨，全年统购各类良种3.2吨、农药480公斤、化肥235吨。

【项目建设】全年实施林业项目2个，资金总额163.8万元。新一轮退耕还林项目完成新栽2260亩，栽植各类苗木53.81万株，其中栽植刺槐1900亩42万株，新栽酸枣360亩11.51万株，补植油松0.15万株、核桃0.12万株，苗木成活率均达到95%以上；2020年天保工程内森林抚育项目实施面积3900亩。

【人居环境整治】改造居民住宅12户，粉刷墙体7700平方米；修建公路道沿218米、居民区护坡203米，砂化路面31平方米；修建文化墙90米；整治居民区街道围沿4200米，安装菜园（果园）等围栏3600米；新建公厕7座、垃圾仓9个，砂化道路1200米；新建柴草集中堆放点12处、农机集中存放点1处、雨水集流池2个；整治公路安全隐患5处，栽植绿化树木3000余株；拆除危旧房1056间、各类违章建筑120余间；清除杂草垃圾4000多吨。

【社会化管理】县财政拨付年运行经费50万元，由汭丰镇政府负责业务指导，张老寺社区负责日常社会管理，各项工作运行顺畅。2020年7月，与泾川县人民政府签订了总体移交协议，将495名退休人员和46名退休党员移交到汭丰镇张老寺社区管理。年内社区配合汭丰镇政府实施了煤改气工程，相继完成机关、社区办公区煤改气供暖改造，并完成105户入户供气供暖，另有160余户预计2021年完成改造任务。

【社会事业】为1428人办理城乡居民医疗保险，为124户282名困难职工办理城镇居民最低生活保障，6户享受住房补贴，为107名残疾人申请发放了重度、困难残疾人“两项补贴”。

【疫情防控】及时成立疫情防控工作领导小组，认真摸排春节期间流入人口，建立外来人员管理台账。设立监测点2处，严格管控进场道路，实行24小时值班。利用场区广播和分公司微信政务群、安全生产群进行疫情防控知识宣传，发放、张贴防疫宣传资料1200余份，悬挂横幅5条。动员干部职工捐款6290元支持疫情防控工作。公司在疫情中保持零感染、零疑似。

领导班子成员名录

党委书记、经理	张向鸿
副经理	张尚良
副调研员	朱怀文
	杨召才

（供稿：王进军）

获奖人物

获省部级表彰奖励人员名录

姓　名	工作单位	荣誉称号	授予时间	颁奖部门
李兆锋	公安局	个人嘉奖	2020年1月	公安部
杜　鹏	人武部	民兵调整改革先进个人	2020年3月	中央军委国防动员部
任掌元	农业农村局	2019年度全省脱贫攻坚帮扶先进个人	2020年4月	省脱贫攻坚领导小组
陈壮志	农业农村局	2019年度全省脱贫攻坚帮扶先进个人	2020年4月	省脱贫攻坚领导小组
吕立萱	中医院	最美逆行者	2020年4月	湖北省委、省政府
何亚瑞	县医院	最美逆行者	2020年4月	湖北省委、省政府
吕立萱	中医院	抗疫先进个人	2020年4月	省新冠肺炎疫情联防联控工作领导小组
何亚瑞	县医院	抗疫先进个人	2020年4月	省新冠肺炎疫情联防联控工作领导小组
蒋双虎	法院	在新冠肺炎疫情防控工作中表现突出予以通报表扬	2020年8月	省法院
何广玉	农业农村局	优秀农民教育培训教师（农民体育健身教练员）	2020年9月	中央农广校、中国农民体育协会
崔喜海	法院	全省法院优秀法官	2020年9月	省法院
程　强	旭康食品有限责任公司	甘肃省劳动模范	2020年12月	省委、省政府

获市厅级表彰奖励人员名录

姓　名	工作单位	荣誉称号	授予时间	颁奖部门
赵小刚	公路段	甘肃省技术标兵	2020年1月	省总工会
可喜来	县医院	2019年甘肃省技术标兵	2020年1月	省总工会、人社厅、科技厅
王　鹏	益心志愿者协会	甘肃省优秀抗疫青年志愿者	2020年3月	团省委、省青联
姚朝晖	县法院	全市法院优秀司法行政人员	2020年3月	市法院
张人民	县法院	全市法院优秀法官	2020年3月	市法院
焦海燕	县法院	全市法院优秀法官	2020年3月	市法院
张立新	县法院	全市法院办案标兵	2020年3月	市法院
刘智轩	县法院	全市法院办案标兵	2020年3月	市法院
赵建国	县法院	全市法院优秀法官助理	2020年3月	市法院
任春屏	县法院	全市法院优秀法官助理	2020年3月	市法院
朱丽娜	县法院	全市法院优秀书记员	2020年3月	市法院
杜金桥	县法院	全市法院优秀书记员	2020年3月	市法院
朱丽君	农商行	“五四”青年奖章	2020年4月	省信用联社
张　欢	农商行	全省农合机构疫情防控先进个人	2020年4月	省信用联社
李晓峰	消防救援大队	甘肃省优秀共青团员	2020年5月	省人社厅、团省委
薛宇迪	泾川一中(学生)	甘肃省优秀共青团员	2020年5月	省人社厅、团省委
张斌龙	太平中学	甘肃省优秀共青团干部	2020年5月	省人社厅、团省委
毛爱霞	天纤棉业有限责任公司	甘肃省五一巾帼奖	2020年5月	省总工会
刘小龙	文联	甘肃省优秀青年人才	2020年9月	省委宣传部
付斌斌	教育局	全市体育工作先进个人	2020年9月	市委、市政府
郭玲玲	第三小学	甘肃省特级教师	2020年9月	省人社厅、教育厅、财政厅
刘林福	调查队	甘肃国家调查队系统抗击新冠肺炎疫情个人嘉奖	2020年10月	省调查队
王　琼	农商行	全省农信系统第四届职工业务技能竞赛一等奖	2020年11月	省信用联社
刘　芸	信访局	全省信访工作先进个人	2020年12月	省人社厅、省信访局
王宏绪	公安局	个人二等功	2020年12月	省公安厅
崔晓刚	公安局	全省优秀人民警察	2020年12月	省公安厅、人社厅
张怀平	人社局	优秀工会积极分子	2020年12月	省总工会
田　林	农商行	“战疫情·促发展”个人金融业务综合营销活动优秀员工	2020年12月	省信用联社

先进单位

获省部级表彰奖励单位名录

获奖单位	荣誉称号	授予时间	颁奖部门
农业农村局	全国农业综合行政执法示范单位	2020年3月	农业农村部
泾川县	第五批国家级农村职业教育和成人教育示范县	2020年12月	教育部、科学技术部、水利部、农业农村部、国家粮食和储备局、国家林草局
南北综合购销公司南门超市	全国模范职工小家称号	2020年12月	全国总工会
城关镇	省级文明村镇	2020年12月	省委、省政府
泾川一中	省级文明校园	2020年12月	省委、省政府
平凉理工中等专业学校	省级文明校园	2020年12月	省委、省政府
中医院	全国敬老文明号单位	2020年12月	国家卫健委、全国老龄办

获市厅级表彰奖励单位名录

获奖单位	荣誉称号	授予时间	颁奖部门
疾控中心	先进集体	2020年3月	国家疾控中心慢性非传染性疾病预防控制中心
泾川一中团委	甘肃省五四红旗团委	2020年5月	省人社厅、团省委
公安局团支部	甘肃省五四红旗团支部	2020年5月	省人社厅、团省委
公路段养管站	2019年度安全先进集体	2020年5月	省交通厅
公路段养管站	2019年全国公路水路行业班组、船舶安全生产竞赛成绩优异班组	2020年10月	中国海员建设工会全国委员会、交通运输部安委会办公室
飞云镇	省级森林小镇	2020年10月	省林草局
泾川二中	甘肃省文明交通单位	2020年11月	省公安厅、省文明办
人社局	省级文明单位	2020年12月	省文明办
城关镇派出所	全省优秀公安基层单位	2020年12月	省公安厅、人社厅
太平镇红崖湾村	全省民族团结进步示范单位	2020年12月	省民委
党原镇坷老村	省级文明村	2020年12月	省委宣传部

其他奖励（个人作品）

姓　名	工作单位	获奖名称	授予时间	颁奖部门
崔喜海	法院	2018年度全省法院优秀裁判文书二等奖	2020年1月	省法院
贾小鹏　刘　忠	农业农村局	2019年全国农业行政处罚优秀案卷	2020年1月	农业农村部
侯　赟	新时代文明实践中心	“弘扬社会主义核心价值观·共筑中国梦”主题原创网络视听节目征集暨比赛二等奖	2020年1月	省广电局
张人民	法院	2019年度全市法院优秀裁判文书二等奖	2020年3月	市中级人民法院
周银虎	农业农村局	2017—2019年度甘肃省农牧渔业丰收奖一等奖	2020年8月	省人社厅、农业农村厅
张小强等19人	农业农村局	2017—2019年度甘肃省农牧渔业丰收奖二等奖	2020年8月	省人社厅、农业农村厅
许凡凡	县医院	“消化全能一站到底——2020消化临床技能挑战赛”第五季海选优秀奖	2020年8月	中国医学论坛报社
胡亚军	县医院	“消化全能一站到底——2020消化临床技能挑战赛”第五季海选优秀奖	2020年8月	中国医学论坛报社
李　燕	检察院	第二届全省检察机关案件管理业务竞赛一等奖	2020年9月	省检察院
信彩琴	党校	平凉市第六届崆峒文艺奖文学类三等奖	2020年12月	市委、市政府

其他先进单位

单　位	获奖名称	授予时间	颁奖部门
网信中心	2019年度“弘扬社会主义核心价值观·共筑中国梦”主题原创网络视听比赛二等奖	2020年1月	省广播电视局
畜牧兽医中心	2017—2019年度甘肃省农牧渔业丰收奖二等奖	2020年8月	省人社厅、农业农村厅
农发行	环境美化奖	2020年9月	农发行甘肃省分行
县医院	甘肃省支气管介入治疗规范化操作大赛三等奖	2020年9月	省卫健委
旭康食品有限责任公司	“首届中国牛·优质牛肉品鉴大会”风味奖和品质特别奖	2020年12月	中国农科院北京畜牧兽医研究所、国家畜牧科技创新联盟
公路段	全国交通运输脱贫攻坚主题微视频大赛优秀奖	2020年12月	交通运输部办公厅

2020年泾川县国民经济和社会发展统计公报

泾川县统计局 国家统计局泾川调查队

（2021年4月16日）

2020年，面对新冠肺炎疫情冲击和经济下行压力，全县上下认真贯彻习近平新时代中国特色社会主义思想，坚持稳中求进工作总基调，积极应对困难挑战，努力冲刺脱贫攻坚，全面落实“六稳”“六保”举措，统筹推进各项重点工作，实现了经济稳定恢复、有序发展。

一、综合

初步核算，全县地区生产总值40.36亿元，按可比价计算，比上年增长3.4%。其中第一产业增加值11.2亿元，比上年增长6.0%；第二产业增加值4.89亿元，比上年下降4.3%；第三产业增加值24.27亿元，比上年增长4.9%。三次产业结构比例为27.7：12.1：60.2。

二、农业和农村经济

全年农作物播种面积53.9万亩，其中粮食作物播种面积42.51万亩，粮食产量10.58万吨；蔬菜面积3.43万亩，蔬菜产量2.6万吨；油料面积3.5万亩，油料产量0.71万吨；瓜类面积2.29万亩，瓜类产量7.93万吨；药材面积0.79万亩，药材产量0.28万吨。挂果果园面积17.43万亩，水果产量19.19万吨，其中苹果挂果面积15.25万亩，产量18.34万吨。牛、猪、羊、鸡饲养量分别为3.91万头、12.9万头、3.87万只、166.16万只。年末牛存栏2.11万头、猪存栏6.72万头、羊存栏2.51万只、鸡存栏98.7万只。

全县农业机械总动力19.91万千瓦。

三、工业和建筑业

全年实现工业增加值17208万元，比上年下降6.3%。规模以上工业企业实现增加值3096万元，比上年下降27.3%；实现产值16191万元，比上年下降62.5%；实现业务收入20440万元。年末具有资质等级的总承包和专业承包建筑业企业8个。全社会建筑业增加值31713万元，比上年下降2.1%。全社会用电量26936万千瓦时，比上年增长25.8%。天然气消费量1173.79万立方米。

四、商品贸易

全年社会消费品零售总额114384万元，比上年下降1.2%。按行业划分，批发业零售额24123万元，比上年增长7.7%；零售业零售额70657万元，比上年下降0.4%；住宿业零售额2246万元，比上年下降21.5%；餐饮业零售额17358万元，比上年下降11.4%。限额以上企业实现商品零售额2376万元，比上年增长56.9%。

商品销售（营业）额120695万元，比上年下降0.3%，其中批发业商品销售额31649万元，比上年下降1.8%；零售业销售额69952万元，比上年增长3.7%；住宿业营业额2413万元，比上年下降16.4%；餐饮业营业额16681万元，比上年下降9.8%。

出口创汇1780万元。

五、固定资产投资

全年固定资产投资132368万元，比上年增长0.12%。5000万元以上项目投资22753万元，比上年下降23.6%；5000万元以下项目投资57936万元，比上年增长71.5%；房地产开发项目投资51679万元，比上年下降24.7%。第一产业投资11325万元，比上年增长731.5%；第二产业投资13492万元，比上年下降1.4%；第三产业投资107551万元，比上年下降8.2%。

六、财政、金融和保险

全年大口径财政收入34075万元，比上年下降18%。一般公共预算收入21611万元，比上年下降1.1%，其中税收收入10882万元，比上年下降13.5%；非税收入10729万元，比上年增长15.8%。一般公共预算支出264504万元，比上年增长5.2%。年末全县金融机构各项存款余额106.04亿元，比上年增长6.1%，其中储蓄存款96.9亿元，比上年增长10.2%。各项贷款余额69.6亿元，比上年下降1.7%。各类保费收入9244万元，各类赔付款支出3548万元。

七、交通和邮电通信业

全年公路运输货运量226.45万吨，货运周转量65737.6万吨公里，客运量166.33万人，客运周转量7842.38万人公里。境内公路总里程1258公里，年末全县民用汽车保有量11063辆。全年邮政业务总量2436万元，邮政函件2万件，邮政包裹9.6万件。电信业务总量14992万元，各类通信用户29.49万户，其中固定电话2.62万户，计算机互联网用户8.41万户，4G用户18.22万户，5G用户1.53万户。

八、社会事业

全县各级各类学校（不含成人教育机构）345所，教职员工4516人，专任教师4126人，年末在校学生43814人。职业中专1所，在校学生4314人；高级中学2所，在校学生4284人；初级中学15所，在校学生6764人；完全中学2所，在校学生1601人；九年制学校2所，在校学生341人；小学183所（含教学点17个），在校学生17675人；幼儿园139所，小学附设幼儿班19个，在园幼儿8713人；特教学校1所，在校学生122人。本年度全县高考二本以上上线人数1504人，上线率80.2%，其中一本上线人数694人，上线率37.0%。年末县级文化馆和公共图书馆各1个，农家书屋212个，各类图书及期刊21.8万册（含农家书屋），文化广播服务站14个，广播综合覆盖率99.7%，电视综合覆盖率99.4%，有线电视用户3496户，广播电视户户通覆盖212个村，受益5.91万户。全年体育获得市级以上奖牌41枚。

全县共有医疗卫生机构377个，其中医院3家，基层医疗卫生机构370个（含村卫生室210个，乡镇卫生院16个），专业公共卫生机构3个，其他卫生机构1个。实有床位数1599张，卫生技术人员1758人。

九、人民生活和社会保障

全年城镇居民人均可支配收入28341.3元，比上年增长4.4%；城镇居民人均消费支出16154.19元，比上年增长1.1%。农村居民人均可支配收入11286.8元，比上年增长7.7%，农村居民人均消费支出9090.89元，比上年增长3.1%。

年末，城镇职工基本医疗保险参保14041人，征缴医疗保险费7286万元。参加工伤保险职工12306人，参加生育保险职工10947人，城乡居民医疗保险参保290060人。2020年城镇新增就业4333人，年末城镇登记失业人员1226人，登记失业率3.52%；考录引进安置高校毕业生320人，下岗人员实现再就业2241人；年末城镇参加企业职工基本养老保险6250人；失业保险参保职工7614人，征缴失业保险费599万元；城乡居民基本养老保险参保205288人，参保率95.4%；农村居民最低生活保障人数15482人。

十、环境保护和安全生产

可吸入颗粒物（PM_{10}）平均浓度为63微克/立方米，可吸入细粒物（$PM_{2.5}$）平均浓度为36微克/立方米，二氧化硫平均浓度7微克/立方米，二氧化氮平均浓度21微克/立方米，臭氧平均浓度74微克/立方米，一氧化碳平均浓度1.1毫克/立方米，除$PM_{2.5}$外其余5项污染物浓度考核指标均达到国家二级标准。列入国家考核的泾河泾川段出境断面地表水水质综合评价达到Ⅲ类标准，水质达标率100%；列入省、市考核的汭河泾川段水质达到Ⅲ类水质标准，全县城乡集中式饮用水源水质达标率100%。

全年平均气温10.5℃，年降水总量613毫米。

全年发生各类生产安全事故2起，死亡5人，受伤1人。

注：

1.本公报2020年部分数据为快报数，正式数据以《泾川统计年鉴》为准。

2. 2020年开展第七次全国人口普查，相关数据拟于2021年年中发布，公报中不再单独发布人口和就业人员相关数据。

3.公报中生产总值、各产业增加值绝对数按当年价格计算，增长速度按可比价格计算。

4.本公报中就业、社保、医保、财政、金融、保险、交运、车管、通信、邮政、教育、科技、文化、广播电视、外贸、卫生、体育、环保等数据由相关部门提供。

泾川县第七次全国人口普查公报[1]

泾川县统计局

泾川县第七次全国人口普查领导小组办公室

2021年6月4日

根据《全国人口普查条例》和国务院的决定，我国以2020年11月1日零时为标准时点进行了第七次全国人口普查[2]。在国务院、省政府、市政府和地方各级政府的统一领导下，在全县各级普查机构和普查人员的共同努力下，在全体普查对象的支持配合下，目前已圆满完成人口普查登记任务。现将2020年11月1日零时全县人口的基本情况公布如下：

一、常住人口

全县常住人口[3]为222210人，与2010年第六次全国人口普查时的281145人相比，减少了58935人，年平均增长率为-2.33%。

二、户别人口

全县共有家庭户[4]87429户，集体户1938户。家庭户人口为214660人，集体户人口为7550人。平均每个家庭户的人口为2.46人，比2010年第六次全国人口普查时的3.37人减少0.91人。

三、性别构成

全县常住人口中，男性人口为110175人，占49.58%；女性人口为112035人，占50.42%。常住人口性别比（以女性为100，男性对女性的比例）由2010年第六次全国人口普查时的98.23上升为98.34。

四、年龄构成

全县常住人口中，0～14岁[5]人口为43384人，占19.53%；15～59岁人口为128223人，占57.70%；60岁及以上人口为50603人，占22.77%，其中65岁及以上人口为38146人，占17.17%。与2010年第六次全国人口普查相比，0～14岁人口的比重下降1.33个百分点，15～59岁人口的比重下降6.66个百分点，60岁及以上人口的比重上升7.99个百分点，其中65岁及以上人口的比重上升7.22个百分点。

表1　人口年龄构成

县区	占常住人口比重(%)			
	0～14岁	15～59岁	60岁及以上	其中65岁及以上
平凉市	19.59	61.42	18.99	14.38
泾川县	19.53	57.70	22.77	17.17

五、受教育程度人口

全县常住人口中，拥有大学（指大专及以上）文化程度的人口为20389人；拥有高中（含中专）文化程度的人口为24490人；拥有初中文化程度的人口为72072人；拥有小学文化程度的人口为75065人（以上各种受教育程度的人包括各类学校的毕业生、肄业生和在校生）。

与2010年第六次全国人口普查相比，每10万人中拥有大学文化程度的由3738人上升为9176人；拥有高中文化程度的由9959人上升为11021人；拥有初中文化程度的由37632人下降为32434

人；拥有小学文化程度的由35575人下降为33781人。

与2010年第六次全国人口普查相比，全县常住人口中，15岁及以上人口的平均受教育年限[6]由7.60年上升至8.64年。

全县常住人口中，文盲人口（15岁及以上不识字的人）为10774人，与2010年第六次全国人口普查相比，文盲人口减少5210人，文盲率[7]由5.69%下降为4.85%，下降0.84个百分点。

六、城乡[8]人口

全县常住人口中，居住在城镇的人口为86982人，占39.14%；居住在乡村的人口为135228人，占60.86%。与2010年第六次全国人口普查相比，城镇人口增加17664人，乡村人口减少76599人，城镇人口比重上升14.48个百分点。

七、人口分布

常住人口分布如下：

表2 常住人口

县 区	人口数（人）	占全市常住人口的比重(%)	
		2020年	2010年
平凉市	1848607	100.00	100.00
泾川县	222210	12.02	13.60

注释：

[1] 本公报数据均为初步汇总数据。

[2] 普查标准时点为2020年11月1日零时，普查对象是普查标准时点在中华人民共和国境内的自然人以及在中华人民共和国境外但未定居的中国公民，不包括在中华人民共和国境内短期停留的境外人员。

[3] 全县常住人口是普查登记的2020年11月1日零时的常住人口，不包括现役军人的人口。常住人口包括：居住在本乡（镇、街道）、户口在本乡（镇、街道）或户口待定的人；居住在本乡（镇、街道）、离开户口所在的乡（镇、街道）半年以上的人；户口在本乡（镇、街道）、外出不满半年或在境外工作学习的人。

[4] 家庭户是指以家庭成员关系为主、居住一处共同生活的人组成的户。

[5] 0～15岁人口为46068人，16～59岁人口为125539人。

[6] 平均受教育年限是将各种受教育程度折算成受教育年限计算平均数得出的，具体的折算标准是：小学=6年，初中=9年，高中=12年，大学（大专及以上）=16年。

[7] 文盲率是全县常住人口中15岁及以上不识字人口所占比例。

[8] 城镇、乡村是按国家统计局《统计上划分城乡的规定》划分的。

（责任编辑：李刚刚）